TIERS MONDE

LE TEMPS DES FRACTURES

7e édition

par

Georges CAZES

Professeur de l'Université Paris I – Panthéon-Sorbonne

Jean DOMINGO

Maître de conférences
de l'Université de Reims

1, rue de Rome – 93561 Rosny cedex

Dépôt légal : septembre 1994
ISBN : 2 85394 722 X

SOMMAIRE

Introduction : Un bilan accablant 9

PARTIE 1 : Tiers monde et sous-développement : notions et caractères fondamentaux 15

1. Le sous-développement : repères et conjectures 17

A) Les éléments de la définition 18
B) Critères et indicateurs classiques du sous-développement 27

2. Un Tiers monde ou des Tiers mondes ? : les grands débats actuels 31

A) L'écart global : un monde profondément inégal 31
B) L'« éclatement » du Tiers monde ? 38
C) Tiers mondisme et anti–tiers mondisme : controverses sur les origines et les causes du sous-développement 40

Bibliographie d'orientation 45

PARTIE 2 : Déséquilibres économiques et disparités socio-spatiales 47

1. Soigner et nourrir 5 milliards d'individus à l'horizon 2000 49

A) Le contexte démographique : les rythmes et les effectifs 50
B) Les problèmes de la santé : des soins toujours très insuffisants 57
C) Le défi alimentaire : encore à relever 63

2. Les marques de la pauvreté et de l'exclusion 73

A) Un thème prégnant et complexe : la pauvreté 73
B) Des inégalités profondes et persistantes 80
C) Le secteur informel au secours de l'emploi 92

3. Les voies de la modernisation : choix, acquisition, maîtrise technologique 103

A) La technique, un facteur de production essentiel 104
B) Mimétisme dangereux, adaptation sclérosante : un faux dilemme 106
C) Un marché opaque et restrictif 113
D) Les politiques technologiques : de l'importation à la production 117

4. Niveaux et alternatives d'industrialisation 123

A) Une croissance réelle mais déséquilibrée 124
B) Contraintes et options 132
C) Les stratégies d'industrialisation 136
D) Complexité des schémas d'industrialisation 140
E) Les dynamiques spatiales de l'industrialisation 142

5. Incertaines agricultures 147

A) Des systèmes de production en profonde transformation 147
B) Progrès et problèmes 154
C) La recherche de solutions 164

6. Espace, environnement et développement 181

A) Le creusement des inégalités 182
B) La crise urbaine 188
C) Menaces sur l'environnement : les voies du développement durable 210

Bibliographie d'orientation 219

PARTIE 3 : Dans les turbulences internationales 221

1. Le Tiers monde face à la dynamique de mondialisation 223

A) La mondialisation : opportunités à saisir ou source de nouveaux retards 223
B) Les Firmes multinationales face au Tiers monde : récusées puis courtisées 227

2. L'insertion du Tiers monde dans les grand flux mondiaux........... 239

A) Les flux de marchandises : stagnation globale, bouleversements profonds........ 239

B) Les flux de personnes : le Tiers monde dans le grand mouvement du tourisme international........ 256

C) Le Tiers monde dans les circuits financiers : investissement, aide, endettement........ 260

3. Le Tiers monde dans les réseaux de coopération internationale........ 281

A) Un nouvel ordre international négocié : la grande illusion ?........ 281

B) Les tentatives d'association : diversité des formules, médiocrité des résultats........ 288

Bibliographie d'orientation........ 296

Conclusion :
Un Tiers monde éclaté : itinéraires, stratégies, modèles.... 297

Atlas thématique :
Limites, subdivisions et indicateurs du Tiers monde.......... 303

TABLE DES FIGURES

1. - La désarticulation économique des pays sous-développés ... 20
2. - L'indice de développement humain suivant les grands ensembles mondiaux 26
3. - Exemples nationaux de distorsion entre PNB et IDH par habitant ... 26
4. - Évolution comparée du taux de croissance du PIB par tête au « Nord » et au « Sud » de 1950 à 1990 ... 37
5. - L'éducation des mères, assurance vie des enfants ... 58
6 et 7. - La corrélation PIB - Dépenses de santé dans les pays du Tiers monde :
Part du PIB dépensée pour la santé ... 59
Part du total des dépenses de santé prise en charge par l'État ... 59
8. - Évolution de la production alimentaire par habitant dans les régions du Tiers monde (1970 à 1990) ... 63
9. - La corrélation entre régime calorique et mortalité infantile ... 67
10. - Rapports de l'emploi avec la croissance du PIB et de la main-d'œuvre : évolution et prévisions
1. Croissance et emploi ... 97
2. Emploi et main-d'œuvre ... 97
11. - Niveaux et types d'industrialisation au début des années 90 ... 130
12. - Types de structures industrielles ... 131
13. - L'évolution des localisations industrielles en Chine ... 145
14. - L'agriculture dans l'emploi et le PIB : un très large éventail de situations ... 153
15. - Évolution de la production alimentaire par habitant de 1980 à 1992 ... 155
16. - Rendements céréaliers dans le monde ... 156
17. - L'inégale répartition de la terre dans les pays du Tiers monde ... 161
18. - Contrastes régionaux et dynamique spatiale au Brésil ... 185
19. - « Taudification et bidonvillisation » : l'exemple de Lima ... 199
20. - Deux exemples d'expansion urbaine : Le Caire et Mexico ... 202
21. - La dégradation des sols ... 214
22. - Le Tiers monde face à la Triade (flux d'exportation en 1992) ... 243
23. - L'instabilité des cours des oléagineux entre 1988 et 1993 ... 247
24. - L'évolution des prix des matières premières depuis un siècle ... 250
25. - Les termes de l'échange de l'Afrique : les moyennes peuvent être trompeuses ... 252
26. - Évolution comparée des différentes sources de financement pour le Tiers monde de 1970 à 1990 ... 262
27. - Évolution et origine de l'aide publique au développement apportée par le Comité d'aide au développement des pays de l'OCDE ... 265
28. - APD nette en provenance des pays du CAD en 1991 ... 265
29. - L'ampleur croissante de la fuite des capitaux ... 269
30. - Évolution de la dette du Tiers monde de 1970 à 1992 ... 272
ATLAS THÉMATIQUE ... 303

OUVRAGES GÉNÉRAUX

Ouvrages

ALBERTINI (J. M.), *Mécanismes du sous-développement et développement*, Économie et Humanisme, 1981, 320 p.

AMIN (S.),

– *L'accumulation à l'échelle mondiale*, Anthropos, 1971.

– *Le développement inégal*, Éditions de Minuit, 1973, 365 p.

– *La déconnexion*, La Découverte, 1986.

BAIROCH (P.), *Le tiers-monde dans l'impasse*, Idées, N.R.F., 3e édition, 1992.

BRASSEUL (J.), *Introduction à l'économie du développement*, A. Colin, 1989, 191 p.

BRUNEL (S.) (sous la direction de), *Tiers Mondes, controverses et réalités*, Économica, 1987, 519 p.

BRUNEL (S.), *Les Tiers Mondes*, Documentation photographique, déc. 1992.

CHAPUIS (R.), *Les quatre mondes du Tiers-Monde*, Masson-Géographie, 1994, 234 p.

COUTROT (T.) et HUSSON (M.), *Les destins du Tiers Monde : analyse, bilan et perspectives*, Nathan, 1993, 208 p.

COUTURIER (B.), *An 2025 : 8 milliards de visages*, CNDP-CRDP de Poitou-Charentes, 1993, 115 p.

LACOSTE (Y.),

– *Géographie du sous-développement,* P.U.F., 4e édition, 1989.

– *Unité et diversité du Tiers-Monde*, Maspéro, coll. Hérodote, 1980, 203 p.

ROUILLÉ D'ORFEUIL (H.), *Le Tiers Monde*, Repères, La Découverte, 2e édition, 1991.

Rapports et Annuaires

– Banque mondiale, *Rapport sur le développement dans le monde*, 1993, 339 p.

– PNUD, *Rapport mondial sur le développement humain*, 1993, 254 p.

– Ramses 1994, *Synthèse annuelle de l'actualité mondiale*, Dunod, 1994, 484 p.

– *L'État du Tiers Monde*, La Découverte, 1993.

– Atlaseco, *Atlas économique mondial*, 1993.

Revues et périodiques

– *Revue Tiers-Monde*, IEDES, PUF.

– *Problèmes économiques*, la Documentation française.

– *Problèmes politiques et sociaux*, la Documentation française.

– *Le Monde diplomatique*, *Le Monde*.

INTRODUCTION

UN BILAN ACCABLANT

Près de vingt ans après la première édition de cet ouvrage, la présente livraison – non seulement actualisée mais aussi largement refondue – mérite encore de s'ouvrir par un accablant constat : la situation générale s'est très sensiblement aggravée à l'issue des années 80, considérées par la plupart des observateurs comme « la décennie perdue » du développement ! Le tableau dessiné à grands traits par D. CHARPENTIER en 1989 n'a rien perdu de sa réalité : « La façade des NPI (nouveaux pays industriels) – que l'on ne peut plus intégrer dans le Tiers monde – cache des situations très disparates qui vont de l'effondrement total… à l'émergence d'une puissance économique…, en passant par d'énormes difficultés d'ajustement… qui se traduisent par la marginalisation d'une partie de la population, exclue de l'emploi et victime de la hausse des prix des produits alimentaires importés. »

Avant d'en détailler l'analyse dans les différents chapitres de cet ouvrage, les principales composantes de ce bilan peuvent être brièvement présentées dans cette introduction. Sans oublier un instant que des progrès spectaculaires ont été enregistrées ces dernières décennies dans le Tiers monde, en matière notamment de démographie et de santé (allongement de l'espérance de vie, réduction de la mortalité infantile et juvénile, diffusion des méthodes contraceptives et de la vaccination, etc.), d'alimentation, d'alphabétisation et de scolarisation, d'équipement collectif (eau, énergie, assainissement, infrastructures de communication, etc.) et même de revenu des salariés, c'est une longue liste d'échecs et de déceptions qui doit être dressée, autour de trois processus majeurs, étroitement combinés : **appauvrissement, inégalisation, marginalisation**.

L'appauvrissement de cet ensemble de pays est illustré, en particulier, par :

— l'augmentation globale du nombre des « pauvres officiels » dans le monde, suivant les normes internationales : 1 million en 1985, 1,2 million en 1993, concentrés à 95 % dans le Tiers monde ;

— la montée du chômage et du sous-emploi dans ces pays, estimés à 40 % de la population en âge de travailler (7 % dans les pays industriels), contre 25 à 30 % dans les années 70 ;

— la redoutable ponction opérée sur les ressources fondamentales par une population en rapide croissance, avec les excès écologiques (déboisement, érosion des sols, pollutions) qui en découlent ;

— les crises catastrophiques, confinant à l'effondrement, traversées par certains pays : Argentine, Côte-d'Ivoire, Pérou, Madagascar, Haïti, Cuba, Afrique subsaharienne (où « les niveaux de vie sont pratiquement revenus à ce qu'ils étaient dans les années 60 », selon Maryse GAUDIER, 1993).

Le creusement des inégalités essentielles se lit, notamment, dans :

— l'opposition des rythmes de croissance du produit national brut par habitant dans les grands ensembles mondiaux : à l'avantage du Tiers monde (pays à faible revenu et à revenu intermédiaire) entre 1965 et 1980, puis largement en leur défaveur (+ 1,2 % par an en moyenne contre 2,3 % dans les pays à revenu élevé) dans la décennie 1980–1990, jusqu'à en devenir négatifs (– 0,1 % en 1990, – 2,1 % en 1991) ;

— le quadruplement de la dette des PVD entre 1978 et 1992 (et son doublement au cours de la dernière décennie) qui a débouché sur l'effarante obligation de rembourser plus qu'ils ne reçoivent (transferts régulièrement négatifs de 1983 à 1991) ;

— la concentration cumulative de la richesse mondiale sur un nombre réduit de bénéficiaires : en 1990, les 23 % les plus « riches » reçoivent 85 % du PNB mondial (contre 70 % vingt ans plus tôt, selon T. COUTROT et M. HUSSON, 1993), et disposent d'un revenu moyen 150 fois supérieur à celui des ressortissants des pays « pauvres » ;

— le revenu des 20 % les plus « pauvres » est tombé de 2,3 % à 1,4 % de la production mondiale entre 1960 et 1990 et ils n'interviennent plus actuellement que pour 1,3 % de l'investissement international, 1 % de l'épargne et des flux commerciaux mondiaux ;

— les évolutions, pénalisantes pour le Tiers monde, enregistrées au cours de la dernière décennie par le commerce mondial (baisse continue du cours des matières premières et forte diminution des recettes d'exportation dans les pays les plus pauvres, détérioration des termes de l'échange, multiplication des dispositions protectionnistes dans les pays industriels, etc.) ;

— l'affaiblissement des transferts financiers dirigés vers les PVD : forte restriction des flux d'origine privée, stagnation des efforts consentis par les pays industriels en matière d'aide au développement, utilisation douteuse de ces moyens fournis par l'extérieur…

Le processus de **marginalisation**, qui se traduit par une perte d'importance du Tiers monde dans le contexte économique international, apparaît déjà clairement dans les constats précédents. Il pourrait être aussi matérialisé par :

— la réduction de la part relative des PVD dans les exportations mondiales (28 % en 1980, 22 % en 1990), et dans celles des pays industriels en particulier (de 29 % à 19 %) pendant la décennie 80 ; « la participation des pays en développement aux échanges commerciaux mondiaux, à l'exception des pays exportateurs de pétrole, est passée de 15,2 % en 1968 à 12,9 % en 1988 », (Rapport sur le développement humain, PNUD, 1991) et pour le seul commerce agro-alimentaire de 35,6 % en 1970 à 25 % du total mondial en 1989 ;

— la rétraction des PVD parmi les grands destinataires de l'investissement international : 25 % du flux mondial dans la période 1980–1984, 17 % en 1988–1989.

En parallèle avec ces évolutions générales, convergentes dans un sens inquiétant, l'observation continue des réalités du sous-développement fait apparaître, soit des phénomènes et des thèmes émergents, soit – plus fréquemment – des formulations nouvelles pour des faits depuis longtemps repérés et devenus plus aigus dans l'actualité internationale.

L'attention se porte ainsi désormais de manière plus vigoureuse vers les questions d'environnement, de santé et de conditions de vie, de culture et de politique, en s'appuyant sur quelques concepts clés adaptés du monde industriel : développement durable et éco-développement, insécurité, exclusion, secteur informel, pauvreté, participation, mondialisation, privatisation, etc. Chacun souligne corrélativement **la très vaste révision théorique des années récentes**, avec de fortes formules : « désenchantement et désillusions du développementalisme », « écroulement des certitudes », « dépérissement des théories générales », « reflux des paradigmes et des systèmes d'interprétation », « disette théorique », « vide conceptuel », « massacre des idées reçues », « faillite des modèles et des recettes »... La crise du développement est aussi une crise conceptuelle et scientifique, à l'heure des apparentes certitudes libérales : son étude, certes rendue ainsi plus délicate, peut en apparaître aussi d'autant plus stimulante.

PARTIE 1

TIERS MONDE ET SOUS-DÉVELOPPEMENT : NOTIONS ET CARACTÈRES FONDAMENTAUX

LE SOUS-DÉVELOPPEMENT : REPÈRES ET CONJECTURES 1

Nul n'ignore désormais qu'à côté de pays parvenus à un stade de consommation de masse, sinon d'abondance absolue, subsistent « **d'immenses plages de misère, de famine, de sous-alimentation** » (Y. BENOT), « **une berge maudite** » (P. GEORGE) sur laquelle se tiennent les trois quarts des habitants de la planète. Le sous-développement est devenu depuis un demi-siècle environ une réalité quotidienne, têtue, obsédante comme un diffus sentiment de mauvaise conscience. C'est, en effet, dès les années 40 que le concept de sous-développement a été, sinon dégagé pour la première fois, mais au moins spectaculairement porté en avant sur la scène internationale. Les Nations unies lui consacrent des réunions et des résolutions en 1948 et en 1949, tandis que dans son discours d'investiture, le 20 janvier 1949, le président TRUMAN préconise un programme général d'assistance aux pays les plus démunis.

L'idée se diffusera ensuite sur deux plans différents mais complémentaires. D'une part, le problème sera précisé, éclairé, nuancé, par une multitude d'études et d'ouvrages, émanant d'horizons scientifiques très divers : économistes, géographes, sociologues, politologues…, à tel point que Tibor MENDE a pu affirmer que : « l'amour mis à part, le développement est sans doute le sujet qui a suscité la littérature la plus abondante ». Il est symptomatique de constater que l'étude du développement et du sous-développement a été abordée par les plus éminents chercheurs en sciences humaines de ce temps (W. ROSTOW, G. MYRDAL, A. SAUVY, Ch. BETTELHEIM, J. DE CASTRO, R. DUMONT, etc.). Grâce à leurs publications parmi tant d'autres, des thèmes fondamentaux se sont largement vulgarisés au point de s'intégrer – de façon plus ou moins sommaire – à la culture mondiale et à la conscience collective : la survivance de la faim et de la misère, les risques de la prolifération démographique, les relations inégales ou injustes entre les sociétés et les nations ou, plus simplement, l'analphabétisme, le retard technique, le bidonville, le destin tragique de l'enfance…

D'autre part, les organismes internationaux, soucieux d'éviter une irréversible dégradation de la situation qui aurait pu conférer une virulence accrue au « front des pays pauvres » esquissé en 1955 à la réunion de Bandoeng, décident de consacrer la période 1960-1970 « décennie du développement ». L'ONU, et ses diverses filiales spécialisées qui prolifèrent notamment à cette occasion (FAO, UNICEF, PNUD, CNUCED...) recommandent que les pays développés s'astreignent à consacrer chaque année au moins 1 % de leur revenu national à l'assistance aux nations défavorisées. Comme on le verra plus loin, la réponse à cet appel solennel n'a vraiment correspondu aux espérances que pendant une courte période de 1960 à 1964 : au-delà, et sans que le problème du monde sous-développé ait perdu un seul moment de son acuité, on s'installera dans une sorte d'indifférence et de résignation quasi générales devant la modicité des résultats obtenus.

A Les éléments de la définition

1 La relativité : des termes toujours employés par référence

Tous les noms et épithètes qui servent à qualifier l'ensemble étudié ont ceci en commun d'être utilisés par rapport – en quelque sorte en creux ou en négatif – à une situation si connue qu'il n'est pas besoin de la nommer et apparemment si « normale » qu'elle sert d'étalon universel. C'est la référence informulée à la situation de ce quart du monde qui est industriel et « développé » qui donne son sens aux diverses expressions utilisées pour les quatre cinquièmes « restants » : sous-développé, peu développé, moins développé, en voie de développement, sous ou non industrialisé, attardé, arriéré, traditionnel, dominé, dépendant, pauvre, prolétaire, etc. La notion de Tiers monde – à la fois critiquée théoriquement par tous les auteurs et généralement retenue par commodité – est, sur ce plan, particulièrement significative. Elle a été forgée par Alfred SAUVY en 1952, dans un article de *L'Observateur*, pour souligner l'homogénéité (apparente) du monde sous-développé dans une double référence, très ambiguë et contestable : d'une part, vis-à-vis des deux grands blocs mondiaux, capitaliste et communiste, d'autre part, par assimilation socio-politique au tiers état de 1789, soucieux d'affirmer son nombre et sa spécificité face à la noblesse et au clergé. À la question essentielle que pose P. MOUSSA à propos de la prétendue infériorité du Tiers monde : « inférieur à quoi ? au possible ? au nécessaire ? aux autres ? », on peut considérer que deux sortes de réponses, souvent combinées, ont été proposées :

a

Le sous-développement correspond à la « non-exploitation optimale de toutes les ressources économiques et humaines disponibles sur un territoire » (Nations unies) ou à une accumulation « insuffisante » de capital. Cette définition intéressante est très délicate à utiliser car l'optimum idéal de mise en valeur n'a aucune réalité scientifique définie : elle renvoie inévitablement à d'autres expériences d'exploitation des ressources et donc, en définitive, au monde industriel développé ;

b

Il y a sous-développement – donc retard – par comparaison avec des pays qui ont atteint un stade plus « avancé » de production, de consommation et d'organisation. Il n'y aurait, de ce fait, dans cette conception très linéaire du problème, qu'une différence de degré de développement entre les différents pays : « À considérer le degré de développement de l'économie, on peut dire de toutes les sociétés qu'elles passent par chacune des cinq phases suivantes : la société traditionnelle, les conditions préalables du "décollage", le "décollage", le progrès vers la maturité et l'ère de consommation de masse » (W. ROSTOW). Dans ce cas, les pays « en voie » de développement seraient dans des situations comparables à celle des nations industrielles, il y a quelques décennies : des rapprochements de cet ordre sont souvent établis, notamment par P. BAIROCH pour qui, par exemple, le niveau d'industrialisation des pays asiatiques « s'apparente à celui de 1760-1780 pour l'Angleterre, 1800 pour la France et les États-Unis, avant 1900 pour les pays les plus récemment industrialisés ».

2 L'originalité profonde

De nombreux auteurs ont voulu aller au-delà de cette conception assez simpliste après l'avoir vigoureusement critiquée : « Cette vision de différents pays qui occuperaient un plus ou moins bon rang dans la course au progrès économique et social est purement artificielle » (Ch. BETTELHEIM). Ainsi, les seuls critères statistiques (par exemple, revenu par habitant inférieur à 600 dollars) ne sauraient suffire à définir l'état de sous-développement ; **ce qui sépare pays développés et pays sous-développés n'est pas tellement une différence de niveau, de degré, mais de structure et de nature**. Le grand économiste français François PERROUX à qui l'on doit cette affirmation a été depuis 1952 largement suivi, par Celso FURTADO par exemple, qui écrit nettement : « Le sous-développement est un processus historique autonome et non pas une étape par laquelle seraient nécessairement passées les économies ayant déjà atteint un degré supérieur de développement... [il doit être considéré] comme un phénomène contemporain du développement, conséquence de la façon dont la révolution industrielle s'est déroulée jusqu'à nos jours. » Au lieu d'être une étape normale et une situation purement conjoncturelle, **le sous-développement est alors conçu comme un phénomène historique et structurel particulier**, caractérisé par le blocage et la désarticulation des secteurs économiques, dus à la domination exercée par les pays développés impérialistes. Loin de se limiter aux seuls critères quantitatifs, il s'agit alors de décrire les relations entre les grands ensembles mondiaux, leurs effets dans le Tiers monde, la structuration économique et sociale interne des pays sous-développés, comme le fait par exemple de façon très claire J.- M. ALBERTINI (figure 1).

3 La complexité : une notion obligatoirement globale

Il faut rigoureusement distinguer plusieurs termes, trop souvent confondus, et surtout opposer les notions partielles d'**expansion** ou de **croissance**, qualifiant des phé-

FIGURE 1. LA DÉSARTICULATION ÉCONOMIQUE DES PAYS SOUS-DÉVELOPPÉS

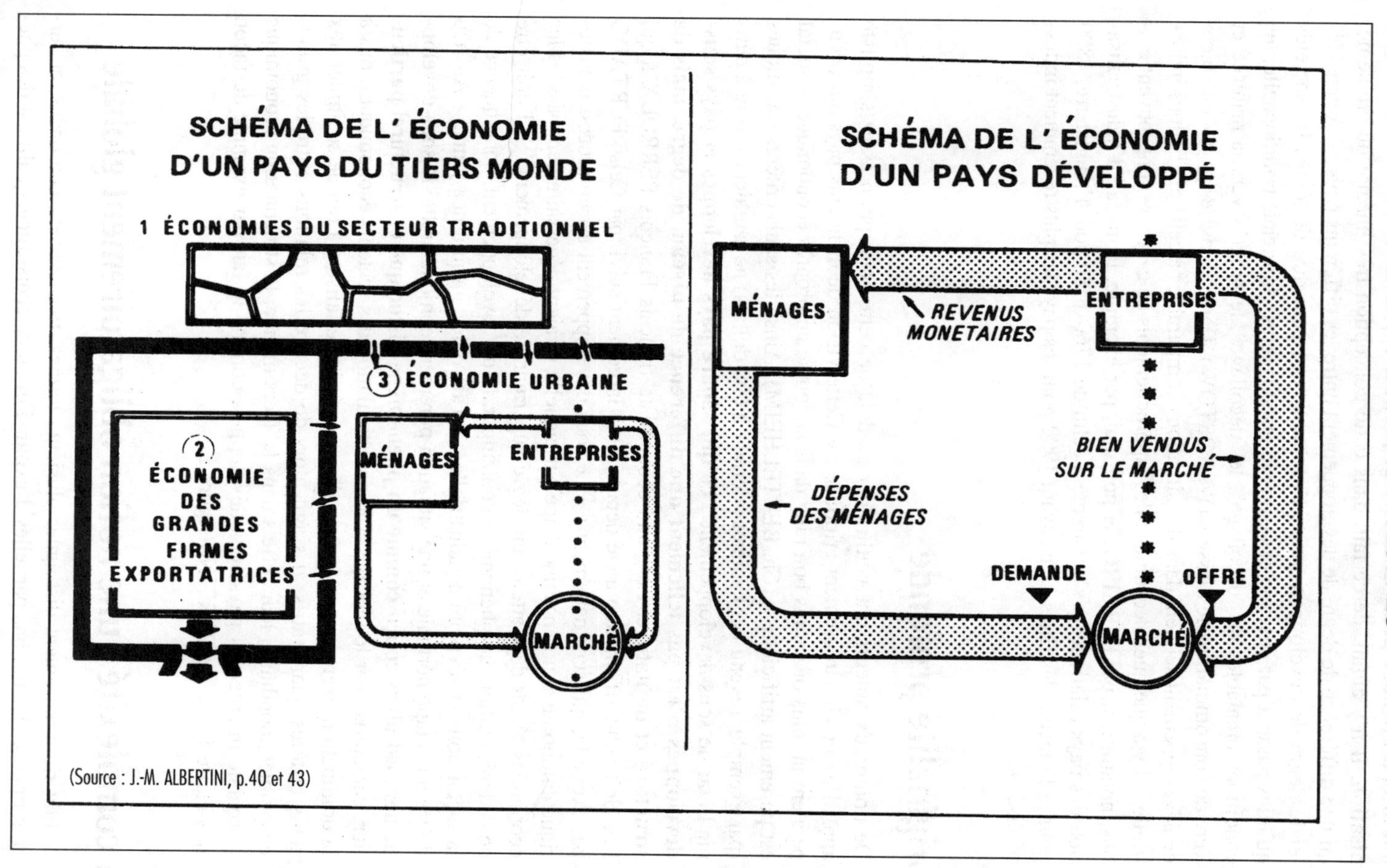

(Source : J.-M. ALBERTINI, p.40 et 43)

nomènes limités d'accroissement quantitatif dans un ou plusieurs secteurs économiques, à la notion beaucoup plus vaste, globale et complexe de **développement**. À la définition précise de F. PERROUX : « Le développement est la combinaison des changements mentaux et sociaux d'une population qui la rend apte à faire croître, cumulativement et durablement, son produit réel global », répond la constatation d'Y. LACOSTE : « Le sous-développement est un phénomène global, une situation éminemment complexe : dans chaque territoire, il se manifeste par **une imbrication des symptômes économiques, sociologiques et démographiques** et il procède d'une combinaison de facteurs imbriqués les uns aux autres… la combinaison ainsi réalisée n'est pas statique ; elle évolue sous l'effet d'un jeu de forces complexes. » Les critères structurels doivent donc venir nuancer les critères statistiques et l'étude ne doit dédaigner aucun des éléments qui concourent à l'organisation d'une société : non seulement économiques, mais aussi sociologiques, psychologiques, culturels, politiques… L'accent doit être mis sur les facteurs de changement et, en particulier, sur la manière dont un phénomène de croissance numérique rejaillit sur l'ensemble des structures socio-économiques, se diffuse dans la totalité – ou dans une frange seulement – du corps social, est canalisé ou planifié pour la satisfaction collective des besoins. L'utilisation correcte du terme « développement » suppose, en effet, que les fruits de l'expansion ou de la croissance servent à la recherche d'une meilleure redistribution et égalisation sociale, avec l'objectif final d'un progrès généralisé.

4 De sérieuses difficultés d'appréciation

Même si l'on parvient, en fonction des principes qui viennent d'être définis, à dresser la carte des pays « sous-exploités, à économie dominée et désarticulée », la difficulté demeure toujours très grande de les classer en quelques grandes catégories, à cause de leur diversité et, surtout, de l'insuffisance des moyens scientifiques d'individualisation. Si, comme il est d'usage, on se réfère au produit par tête ou au revenu moyen par habitant (tableau 1), trois risques majeurs se présentent, qui peuvent fausser sensiblement les comparaisons :

a Les statistiques recueillies au niveau mondial sont incomplètes, irrégulières, hétérogènes, tout particulièrement pour les pays démunis, et restent difficilement comparables ;

b L'habitude commode de ramener ces chiffres de revenu par tête à un même étalon monétaire, le dollar des États-Unis, ne rend pas compte des pouvoirs d'achat et des structures de prix différents d'un pays à l'autre. De manière générale, le pouvoir d'achat interne d'une monnaie dans un pays sous-développé est supérieur à celui qui est indiqué par les taux officiels de change ; les calculs effectués en PPA (parité de pouvoir d'achat) et en produit (ou en revenu) « réel ajusté » rendent désormais mieux compte des positions respectives ; ainsi, pour la Chine, le FMI opère un important redressement de 370 dollars (PIB officiel par habitant) à près de 2 500 dollars (PIB en PPA par habitant) !

c Nulle part sans doute autant que dans le Tiers monde, les moyennes de production, de revenu, de consommation, sont aussi peu représentatives de la réalité sociale. Leur inexpressivité est à la mesure des **considérables disparités internes, sociales,**

TABLEAU 1
PRODUIT NATIONAL BRUT PAR HABITANT EN 1991 (en dollars des États-Unis)

Grandes Régions	15 001–34 000	7 001–15 000	3001–7000	1501–3000	701–1500	201–700	80–200
Amérique du Nord	USA 22 240 Canada 20 440						
Europe NW	Suisse 33 610 Suède 25 110 Allemagne 23 650 France 20 380 Roy. Uni 16 550	Irlande 11 130					
Europe méditer.	Italie 18 520	Espagne 12 450	Grèce 6 340 Portugal 5 930	Turquie 1 780			
Europe Centre-Est			Estonie 3 830 Lettonie 3 410 Russie 3 220 Belarus 3 110	Hongrie 2 720 Tchécos. 2 470 Ukraine 2 340 Pologne 1 790	Roumanie 1 390 Ouzbék. 1 350 Tadjik. 1 050		
Océanie	Australie 17 050	N. Zélande 12 350			Papouasie 830		
Antilles			P. Rico 6 320 Trin. Tob. 3 670		Jamaïque 1 380 Rép. Dom. 940	Haïti 370	
Amérique Centrale			Mexique 3 030	Panama 2 130 C. Rica 1 850	Guatemala 930	Nicaragua 460	
Amérique du Sud				Brésil 2 940 Argent. 2 790 Vénéz. 2 730 Chili 2 160	Colombie 1 260 Pérou 1 070	Bolivie 650	
Afrique du Nord				Algérie 1 980	Tunisie 1 500 Maroc 1 030		
Afrique Noire			Gabon 3 780	Afr. du S. 2 560 Bostwana 2 530 Maurice 2 410	Congo 1 120 Cameroun 850 Sénégal 720	C. Ivoire 690 Zimbabwe 650 Nigeria 340 Mali 280 Madag. 610	Ouganda 180 Éthiopie 120 Tanzanie 100 Mozamb. 80
Proche-Orient		Israël 11 950 Arab. Saoud. 7 820	Oman 6 120	Iran 2 170	Rép. Syr. 1 160 Jordanie 1 050	Égypte 610	
Asie Est	Japon 26 930	Singapour 14 210	Corée S. 6 330	Malaisie 2 520	Philipp. 730	Indonésie 610	Népal 180
Sud-Est		H. Kong 13 430		Thaïlande 1 570		Pakistan 400 Chine 370 Inde 330 Bangladesh 220	Bhoutan 180

(Source : Banque Mondiale, 1993)

culturelles, régionales, qui prennent ici – on le verra en détail – une ampleur inconnue ailleurs. Entre les constituants économiques ou les groupes socio-professionnels, se dressent parfois de véritables barrières intérieures, dotées d'une redoutable étanchéité : leur étude – notamment par les économistes et sociologues – est à l'origine des notions largement utilisées de « dualisme » et de « marginalisme ». La première insiste sur la juxtaposition, génératrice de tensions, d'une organisation traditionnelle et d'un secteur socio-économique de type moderne développé, le plus souvent relié aux pays mondialement dominants (figure1) ; la deuxième porte le projecteur sur cette partie de la société – parfois numériquement majoritaire – qui continue à produire, à s'employer, à vivre, au moins partiellement, en marge de la modernisation, de la décision et des grandes préoccupations nationales.

Le progrès le plus net en matière d'évaluation statistique a été enregistré depuis 1990 avec la mise au point par le PNUD (Programme des Nations unies pour le Développement) de l'IDH, **Indicateur de Développement humain** qui, à l'origine, « combine le revenu national et deux indicateurs sociaux, l'alphabétisation des adultes et l'espérance de vie, pour mesurer le progrès humain », (Rapport PNUD, 1991). Les valeurs observées pour chacun de ces indicateurs étant converties sur une échelle allant de 0 (valeur la plus basse) à 1 (valeur la plus haute), la valeur globale pondérée est donc toujours comprise entre 0 et 1 : plus un pays est « humainement développé » et plus la valeur de son IDH est donc proche de 1. Sans entrer ici dans le détail de calculs et de débats techniques complexes, on relèvera que les critiques justifiées adressées à cette évaluation nouvelle ont déjà conduit le PNUD à en améliorer sensiblement la représentativité, lorsque les statistiques nationales le permettaient, en intégrant des paramètres complémentaires (durée effective de scolarisation, répartition inégale des revenus, différences entre sexes, évolution rétrospective, etc.).

Cet affinement méthodologique permettra sans doute de disposer dans les prochaines années d'un excellent outil de comparaison mais les observations actuelles sont déjà précieuses et révélatrices (tableau 2 et figures 2 et 3). Au moins, à trois niveaux combinés :

— pour confirmer l'écart global entre pays industrialisés et pays en développement : l'IDH y va, schématiquement, du simple au double (0,919 contre 0,468 en 1990) ;

— pour corroborer le classement général des grands ensembles régionaux constituant le Tiers monde, avec un rapport proche de un à trois entre les deux extrêmes (Afrique subsaharienne et Amérique latine) ;

— pour révéler, surtout, de très intéressantes distorsions entre PNB et IDH suivant les positions comparées des différents pays dans ces deux classements mondiaux. À divers pays beaucoup mieux classés pour le développement humain que pour le revenu par habitant (Sri Lanka, Chine, Chili, Costa Rica, Tanzanie, Colombie, etc.), s'opposent ainsi nettement des pays très en retard dans leur développement humain par rapport au revenu moyen enregistré (Gabon, Émirats Arabes Unis, Arabie Saoudite, Libye, Guinée, Sénégal, etc.). Le PNUD relève justement que **des pays disposant du même revenu par habitant peuvent se situer à des niveaux de développement humain très éloignés** : ainsi par exemple, pour un même revenu de 380 dollars par habitant en 1990, la Guyane enregistre un IDH deux fois supérieur à celui d'Haïti (0,541 contre 0,275) et 1,7 fois supérieur à celui du Pakistan (0,311).

TABLEAU 2
INDICATEURS DU DÉVELOPPEMENT HUMAIN (1990)

Grandes Régions	Développement humain élevé 0,901 – 0,983	Développement humain élevé 0,801 – 0,900	Développement humain moyen 0,501 – 0,800	Développement humain faible 0,201 – 0,500	Développement humain faible 0,045 – 0,200
Amérique du Nord	Canada 0,982 USA 0,976				
Europe NW	Suisse 0,978 Suède 0,977 France 0,971 Roy. Uni 0,964 Allemagne 0,957				
Europe méditerranéenne	Italie 0,924 Espagne 0,923 Grèce 0,902	Portugal 0,853	Turquie 0,717		
Europe Centre-Est		Tchécos. 0,892 Hongrie 0,887 Russie 0,864 Ukraine 0,844 Pologne 0,831	Azerbaïdj. 0,770 Turkmén. 0,746 Roumanie 0,709 Tadjik. 0,658		
Océanie	Australie 0,972 N. Zélande 0,947		Fidji 0,730	Papouasie 0,318	
Antilles	Barbade 0,928	Trin.-Tob. 0,877 Bahamas 0,875	Jamaïque 0,736 Cuba 0,711 Rép. Dom. 0,586	Haïti 0,275	
Amérique Centrale		C. Rica 0,852	Panama 0,738	Nicaragua 0,500 Guatemala 0,489	

TABLEAU 2
INDICATEURS DU DÉVELOPPEMENT HUMAIN (1990)

Grandes Régions	Développement humain élevé		Développement humain moyen	Développement humain faible	
	0,901 – 0,983	0,801 – 0,900	0,501 – 0,800	0,201 – 0,500	0,045 – 0,200
Amérique du Sud		Uruguay 0,881 Chili 0,864 Argent. 0,832 Venez. 0,824 Mexique 0,805	Colombie 0,770 Brésil 0,730 Pérou 0,592	Bolivie	
Afrique du Nord			Tunisie 0,600 Algérie 0,528	Maroc 0,433	
Afrique noire et Océan indien			Maurice 0,794 Afr. du Sud 0,673 Gabon 0,503	Zimbabwe 0,398 Congo 0,372 Kenya 0,369 Madagasc. 0,327 Cameroun 0,310 C. Ivoire 0,286 Nigéria 0,246	Ouganda 0,194 Sénégal 0,182 Malawi 0,168 Mozamb. 0,154 Mali 0,082 S. Leone 0,065 Guinée 0,045
Proche-Orient	Israël 0,938	Koweit 0,815 Qatar 0,802	Bahreïn 0,787 Emirats unis 0,738 Rép. Syr. 0,694 Ara. Saoud. 0,688	Égypte 0,389 Yémen 0,233	
Asie Est et Sud-Est	Hong Kong 0,923	Corée Sud 0,872 Singapour 0,849	Malaisie 0,790 Thaïlande 0,717 Philippines 0,603 Chine 0,566 Indonésie 0,515	Viêtnam 0,472 Pakistan 0,311 Inde 0,309	Banglad. 0,189 Cambodge 0,186 Népal 0,170 Bhoutan 0,150 Afghan. 0,066

(Source : PNUD, 1993)

FIGURE 2
L'INDICE DE DÉVELOPPEMENT HUMAIN SUIVANT LES GRANDS ENSEMBLES MONDIAUX

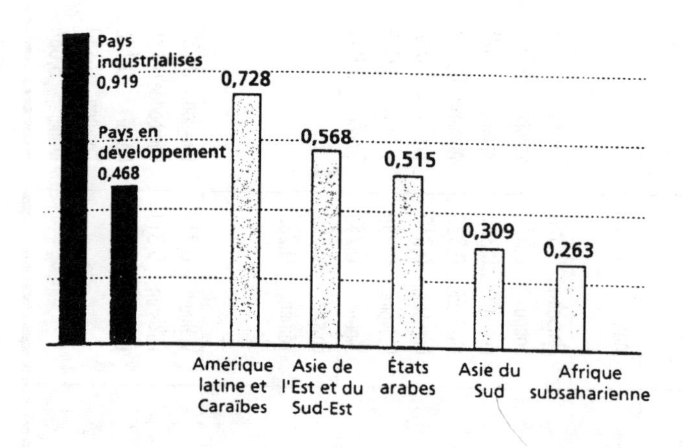

(Source : Rapport PNUD, 1993)

FIGURE 3
EXEMPLES NATIONAUX DE DISTORSION ENTRE PNB ET IDH PAR HABITANT

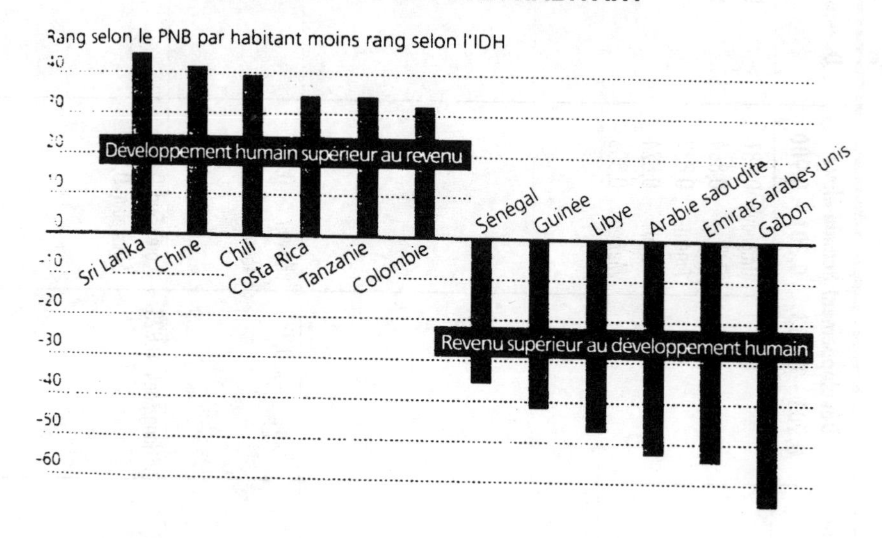

(Source : Rapport PNUD, 1993)

B Critères et indicateurs classiques du sous-développement

1 Le regroupement des grandes composantes du phénomène

À défaut de découvrir une définition synthétique du sous-développement scientifiquement convaincante et acceptable par tous, ou de parvenir à une typologie satisfaisante, les diverses études réalisent l'accord sur un catalogue, inégalement complet et détaillé, de caractéristiques communes à la plupart des pays du Tiers monde. Alfred SAUVY retient ainsi « dix tests qui s'appliquent à peu près aussi bien aux pays sous-développés de 1952 qu'aux pays occidentaux avant leur développement » ; Yves LACOSTE a répertorié dans ses différents ouvrages une douzaine à une quinzaine d'indicateurs principaux ; Christian CASTERAN recense huit carences majeures et Jean-Marie ALBERTINI regroupe une dizaine de thèmes autour de trois approches successives, démographique, sociale et économique. La plupart des éléments constituants recensés se répètent, se combinent ou se complètent d'un auteur à l'autre : on les a ici regroupés pour obtenir un tableau aussi complet que possible, organisé autour de six rubriques fondamentales.

2 Les indicateurs principaux

a d'ordre démographique :

valeurs élevées des taux de natalité, de fécondité, de mortalité infantile ; durée moyenne de vie plus faible ; « jeunesse » de la population et fort pourcentage d'inactifs…

b touchant des faits de consommation :

alimentation insuffisante en volume et en qualité ; faiblesse des consommations moyennes par habitant d'énergie mécanique, d'acier, de ciment…

c concernant des faits de production et d'organisation économique :

prédominance ou forte importance du secteur primaire, minier et surtout agricole ; exiguïté du secteur industriel, de type dualiste ; hypertrophie relative du secteur tertiaire (commerce, transports, services publics et privés) ; juxtaposition incertaine de branches et de structures économiques mal reliées entre elles ; sous-productivité généralisée, techniques archaïques, rendements bas ; exportation prépondérante de matières premières ; faiblesse de l'accumulation de capital et de l'investissement productif, place importante du secteur informel…

d d'ordre sociologique :

faiblesse des revenus moyens et des niveaux de vie ; netteté des clivages sociaux et archaïsme des structures sociales ; absence ou étroitesse des classes moyennes ; ampleur du chômage et du sous-emploi mais travail précoce de l'enfant ; position inférieure et assujettie de la femme ; proportion élevée d'analphabètes absolus ou partiels ; défectuosité de l'équipement sanitaire et carence de l'aide sociale…

e d'ordre politique :

fréquence des régimes de type autoritaire ; situation de subordination économique et diplomatique diversement accusée ; prise de conscience générale d'un état d'anémie économique et aspiration au développement…

f d'ordre spatial :

territoire national mal intégré par déficience des infrastructures de communication et des circuits économiques ; situation de marginalisme de certaines régions ; oppositions inter-régionales très tranchées ; concentration économique et humaine excessive dans les grandes agglomérations, etc.

La plupart de ces indicateurs, décomposés en « progrès » et en « manques », fondent le bilan du développement humain récemment présenté par le PNUD (Rapport de 1992, p. 12) et repris dans le tableau 3. On y relèvera certains thèmes (sécurité, assainissement, environnement) depuis peu mis en avant ; d'autres, non évoqués ici et dans la liste précédente (aspects technologiques et financiers, notamment) nous ont paru être assez décisifs pour que des chapitres particuliers leur soient consacrés.

Les critères généraux ci-dessus répertoriés, insistant sur les points communs, ont tendance à donner du Tiers monde une image abusivement uniforme et homogène qui ne doit pas induire en erreur. En réalité, **la diversité extrême des civilisations, des héritages historiques, des ressources, des choix économiques, des options politiques fait de chaque pays ou groupe considéré une combinaison originale et complexe de seulement quelques-uns des caractères recensés ici de manière générale** : les chapitres suivants offriront souvent l'occasion d'apporter ces nécessaires nuances.

TABLEAU 3
BILAN DU DÉVELOPPEMENT HUMAIN – PAYS EN DÉVELOPPEMENT

PROGRÈS	MANQUES
ESPÉRANCE DE VIE	
• L'espérance de vie moyenne a augmenté de plus d'un tiers au cours des trois dernières décennies. Dans 23 pays en développement, elle est égale ou supérieure à 70 ans.	• Seuls 20 % des 300 millions de personnes âgées de plus de 60 ans ont des revenus garantis d'une façon ou d'une autre.
SANTÉ ET ASSAINISSEMENT	
• Dans le monde en développement, plus de 70 % de la population a accès aux services de santé. • Près de 60 % de la population du monde en développement a aujourd'hui accès à l'assainissement.	• Quelque 17 millions de personnes meurent chaque année de maladies infectieuses ou parasitaires, telles que les maladies diarrhéiques, le paludisme et la tuberculose. • Environ 95 % des 10 à 12 millions de porteurs du VIH vivent dans le monde en développement et les coûts cumulés directs et indirects du SIDA au cours de la dernière décennie se situent aux alentours de 30 milliards de dollars.
ALIMENTATION ET NUTRITION	
• De 1965 à 1990, le nombre de pays où les besoins quotidiens de calories étaient satisfaits a plus que doublé, le nombre s'étant établi à environ 50.	• Environ 800 millions de personnes n'ont toujours pas une alimentation suffisante.
ENSEIGNEMENT	
• Le taux de scolarisation dans l'enseignement primaire a augmenté au cours des deux dernières décennies et est passé de moins de 70 % à près de 90 %. Au cours de la même période, le taux de scolarisation dans l'enseignement secondaire a presque doublé, étant passé de moins de 25 % à 40 %.	• Près d'un milliard de personnes – 35 % de la population adulte – sont encore illettrées, et le taux d'abandon au niveau de l'enseignement primaire est encore de 30 %.
REVENU ET PAUVRETÉ	
• En Asie du Sud et de l'Est, où vivent les deux tiers de la population du monde en développement, la croissance du PNB a été en moyenne de 7 % au cours des années 1980.	• Environ 1,3 milliard de personnes, soit près d'un tiers de la population du globe, vivent dans la pavreté absolue.
ENFANTS	
• Au cours des 30 dernières années, les taux de mortalité des jeunes enfants et des moins de cinq ans ont été réduits plus que de moitié.	• Chaque jour, 34 000 enfants en bas âge meurent encore de malnutrition et de maladie.
FEMMES	
• Le taux de scolarisation dans l'enseignement secondaire pour les filles est passé d'environ 17 % en 1970 à 36 % en 1990.	• Les deux tiers des illettrés sont des femmes.
SÉCURITÉ	
• Avec la fin de la guerre froide, les pays en développement n'ont plus à servir d'instruments de rivalité entre les superpuissances. En 1990, quelque 380 000 réfugiés ont été rapatriés en Asie, en Afrique, et en Amérique latine.	• Quelque 60 pays sont en proie à des conflits intérieurs et environ 35 millions de personnes sont réfugiées ou déplacées dans leur propre pays.
ENVIRONNEMENT	
• Le pourcentage de ménages ruraux ayant accès à l'eau potable est passé de moins de 10 % à près de 60 % au cours des deux décennies écoulées.	• Plus de 850 millions de personnes vivent dans des régions frappées par la désertification à différents degrés. • La destruction des forêts tropicales progresse à un taux équivalent à environ un terrain de football par seconde.

(Souce : Rapport mondial sur le développement humain, PNUD, 1993)

UN TIERS MONDE OU DES TIERS MONDES ? LES GRANDS DÉBATS ACTUELS

2

Après avoir recensé de manière statique les définitions générales et les indicateurs classiques du sous-développement, il est indispensable d'en prendre une vue à la fois plus globale, plus théorique et plus dynamique. La relativité même du terme – qu'on a déjà soulignée – implique, en effet, que l'on doive préciser au moment de l'étude la situation respective des deux ensembles – développés et sous-développés –, le sens général de leur évolution comparée, l'intensité des relations organiques qui les lient. Et donc, en définitive, l'interprétation fondamentale que l'on donne du phénomène : sous-jacente ou clairement explicite, elle peut considérablement différer d'un auteur à l'autre ainsi qu'on s'efforcera de le montrer brièvement.

A L'écart global : un monde profondément inégal

« **La constatation de l'*inégal développement*, telle qu'elle est exprimée par la référence à des indices tels que le quotient du revenu national par tête, de consommation individuelle d'énergie mécanique, d'acier, de ciment, est un des premiers termes de l'analyse de l'état du monde actuel** » (P. GEORGE). C'est donc, comme le souligne bien cette citation, au niveau des phénomènes de revenu et de consommation que l'inégalité mondiale est le plus habituellement perçue. À cet égard, une distinction essentielle qui sera ultérieurement précisée doit être apportée : le Tiers monde, « pauvre » sur le plan du produit et du revenu national, donc des *richesses* disponibles, est en même temps globalement « riche » pour ce qui concerne les *ressources* existantes, exploitées ou potentielles : comme l'a écrit par métaphore Yves LACOSTE, le garde-manger du Tiers monde est loin d'être vide mais les portes en sont fermées à clef…

1 La mesure actuelle des écarts

Au cours des dernières années, de nombreuses estimations de la participation du Tiers monde à la production mondiale ont été avancées par différents experts : elles oscillent, suivant les années, les sources et les limites retenues, de 12 à 20 % environ. Le PNUD indique, pour sa part, une participation de 15% en 1990 : les pays à faible revenu (moins de 600 dollars de revenu par habitant) et à revenu intermédiaire (de 600 à 6 000 dollars) ne fournissent ainsi que moins du cinquième du produit mondial alors qu'ils concentrent plus des 4/5 de la population de la planète !

Pour autant que la comparabilité statistique soit assurée sur une longue période, cette situation inégale s'est même très sensiblement aggravée, le Sud ayant vu sa participation au revenu mondial reculer (près de 21 % en 1955, 15 % en 1990) pendant que son poids démographique ne cessait de progresser (de 68 % à 77 %). Cette évaluation du PNUD (Rapport mondial sur le développement humain, 1993) est – il est vrai – légèrement différente de celle de la Banque mondiale qui attribue au groupe des pays à revenu faible et intermédiaire 84,6 % de la population et 21,2 % du PIB du globe (pour respectivement 58,4 % et 4,3 % dans les seuls quarante pays à revenu faible, disposant de moins de 600 dollars par tête en 1991). Au cours des trois dernières décennies, la contribution des 20 % les plus « pauvres » (population mondiale aux revenus par habitant les plus bas) a effectivement régressé (de 5 % à 3,4 %) selon la Banque des règlements internationaux (Rapport de 1993) qui relève aussi que le revenu moyen par habitant des PVD n'équivaut plus qu'à 20 % de celui des pays industriels en 1990, contre 25 % en 1960.

Le rapprochement des PIB (sans le redressement en parité de pouvoir d'achat qui réduirait beaucoup l'ampleur des écarts) souligne l'extrême concentration de la richesse mondiale. Ainsi, l'ensemble des PVD ne produit que l'équivalent de 82 % du PIB des États-Unis qui est, par ailleurs, près de trois fois supérieur au PIB cumulé des dix premières puissances économiques du Tiers monde (Brésil, Chine, Mexique, République de Corée, Inde, Argentine, Indonésie, Arabie Saoudite, Iran, Turquie). Le PIB de la France seule excède d'environ 30 % celui de l'ensemble des pays à faible revenu (Chine et Inde incluses) et dépasse légèrement celui de l'ensemble de la quarantaine de pays « à revenu intermédiaire de la tranche inférieure » (600 à 2 500 dollars par tête environ)…

a Au niveau des indicateurs sectoriels

L'écart moyen entre les pays les plus favorisés et les plus démunis peut être très divers suivant le critère de comparaison retenu, comme l'illustre le tableau 1.

Considérable pour la consommation énergétique et le revenu moyen par habitant, comme pour l'équipement collectif (eau, assainissement, médecins-infirmiers-lits d'hôpital, etc.), il reste encore très net pour les indicateurs démographiques (taux de croissance de la population, taux de mortalité infantile, indice de fécondité, respectivement 3,3, 2,1 et 8,8 fois plus élevés dans les pays à faible revenu que dans les pays industriels) et pour d'autres paramètres tels que l'analphabétisme, le degré

TABLEAU 1
LA MESURE STATISTIQUE DES ÉCARTS ENTRE PAYS DÉVELOPPÉS ET PAYS SOUS-DÉVELOPPÉS (1990-1991)

	Valeurs moyennes (par groupes)				
		Pays à revenu			
Indicateurs significatifs	**Pays à revenu élevé**	**Faible + intermédiaire**	**Faible ***	**Intermédiaire**	**Valeurs extrêmes (selon pays)**
PNB par habitant (en dollar US)	21050	1010	350	2480	33610/80
Espérance de vie (ans)	77	64	62	77	79/42
Taux de croissance de la population en % (moy. ann. de 1980 à 1990)	0,6	2	2	1,8	0,1/3,6
Taux de natalité (1991) en %	1,3	2,8	3	2,5	1/5,3
Indice synthétique de fécondité (nombre d'enfants)	1,8	3,6	3,8	3,2	1,3/7,6
Taux de mortalité infantile (en %)	0,8	6,1	7,1	3,8	0,5/16,1
Taux de scolarisation primaire (en %)	97	91	72**	89	100/25
Taux d'analphabétisme (en %)	4	35	45	21	2/82
Taux d'urbanisation (en % de la population totale)	77	46	28	62	97/6
Poids de la capitale (en % des urbains)	12	15	11	25	2/89
Consommation d'énergie par habitant (en kg équivalent pétrole)	5106	631	173	1351	9390/15
Inflation annuelle moyenne (en %, période 1980-1991)	4,5	53,9	12,6	67,1	1,5/584

* Chine et Inde comprises
** non comprises
(Source : Rapport Banque mondiale, 1993)

d'urbanisation ou le taux d'inflation. Il s'est réduit, en revanche, pour l'espérance de vie ou le taux de scolarisation primaire.

b Au niveau des principaux indicateurs : PIB et IDH

En s'appuyant sur les informations déjà fournies sur ce point au chapitre précédent (et tout particulièrement dans les tableaux 1 et 2 et les figures 2 et 3), on se bornera à souligner ici :

TABLEAU 2
RÉPARTITION DE LA POPULATION ET DU PRODUIT INTÉRIEUR BRUT MONDIAL – ÉVOLUTION 1955-1987

	% Population		% PIB	
PAYS :	**1955**	**1987**	**1955**	**1987**
1. à faible revenu	44,7	60,9	8,1	5,0
2. à revenu intermédiaire	23,4	22,4	12,6	13,0
Total 1 + 2 =	68,1	83,3	20,7	18,0
3. à revenu élevé	31,9	16,7	79,3	82,0
Total général	100,0	100,0	100,0	100,0

(Source : P. BAIROCH)

— **L'ampleur formidable des écarts extrêmes enregistrés entre pays** (de 0,983 au Japon à 0,045 en Guinée pour l'IDH en 1990, de 33 650 dollars de PIB réel par habitant en Suisse à 80 au Mozambique en 1991, de 5 074 dollars de PIB réel ajusté – c'est-à-dire en PPA – en Suisse à 369 en Éthiopie en 1990, soit – bien que redressé – encore dans un rapport de 14 à 1.

— **L'existence de groupements significatifs de pays d'une même région** autour de valeurs semblables : très basses pour l'Afrique subsaharienne (IDH inférieur à 0,400 et PNB/hab. inférieur à 1 200 dollars, pour l'essentiel) et l'Asie indienne, moyenne pour l'Afrique du Nord, l'Amérique latine et l'Europe centrale et orientale (IDH dans la « fourchette » 0,400 à 0,900 et PNB entre 1 000 et 3 000 dollars, pour l'essentiel), logiquement élevées pour les pays industriels. On relèvera, en parallèle, que cette concentration dans un créneau étroit de valeurs s'observe nettement plus en Afrique noire ou en Amérique du Sud qu'au Moyen-Orient, en Océanie ou en Asie de l'Est et du Sud-Est où la disparité régionale des situations est beaucoup plus marquée.

— **La difficulté persistante à marquer des seuils statistiques indiscutables** entre les grands groupements mondiaux, selon qu'ils peuvent être considérés comme pas, ou peu, ou très développés. Malgré les progrès obtenus grâce aux classements minu-

TABLEAU 3
ÉVOLUTION DU PRODUIT INTÉRIEUR BRUT PAR HABITANT EN DOLLARS CONSTANTS DE 1953 (ÉVOLUTION DE 1900 À 1970)

	1900	1929	1958	1970
	(En dollars constants, valeur de 1953)			
Pays sous-développés				
non communistes				
– ensemble	75	90	110	135
– Amérique latine	160	190	250	340
– Asie	65	80	80	95
– Afrique	–	–	85	105
Chine continentale				
– données officielles	–	–	160	300
– estimations occidentales	–	–	105	150
Pays développés non communistes				
– ensemble	480	690	1105	1850
– États-Unis	1010	1370	2325	3230
– Europe	370	490	710	1310

(Source : P. BAIROCH)

tieux de la Banque mondiale et du PNUD, beaucoup d'incertitudes et d'approximations – déjà signalées – subsistent. Notamment de part et d'autre de la limite « officielle » du sous-développement (8 000 dollars/hab. en 1991) : au-dessus figurent désormais largement Hong Kong, Singapour et la plupart des États exportateurs de pétrole du Proche-Orient tandis qu'en dessous se rangent encore la Grèce et le Portugal, la République de Corée et l'Arabie Saoudite, tous les pays de l'Europe centrale et orientale, ainsi que les Républiques asiatiques autrefois fédérées par le bloc soviétique... Le complément d'information fourni par les autres indicateurs intégrés dans l'IDH vient heureusement introduire quelques redressements utiles : à ce titre, les pays d'Europe de l'Est se voient ainsi attribuer un niveau de développement élevé (0,84 en moyenne, soit loin devant la Chine, l'Égypte ou l'Inde et à égalité avec le Portugal ou la Corée du Sud), essentiellement grâce à leurs taux satisfaisants d'alphabétisation.

2 Aggravation ou réduction des écarts mondiaux ?

a L'affligeant constat sur le long terme : « un fossé qui devient un gouffre » (P. Bairoch)

De nombreux auteurs se sont appuyés sur la remarquable démonstration présentée par P. BAIROCH (*Le Tiers-Monde dans l'impasse*) pour souligner la constante dégradation de la situation du monde sous-développé par rapport au monde industriel, résumée dans les tableaux 2, 3 et 4.

Les enseignements de ces tableaux sont sévères : alors qu'entre 1900 et 1970, le PNB/tête des pays développés a été multiplié par 3,8 en dollars constants, celui du Tiers monde ne l'a été que par 1,8. L'écart entre les deux groupes s'est profondément creusé, de 6,4 pour 1 en 1900 à 13,7 pour 1 en 1970 ; au cours des dernières quarante années (1930–1970), l'écart a pratiquement doublé alors qu'il ne s'était accru que de 50 % au cours du siècle précédent.

TABLEAU 4
ÉVOLUTION DES ÉCARTS ENTRE LE PNB/HABITANT DES PAYS DÉVELOPPÉS ET SOUS-DÉVELOPPÉS DE 1850 À 2000

	Écarts extrêmes nominaux	Écarts moyens nominaux	Écarts moyens réels
milieu du XIXe siècle	1/8	1/5	–
1900	1/20	1/6	–
1930	–	1/7,5	–
1950	–	1/10	–
1970	1/70	1/14	1/8
2000 (prévision)	–	1/25	1/15

(Source : P. BAIROCH, p. 247)

« **Le fossé entre les deux groupes ne cesse de s'élargir ; on ne parle même plus de le combler, ce serait utopique. On parle plutôt de jeter des ponts sur l'abîme qui les sépare** », constate Josué DE CASTRO, rejoint dans ses conclusions par A. ANGELOPOULOS : « On a calculé qu'il faudrait aux pays sous-développés quatre-vingts ans pour atteindre le niveau qui est actuellement celui du revenu par habitant en Europe occidentale et pour les pays les plus pauvres, qui abritent la moitié du monde sous-développé, deux cents ans. Quelle chose navrante et quelle absurdité ! ». Les extrapolations de P. BAIROCH sont tout aussi pessimistes : « En supposant que le Tiers monde connaisse dans l'avenir un taux de croissance de revenu par habitant supérieur de 1 point à celui des pays développés, il faudrait environ

TABLEAU 5
APRES L'ESPOIR, « LA DÉCENNIE PERDUE » DU DÉVELOPPEMENT

Taux moyens annuels de croissance comparés (en %)

	Années	PNB	Population	PNB/tête
— Pays à revenu faible et intermédiaire total	1955-70	+ 5,4	+ 2,2	+ 3,2
	1965-73	+ 7,8	+ 2,5	+ 4,3
	1973-80	+ 4,8	+ 2,1	+ 2,7
	1980-90	+ 3,2	+ 2,1	+ 1,2
dont pays à faible revenu*	1955-70	+ 3,7	+ 2,1	+ 1,6
	1965-73	+ 5,0	+ 2,5	+ 2,5
	1973-80	+ 4,7	+ 2,1	+ 2,6
	1980-90	+ 6,0	+ 2,0	+ 4,0
Pays à revenu élevé	1955-70	+ 4,7	+ 1,1	+ 3,6
	1965-73	+ 4,7	+ 1,0	+ 3,7
	1973-80	+ 2,9	+ 0,6	+ 2,1
	1980-90	+ 2,9	+ 0,6	+ 2,3
Total du Monde	1955-70	+ 5,1	+ 1,9	+ 3,2
	1965-73	+ 4,6	+ 1,8	+ 2,8
	1973-80	+ 4,0	+ 1,7	+ 1,3
	1980-90	+ 3,8	+ 1,6	+ 1,2

* Chine et Inde comprises
(Source : Rapports de la Banque mondiale)

FIGURE 4
ÉVOLUTION COMPARÉE DU TAUX DE CROISSANCE DU PIB PAR TÊTE AU « NORD » ET AU « SUD » DE 1950 À 1990

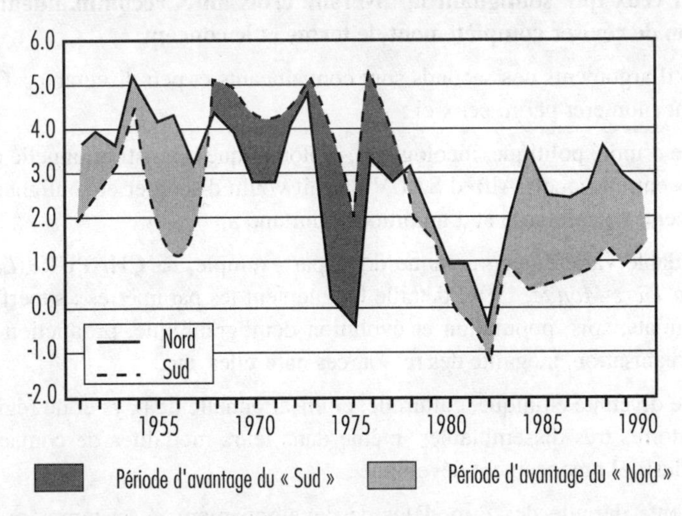

(Source : ONU, d'après T. COUTROT et M. HUSSON, 1993)

deux cent soixante-dix ans pour que s'effectue le rattrapage... Pour rattraper l'écart... en un demi-siècle... le revenu par habitant du Tiers monde devrait s'accroître de 7,3 % par an, c'est-à-dire à un taux 3,5 fois plus élevé que celui enregistré durant les vingt dernières années et 8 fois plus élevé que celui enregistré durant la première moitié de ce siècle. Ces calculs peuvent paraître un jeu un peu futile et surtout cruel, mais nous pensons qu'ils sont utiles car ils mettent à nu **l'ampleur du problème, l'impasse devant laquelle se trouve placé le Tiers monde** ».

Sur la période plus courte des trois dernières décennies, l'écart entre le PIB/habitant du Nord et du Sud a, au total, continué à se creuser, en résultante de trois phases successives, bien relevées dans l'ouvrage récent de T. COUTROT et M. HUSSON sur *Les destins du Tiers Monde*, et clairement exprimées dans le tableau 5 et la figure 4 :

— une longue période aux résultats équilibrés, avec un léger avantage à la fin de la décennie 60 pour le monde développé ;

— l'encourageant intermède de la décennie 70 (plus précisément jusqu'en 1978) où la croissance des PVD excède nettement celle des pays à revenu élevé ;

— **l'effondrement de la décennie 80** à la fois en évolution interne (le taux moyen diminue de plus de 55 % par rapport à la période 1973–1980) et en position comparée (la croissance par tête est pratiquement deux fois plus forte dans les pays industriels que dans les PVD), confirmé par les piètres performances des années 90-91 (– 0,1 % et – 2,1 % dans le Tiers monde).

B L'« éclatement » du Tiers monde ?

Un débat majeur s'est instauré depuis plusieurs années parmi les experts entre ceux qui – insistant sur les facteurs d'unité – défendent la notion de Tiers monde, et ceux qui, soulignant la diversité croissante, recommandent d'abandonner, ou de réviser complètement, le terme et le concept.

Beaucoup d'arguments des seconds sont convaincants et peu discutables. On pourra rapidement énumérer parmi ceux-ci :

• l'absence d'unité politique, idéologique, diplomatique ou institutionnelle des différents États entre lesquels Alfred SAUVY avait voulu discerner et souligner de puissants éléments de solidarité et d'ambition commune ;

• la formidable variété géographique dont, par exemple, R. CHAPUIS (*Les quatre mondes du Tiers-Monde*, 1994) détaille longuement les paramètres : superficie territoriale, climats, sols, population et évolution démographique, production agricole, degré d'urbanisation, inégalité des ressources naturelles, etc.

• l'extrême diversité ethnique, culturelle, civilisationnelle de pays et de régions héritiers d'histoires très dissemblables, même dans leurs modalités de contact avec le monde industriel précocement développé ;

• la fréquente déroute des « modèles de développement », un temps proposés et expérimentés en quelques lieux et périodes, qui auraient pu donner au Tiers monde

• la fréquente déroute des « modèles de développement », un temps proposés et expérimentés en quelques lieux et périodes, qui auraient pu donner au Tiers monde un projet homogène et fédérateur ;

• la différenciation des dynamiques économiques qui vient classiquement opposer un petit groupe de **pays émergents**, habituellement qualifiés de NPI (nouveaux pays industriels), d'EDA (économies dynamiques d'Asie) ou de « petits dragons » – parmi lesquels la diversité interne domine (Hong Kong, Singapour, Corée du Sud, Taiwan mais aussi suivant les auteurs, Chine, Inde, Malaisie, Mexique, Brésil, voire l'Argentine, les Philippines, la Turquie, la Tunisie,)… – et un groupe consistant de **pays à la dérive**, fournissant l'essentiel des PMA – Pays les moins avancés (Afrique subsaharienne principalement, et cas ponctuels : Haïti, Cuba, Bhoutan, etc.). Entre ces deux groupes, séparés par d'énormes écarts de croissance, un vaste marais de pays en situation « intermédiaire », fort artificiellement regroupés, de l'Équateur à la Grèce, ou du Sénégal au Portugal… D'où la nécessité de construire diverses typologies mieux adaptées à cette situation, soit sur des découpages spatiaux classiques (cf. *Les quatre mondes* de R. CHAPUIS : Amérique latine, monde arabo-musulman, Asie, Afrique), soit sur des critères socio-économiques dans leur dimension évolutive : T. COUTROT et M. HUSSON opposent ainsi l'économie de traite, l'économie primaire d'exportation et les NPI.

On soulignera surtout que la critique, souvent très virulente, contre le concept de Tiers monde (« évanescent », « obsolète » et même « mort », « pulvérisé et aboli » pour d'autres…) s'accompagne d'affirmations parallèles sur **la perpétuation et l'aggravation des inégalités majeures** : « Si le Tiers-Monde en tant qu'entité politique est mort, **le sous-développement reste, lui, une réalité lancinante** qui continue d'agresser nos consciences » (S. BRUNEL, décembre 1992). Reconnaissant ainsi l'un des caractères communs fondamentaux de cette partie du monde difficile à qualifier, tous les observateurs insistent sur cette réalité d'**inégalités emboîtées et cumulatives**, au détriment des femmes, des minorités ethniques, des exclus sociaux, des régions sous-équipées : « Partout, le développement tend à être monopolisé par un petit nombre de zones, et souvent par les seules capitales… par contre les hinterlands se trouvent le plus souvent délaissés. Les espaces nationaux sont ainsi désarticulés, alors que leur centre se réarticule sur le réseau mondial. Il y a maintien des phénomènes de domination, mais internalisés » (J.-L. MARGOLIN, 1991). Même s'ils soulignent que « la vieille image du Sud unique a jauni », et qu'« il est de moins en moins reconnaissable », les auteurs du remarquable numéro de *Savoirs* sur « Une Terre en renaissance : les semences du développement durable » (1993), insistent aussi sur le maintien de la puissance et de la domination du Nord, sur le creusement des inégalités mondiales entre Nord et Sud et sur leur interpénétration croissante : « Le Sud n'est plus ce qu'il était dans l'imaginaire du Nord. Il s'est diversifié et universalisé, se constituant en **archipels** humains et culturels dans les pays industrialisés. Et des **enclaves** du Nord sont aux leviers de commande dans le Tiers-Monde. »

Bien que vigoureusement critiqué, en particulier pour des raisons idéologiques par les « anti-tiers-mondistes » – on y reviendra plus loin, – **le Tiers monde reste un concept commode, tenace et souvent pertinent**. Certes, divers et progressant à des rythmes variés – mais n'est-ce pas aussi le cas dans le monde industriel ? – les pays qui le constituent ont trop de caractéristiques communes évidentes pour ne pas être logiquement considérés ensemble, quel que soit le vocable retenu : PVD, Tiers monde, Périphérie, Sud… À ce titre, la réflexion sur les critères n'a rien perdu de son actualité ni de son intérêt, elle doit simplement s'efforcer d'intégrer – comme on l'a déjà indiqué et comme cet ouvrage s'y attache – les nouveaux paramètres significatifs qui viennent s'ajouter aux constituants traditionnels qui se maintiennent (marginalisation, domination, endettement, inégalités internes, etc.). C'est précisément parce que les indices sectoriels pris à part (PNB/tête, IDH, ratios de consommation et d'équipement, par exemple) ne permettent pas de construire des palmarès quantifiés indiscutables qu'il faut continuer à les rapprocher, à les confronter, à les combiner pour faire apparaître l'homogénéité complexe des processus et des territoires étudiés.

C Tiers mondisme et anti-tiers mondisme : controverses sur les origines et les causes du sous-développement

1 Un débat clarifié et en voie d'apaisement

Il n'est pas aisé, dans un contexte théorique et idéologique animé, de dégager les argumentations essentielles, d'autant qu'elles combinent diverses approches disciplinaires : économie, géographie, sociologie, anthropologie, science politique, comme l'ont montré récemment les ouvrages du GEMDEV (*État des savoirs sur le développement*, 1993) et d'A. GUICHAOUA et Y. GOUSSAULT (*Sciences sociales et développement*, 1993).

Cependant, **les discussions ont perdu beaucoup de leur intensité au cours de la dernière décennie**, en grande partie à cause de l'effondrement du bloc communiste et de l'affaiblissement concomitant des idées marxistes. De façon assez générale, **les approches théoriques globalisantes tendent depuis quelques années à céder la place à des interprétations plus prudentes, plus empiriques et pragmatiques**, insistant surtout sur la diversité et la singularité des situations observées.

La classification parallèle est venue de la révision vigoureuse, et souvent même du rejet total, de certaines interprétations longtemps avancées, bien que schématiques et réductrices, voire franchement douteuses et alarmantes. Les premières relèvent surtout des conditions naturelles (climats, sols, isolement et enclavement, insuffisance des ressources, etc.), les deuxièmes des caractéristiques anthropologiques (thèses racistes fondées sur l'inégalité des ethnies et des « couleurs », « les qualités intrinsèques des peuples » et civilisationnelles (cultures, coutumes, mentalités et comportements, religions, « aptitudes » au développement, etc.), toute une analyse discutable en termes de « malédictions » cumulées, de « connivence de la civilisation et des sols » (P. GOUROU).

En même temps, beaucoup de prévisions aventurées sur l'évolution comparée des grands ensembles économiques mondiaux, qu'elles annoncent l'aggravation ou le comblement des écarts, ont été spectaculairement démenties par les faits. Ainsi, « la revanche du Tiers-Monde » annoncée par J.-C. CHESNAIS dans son ouvrage de 1987 s'est-elle brisée sur les résultats catastrophiques de la dernière décennie dans les PVD ! Et S. BRUNEL (1992) relève justement « qu'il y a une génération, au début des années 60, c'était l'Asie surpeuplée qui était déclarée indéveloppable (Corée du Sud en tête, parce que sans ressources, sans tradition industrielle, dévastée par la guerre) »… avant de conclure : « La comparaison historique et géographique (entre Afrique et Asie) incite à plus de prudence : avant de condamner l'Afrique à un incurable sous-développement, il s'agit d'examiner les facteurs qui paraissent propices à l'enclenchement du processus de croissance de la richesse et de diversification des activités économiques, engendrant en écho une maîtrise accrue par l'homme de son propre destin comme de l'environnement, qu'on appelle développement. »

2 Un long affrontement entre deux thèses

a

S'inspirant de la doctrine libérale et des thèses évolutionnistes et diffusionnistes, le **développementalisme** repose sur le postulat que toutes les sociétés et « tous les ordres politiques connaissent un processus de développement comparable, l'analyse devant dès lors consister à mesurer les décalages, autrement dit les retards des premières (sociétés extra-occidentales) sur les secondes (sociétés occidentales) » (Ph MARCHESIN, 1993). À partir de l'identification de phases successives, bien décrites par W. ROSTOW comme déjà noté au chapitre 1, pourraient se dégager des « lois de développement » débouchant sur un modèle de référence assorti de recettes recommandées : large ouverture sur l'extérieur, industrialisation, modernisation politique, réduction de l'interventionnisme étatique, recours constant aux techniques, à l'aide et aux capitaux étrangers, etc. L'accent est mis – comme ne cessent pas de le faire les rapports de la Banque mondiale – sur la nécessité de **l'intégration** des pays attardés aux marchés mondiaux, ce qui suppose notamment la levée des obstacles au libre-échange, le développement prioritaire des secteurs exportateurs et la réalisation d'unions douanières et économiques.

C'est à une logique assez semblable, mais insistant sur les facteurs de blocage, qu'obéit la **théorie des cercles vicieux** de la pauvreté et de la stagnation présentée par R. NURKSE. « Le sous-développement s'entretient de lui-même car les pays pauvres ne peuvent sortir d'une série de cercles vicieux qu'on peut schématiser de la façon suivante :

— pauvreté → faibles revenus → faible épargne → faible investissement → peu de capital → faible productivité → faibles revenus, etc.;

— faibles revenus → alimentation insuffisante → faible productivité → faibles revenus, etc.;

— faibles revenus → demande faible → marchés étroits → manque de débouchés → faibles investissements → basse productivité, etc. (J. BRASSEUL, 1989).

b À l'opposé des interprétations précédentes qui privilégient les facteurs internes, **l'approche dépendantiste insiste sur l'absence d'autonomie des PVD, sur leur subordination à l'étranger, donc sur les causes externes**. Nées en réaction aux courants libéraux et néo-coloniaux, ces théories de la dépendance ont d'abord été élaborées à la fin des années 60 par des économistes latino-américains (F. CARDOSO, A.G. FRANCK, C. FURTADO, R. PREBISCH) avant d'être largement relayées, de manière exclusive (S. AMIN, P. JALÉE, R. DUMONT, Y. BENOT, J. ZIEGLER) ou partielle (F. PERROUX, G. DESTANNE DE BERNIS, G. MYRDAL, A. EMMANUEL, etc.) par d'autres auteurs, relevant soit de l'approche structuraliste, soit de l'analyse marxiste (ou marxisante). Les thématiques principales de ce courant de pensée sont bien connues : impérialisme, colonialisme et néocolonialisme, dépendance économique et politique, échange mondial inégal et détérioration de ses termes, lutte des classes à l'échelle nationale et internationale, « trahison » des bourgeoisies nationales, accumulation des richesses et des pouvoirs au « centre » par exploitation des « périphéries », etc. L'essentiel est ici, en effet, que « **la théorie de la dépendance n'envisage pas le sous-développement et le développement comme deux stades successifs mais comme deux fonctions d'un même système**... l'avance des sociétés du Nord déterminant de façon quasi mécanique la subordination de celles du Sud à travers une relation d'exploitation économique » (P. MARCHESIN, 1993). Les auteurs fondateurs de cette interprétation, en plus de C. FURTADO déjà cité, parlaient ainsi de « pays dépendants, dominés et exploités, pillés par le système impérialiste » (P. JALÉE) de « pays à économie déformée,... d'économies écrasées, étouffées » (C. BETTELHEIM), du sous-développement comme « le produit contradictoire du monde développé » (G. DESTANNE DE BERNIS), pour conclure avec Y. BENOT : « C'est la naissance, la progression et la mise en place d'un système capitaliste mondial qui a produit à ses deux pôles, développement et sous-développement d'un même mouvement. » Ceci pouvant déboucher, soit sur des revendications révolutionnaires contre l'ordre international et les États nationaux contrôlés par les classes dominantes, soit sur des recommandations de « déconnexion » (selon le titre d'un ouvrage de Samir AMIN) des pays exploités par rapport aux échanges mondiaux.

Des mythes à pourchasser

« Sachons-le : c'est parce que nous bouffons trop qu'ils crèvent. » Ainsi se concluait le commentaire d'un reportage sur la famine en Éthiopie diffusé en janvier dernier à la télévision. Les images bouleversantes de ce document donnaient un retentissement particulièrement fort à cette idée par ailleurs bien répandue.

Je m'étais rendu peu de temps auparavant sur ces hauts plateaux éthiopiens où les équipes de Médecins sans frontières s'acharnaient à sauver ceux qui pouvaient l'être encore. J'y avais vu la détresse des hommes, la sécheresse, parfois des terres épuisées. Mais aussi la guerre et des techniques culturales archaïques.

Des infrastructures quasi inexistantes, une indifférence, constante au fil des régimes, pour la paysannerie, une monnaie sans valeur, et des circuits de production et de distribution gérés par l'État apparaissaient, aux côtés de la sécheresse et de la guerre civile, comme des causes autrement significatives que ce système de vases communicants : ils sont trop maigres là-bas parce que nous sommes trop gros ici. Une telle tragédie ne peut provoquer qu'un réflexe : aider, secourir par tous les moyens. Et ce réflexe est le bon.

Mais lorsque les bons sentiments se substituent à la compréhension des événements, ou les déforment au nom d'une générosité hâtive, ils s'essoufflent, se fragilisent et deviennent pur conformisme.

Le système d'explication par la spoliation des différences de richesse entre les pays est devenu une évidence : l'ordre colonial, et son équivalent contemporain, le système économique mondial, feraient immuablement circuler les richesses du Sud vers le Nord, de la « périphérie » vers le « centre ». Dans un monde où la quantité de richesses serait définitivement fixée, notre opulence ne serait que l'image en miroir de la détresse du Tiers monde, dont elle est responsable. Seule une révision globale de nos rapports, l'institution d'un « nouvel ordre économique international » pourraient mettre un terme à ce déni de justice.

Pourtant, plus de 80 % des céréales sont produites dans le monde par les pays occidentaux, dont les habitants n'extorquent donc à personne ce qu'ils consomment.

Pourtant, les pénuries alimentaires que l'on observe en Afrique sont avant tout le fait d'un enclavement économique, d'une insuffisance d'adaptation technique, de l'absence de stratégies agricoles réalistes. C'est d'ailleurs ce que disent actuellement les responsables africains eux-mêmes [1].

Pourtant, de nombreux pays dans le Tiers monde – de la Côte-d'Ivoire à la Corée, du Venezuela au Kenya ou à la Thaïlande – ont enregistré des succès. Même s'ils sont partiels, encore fragiles pour certains, les progrès sont réels. Ces pays ne font jamais la une de l'actualité, tant il est vrai qu'une bonne nouvelle n'est pas une nouvelle.

Ils ont choisi des stratégies variées, et il serait hasardeux de chercher à élaborer un modèle à partir de leur observation. Mais ils ont en commun, avec de nombreux autres notamment en Asie, la caractéristique d'avoir ouvert leurs économies au monde extérieur, diversifié leurs activités, délaissé la rhétorique de tribune au profit du pragmatisme.

L'enjeu fondamental, tant sur un plan pratique que moral, du développement des pays pauvres exige de se débarrasser de ces mythes, d'abandonner le paternalisme insidieux qui exclut de toute responsabilité sur leur propre histoire l'ensemble des citoyens du Tiers monde.

Si nous entendons jouer un rôle positif dans le processus de développement, encore faut-il que nous sachions sur quels leviers agir. Un traitement approprié exige un diagnostic exact.

L'idée que l'essentiel des causes du sous-développement réside dans le comportement inique et mercantile des pays industrialisés revient à privilégier les facteurs extérieurs aux pays concernés. Le mouvement tiers-mondiste, toutes tendances confondues, se retrouve largement autour de cette idée, et donc des propositions du « nouvel ordre économique international ». Fondées sur une apparente exigence de justice, les dispositions qu'il contient aboutiraient pourtant, si elles étaient appliquées, à un transfert de richesses des pauvres vers les riches, comme le montre un rapport du CEPII[2] *et comme l'atteste l'exemple du pétrole.*

La solidarité est une valeur fondamentale, pour laquelle nous luttons de toutes nos forces. Elle n'a malheureusement jamais développé aucune société dans le monde.

En refusant de réexaminer ses analyses à la lumière des réalités, le tiers-mondisme s'est enfermé dans ses propres mythes. La compréhension de problèmes aussi cruciaux que ceux du développement ne peut se contenter de ces approximations, d'un système d'explication qui brouille la vision au lieu de l'affiner.

C'est parce que ce tiers-mondisme-là est devenu un obstacle au développement que nous avons entrepris, à partir de valeurs essentielles que nous partageons, de réfuter ses postulats.

Rony BRAUMAN (*)

Le Monde, 6 novembre 1985.

* Médecin, directeur de Liberté sans frontières.

1. Cf. l'article du *Monde* du 11 mai 1985 : « L'Afrique responsable de son propre malheur ».

2. « Rapports Nord-Sud, mythes et réalités », Centre d'études prospectives et d'informations internationales (CEPII).

3 La récente offensive de « l'anti-tiers mondisme »

Il était inévitable que des thèses aussi radicales et militantes, s'appuyant sur des tentatives nationales aux résultats pour le moins incertains (Algérie, Tanzanie, Cuba, Chine, Cambodge, Vietnam…), fussent à leur tour, vivement critiquées et rejetées. D'abord, sur le mode de l'ironie grinçante dans l'ouvrage de P. BRUCKNER, *Le sanglot de l'homme blanc*, dénonçant la culpabilisation générale vis-à-vis des misères du Tiers monde. Ensuite sur le mode de la démonstration économique avec les études et les interventions de la Banque mondiale et du Fonds monétaire international, prenant le contrepied des approches dépendantistes, en conseillant le désengagement de l'État, la large ouverture sur le commerce international, le recours aux capitaux étrangers, etc.

Concernant les responsabilités du sous-développement, les« anti-tiers mondistes » exonèrent, ou limitent considérablement, les effets du colonialisme et de la domination économique exercée par les pays industriels, en mettant surtout l'accent sur les facteurs endogènes : instabilité et imperfection des régimes politiques, corruption généralisée, rigidité des structures sociales, inadaptation des programmes de développement… Ces affirmations sont largement exposées dans l'ouvrage collectif *Tiers-Mondes, controverses et réalités* (1987) dirigé par S. BRUNEL sous l'égide de l'association « Libertés sans frontières », émanation de l'aile libérale de « Médecins sans frontières (dont la scission avait spectaculairement marqué l'acuité des oppositions entre « tiers mondistes » et « anti-tiers mondistes ») ; on ne s'étonnera pas, de trouver sous les mêmes plumes, le rejet le plus virulent du terme de « Tiers monde », la revendication d'un « esprit dégagé de tout dogmatisme », la priorité accordée aux « études concrètes… au-delà des intentions affichées »…

Comme on l'a noté au point 1, le débat a récemment perdu beaucoup de sa véhémence à la suite de tentatives de désamorçage des oppositions (cf. les ouvrages d'Y. LACOSTE ou de C. LIAUZU) ou de complexification indispensable des analyses. On peut, à cet égard, se rallier à la définition proposée par T. COUTROT et M. HUSSON (1993) : « Le sous-développement peut alors être défini comme **le produit du choc entre la loi du commerce qui régit le marché mondial, et des sociétés démunies de la cohérence interne fonctionnelle à cette loi. Ses racines ne sont ni internes ni externes mais indissolublement… internes et externes**. S'il y a dépendance vis-à-vis de l'extérieur, c'est par suite de l'atrophie ou de la difformité du développement des rapports sociaux capitalistes internes ; inversement, cette dépendance empêche de remédier "spontanément"… aux tares de ce sous-développement. »

Bibliographie d'orientation de la partie I

Théories et principes généraux

ASSIDON (E.), *Les théories économiques du développement*, Repères-La Découverte, 1992, 115 p.

CHOQUET (C.), DOLLFUS (O.), LE ROY (E) et VERNIÈRES (M.), *État des savoirs sur le développement*, Karthala, 1992, 229 p.

GUICHAOUA (A.) et GOUSSAULT (Y.), *Sciences sociales et développement*, A. Colin, 1993, 190 p.

Revue *Tiers monde,* Les débats actuels sur le développement, PUF, oct-déc.1987, p.p. 757-975.

Revue *Espaces-Temps,* Sortir du Tiers-Monde, 1991, n° 45-46.

PARTIE 2

DÉSÉQUILIBRES ÉCONOMIQUES ET DISPARITÉS SOCIO-SPATIALES

SOIGNER ET NOURRIR 5 MILLIARDS D'INDIVIDUS À L'HORIZON 2000

1

S'il n'est guère facile – ni même réellement possible – dans un ouvrage consacré aux défis du développement dans le Tiers monde, d'échapper aux rubriques traditionnelles d'analyse (population, agriculture, industrie, villes, aspects financiers et politiques, etc.), il est, au moins, souhaitable de respecter deux principes de base qui consolident et rénovent l'approche. D'un côté, en dirigeant le projecteur vers des thématiques à la fois englobantes et émergentes : pauvreté, secteur informel, santé, environnement, développement durable, etc. D'un autre côté, en faisant apparaître, au-delà des catégories conventionnelles, les inter-relations étroites et organiques qui relient les divers éléments constituants du « système Tiers monde ».

Il n'a pas paru, ainsi, pertinent de dissocier trop strictement les questions de démographie, de nutrition et de santé. Leur regroupement dans un même chapitre présente un triple avantage :

— Celui, en premier, **de refuser d'envisager le problème démographique comme isolé et forcément prioritaire**, sorte de « sésame » universel, d'hypothèque première à lever avant toute autre considération.

— Celui de **percevoir constamment les interpénétrations multiples et complexes entre ces trois thèmes** (auxquels d'autres, très proches : revenu, pauvreté, emploi, équipements collectifs, etc., auraient pu être aussi rattachés). Pour se limiter à cet exemple, comment traiter de mortalité infantile sans référence immédiate aux questions de nutrition (de la mère et de l'enfant, en volume et en qualité), d'encadrement et d'équipement sanitaire et hygiénique (maternités, médecins, vaccination, adduction d'eau et assainissement, pollution de l'air, etc.), mais aussi de ressourses économiques et de comportements sociaux ? N'est-il pas significatif aussi que l'analyse de la « transition démographique » soit combinée depuis peu avec celle de la « transition épidémiologique », qui consacre le passage à une mortalité « normale », non dominée par les maladies infectieuses ?

— Celui **d'apprécier de façon nuancée et contradictoire les effets possibles de la situation démographique sur les processus de développement, non seulement sous l'angle classique du fléau et de la menace mais aussi de l'atout à valoriser** : « Pour le démographe J.-C. CHESNAIS, la croissance démographique, conséquence de la baisse de la mortalité, donc de progrès socio-économiques réels, constitue plus un moteur du développement qu'une entrave. Elle traduit le dynamisme d'une population, exerce une véritable pression à l'innovation et se ralentit d'elle-même lorsque de meilleures conditions de vie entraînent naturellement un ajustement de la fécondité des ménages » (S. BRUNEL, 1992) ; de même, C. CARLE (*Ramsès 1994*) souligne à propos de l'Afrique subsaharienne : « Une population où prédomine la jeunesse peut aussi bien se muer en atout... une jeunesse urbaine pléthorique, loin d'être nécessairement une malédiction, peut aussi constituer à terme autant de consommateurs potentiels et de producteurs, à des coûts de main-d'œuvre défiant la concurrence asiatique. »

A Le contexte démographique : les rythmes et les effectifs

Il est important de souligner ici aussi, en introduction, que la diversité interne d'évolution démographique au sein de l'ensemble Tiers monde est telle qu'elle peut conduire à l'omission ou au rejet volontaire des arguments d'unité. Comme on le verra, en effet, **les divers pays ont enregistré au cours des dernières décennies des résultats très dissemblables, qualifiés de succès ou de déceptions dans l'optique d'un ralentissement souhaitable. Pour autant, les écarts majeurs subsistent** : le Tiers monde enregistre ainsi 90 % de l'accroissement démographique mondial et 98 % des cas de mortalité infantile (les enfants y courent sept fois plus de risques d'y décéder pendant leur première année que dans les pays du Nord) ; la durée moyenne de vie (64 ans en 1991) y reste inférieure de 13 ans à celle des économies à revenu élevé, et de 22 ans si l'on ne considère que les pays à faible revenu.

Pour éviter beaucoup de confusions classiques dans ce genre d'analyse, on a choisi de distinguer clairement les « stocks » (effectifs globaux et sectoriels de population, suivant divers paramètres, spatiaux et sociaux) et les « flux » (rythmes de croissance observés et prévisibles, mouvements divers de population) pour introduire la brève réflexion sur démographie et développement.

1 Les effectifs : le vertige des masses

La connaissance démographique est encore très imparfaite, tout particulièrement dans les PVD où les recensements sont irréguliers et peuvent fournir des résultats inattendus, comme récemment au Nigeria (88 millions d'habitants recensés en 1992 au lieu des 123 millions attendus...), au Mexique (chiffre inférieur de 7 millions aux prévisions lors du recensement de 1991) ou en Chine (réduction spectaculaire des taux de croissance surprenant tous les démographes après une première surprise, en excès celle-là !, lors d'un précédent recensement).

Au-delà de ces incertitudes nationales, les grandes valeurs sont connues et – compte tenu des générations déjà nées aujourd'hui – prévisibles à l'horizon de deux à trois décennies. **Le Tiers monde comptera à la fin du siècle plus de**

5 milliards d'habitants, soit presque autant que le monde tout entier en 1992 (5,5 milliards), la population de celui-ci s'établissant dans la fourchette de 6,1 à 6,4 milliards en 2000, de 7,6 à 9,4 milliards en 2025, et devant se stabiliser autour de 11 à 12 milliards en fin de XXIe siècle. L'essentiel réside dans l'affirmation relative du monde aujourd'hui sous-développé, passant de 69 % de la population mondiale en 1900 à 77 % en 1990, 80 % en 2000, 88 % en 2100 ; sur 95 millions d'habitants supplémentaires chaque année dans le monde, 85 millions environ viennent grossir la population des PVD...

En volume, il importe aussi de relever le **renforcement continu des catégories jeunes dans cette population** : les moins de 14 ans y représentent 35,4 % des habitants (et près de 50 % dans les pays plus pauvres), contre moins de 20 % dans les pays développés. De manière absolument générale, une partie désormais majoritaire de la population des pays sous-développés est âgée de moins de 20 ans et progresse beaucoup plus rapidement que les autres tranches d'âge, à un rythme de 6 à 7 % supérieur à celui de l'ensemble des habitants. Les conséquences en sont nombreuses et prévisibles : chances infimes de ralentir la natalité, pression croissante et préoccupante sur l'emploi, surtout coûts considérables et cumulatifs d'enseignement, de formation, d'encadrement médical et social, carences dramatiques (120 millions d'enfants de 6 à 11 ans sont sans école). Dans le continent asiatique, seulement 6 enfants sur 10 de la classe d'âge 6-11 ans peuvent aller à l'école et 3 sur 10 à peine des 12-17 ans continuent leur scolarité.

En 1987, la France, la Colombie et l'Algérie comptent chacune un total comparable de jeunes de moins de 15 ans (11 millions environ)... mais le reste de la population s'élève à 45 millions d'individus dans le premier pays, pour seulement 20 et 14 millions dans le deuxième et le troisième !

Les frais d'alimentation, d'habillement, de logement et d'éducation d'un enfant ont tendance à s'accroître avec la progression du revenu moyen et à peser de plus en plus lourdement sur les familles et sur la collectivité nationale. Paul BAIROCH attire l'attention sur la difficulté de cette période transitoire lorsqu'il écrit : « **Tout le problème réside dans le fait qu'il faut nourrir cette bouche en plus avant que les deux bras supplémentaires soient à même de travailler...** »

L'impétueuse « montée des jeunes », jointe à l'allongement de la durée moyenne de vie, contribue à alourdir le poids financier supporté par la tranche en âge de travailler, dont l'apport productif doit entretenir un nombre croissant d'« inactifs ». Selon Jean-Marie POURSIN, le « ***taux de dépendance économique*** » (nombre de personnes âgées de moins de 15 ans et de 65 ans et plus pour 100 personnes âgées de 15 à 64 ans) s'établit à 76,8 % dans les pays sous-développés contre seulement 58,6 % dans le monde développé. Il s'élève même à 130 % dans les pays à faible revenu si le « seuil d'indépendance » est placé à vingt ans au lieu de quinze ans ! Le même auteur a souligné l'aggravation possible de ce taux avec le **vieillissement prévisible** des populations du Tiers monde, particulièrement dans les pays qui ont beaucoup ralenti leur croissance démographique : la marge est encore large, les plus de 65 % ne représentant que 4 % des populations du Sud, contre 13 % dans le Nord.

2 Les indicateurs d'évolution : transition et mutation

Le contexte général est celui d'une mutation inéluctable et spectaculaire en matière de maîtrise démographique, mais irrégulière dans le temps – les « progrès » ont été beaucoup plus rapides dans les années 70 que dans la décennie suivante – **et dans l'espace** – l'Afrique subsaharienne venant, le plus souvent, démentir l'évolution globale.

L'ampleur impressionnante des résultats observés doit, d'abord, être soulignée, avec particulièrement :

— **L'allongement de l'espérance de vie** : « Les quarante dernières années ont vu l'espérance de vie s'améliorer plus qu'elle ne l'avait fait pendant toute la période précédente de l'histoire humaine : de 40 ans dans les pays en développement en 1950, elle y était passée à 63 ans en 1990 » (Rapport sur le développement dans le monde, 1993). L'écart moyen entre PD et PVD s'est réduit de 20 ans à 12 ans entre 1970 et 1991 ; la durée moyenne de vie s'est allongée, dans ces trois décennies, de 12 ans en Asie (Chine et Inde exclues), de 16-17 ans en Amérique latine et au Moyen-Orient, de 26 ans en Chine… mais l'Afrique subsaharienne dépasse à peine les 50 ans.

— **La réduction des taux de mortalité**, tant générale (de 2,2 % en 1950-1955 à 0,9 % en 1990-1995 dans les PVD, soit une diminution de 60 % pour tendre à s'aligner sur les taux des pays industriels) que juvénile (tombée de 28 à 10,6 % dans les derniers quarante ans pour les moins de 5 ans) et infantile (de 10,2 % en 1970 à 6,1 % en 1991 pour les enfants de moins d'un an, soit tout de même 7,6 fois plus encore que dans le monde développé !)

— **Le recul, plus incertain, des taux et indices de fécondité** : si le nombre moyen d'enfants par femme en âge de procréer (taux de fécondité) est tombé de 6,1 à 3,9 au cours du dernier quart de siècle dans les PVD et l'indice synthétique de fécondité (« nombre d'enfants que mettrait au monde une femme qui vivrait jusqu'à la fin de ses années de procréation en donnant naissance à chaque âge au nombre d'enfants correspondant au taux de fécondité pour cet âge ») de 5,7 à 3,6 entre 1970 et 1991 (avec 3,2 prévu en 2000), les évolutions présentent ici une hétérogénéité beaucoup plus forte que pour les deux indicateurs précédents. Les disparités, observées sur la période 1960-1991 par exemple, sont, en effet, très marquées entre **quatre grands groupes de pays** (cf. tableau 1) :

— les pays à revenu et à développement humain faibles de l'Afrique subsaharienne et de la zone himalayenne (Népal, Bhoutan) où le taux a stagné, voire progressé (de 12 à 13 % en Angola ou au Zaïre, de 29 % au Gabon) ;

— des pays musulmans réfractaires au planning familial et où le recul du taux a été peu sensible : – 8 % en Libye, – 10 % en Arabie Saoudite, – 15 % en Iran ;

— un groupe intermédiaire enregistrant une réduction du taux de 30 à 50 % environ, avec divers pays méditerranéens (Maghreb, Égypte, Turquie), latino-américains (Venezuela, Mexique) et asiatiques (Philippines, Sri Lanka) ;

— enfin, un ensemble conséquent de pays surtout asiatiques et de l'aire Antilles-Amérique latine, concernés par un recul très net (de 50 à 70 % d'enfants de moins

TABLEAU 1

ÉVOLUTIONS COMPARÉES DES TAUX DE FÉCONDITÉ ET D'ACCROISSEMENT NATUREL AU COURS DES TROIS DERNIÈRES DÉCENNIES

	Taux de fécondité (indice en 1991, pour un indice 100 en 1960)	Taux de croît naturel (indice en 1985-90 pour un indice 100 en 1955-60)
1. Cas d'augmentation		
Gabon	129	870
Guinée-Bissau	114	264
Angola	113	173
Éthiopie	104	133
Laos	109	138
Côte-d'Ivoire	103	113
2. Cas de stabilisation		
Mauritanie	100	143
Mali	100	136
Niger	100	132
Afghanistan	99	129
Népal	97	165
3. Cas de réduction limitée		
Argentine	91	72
Sénégal	89	111
Arab. Saoudite	90	146
Iran	85	140
Inde	67	87
Algérie	69	128
Maroc	63	94
Afr. du Sud	64	99
Philippines	59	84
Égypte	60	100
Turquie	56	75
4. Cas de forte réduction		
Vénézuela	50	59
Tunisie	50	116
Sri Lanka	48	53
Mexique	49	72
Chine	40	97
Barbade	39	90
Maurice	35	36
Thaïlande	36	45
Singapour	32	26
Rép. de Corée	30	40
Hong Kong	28	21

(Source : Rapport PNUD sur le développement humain, 1993)

par femme en trente ans), avec des résultats particulièrement spectaculaires à Hong Kong, Singapour, en République de Corée, à Maurice.

— **La diffusion rapide des moyens contraceptifs**, utilisés par 49 % des couples du monde sous-développé en 1985-1990 contre seulement 9 % en 1965-1970, et très largement adoptés dans quelques pays à développement humain élevé (de 70 à 81 % dans les NPI d'Asie et au Costa Rica), voire moyen (70-71 % à Cuba et en Chine). Dans ce dernier pays, la contraception – stérilisation comprise – couvrirait en 1993 plus de 83 % des couples en âge d'avoir des enfants ; le taux de fécondité, déjà tombé de près de 6 en 1960 à 2,3 en 1990, devrait descendre à 1,8-1,9 vers 1995.

C'est, au total, la position respective des différents pays dans le processus de transition démographique qui rend le mieux compte de la diversité des situations et des perspectives. Cette transition, qui marque le passage d'un régime démographique « traditionnel » (taux de natalité et de mortalité élevés) à un régime démographique « moderne » (accroissement naturel toujours réduit mais avec natalité et mortalité faibles), se produit dans les pays du Sud de manière à la fois inégale, précipitée et heurtée.

Ainsi, une baisse de la mortalité de vingt points (en ‰) y a été obtenue en quarante ans, depuis 1950, alors qu'il avait fallu en Europe, un siècle et demi pour obtenir le même résultat ! Elle a, en quelque sorte, annulé les bénéfices du recul parallèle de la natalité. Une large majorité de PVD enregistraient en 1985-1990 un taux de croissance démographique encore largement supérieur à celui de 1955-1960 (de 100 à 160 % au Bénin, au Togo, dans les Guinées équatoriale et Bissau par exemple, de 25 à 70 % dans de nombreux pays pauvres d'Afrique noire et d'Asie – en relevant le 28 % de l'Algérie ! –, de 5 à 20 % dans plusieurs pays musulmans). Dans beaucoup de grands pays asiatiques (y compris en Chine : – 3 %, et en Inde : — 13 %), la réduction est restée inférieure à 20 %, alors qu'elle était spectaculaire (de 60 à 80 %) dans les pays industriels émergents. L'Amérique latine se groupe surtout autour de – 30-40 % et les Antilles, plutôt autour de 50-60 % (cf. tableau 1). Au total, le taux de croissance de l'ensemble du Tiers monde n'a que très peu baissé : 2 % en 1950-1955, 1,9 % en 1990-1995. La baisse de la fécondité n'a pas été assez nette au cours de la dernière décennie pour qu'une majorité de pays ait largement engagé leur transition démographique : elle est à peine amorcée en Afrique subsaharienne et en Asie du Sud mais nettement entreprise dans les pays latino-américains et d'Asie du Sud-Est (Chine comprise), les plus avancés économiquement et « humainement ».

3 Des populations très mobiles

Cet aspect est, souvent, injustement oublié par les experts, ou réduit à ses manifestations les plus tragiques d'exodes massifs à la suite de crises politiques ou climatiques. Les populations du Tiers monde sont, pourtant, concernées par de **multiples formes de migrations** dont l'ampleur et l'intensité croissantes sont à la mesure des transformations économiques et sociales. On peut y distinguer par commodité :

— Des **migrations internes**, parfois saisonnières et le plus souvent définitives, soit vers des régions en voie de colonisation, soit vers les pôles d'emploi des agglomerations : l'**exode rural** – qui sera logiquement traité dans les chapitres consacrés à l'agriculture et à l'urbanisation – peut mettre en mouvement des masses considérables comme en Chine où « la population flottante », errant de gares en gares, est estimée à près de 100 millions d'individus !

— Des **migrations de travail vers l'étranger,** traditionnelles mais récemment limitées par les restrictions établies par les pays d'accueil. « Au cours des trente dernières années, au moins 35 millions d'habitants du Sud ont élu résidence dans le Nord, et leur nombre augmenterait chaque année d'un million et demi. Sans oublier les quelque 20 millions de contractuels qui travaillent au Nord pour des périodes déterminées et dont un grand nombre pourrait s'y installer définitivement et procéder à des regroupements familiaux » (D. OUEDRAOGO, 1993). Les spécialistes analysent le phénomène comme **une nouvelle « dérive des continents » autour** de **quelques « lignes de fracture » majeures** : la Méditerranée (qui aurait fourni 25 millions de migrants à l'Europe industrielle), le Mexique et la Caraïbe (16 millions de migrants vers États-Unis et Canada), l'Asie, du Pakistan aux Philippines (12 millions de migrants, surtout vers les pays du Golfe, le Japon et les « nouveaux dragons »). Pour le deuxième ensemble, A. MUSSET (1994) souligne que « ces migrations sont aujourd'hui un phénomène majeur qui bouleverse les structures socio-démographiques de tous les pays concernés, plus particulièrement dans les tranches d'âge de la population active (surtout masculine) », en insistant sur quelques migrations massives : 2 millions d'émigrés pour 2,5 millions d'habitants en Jamaïque, déplacements saisonniers considérables au départ du Guatemala, du Salvador ou d'Haïti, exode des Cubains et Haïtiens vers Miami, migration organisée des Portoricains vers les États-Unis ou des Antillais français vers la métropole, etc. Sans parler du phénomène le plus connu de la traversée constante, bien qu'essentiellement illégale, de la frontière des États-Unis par des Mexicains : les 12,5 millions déjà établis verraient leur nombre grossi annuellement de 135 000 migrants clandestins !

Pour les pays du Sud, cette migration – aussi malaisée qu'elle soit devenue – est économiquement essentielle : les transferts financiers des migrants vers le pays d'origine ont été évalués à 50 milliards de dollars en 1990, soit dix fois plus qu'en 1970. Certains apports, plus considérables sans doute, sont difficiles à évaluer tant les formes d'intervention sont anciennes, multiples et… discrètes. C'est le cas des apports des diverses diasporas (grecque, arménienne, libanaise, syrienne, juive, etc.) avec, en tête, celle des *huaquao*, les Chinois d'outre-mer : au nombre de 56 millions, ils disposent d'une puissance financière colossale évaluée aux deux tiers du PNB de leurs pays d'origine !

— **Des migrations accidentelles et paroxystiques**, exodes de la terreur et de la misère dont l'Afrique noire principalement a donné de tragiques illustrations au cours des décennies récentes (Rwanda-Burundi, Somalie, Éthiopie, Soudan, pays du Sahel, etc). Le nombre officiel des réfugiés dans le monde a atteint 18 millions en 1992, contre 2,8 millions en 1976 (dont 8 millions déplacés d'Asie et près de 6 millions d'Afrique), à la suite de troubles d'origine politique, militaire, économique et écologique ; il devrait être augmenté du chiffre des déplacements autoritaires opérés à l'intérieur des pays : plus de 10 millions de personnes auraient ainsi dû migrer en Inde à cause de la réalisation de barrages géants… (L. BROWN, 1993). Les conflits locaux, les situations de sécheresse et de famine conduisent aussi les gouvernements à décréter des transferts massifs de population qui viennent gonfler les immenses et lamentables camps de réfugiés déjà largement disséminés dans le Tiers monde.

4 Le débat démographie-développement : heurs et malheurs des politiques démographiques

Les rapports entre évolution démographique et progrès socio-économique sont depuis longtemps au cœur de la problématique du développement et ont donné lieu à d'innombrables analyses et publications, appuyées en général sur un constat critique des diverses politiques démographiques nationales. On se bornera ici – cette question centrale étant souvent envisagée sous divers angles dans d'autres chapitres – à quelques remarques essentielles, de portée très générale :

— **L'énorme majorité des PVD s'est déterminée en faveur d'une limitation maîtrisée de la croissance démographique, avec des modalités diverses** selon l'implication de l'État, les moyens techniques (stérilisation, avortement, contraception) recommandés et les crédits attribués, la continuité des politiques adoptées ; les polémiques qui ont divisé les PVD lors des premières conférences démographiques mondiales – particulièrement à Bucarest en 1974 – se sont largement apaisées, même si l'inquiétude internationale subsiste.

— **Les résultats enregistrés par ces politiques ont été si dissemblables qu'ils permettent de conclure à une déficience des moyens techniques s'ils ne sont pas accompagnés de transformations socio-économiques et culturelles majeures.** Les réussites les plus fréquemment citées – parce que les plus spectaculaires – de politiques antinatalistes concernent surtout des territoires de taille exiguë ou des cas un peu artificiels de concentration des efforts et des investissements dans le temps et l'espace : Taiwan, Corée du Sud, Hong Kong, Singapour, Sri Lanka, île Maurice, Costa Rica, Trinidad, Porto-Rico… L'incontestable succès chinois – obtenu au prix de contraintes terribles imposées aux individus par la « politique de l'enfant unique » – n'est pas aussi complet ni convaincant que le prétendent les déclarations officielles : les pratiques d'infanticide féminin et d'avortement clandestin dans des conditions très dangereuses font beaucoup d'ombres à ce tableau avantageux…

D'autres pays, pourtant largement préoccupés par les perspectives de surpeuplement (par rapport aux ressources) tels que l'Égypte, les Philippines, l'Indonésie, le Brésil, le Pakistan ou les pays du Maghreb, ne sont pas parvenus à réduire fortement le rythme de leur croît démographique. **L'Inde est devenu le prototype de ces blocages et de ces déceptions** : l'un des premiers programmes de contrôle des naissances, lancé dès 1951, « se solde globalement par un échec », suivant les termes mêmes de V. GOWARIKER, conseiller pour la science et la technique auprès du Premier ministre de l'Inde (*Savoirs*, 1993, p. 79). Des moyens considérables en matériel et en crédit ont été utilisés, des campagnes massives – parfois même coercitives – de stérilisation masculine et féminine (8 millions auraient été effectuées en 1976) ont été conduites, de nombreuses mesures législatives ont été promulguées… sans que les résultats n'atteignent jamais les objectifs : le taux de fécondité est resté très élevé dans les États les plus peuplés et est encore de 4 % pour l'ensemble du pays, le croît naturel n'est toujours pas passé en dessous de la barre de 2 % et n'a donc baissé que de 0,3 point en plus de vingt ans. À ce rythme, la population s'accroît de 17 millions d'individus chaque année et atteindra le milliard avant l'an 2000 ; selon les prévisions actuelles, elle se stabiliserait autour de 1,8 milliard vers la fin du siècle prochain…

— C'est donc bien **la relation complexe entre contexte social et décision démographique** qui revient au premier plan. Au-delà de la constatation schématique des Nations unies (entre 1980 et 1992, dans les quarante et un PVD à croissance démographique la plus forte, le revenu par tête a régressé de 1,25 % par an alors qu'il a progressé de 1,23 % par an dans les quarante et un autres pays à croissance démographique la plus faible), les experts insistent sur la multiplicité des biais indispensables : libération et promotion de la femme, développement de l'éducation, progrès de l'encadrement sanitaire et de la prise en charge sociale, augmentation et redistribution des revenus, lutte contre la pauvreté, stabilisation de l'emploi, mutations culturelles et religieuses, protection des ressources environnementales, etc. J. VALLIN a bien résumé l'état de la réflexion et la difficulté de la solution : « [c'est] » « la sage reconnaissance **d'une double impossibilité : celle de résoudre le problème démographique sans développement économique et social et celle de sortir du sous-développement sans maîtrise de la croissance démographique** ».

B Les problèmes de la santé : des soins toujours très insuffisants…

Longtemps étudiée seulement à travers ses manifestations les plus spectaculaires, telles que les épidémies ou la morbidité de la mère et de l'enfant au moment de l'accouchement, la question de la santé est depuis peu considérée comme un thème spécifique et majeur, aussi prioritaire à traiter que beaucoup d'autres, largement symbolique du contexte social tout entier. Le Banque mondiale a, d'ailleurs, centré son rapport sur le développement dans le monde de 1993 sur le sujet « Investir dans la santé » après avoir consacré les rapports précédents aux thèmes de la pauvreté et de l'environnement.

Les inter-relations avec les autres indicateurs sociaux et spatiaux sont particulièrement étroites dans ce domaine de la santé comme le relevait, par exemple, C. ALLAIS (1993) : **« La santé pour tous en l'an 2000 ? L'objectif fixé par l'OMS (Organisation mondiale de la Santé) est, à l'évidence, loin d'être atteint. Il ne le sera pas sans une lutte efficace contre la pauvreté et ses conséquences dramatiques, la malnutrition et la dégradation de l'environnement. »**

C'est aussi dans une perspective évolutive qu'une telle question doit être constamment envisagée tant **les transformations intervenues récemment ont été rapides et considérables, le plus souvent d'origine extérieure**. Ainsi, 80 % des enfants du monde sont-ils désormais vaccinés contre les principales maladies infectieuses, pour seulement 5 % en 1977 et 20 à 30 % en 1983 ; la variole – qui avait encore tué 1,5 à

FIGURE 5
L'ÉDUCATION DES MÈRES, ASSURANCE VIE DES ENFANTS

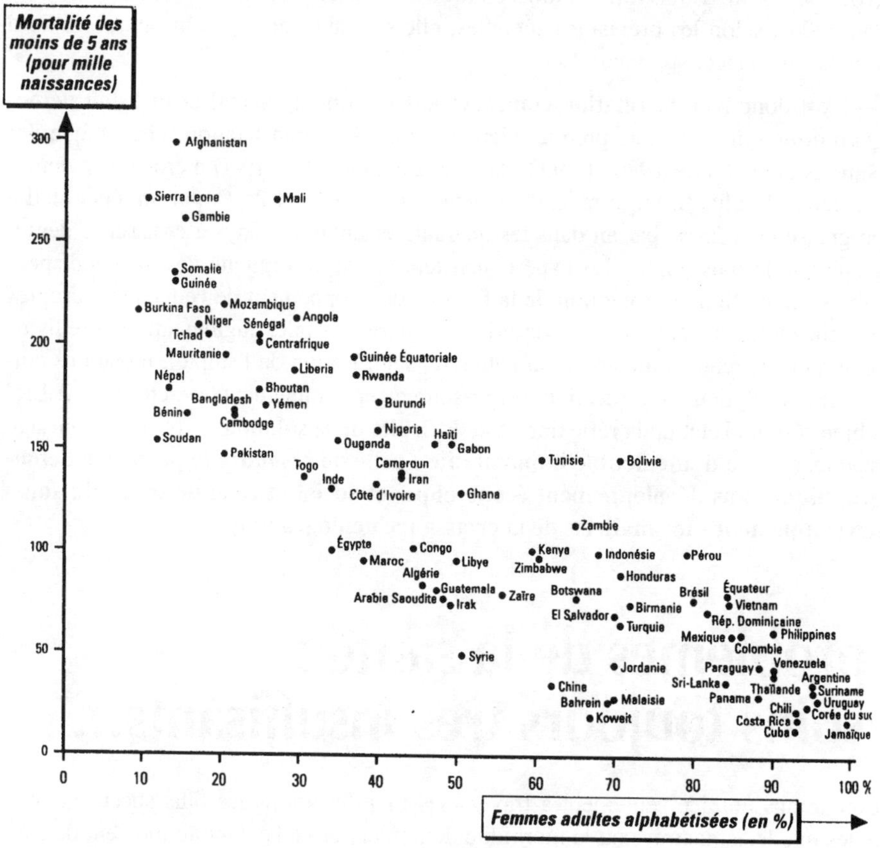

(Source : Institut des ressources mondiales, *Ressources mondiales*, Éditions Sciences et Culture, Montréal, 1992, d'après « *Savoirs* », 1993)

2 millions de personnes et en avait rendu 0,5 million aveugles en 1967, année de lancement du programme intensif de l'OMS – a même été considérée comme totalement éradiquée à la fin de 1977.

1 Une situation toujours inégalitaire et précaire

a Les inégalités face à la maladie et à son traitement

sont à la fois :

— **externes** : les pays à revenu élevé alimentent 90 % du total mondial des dépenses de santé (pour environ le cinquième des habitants du globe), et les seuls États-Unis, 41 % ; l'ensemble des PVD ne consacre à la santé que moins du trentième du montant dépensé par les pays riches et n'achète chaque année que 7 % du matériel médi-

FIGURES 6 ET 7
LA CORRÉLATION PIB - DÉPENSES DE SANTÉ DANS LES PAYS DU TIERS MONDE

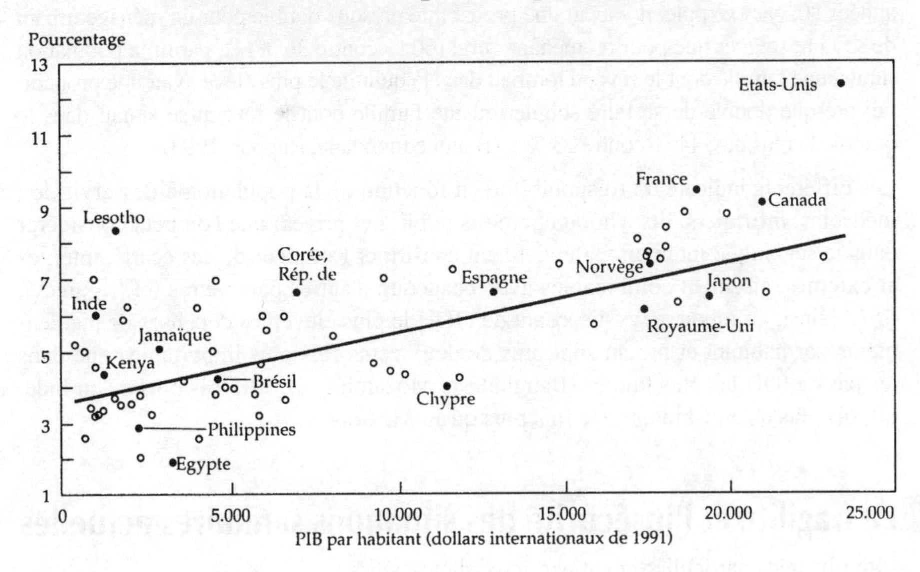

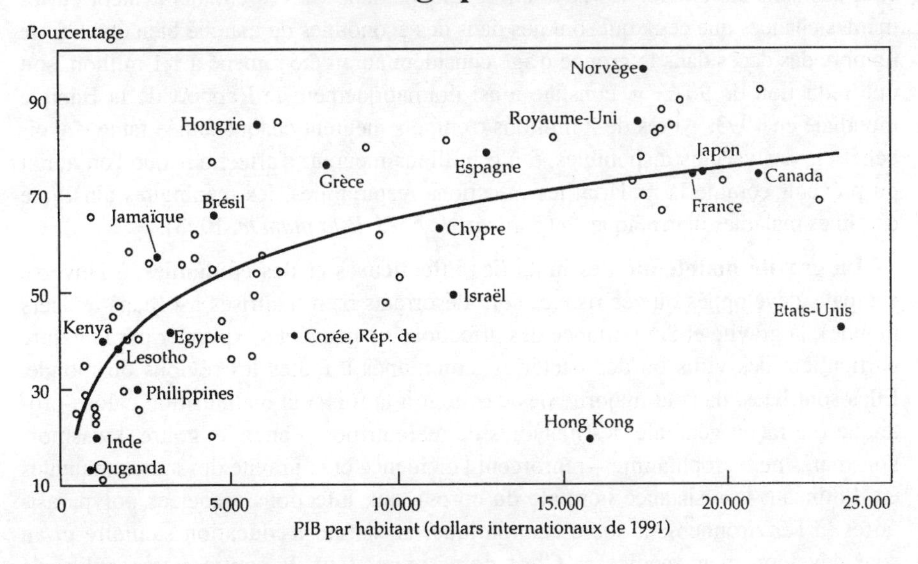

(Source : Rapport Banque mondiale, 1993)

cal vendu dans le monde ; le total des dépenses de santé oscille, en 1990, de moins de 10 dollars par personne dans plusieurs pays d'Afrique et d'Asie à... plus de 2 700 dollars aux États-Unis ;

— **internes** : d'abord entre régions et pays (figures 6 et 7), puis entre catégories sociales et spatiales, les divers handicaps se cumulant : « En Côte-d'Ivoire, au milieu des années 80, par exemple, il y avait une probabilité presque double pour un ménage urbain de se faire soigner que pour un ménage rural (60 % contre 36 %) et, parmi la population rurale, une famille dont le revenu tombait dans le quintile le plus élevé avait une probabilité presque double de se faire soigner qu'une famille dont le revenu se situait dans le quintile le plus bas, 44 % contre 23 % » (Banque mondiale, Rapport 1993).

Les différents indicateurs (disponibilité en fonction de la population à desservir de : médecins, infirmiers, lits d'hôpital, crédits publics et privés) que l'on peut considérer dans la statistique internationale viennent confirmer l'ampleur de ces écarts, internes et externes, aisément combinables avec beaucoup d'autres paramètres (cf. figures 5, 6, 7) : ainsi, au Japon, pays disposant de l'IDH le plus élevé, les dépenses de médicaments par habitant et par an sont plus de deux cents fois plus importantes que dans les pays à IDH les plus faibles (Bangladesh, Mozambique), 130 fois plus qu'en Inde, 60 fois plus qu'en Chine, treize fois plus qu'au Mexique...

b La fragilité et l'insécurité des situations sanitaires actuelles

sont illustrées particulièrement par deux phénomènes :

— **La persistance d'un « prélèvement mortel » encore très élevé d'enfants en bas âge**, à la naissance (mortinatalité) ou dans les premières années, malgré les progrès impressionnants déjà relevés : « En 1990, 12,4 millions d'enfants âgés de moins de cinq ans sont morts dans les pays en développement : si ces enfants avaient eu les mêmes chances que ceux qui sont nés dans des économies de marché bien établies, le nombre des décès dans le groupe d'âge considéré aurait été ramené à 1,1 million, soit une réduction de 90 % », constate ainsi dramatiquement le Rapport de la Banque mondiale en 1993. « Près de 2 millions d'enfants meurent chaque année faute d'avoir bénéficié des vaccins disponibles, 5 à 6 millions meurent d'affections que l'on aurait pu prévenir comme la malaria, les infections respiratoires, les méningites ainsi que certaines maladies diarrhéiques » (*Tableau de bord de la planète*, 1993).

— **La gravité maintenue des maladies infectieuses et des épidémies**, à l'inverse des pays développés où ces risques sont désormais bien maîtrisés : « (dans le Tiers monde), la gravité et l'importance des affections ne peuvent s'expliquer par la nature particulière des virus ou des bactéries, communes à toutes les régions du monde. Elles sont liées, dans la majorité des cas, tout à la fois à la malnutrition caloro-protéique (de façon générale, les maladies de malnutrition – anémie, goitre, kwashiorkor, marasme, xérophtalmie – renforcent l'incidence et la gravité des autres maladies en diminuant la résistance normale du corps), aux infections associées polyparasitaires, à l'environnement socio-économique, au défaut d'éducation sanitaire et au sous-développement médical... **C'est donc, avant tout, le contexte généralisé de pauvreté, de malnutrition et d'hygiène précaire qui crée un terrain dramati-**

quement favorable aux multiples agressions infectieuses, microbiennes, parasitaires et virales, lesquelles représentent 80 % des problèmes de santé publique » (B. COUTURIER, 1993).

Sans entrer dans le détail de ces multiples affections, on soulignera surtout : les ravages provoqués encore par des maladies banales (infections respiratoires – dues à l'utilisation du charbon de bois et à la bouse d'animal séchée comme combustible – et diarrhées, responsables au total du décès de plus de 7 millions d'enfants par an, rougeole), la recrudescence d'épidémies en apparence maîtrisées (**choléra** : 3 millions de personnes touchées depuis 1991 en Amérique centrale et du Sud et surtout au Pérou ; **paludisme** : 1 million de morts par an en Afrique noire, principalement des enfants ; **tuberculose** : première cause de mortalité des adultes dans les PVD avec plus de 2 millions de décès et 8 millions de nouveaux cas enregistrés chaque année), la permanence de maladies parasitaires (bilharziose, onchocercose ou « maladies des rivières », paludisme, maladie du sommeil, etc.) liées aux insuffisances en matière d'eau et d'assainissement (« un milliard d'êtres humains n'ont toujours pas accès à l'eau propre et 1,7 milliard sont privés de tout système d'évacuation », selon C. ALLAIS, 1993).

L'irruption et la tragique extension du SIDA dans les pays du Tiers monde ont révélé cette extrême vulnérabilité sanitaire et sociale. Déjà 80 % des personnes contaminées (estimées à 13-14 millions en 1992) résident dans ces pays ; à l'horizon 2000, ce taux devrait approcher 95 % de la trentaine de millions de cas prévus (dont près d'un tiers d'enfants) ! En Thaïlande, un adulte sur 50 est actuellement porteur du virus mais c'est l'Afrique subsaharienne qui est le plus gravement atteinte, avec un adulte sur 40 (et jusqu'à un sur trois dans certaines villes) et avec environ 60 % des cas mondiaux de contamination. Les prévisions de l'OMS sont terrifiantes : la seule année 2000 devrait enregistrer 1,8 million de décès dus au SIDA dans le monde, soit presque autant (2 millions estimés) que le total cumulé des décès entre le déclenchement de l'épidémie et l'année 1993…

2 Des politiques de santé à fortifier

Les carences sanitaires dans les PVD sont à la fois d'ordre quantitatif et qualitatif, relevant en même temps de problèmes de moyens et d'organisation.

— C'est **l'insuffisance des efforts consentis et des moyens attribués au secteur de la santé** qui doit être soulignée en premier. Déjà relevée plus haut, elle s'illustre moins par la participation relative (la part du PNB consacrée aux dépenses de santé s'établit à près de 5 % dans les PVD pour 9 % dans les pays développés, et l'Inde, par exemple, égale le Japon ou le Royaume-Uni, avec environ 6 % du PNB) que par l'ampleur effective des crédits disponibles. Une simple comparaison entre la Chine et l'Autriche, par exemple, est fort éclairante à cet égard : un total proche de dépenses de santé en 1990 (de l'ordre de 13 milliards de dollars dans chacun des deux pays) doit prendre en charge, d'un côté près de 1 150 millions d'habitants, de l'autre moins de 8 millions, soit environ 150 fois plus… Les priorités financières retenues dans les PVD sont aussi discutables que significatives : ils consacrent plus de 25 % de leur PNB aux dépenses publiques mais moins d'un dixième de cette part va aux objectifs sociaux de « développement humain ». En revanche, les dépenses militaires y représentent en moyenne 3,4 % du PNB en 1990, soit à peine moins que les dépenses de santé ; elles sont même à égalité avec les dépenses cumulées de santé et d'enseignement en Corée du Sud, à Cuba ou en Tanzanie... et cinq fois supérieures en Iraq ou en Somalie ! (PNUD, 1993).

— « En outre, avec les difficultés que connaissent les pays du Sud, les budgets nationaux de santé ont diminué, en termes réels, au cours de la décennie 1980-1990 (de 6 % en Côte-d'Ivoire, de 14 % en République centrafricaine, de 13 % au Zaïre, par exemple) », relève B. COUTURIER (1993). Par ailleurs, **l'aide étrangère au secteur de la santé dans les PVD n'a pas progressé en fonction des besoins** : pour un montant total de 4,8 milliards de dollars en 1990 (soit à peine 1 dollar en moyenne par destinataire), elle ne représente que 6 % du total de l'aide publique au développement, contre 7 % avant 1985.

Des retards considérables sont ainsi pris en matière d'équipement sanitaire – en hommes et en matériel –, d'accès aux techniques et aux thérapeutiques, de prise en charge des soins élémentaires qui permettraient, par exemple, aux mères et aux enfants de passer sans encombre la période post-accouchement, et aux plus fragiles de résister aux risques épidémiologiques. Il ne faut pas perdre de vue que **le système d'assurance sociale ne couvre qu'une minorité de la population dans les pays pauvres** (5 % en Inde, 10 % au Kenya, 13 % en Indonésie) alors qu'il protège la totalité des habitants dans les pays industriels ; certains PVD, tels que le Costa Rica ou la République de Corée, avec 82 et 90 %, s'alignent ici aussi sur le monde développé, tandis que beaucoup de pays à revenu intermédiaire marquent encore de nettes carences publiques, notamment en Amérique latine (Équateur : 9 %, Colombie : 15 %, Paraguay : 18 %).

— **Même réduits, les moyens disponibles ne paraissent pas utilisés de la manière la plus efficiente** et les experts soulignent la mauvaise allocation des ressources, la faible structuration des systèmes de santé, publics et privés, l'orientation inadéquate des politiques définies dans les pays en transition démographique. En insistant particulièrement sur le fait que **les populations les plus démunies, donc en principe prioritaires en matière de santé, sont précisément celles qui y ont le plus difficilement accès**, à cause notamment du faible équipement des régions rurales et des quartiers populaires urbains. « La campagne représente un véritable désert médical, 60 à 80 % des populations se trouvant hors de portée des systèmes sanitaires modernes et n'ayant d'autre recours que la médecine traditionnelle », selon B. COUTURIER qui relève que, par exemple, Bamako concentre 60 % des médecins pour seulement 7 % de la population du Mali !

On soulignera, par ailleurs :

— le nombre excessif de médecins dans beaucoup de PVD où ils sont aussi (voire plus) nombreux que les infirmiers, et leur très insuffisante diffusion dans les régions ;

— les difficultés techniques entraînées par l'acquisition de matériels sophistiqués et par les exigences d'entretien (l'OMS considère que moins de la moitié du matériel médical en place dans les PVD est utilisable...) ;

— l'utilisation de médicaments essentiellement conçus et fabriqués dans les pays industriels, et donc souvent inadaptés et coûteux, quand ils ne sont pas périmés ou encore expérimentaux...

— **l'insuffisance grave des actions de prévention** (les trois quarts des budgets sont consacrés aux soins curatifs), pour l'essentiel dans des hôpitaux urbains, sous des formes légères et rudimentaires, adaptées aux conditions locales et spatialement bien diffusées. Quelques pays, tels que le Bangladesh, le Sri Lanka, le Burkina Faso ou le Botswana ont, ces dernières années, réorganisé leurs dépenses et leurs infrastructures en fonction de ces **nouvelles priorités : information des populations, formation rapide et simplifiée d'« agents de santé de base » apportant les soins courants, installation serrée de postes de santé primaire, de dispensaires de campagne, de cliniques rurales**, etc. Ces programmes sont encore fort loin de s'être généralisés tant les modèles occidentaux restent prégnants ainsi que l'explique B. HOURS (cité dans *Savoirs*, 1993) : « L'une des raisons majeures de l'insuffisante maîtrise des systèmes de santé dans le Tiers-Monde réside dans l'attention exclusive portée aux structures lourdes distribuant une médecine allopathique, implantées en milieu urbain et mal adaptées aux logiques sociales et culturelles qui sont celles de la majorité des patients. Celles-ci sont, le plus souvent, ignorées ou mal interprétées, lorsqu'elles ne sont pas tout simplement considérées comme inadéquates ou folkloriques. »

C Le défi alimentaire : encore à relever

La question étant indissociable de l'analyse du secteur agricole – qui est conduite de manière détaillée dans un chapitre ultérieur –, seuls quelques grands thèmes géné-

FIGURE 8
ÉVOLUTION DE LA PRODUCTION ALIMENTAIRE PAR HABITANT DANS LES RÉGIONS DU TIERS MONDE (1970-1990)

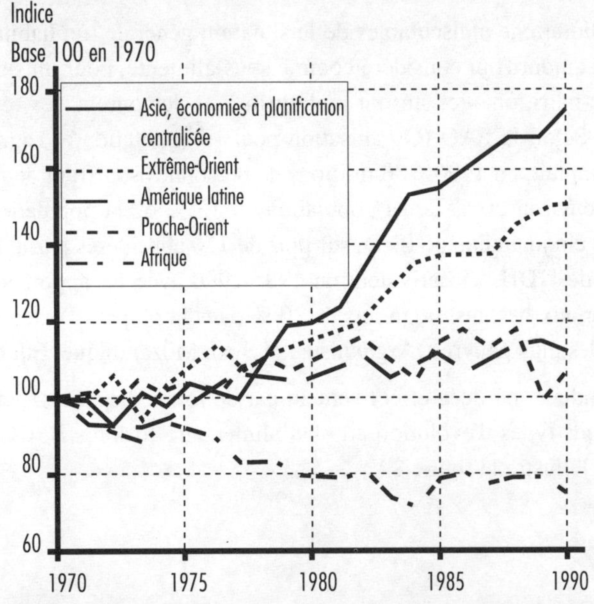

(Source : Institut des ressources mondiales, *Ressources mondiales*, Éditions Sciences et Culture, Montréal, 1992, d'après « *Savoirs* », 1993)

raux et actuels seront ici envisagés, en relation avec les problèmes démographiques et sanitaires. Les mots clés : **insécurité, inégalité, incohérence**, sont à peu de choses près, ceux déjà mis en évidence à propos des thèmes précédents ; il est aussi très important de continuer à distinguer ici entre permanence et conjoncture, entre caractères de fond et situations de crise passagère.

1 Les déficits chroniques : « la faim, tragédie banalisée » ? (S. BRUNEL)

Les spécialistes distinguent classiquement trois grands types de situation, de gravité croissante :

— « **la malnutrition** peut débuter dès que l'on passe en dessous de 2 500 calories par personne et par jour si les apports de protéines animales sont inférieurs à 20 grammes par personne et par jour ;

— en dessous de 2 000 calories et de 10 grammes de protéines animales par personne et par jour, on passe de la malnutrition à la **sous-nutrition** ;

— enfin, au-dessous de 1 500 calories et de 5 grammes de protéines animales par personne et par jour, les gens se trouvent en situation de **famine** », (J.-P. CHARVET, *Le désordre alimentaire mondial*, 1987).

S. BRUNEL oppose, de son côté (*Les Tiers-Mondes*, 1992) la « malnutrition chronique, déséquilibre de la ration alimentaire en quantité comme en qualité » à la « malnutrition aiguë, ou **disette** » et aux famines.

Malgré les améliorations indiscutables de la situation générale (un habitant sur 5 du Tiers monde est aujourd'hui considéré comme sous-alimenté, pour un sur trois il y a vingt ans), sous-nutrition – et surtout malnutrition – demeurent des réalités fortement présentes. Selon la FAO (Organisation pour l'alimentation et l'agriculture), le Tiers monde comptait, en 1990, 786 millions de personnes souffrant de malnutrition chronique, soit environ 20 % de sa population, et 15 % de la population mondiale (tableau 2). Une cinquantaine de PVD, sur plus de 150 considérés par le PNUD dans son classement de l'IDH, s'inscrivaient en 1985-1990 avec un apport journalier de calories inférieur aux besoins, de moins de 10 % dans la plupart d'entre eux mais de 20 à 30 % dans les plus pauvres (Afghanistan, Tchad, Mozambique, Éthiopie).

La situation mondiale marquée effectivement par de fortes disparités, peut être classée en trois grands types d'évolution au plan alimentaire (d'après B. COUTURIER, 1993), ainsi que l'illustre la figure 8 :

TABLEAU 2
LA FAIM DANS LE MONDE. ÉVOLUTION 1970-1990
(en millions de personnes et en % de la population selon les grandes régions)

	1970 millions	1970 %	1990 millions	1990 %	Variation 1970-90 en %
Monde	941	36	786	20	– 16,5
dont Asie	751	40	528	19	– 29,7
Afrique	100	35	170	33	+ 70
Am. latine	54	19	58	13	– 7,4
Pr.-Orient	36	22	30	12	– 16,6

(Source : Fonds international de développement agricole, 1992)

— l'amélioration spectaculaire et continue dans la plupart des pays asiatiques, devenus autosuffisants en céréales (comme l'Inde ou la Chine) et avec des apports caloriques égalant ou excédant les besoins fondamentaux ;

— l'amélioration compromise, en Amérique latine comme au Proche-Orient et en Afrique du Nord, à la suite de la difficile décennie 80 ; des pays tels qu'Haïti, le Pérou ou la Bolivie ne satisfont qu'à 84-89 % de leurs besoins caloriques ;

— la **tragique dégradation en Afrique subsaharienne** : 170 à 230 millions de personnes, selon les sources d'évaluation, y souffriraient aujourd'hui de sous-alimentation (contre environ 100 millions il y a vingt ans), soit au minimum le tiers de la population totale ! Ce pourcentage atteindrait même 42 % au Zaïre, 46 % en Éthiopie et aux environs de 50 % au Tchad, en Somalie, en Ouganda, en Zambie, au Mozambique (selon la Banque mondiale, citée par le rapport *Ramsès* de l'IFRI en 1994). Seulement 22 % des Africains disposeraient d'une ration alimentaire supérieure au minimum souhaitable ; en revanche, « les 4 % d'Africains qui consomment le plus… disposent de près de 3 000 calories par jour, soit 20 % de plus que la moyenne », selon J.-P. CHARVET (1987).

2 La récurrence des famines

Ce phénomène constitue le signe le plus éclatant de la situation d'extrême précarité alimentaire qui prévaut encore dans une part importante du Tiers monde. La famine que l'on avait crue éradiquée dans les années d'euphorie développementaliste est redevenue, à plusieurs reprises, d'une terrible actualité, affichée, en général avec retard, par les médias. Si les formes exacerbées de ces famines (Éthiopie, Somalie, Soudan, Tchad, Afghanistan, Cambodge, etc.) sont indéniablement dues à des situations politiques conflictuelles, il paraît réducteur de ne pas en rechercher d'autres causes. La directrice de l'AICF (**Action internationale contre la faim**), Sylvie BRUNEL, principale adepte de cette thèse, n'annonce-t-elle pas elle-même l'imminence d'une sérieuse famine dans les pays du Sahel, de la Somalie au Mali, à la suite d'une grave sécheresse prévisible, pendant l'été 1994, en ces termes : « Lorsque, malgré tout, la sécheresse provoque une terrible famine, c'est parce que les équipes de secours n'ont pas pu intervenir à temps pour acheminer de la nourriture, protéger les femmes et les enfants par des distributions ciblées, surveiller l'état de santé général des populations concernées afin d'éviter sa dégradation brutale et irréversible pour les plus fragiles » ? (*Interventions*, Le journal de l'AICF, avril-mai-juin 1994) ?

Face à ces famines est posé essentiellement **le problème de la sécurité alimentaire du Tiers monde**, en relation évidente avec le reste du monde. Trois constatations principales sont à exprimer à cet égard :

— **les réserves mondiales de céréales**, bien qu'en croissance nette au cours des dernières années, restent limitées : elles représentent en 1993 l'équivalent de 73 jours de consommation (contre 104 en 1987), soit à peine plus que la valeur considérée comme minimale (60 jours) ;

— **l'aide alimentaire** mondiale ne représente chaque année qu'entre 11 et 12 millions de tonnes de céréales (contre 17 millions de tonnes vingt ans plus tôt), dont un million environ pour les interventions d'urgence : de surcroît, elle peut être considérée comme dangereuse, assujettissante et destructrice, déstabilisant les marchés locaux, contribuant à casser les prix des produits locaux, créant des habitudes de consommation coûteuse, maintenant une mentalité d'assistés, selon le rude diagnostic de B. COUTURIER (1992) et de la plupart des experts ;

— le recours des PVD, pourtant autrefois exportateurs, aux **importations de produits alimentaires** est devenu très préoccupant : leurs importations de céréales sont ainsi passées de 15 millions de tonnes en 1970 à plus de 100 millions de tonnes en 1987 (150 millions de tonnes sont prévues en 2000) et absorbent plus de la moitié du commerce céréalier mondial ; de nombreux pays d'Afrique subsaharienne et septentrionale, d'Amérique latine, du Moyen-Orient ne peuvent plus nourrir leur population qu'au prix d'achats massifs et onéreux de blé et de farines auprès des producteurs-exportateurs. Le renversement récent est extrêmement spectaculaire : ainsi, « en 1960... seul le Sénégal, qui importe 110 000 tonnes de riz, souffrait d'un déficit céréalier chronique dans un continent qui était globalement exportateur... les importations de céréales seraient passées, pour l'Afrique tropicale, de 2 millions de tonnes en 1970 à 15 en 1984, soit près de 24 % de la production de ces pays et 7 % des transactions mondiales » (Y. PEHAUT, 1989).

3 Production et distribution : problèmes d'adéquation

« Depuis quelques années, **les incohérences de la situation alimentaire mondiale ne cessent de s'accentuer** : pendant que les marchés de la plupart des produits agricoles croulent sous les excédents et que des stocks impressionnants s'accumulent, près des deux tiers de la population mondiale continuent à souffrir de malnutrition ou de sous-nutrition » écrit J.-P. CHARVET (1987), qui parle ailleurs dans son ouvrage de « désorganisation », d'« incohérence », de « scandale », en reprenant l'image fameuse d'Y. LACOSTE sur l'opposition entre « **greniers pleins et ventres**

vides ». E. FOTTORINO (1988) a aussi décrit une situation constamment désordonnée pendant « les années folles des matières premières » : de 1972 à 1987, se sont ainsi succédé une période d'inquiétude sur un épuisement et une pénurie possibles des ressources de bases, puis une période de « course au tonnage » débouchant sur la pléthore et la dépression des marchés mondiaux. Ce sont les pays du Tiers monde qui ont le plus souffert de ces fluctuations et de ces fragilisations, de cette « impossibilité d'ajustement entre les marchandises disponibles et les besoins exprimés ».

Ces questions agricoles et commerciales étant précisément analysées ailleurs dans l'ouvrage, seules quelques observations fondamentales dans leurs relations directes avec la nutrition seront ici relevées.

La première est claire et incontestable : **le monde produit assez, et de manière de plus en plus intensive au cours des dernières décennies, pour nourrir convenablement sa population**. Même les experts inquiets pour l'environnement mondial et l'épuisement des ressources (notamment Lester R. BROWN dans ses différents rapports et bilans) relèvent cette autosuffisance et même cette surproduction, en marquant seulement les limites et les perspectives : la quantité de poisson péché et la production mondiale de viande stagnent, la production de céréales ne progresse plus aussi vite que la population et la superficie cultivée en céréales a atteint son maximum en 1981..., Les spécialistes s'accordent à dire que la terre serait capable, avec ses surplus actuels et ses gains de productivité, de nourrir sans doute 10 milliards

FIGURE 9
LA CORRÉLATION ENTRE RÉGIME CALORIQUE ET MORTALITÉ INFANTILE

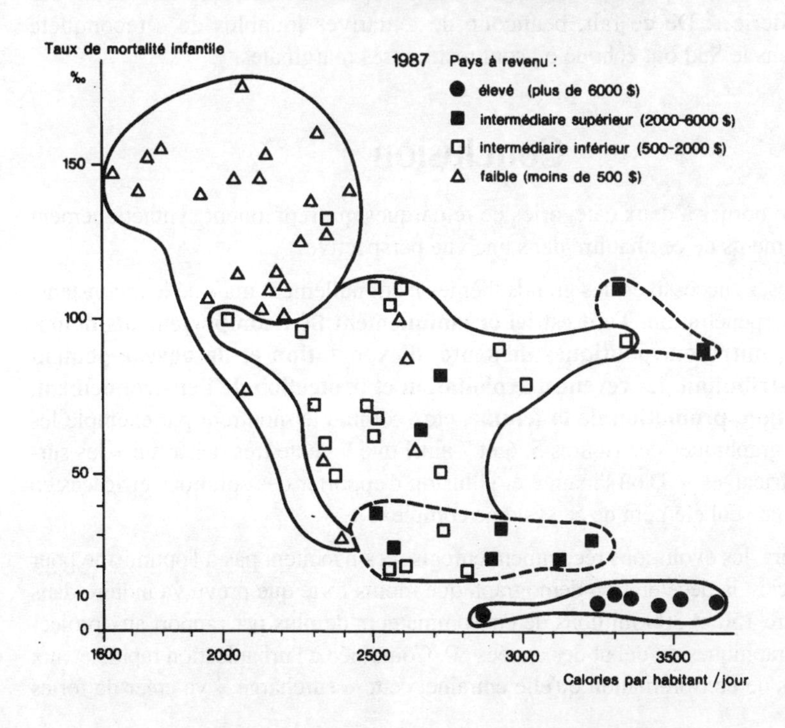

d'hommes et, en tout cas, d'améliorer dès maintenant une ration calorique moyenne déjà supérieure aux besoins pour l'ensemble des PVD.

La deuxième observation, déjà présentée – la part encore élevée des populations sous ou malnutries, en particulier dans certaines « poches de pauvreté » – exige donc de réfléchir aux **problèmes de distribution et d'accès aux ressources alimentaires**. Une fois passées en revue les principales difficultés d'ordre technique (productions agricoles inadaptées, rendements insuffisants, inégalités foncières, carence des transports, etc), l'argument qui l'emporte est bien celui de la faiblesse des moyens financiers pour acquérir les marchandises nécessaires, donc celui du revenu, de la pauvreté et du sous-emploi. Les « **émeutes de la faim** » qui ont, ces dernières années, ensanglanté plusieurs villes du Tiers monde, au Venezuela, au Liberia, en Égypte, au Brésil, en Zambie ou au Maroc, ont été ainsi déclenchées par des décisions gouvernementales d'augmenter le prix des produits alimentaires de base qui sont, en général, artificiellement soutenus pour éviter d'aggraver la sous-nutrition des catégories sociales démunies. On relève aussi de nombreux cas de détournement des denrées alimentaires fournies par l'aide internationale ou les importations au profit de spéculateurs encouragés par une atmosphère générale de corruption et d'indifférence aux drames vécus par les affamés.

Au titre des explications à ces graves distorsions, est souvent évoquée aussi la **spécialisation des PVD dans des cultures spéculatives d'exportation, au détriment des cultures vivrières**. Dans une logique cumulative – « un cercle vicieux » supplémentaire – les agriculteurs du Tiers monde subissent les fluctuations des cours de ces cultures d'exportation, qui aboutissent sur le moyen terme à un appauvrissement de leur revenu, et se voient victorieusement concurrencés sur les marchés intérieurs par les céréales en surproduction importées d'Europe et d'Amérique du Nord à des prix de braderie… De ce fait, beaucoup de tentatives louables de « reconquête vivrière » dans le Sud ont échoué ou sont restées très marginales.

Conclusion

On pourra se borner à deux catégories de remarques qui reprennent synthétiquement les enseignements de ce chapitre dans une vue perspective.

— Les analyses successives des grands thèmes n'ont nullement masqué leur constante et étroite interpénétration. **Tout est ici organiquement lié : comportements démographiques, nutrition, politiques de santé, d'exportation et de développement agricole, distribution des revenus, exploitation et protection de l'environnement, alphabétisation, promotion de la femme**, etc., comme le montrent par exemple les corrélations graphiques des figures 5, 6 et 7 ainsi que le texte très dense sur « les surmortalités africaines ». D'où l'inanité et l'illusion d'apporter des solutions efficaces en agissant sur un seul élément de ce système complexe…

— Par ailleurs, les évolutions récemment enregistrées n'incitent pas à l'optimisme pour la fin du siècle : la décélération démographique moins forte que prévu va induire dans les PVD entre 150 et 300 millions de consommateurs de plus par rapport aux projections démographiques du début des années 80. Combinée à l'urbanisation rapide et aux changements de consommation qu'elle entraîne, cette « surcharge » va créer de fortes tensions sur une production alimentaire qui tend aussi à progresser moins vite qu'au cours des décennies précédentes : il faut s'attendre pour le Tiers monde à une aggravation des importations alimentaires et, donc, des problèmes financiers (d'après le Rapport AGRAL pour le Commissariat général au Plan, mai 1992).

Surmortalités africaines

Les ministres de la Santé des pays membres de l'OUA (Organisation de l'unité africaine) sont réunis les 29 et 30 avril au Swaziland. Cette conférence à laquelle participe le docteur Hiroshi Nakajima, directeur général de l'Organisation mondiale de la Santé (OMS), est marquée par l'ampleur de la crise sanitaire qui frappe la plupart des pays de l'Afrique subsaharienne, crise brutalement aggravée par l'épidémie de SIDA. D'ici à l'an 2000, cette maladie mortelle, sexuellement transmissible, devrait toucher sur ce continent 20 à 25 millions d'enfants et d'adultes.

Mbabane *(royaume du Swaziland)*

de notre envoyé spécial

Bien organisée de façon quelque peu provocante entre le terrain de golf, les piscines et les casinos de ce curieux royaume montagneux d'Afrique australe, la quatrième conférence des ministres de la Santé des pays de l'OUA permet de prendre la mesure de l'ampleur croissante de la crise sanitaire qui frappe l'Afrique subsaharienne. Quelques données chiffrées résument la situation et donnent une idée lointaine de la réalité du drame.

Aujourd'hui, au Mozambique et au Mali, près de 300 enfants sur 1 000 meurent avant l'âge de cinq ans. Cette proportion dépasse 250 sur 1 000 en Sierra Leone, au Malawi et en Éthiopie et 200 sur 1 000 dans huit autres pays africains : Guinée, Burkina Faso, Niger, Tchad, République centrafricaine, Somalie, Mauritanie et Rwanda. Dans les pays disposant d'un produit national brut relativement plus élevé, comme le Gabon, le Cameroun et la Côte-d'Ivoire, ces taux de mortalité sont encore de l'ordre de 150 pour 1 000.

Alors que les complications liées à la grossesse et à l'accouchement tuent un demi-million de femmes chaque année dans le monde, 30 % de ces décès maternels sont recensés en Afrique subsaharienne, soit proportionnellement le double des autres pays du Tiers monde. Dans cette partie du continent, moins de la moitié de la population peut consommer une eau sans risque pour la santé et un tiers seulement dispose de systèmes d'assainissement assurant une hygiène minimale.

Cinq dollars par habitant et par an

On ne connaît que trop les pathologies responsables de la considérable surmortalité africaine. Outre les conséquences de la malnutrition, il s'agit avant tout de maladies infectieuses et parasitaires à l'origine de la moitié des décès prématurés. La plupart, pourtant, de ces maladies pourraient être, en théorie, prévenues ou soignées. Le paludisme tout d'abord, qui sévit en Afrique tropicale plus que partout ailleurs (85 % des cas pour 16 % de la population mondiale et 750 000 décès annuels d'enfants africains), tous les spécialistes s'accordant à dire qu'il est depuis quelques années en pleine recrudescence. Cette augmentation est peut-être partiellement liée à la progression des phénomènes de résistance du parasite, mais des facteurs climatiques, des mouvements de population et des interruptions dans les programmes de lutte ont probablement joué un rôle important dans la réapparition d'épidémies, en particulier dans la partie sud du continent, au Swaziland, au Botswana, au Rwanda ou à Madagascar. En termes moins diplomatiques, le paludisme flambe en Afrique d'autant plus volontiers que les autorités sanitaires ont oublié ou négligé l'existence de ce fléau.

Les maladies diarrhéiques, les infections virales et bactériennes, comme les autres parasitoses, continuent de sévir également sur un mode endémique. Longtemps présenté comme un objectif prioritaire relativement aisé à mettre en œuvre, le programme dit de « vaccination élargie » (rougeole, tuberculose, diphtérie, poliomyélite, tétanos et coqueluche) montre aujourd'hui ses limites. Ainsi, même si l'on observe que cette couverture vaccinale a fait dans plusieurs pays africains de réels progrès, atteignant parfois 70 à 80 % des enfants, de nouvelles questions se posent : « Malgré leur succès, ces programmes pourront-ils être maintenus à long terme ? se demande-t-on à l'OMS. Le coût total de l'immunisation contre ces maladies est inférieur à 5 dollars mais, pour certains pays, le total des dépenses publiques annuelles par personne n'atteint pas cette somme dans le domaine de la santé. »

De fait, avec le ralentissement de la croissance économique des années 80, c'est bien, aujourd'hui plus encore qu'hier, d'argent qu'il s'agit. Dans les pays subsahariens, le revenu par habitant a diminué de plus de 2 % par an dans les années 80, la croissance démographique continuant, quant à elle, sa progression. Plus généralement, le revenu moyen réel de l'Africain est retombé au niveau des années 1960 et l'Afrique subsaharienne, avec ses 450 millions d'habitants, produit annuellement des biens et des services équivalents à ceux d'un pays comme la Belgique.

Si, dans les pays industrialisés, on tente de freiner l'accélération des dépenses de santé, en Afrique on gèle, quand on ne réduit pas, cette part du budget, comme au Mali ou au Bénin où elle est tombée sous la barre de 1 % du produit national brut. Généralement, la moyenne des dépenses de santé publique ne dépasse pas 5 dollars par habitant, ou se situe même nettement en dessous comme au Ghana, au Kenya, en Tanzanie, en Ouganda ou encore en Zambie. Face à cette situation à bien des égards dramatique, les analyses et les discours évoluent. L'OMS notamment a abandonné le propos univoque sur les « soins de santé primaires ». On abandonne progressivement le slogan totalement irréaliste de « la santé pour tous en l'an 2000 », en confiant que si chacun pouvait, dans neuf ans, avoir une possibilité d'accès à un système de soins tout ne serait peut-être pas perdu.

C'est dans ce contexte qu'est apparue, et que se développe, l'épidémie de SIDA, la plus grave sans doute que ce continent ait jamais connue. Cinq mil-

lions de personnes sont déjà infectées par le virus, le plus souvent en Afrique centrale et en Afrique de l'Est. On compte plus de 700 000 cas de SIDA avérés et les projections épidémiologiques qui, jusqu'ici, n'ont jamais été prises en défaut, prévoient 20 à 25 millions d'adultes et d'enfants africains contaminés d'ici à l'an 2000.

« Négligence coupable »

Plusieurs participants à la conférence du Swaziland ont fait état de la multiplication des situations dramatiques. « Il existe d'ores et déjà des villages effacés de la carte. Dans d'autres ne vivent plus que des vieillards et des orphelins, a ainsi expliqué le délégué du Soudan. Aux États-Unis et en Europe, on parvient à stopper de manière relative la progression de l'épidémie, mais il n'en va pas de même en Afrique et on ne peut comparer cette maladie à aucune autre puisqu'elle va exterminer des populations entières. Il nous faut des engagements politiques, des actions concrètes. »

En privé, plusieurs participants notaient néanmoins la difficulté qu'il y a encore à faire du SIDA une priorité politique, de nombreux responsables africains préférant, sur ce thème, parler avant toute chose de l'organisation du dépistage et des banques de sang plutôt que de la réalité de la transmission hétérosexuelle et des moyens de la prévenir.

« Le message des statistiques est clair », précise ainsi un document préparatoire de l'OMS pour la conférence. En dépit du caractère « sensible de ce problème dont il n'est pas aisé de débattre en public, la prochaine génération taxera les responsables d'aujourd'hui de négligence coupable s'ils tardent à prendre des mesures rigoureuses contre le SIDA. »

Jean-Yves NAU

Le Monde, mardi 30 avril 1991.

LES MARQUES DE LA PAUVRETÉ ET DE L'EXCLUSION 2

Pour poursuivre l'analyse des thèmes sociaux déjà largement engagée dans le chapitre précédent avec la trilogie démographie-santé-nutrition, diverses pistes se présentent et de multiples secteurs et indicateurs pourraient, sans doute, être spécialement étudiés. Parmi ceux-ci, on a fait le choix – afin de rendre le mieux compte de l'actualité politique et scientifique – de privilégier quelques thèmes clés : pauvreté et inégalité, dynamiques sociales, emploi et secteur informel, logiques d'intégration et d'exclusion, croissance et développement…

Le projecteur est volontairement placé sur la dominante sociale des faits étudiés mais la dimension spatiale, sans être spécifiquement détaillée ici, est toujours présente, en filigrane, à différentes échelles : classement des grandes régions mondiales et des pays en regard des indices de pauvreté, disparités villes-campagnes, dynamiques différentielles des espaces intra-urbains, effets centre-périphéries, etc. Les classifications à établir sont beaucoup plus « socio-spatiales » que simplement humaines, économiques ou géographiques, dans le sens sectoriel de ces termes.

A Un thème prégnant et complexe : la pauvreté

D'un terme banal et un peu flou à force d'être employé, les organisations internationales ont souhaité faire une catégorie statistique précise pour désigner à la fois un groupe de pays et une partie de la population ne disposant pas d'un revenu considéré comme un seuil-plancher. En insistant bien sur le fait que « **Pauvreté n'est pas inégalité… alors que la pauvreté situe dans l'absolu le niveau de vie d'une partie de la société, – les pauvres –, l'inégalité exprime les différences de niveau au sein de la société**. Le comble de l'inégalité est atteint lorsqu'une seule personne possède tout et naturellement, dans ce cas, la pauvreté est élevée. Mais un minimum d'inégalité (où tous sont égaux) est possible avec zéro de pauvreté (personne n'est pauvre) aussi bien qu'avec un maximum de pauvreté (tout le monde est pauvre) » (Rapport sur le développement dans le monde, 1990).

La Banque mondiale a défini deux seuils de pauvreté en fonction du revenu par habitant (exprimé en prix constants PPA de 1985) : **370 dollars pour la pauvreté en général et 275 dollars pour l'« extrême pauvreté »**. Dans les études nationales, cet indicateur trop grossier est pondéré par d'autres paramètres de pauvreté relative, évidemment très divers : nutrition, emploi, logement et autres équipements essentiels, niveaux de consommation et de scolarisation, espérance de vie et mortalité infantile, etc.

1 Évaluations et évolutions : succès et déceptions

♦ **Au niveau mondial, les années 80 apparaissent comme une décennie de désillusion également en matière de réduction de la pauvreté** : « Dès la fin des années 70, le **ralentissement du recul de la pauvreté** amorcé dans les décennies antérieures commence de se faire sentir et, à partir de 1985, ce recul devient négligeable, le nombre des pauvres augmentant pratiquement au même rythme que la population mondiale : il passe de un milliard à un **milliard deux cents millions** entre 1985 et 1993. Celui des pauvres en situation de pauvreté absolue… augmente lui aussi » (M. GAUDIER, 1994). Cette décélération récente du processus d'amélioration a été d'autant plus soulignée qu'elle est intervenue après une longue période de progrès économiques et sociaux qui avaient fait espérer pour la fin du siècle des résultats bien meilleurs que ceux qui seront sûrement enregistrés (cf. tableau 1). De toutes les manières, le maintien d'un total de pauvres supérieur au milliard apparaît

TABLEAU 1
PAUVRETÉ ABSOLUE ET EXTRÊME DANS LE TIERS MONDE. ÉVOLUTION ET PRÉVISION

	Situation de 1985				Prévisions 2000		Variation
	Total Pauvres		dont extrêmement pauvres		Total Pauvres		1985-2000 du total
	millions	% de la population	millions	% de la population	millions	% de la population	des pauvres en %
Total PVD	1 116	33	633	18	825	18	– 26
dont Asie – Est	280	20	120	9	70	4	– 75
– Sud	520	51	300	29	365	26	– 29
Afrique subsah.	180	47	120	30	265	43	+ 47
Am. lat.– Caraïbe	70	19	50	12	60	11	– 14
Moy. Or.– Afr. N.	60	31	40	21	60	23	E
Eur. de l'Est	6	8	3	4	5	8	– 17

(Source : Rapport Banque mondiale, 1990)

« d'autant plus affligeant et infâmant », pour reprendre les termes des rapporteurs de la Banque mondiale, que des améliorations indiscutables s'étaient précédemment produites, notamment en matière d'instruction, d'espérance de vie, de niveau de consommation par habitant (+ 70 % dans les PVD entre 1965 et 1985).

♦ « **Le fardeau de la pauvreté est inégalement réparti** entre régions du monde en développement, entre pays à l'intérieur de ces régions et entre localités à l'intérieur de ces pays », relèvent également les rapporteurs de la Banque. L'Afrique subsaharienne et l'Asie du Sud comptent environ une moitié de pauvres dans leur population et près d'un tiers d'extrêmement pauvres ; au total, 62,5 % des pauvres du Tiers monde sont concentrés dans ces deux ensembles qui n'interviennent pourtant que pour 40,8 % de sa population totale. L'Asie comporte à la fois des pays où la pauvreté est largement répandue (Bangladesh, Inde, Népal, Laos) et quelques cas exceptionnels de réduction spectaculaire de la pauvreté (Thaïlande, Malaisie, Sri Lanka, Indonésie où, en une génération, l'incidence de la pauvreté a été ramenée de 60 % à 20 %). Pour simplifier, **trois grands groupes** de PVD se dégagent lorsque l'on observe en parallèle l'évolution de la pauvreté et des autres indicateurs socio-économiques :

— des régions et pays où les améliorations sont indéniables même si subsistent des volumes massifs d'individus survivant en dessous du seuil de pauvreté (Inde, Chine, Indonésie) : à l'horizon 2000, le total des pauvres devrait ainsi se réduire fortement (de 29 % en Asie du Sud et de 75 % en Asie orientale) ;

— la plupart des pays à revenu intermédiaire gravement endettés où les gains enregistrés sont restés modestes et où les progrès attendus le sont tout autant (nombre de pauvres stagnant d'ici la fin du siècle dans le groupe Moyen-Orient-Afrique du Nord et reculant de seulement 14 % en Amérique latine-Antilles) : **le Brésil est devenu le stéréotype de ces situations d'enrichissement apparent sans contraction de la pauvreté**, le Mexique et le Venezuela ne l'ont que très légèrement faite reculer, tandis que la Colombie et le Costa Rica ont obtenu des résultats plus significatifs ;

— le groupe toujours compact de pays où s'accumulent les signes de l'appauvrissement, constitué de quelques cas asiatiques (Pakistan et Afghanistan) notamment et surtout de l'ensemble africain subsaharien : le nombre des pauvres qui y a déjà progressé de 35 millions de personnes entre 1985 et 1990 (de 185 à 220 millions) devrait encore se gonfler de 45 millions d'individus supplémentaires d'ici l'an 2000, pour une augmentation totale de 47 % en quinze ans ! À rappeler aussi que le phénomène de pauvreté n'est pas limité aux PVD mais que la crise économique a considérablement étendu le nombre des « **nouveaux pauvres** » **dans les pays à revenu élevé** : « aux États-Unis, il y aurait 33,6 millions de citoyens vivant au-dessous du seuil de pauvreté… Dans l'union européenne, il y aurait plus de pauvres aujourd'hui qu'en 1975 ; dix millions d'entre eux seraient dans une situation d'extrême pauvreté. Leur nombre est estimé à huit millions en France, neuf en Grande-Bretagne, un million en Suisse… Selon les statistiques comprenant les pays d'Europe centrale et orientale, l'Europe des pauvres compterait aujourd'hui 200 millions de personnes » (M. GAUDIER, 1994).

2 Indicateurs et distorsions internes

La question essentielle – sur laquelle on reviendra à propos des inégalités sociales et, du processus de marginalisation – est celle de l'identification des variables les plus significatives pour mettre en évidence l'ampleur et les modalités de distribution de la pauvreté.

♦ Parmi les indicateurs qui méritent d'être spécialement mis en évidence, on relèvera (en plus de la scolarisation, étudiée plus loin) :

— **la part variable du revenu consacrée à la consommation alimentaire** : évaluée à la moitié environ pour l'ensemble des ménages dans un PVD-type, elle excède couramment 70 % pour les ménages pauvres, comprimant d'autant les autres dépenses considérées pourtant comme essentielles (logement, santé, transport, instruction) ;

— **le clivage fondamental, dans les campagnes, suivant la possession de la terre travaillée ou la superficie de l'exploitation**. Partout, la pauvreté est fortement corrélée à l'absence de terre et à la condition de petit paysan : ainsi, au Kenya, le dixième le plus pauvre de la population tire les deux tiers de son revenu de l'agriculture, et en Thaïlande, 75 % de ménages ruraux pauvres relèvent de la petite paysannerie. La part des paysans sans terre dans la population rurale totale reste très élevée en Amérique latine (31 % en moyenne, 44 % au Costa Rica, 39 % au Brésil, 32 % au Mexique), en Asie (26 % en moyenne, 34 % aux Philippines, 30 % en Inde et au Pakistan) et sur le pourtour méditerranéen (23 % en moyenne, 28 % en Turquie, 25 % en Égypte) ; dans ce domaine, exceptionnellement, l'Afrique subsaharienne apparaît moins défavorisée, avec une moyenne de 11,2 % de ruraux sans terre.

♦ Il est possible d'introduire ainsi **l'importante question des disparités villes-campagnes** au regard des niveaux de pauvreté. Elle s'exprime, d'abord, par une relation générale : « Pratiquement partout, on observe une corrélation entre la pauvreté d'un pays, exprimée en terme de PNB par habitant (selon les critères, discutables, de la Banque mondiale) et le pourcentage de population rurale (**plus il y a de ruraux, plus le pays est pauvre en terme de revenus**). Les revenus des ruraux restent à peu près partout notablement inférieurs à ceux des urbains, même en prenant en compte les productions agricoles autoconsommées », constate O. DOLLFUS (*Sciences humaines*, 1994), confirmant l'observation de R. POURTIER : « Une mise en relations d'indicateurs extraits de l'ILTA (*Image à long terme de l'Afrique*, 1984) et des publications de la Banque mondiale a ainsi montré que **les revenus par tête des populations urbaines étaient de deux à vingt fois plus élevés que les moyennes nationales** » (*Trente années d'Afrique*, 1992). L'inégalité s'illustre notamment par les ratios d'accès aux services collectifs (88 % pour les urbains et 44 % pour les ruraux pour le système de santé, 60 % et 27 % pour l'hygiène, 81 % et 50 % pour l'eau potable, etc), par les taux de mortalité et l'espérance de vie, par les degrés d'instruction et de malnutrition, par les conditions de logement, par le niveau des salaires (inférieurs en moyenne de 20 à 50 % dans les campagnes)…

♦ Enfin, **la pauvreté est généralement un excellent révélateur des handicaps multiples sécrétés par le corps social**, au détriment des **femmes** (travaillant plus que les hommes en général, mais moins souvent dans des activités rémunérées, et accédant nettement moins à la scolarisation), des **enfants et des jeunes** (surtout, les filles...), des **exclus** traditionnels (parias en Inde et au Bangladesh), des **minorités** ethniques (indiennes en Amérique latine, noires en Afrique du Sud où leur taux de mortinatalité est près de dix fois supérieur à celui de la population blanche), des habitants des **régions enclavées** et attardées, etc. On s'étonnera moins, de ce fait, de **la difficulté partout relevée** par les actions de politique sociale – fréquemment appuyées sur l'aide extérieure – **d'atteindre effectivement les plus pauvres**, comme le relevait récemment un rapport du Comité d'aide au développement de l'OCDE : « La faiblesse la plus troublante de l'aide au développement a été la modicité de sa contribution mesurable à la réduction – qu'il ne faut pas confondre avec l'allégement – de la pauvreté absolue, surtout dans les zones rurales tant des pays à revenu intermédiaire que des pays démunis »... Les PAS (Plans d'ajustement structurel recommandés par le Fonds monétaire international) n'y sont pas mieux parvenus, quand ils n'ont pas, même, aggravé le sort des plus pauvres, en poussant à la réduction des interventions sociales de l'État : les observations relèvent ainsi une augmentation récente du nombre des pauvres au Pérou, au Mexique, au Brésil, au Ghana, en Côte-d'Ivoire, à Madagascar, dans divers États de l'Union indienne.

3 Un paramètre essentiel : la scolarisation

L'intérêt particulier de cette question est qu'elle matérialise mieux que d'autres l'enchevêtrement des causes et des conséquences en même temps que l'une des plus pertinentes composantes d'une stratégie de développement social et de réduction des inégalités essentielles. On peut, ainsi, y relever à la fois :

— la possibilité, dans son principe difficile à imaginer, d'une réversibilité de l'évolution : des progrès très spectaculaires (particulièrement dans les pays à faible revenu où, entre 1965 et 1985, les taux nets de scolarisation ont progressé chaque année de 5,7 % pendant que le nombre d'écoles primaires augmentait de 60 % et le nombre de maîtres, de 55 %) ont été ainsi récemment suivis d'une rétraction des dépenses publiques d'éducation entraînant une **grave détérioration** du secteur, surtout en Afrique noire (« C'est aujourd'hui presque partout la grande misère, de l'école primaire à l'Université : équipements insuffisants, livres absents, professeurs mal formés », constate amèrement E. VAN DE WALLE, *Études*, octobre 1993).

— la lourdeur des **exigences d'intensité et de continuité** à assumer par les budgets publics : d'une part, 110 millions d'enfants (soit près du cinquième du groupe d'âge) ne reçoivent encore aucune instruction et 35 % des adultes du Tiers monde sont considérés comme analphabètes. D'autre part, le degré d'instruction est plus souvent théorique qu'effectif : si presque tous les enfants du monde commencent l'école primaire, la moitié environ abandonnent très vite de sorte que l'« espérance de vie scolaire » ne dépasse pas deux ans au Niger, cinq ans au Bangladesh, six au Maroc (pour 14 à 15 ans en France).

— la **persistance d'inégalités considérables**, révélatrices du contexte économique et socio-culturel, d'abord bien sûr au niveau externe entre pays (le taux d'analphabétisme oscille de 16 % en Amérique latine à 54 % en Asie du Sud, avec une moyenne de 45 % au Moyen-Orient et de 24 % en Asie de l'Est ; il dépasse 70 % dans une dizaine de pays pauvres d'Afrique et d'Asie) mais aussi au niveau interne. C'est, dans ce domaine aussi, le sérieux **handicap féminin** qui doit être souligné : le niveau d'instruction des femmes ne représente que 50 à 60 % de celui des hommes en Asie du Sud, au Moyen-Orient, en Afrique, contre 82 % en Asie du Sud-Est et 94 % en Amérique latine. « Deux tiers des enfants non scolarisés sont des fillettes : corvéables en famille dès le plus jeune âge, moins nourries et plus atteintes par les maladies que les garçons, retirées de bonne heure de l'école pour travailler comme domestique ou ouvrière du textile ou pour un mariage précoce, les petites filles n'ont pas la vie facile, notamment en Asie du Sud et en Afrique » C. BEDARIDA (*Le Monde de l'Éducation*, mars 1994) souligne ce blocage et cette contradiction en affirmant que l'instruction des filles est pourtant « le plus rentable des investissements », en particulier avec ses impacts bénéfiques sur la démographie et la santé.

— **la fréquente inadaptation des politiques d'enseignement**, trop mécaniquement copiées sur les modèles occidentaux et favorisant surtout les catégories aisées : ainsi l'enseignement supérieur reçoit 23 % des crédits publics d'éducation au Brésil et 22 % en Afrique subsaharienne (où il n'accueille pourtant que 2 % du groupe d'âge correspondant…).

PAUVRETÉ RURALE ET URBAINE

Un ménage d'ouvriers agricoles pauvres au Bangladesh

Dans une communauté rurale d'une région du Bangladesh sujette à la sécheresse, un ouvrier agricole et sa famille s'efforcent de tenir jusqu'à la fin d'une nouvelle saison de vaches maigres.

Ils ont, pour toute maison, une construction consistant en un sol en terre battue et un toit de paille que soutiennent des poteaux de bambou entre lesquelles des feuilles de palmier sèches tiennent lieu de mur. Ils dorment sur de la paille avec, pour couvertures, des sacs en toile de jute. La cabane où vivent l'ouvrier agricole et sa femme, leurs trois enfants et leur nièce est construite sur un terrain qui ne leur appartient pas. Mais ils ont la chance d'avoir un voisin gentil qui leur a prêté, pour une durée indéterminée, leur lopin et un autre petit bout de terrain sur lequel ils font pousser du curcuma et du gingembre et où ils ont planté un jaquier.

Le père est un ouvrier agricole généralement sans travail. Dans le passé, durant les périodes où l'activité agricole se ralentit, il pouvait parfois trouver un travail rémunéré en dehors de l'agriculture – dans le bâtiment, par exemple, dans une ville voisine – mais, depuis qu'il a contracté une paratyphoïde, beaucoup de travaux physiquement éprouvants sont au-dessus de ses forces. C'est pourquoi il ne fait plus que de menues besognes très faiblement rémunérées dans le village.

La femme passe généralement ses journées à faire la cuisine, à s'occuper des enfants, à décortiquer le riz et à puiser de l'eau. Elle y est aidée par sa nièce de 13 ans dont les parents sont morts lors d'une épidémie de choléra il y a quelques années. Elles sont toujours, l'une et l'autre à l'affût d'une occasion de se faire un petit extra. Parfois, des voisins plus favorisés par le sort font appel à elles pour, par exemple, décortiquer le riz, sarcler les champs et couper du bois. Le garçon, qui a neuf ans, va à l'école quelques matinées par semaine dans une ville située à une heure de marche. Le reste du temps, il le passe, avec sa sœur de sept ans, à ramasser de quoi faire du feu, des racines comestibles et des mauvaises herbes. La sœur s'occupe aussi du bébé lorsque sa mère ou sa cousine ne peuvent pas le faire.

Le ménage dépense environ 85 % de son maigre revenu en nourriture – principalement du riz. Ses membres sont habitués à ne manger que deux fois par jour. Ils espèrent pouvoir tenir jusqu'à la récolte de riz sans avoir à abattre et à vendre leur jaquier ou les poteaux de bambou qui supportent leur toit.

Un ménage urbain pauvre au Pérou

Dans un bidonville de la périphérie de Lima, une famille de six personnes vit dans une cabane faite d'un assemblage de pièces de bois, de fer et de carton. À l'intérieur, il y a un lit, une table, un poste de radio et deux bancs. La cuisine consiste en un petit réchaud à pétrole et quelques boîtes de conserve dans un coin. Il n'y a ni toilette ni électricité. Le bidonville bénéficie de quelques services publics, encore que généralement intermittents. Le ramassage des ordures se fait deux fois par semaine. L'eau est fournie à ceux qui ont un réservoir en ciment, mais cette famille n'a pas pu économiser suffisamment pour acheter du ciment. En attendant, la mère et la fille aînée vont à la borne-fontaine publique, à 500 m de là, remplir des seaux.

Le mari et la femme sont des Indiens originaires du même village de montagne de la Sierra. Aucun d'entre eux n'a suivi une scolarité primaire complète. Il y a quatre ans, ils sont venus à Lima avec leurs deux enfants dans l'espoir d'y trouver du travail et des écoles. Bien qu'ils travaillent, la récession économique des dernières années les a durement touchés. Des voisins mieux lotis arrivés à Lima de trois à six ans avant eux disent que la vie n'était pas aussi difficile alors. Et pourtant, mari et femme ont bon espoir de pouvoir bientôt reconstruire leur maison en brique et en ciment et, un jour, y installer l'électricité, l'eau courante et des waters comme leurs voisins. Ils ont maintenant quatre enfants, après en avoir perdu un peu après sa naissance, et les deux aînés vont à l'école du quartier, construite récemment grâce à des fonds et à une aide d'une organisation non gouvernementale (ONG). Tous les enfants ont été vaccinés contre la polio ainsi que contre la diphtérie, le tétanos et la coqueluche (DTC) lors du passage d'un dispensaire mobile dans le bidonville. L'esprit de solidarité est très fort dans la communauté et le bidonville possède un centre social très actif.

Le père travaille au jour le jour dans le bâtiment. Le travail est irrégulier et il y a des périodes où il doit prendre tout ce qu'il peut trouver à faire. Lorsqu'il est engagé dans un chantier, toutefois, c'est généralement pour un mois environ. Sa femme vit dans la peur qu'il ne se blesse au travail comme cela est arrivé à certains qui sont maintenant dans l'incapacité de travailler et ne reçoivent pourtant aucune indemnité. Elle gagne un peu d'argent à faire la lessive deux fois par semaine chez une personne riche. Pour s'y rendre, il lui faut faire un long trajet en autobus, mais ce travail lui permet de s'occuper de ses deux plus jeunes enfants qui ont un et trois ans. Il lui faut aussi, évidemment, pourvoir à toutes les tâches domestiques. Lorsqu'elle reste loin de la maison pendant longtemps, les deux aînés se relayent à l'école, l'un y allant le matin et l'autre l'après-midi, de façon à ne pas laisser la maison seule. Il y a récemment eu beaucoup de cambriolages dans le quartier et, bien que la famille possède peu de choses, postes de radio et réchauds à pétrole sont très demandés. La famille vit de riz, de pain et d'huile végétale (tous produits dont le prix est subventionné), à quoi viennent s'ajouter des légumes et, parfois, un peu de poisson.

Rapport *Banque mondiale*, 1990.

B Des inégalités profondes et persistantes

« Un caractère absolument fondamental des pays sous-développés est l'importance considérable du contraste entre la richesse d'une petite minorité et la misère de la grande majorité de la population. Cette violente inégalité est le fait de tous les pays sous-développés... ***En pays sous-développé, les riches sont plus riches et les pauvres plus pauvres que partout ailleurs*** » (Yves LACOSTE).

Ce constat sévère et alarmant est confirmé par tous les experts qui se sont intéressés aux pays du Tiers monde. Les disparités internes profondes qu'ils ont constatées peuvent schématiquement s'ordonner en quatre rubriques principales (selon Harry BOEKE et Gilbert BLARDONE) :

1. ***Des déséquilibres techniques***, entre les îlots modernes utilisant les techniques industrielles et l'économie traditionnelle fidèle aux techniques artisanales.

2. ***Des déséquilibres économiques (ou fonctionnels)***, entre secteurs modernes à productivité et à revenus monétaires relativement élevés et secteurs traditionnels figés, caractérisés par la faiblesse de la productivité, du revenu et de la consommation.

3. ***Des déséquilibres géographiques (ou spatiaux ou territoriaux)***, entre régions d'économie modernisée (infrastructures, industrie, villes, ports...) et zones d'exploitation archaïque, en position marginale.

4. ***Des déséquilibres sociaux (ou structurels)***, entre individus, classes et groupes sociaux de niveau de revenu, de cadre et de genre de vie, de comportement et de style de relations foncièrement différents.

Les notions, déjà envisagées, de *dualisme* et de *marginalisme*, appliquées à ces différentes catégories, sociales, spatiales, techniques, économiques, découlent directement de telles observations. Mais il faut noter – à la suite de nombreux auteurs qui ont vivement critiqué les conceptions dualistes, comme Y. LACOSTE, H. CARDOSO ou S. AMIN – que dans la réalité, les secteurs sociaux et économiques les plus contrastés sont étroitement imbriqués et évoluent de façon solidaire, le plus prospère se nourrissant souvent de l'exploitation du plus misérable.

Parallèlement, **ces structures sont loin d'être figées, à la différence des descriptions que l'on a pu parfois en faire : les sociétés du Tiers monde sont entraînées, bon gré mal gré, dans un mouvement dévastateur de remise en cause de l'organisation traditionnelle**, dont les effets paraissent fréquemment confus, paradoxaux ou contradictoires. D'un côté, la modernisation paraît jouer dans le sens d'une harmonisation des comportements sociaux et, donc, d'une atténuation des disparités ; de l'autre, de multiples observations montrent que les signes d'amélioration, de promotion et de progrès se limitent à quelques groupes sociaux peu nombreux, aggravant en cela des inégalités déjà très excessives. La carence statistique, particulièrement marquée dans le domaine des revenus, des consommations et des niveaux de vie, ne permet d'avoir de ces problèmes qu'une connaissance très approximative, fondée sur des observations difficilement généralisables.

1 Des disparités sociales insupportables

Elles sont largement perceptibles à divers niveaux et selon de multiples critères : comportements démographiques et familiaux ; niveaux d'alphabétisation, de nutrition, de consommation, d'équipement, de logement, d'emploi, d'urbanisation ; participation à la vie nationale, sur les plans économique, professionnel, syndical ou politique, etc. L'inégale fiabilité de ces renseignements ne permettant que rarement d'établir les comparaisons nécessaires, le critère le plus souvent utilisé est celui du niveau moyen de revenu et de la *ventilation du revenu national entre les divers groupes sociaux.*

Le tableau 2 fait ainsi apparaître l'inégalité généralisée de cette ventilation dans les pays observés, quel que soit leur niveau de développement (les 20 % les plus pauvres ne s'octroient nulle part plus de 9 % du revenu total) et l'alignement de nombreux pays du Tiers monde (Inde, Pakistan, Côte-d'Ivoire, par exemple, dans ce tableau) sur des moyennes de pays industriels. En revanche, l'inégalité de répartition est maximale dans deux types de situations : des pays très pauvres d'Afrique noire et d'Asie et des pays, d'Amérique latine surtout, bousculés par les fluctuations de la croissance, dont le Brésil et le Chili constituent les prototypes.

La concentration de la richesse atteint des valeurs extrêmes : 1 % de la population totale, la minorité la plus favorisée, accapare 12 % du revenu national au Mexique, 15 % aux Philippines, 16 % au Costa Rica et en Argentine, 18 % au Salvador et au Brésil, 56 % au Gabon ! À l'autre extrémité de l'échelle des revenus, les 20 % les plus misérables ne recevaient que de 2 à 4 % du revenu dans les pays latino-américains. Selon une étude du Bureau international du Travail portant sur 56 pays, les 5 % constituant la fraction la plus riche percevaient 28,7 % du revenu national dans les pays sous-développés contre 19,9 % dans les pays industriels. Au Brésil, 10 %

des exploitants agricoles possèdent 75 % des surfaces cultivées et 3 %, environ 53 % ; en Inde, 12 % en monopolisent plus de la moitié ; en Équateur, 1 100 propriétaires, soit 1 % du total, en concentrent 40 %. En 1971, 22 familles pakistanaises contrôlaient 66 % du secteur industriel et 80 % du secteur bancaire et avaient déposé près d'un demi-milliard de dollars dans les banques étrangères, soit deux fois plus que l'ensemble des réserves monétaires nationales. En Bolivie, 60 % des dépôts bancaires cumulés auraient été réalisés par à peine 80 à 100 personnes et 3 % des propriétaires occupent 90 % des surfaces cultivables ; « une soixantaine de grandes familles contrôlent les finances et, par ricochet, la marche du pays et, suivant leurs convenances, elles instaurent des dictatures ou épaulent les régimes démocratiques »

TABLEAU 2
RÉPARTITION DU REVENU DES MÉNAGES PAR TRANCHE DE REVENU DANS DIVERS PAYS DU TIERS MONDE (ANNÉES 1985-1990)

	Concentration des revenus aux mains des		
Exemples de pays	**10 % les plus riches**	**20 % les plus riches**	**20 % les plus pauvres**
1) À faible revenu :			
Tanzanie	46,5	62,7	2,4
Kenya	45,4	60,9	2,7
Sri Lanka	43	56,2	4,9
Inde	27,1	41,3	8,8
Pakistan	25,2	39,7	8,4
2) À revenu intermédiaire :			
Brésil	51,3	67,5	2,1
Chili	48,9	62,9	3,7
Mexique	39,5	55,9	4,1
Thaïlande	35,3	50,7	6,1
Philippines	32,1	47,8	6,5
Tunisie	30,7	46,3	5,9
Côte-d'Ivoire	26,9	42,2	7,3
3) À revenu élevé :			
Hong Kong	31,3	47,0	5,4
Suisse	29,8	44,6	5,2
France	25,5	40,8	6,3
États-Unis	25,0	41,9	4,7
Japon	22,4	37,5	8,7

(Source : Rapport Banque mondiale, 1993)

(N. BONNET, *Le Monde*, 21 mai 1991). Le plus grave est que ces situations, déjà si profondément inégalitaires, se sont encore aggravées ces dernières années : au Mexique, selon René DUMONT, l'écart extrême de revenu serait passé de 22 contre 1 en 1960 à 42 pour 1 en 1981 ; au Brésil, « le revenu moyen des 5 % les plus riches qui, en 1960, était près de 17 fois plus grand que celui des 50 % les plus pauvres, l'est 33 fois plus en 1976 ! » (Conférence nationale des évêques brésiliens).

2 Structures et dynamiques sociales

La société reflète les distorsions et les dualismes : ainsi, selon D. LAMBERT : « Il existe dans la grande majorité des pays latino-américains **deux hiérarchies de classe** qui ne se correspondent aucunement. **La société urbaine évoluée** comporte les classes des pays industriels du monde occidental : une classe dirigeante, des classes moyennes déjà nombreuses… et un prolétariat, lui-même de caractère très hétérogène en raison des migrations intenses provenant des zones de culture archaïque… (mais, mis à part ces migrants) la société urbaine presque entière peut apparaître comme une classe moyenne par rapport à **la société rurale** dont les simples hiérarchies n'opposent guère qu'une petite aristocratie et une masse très inférieure. »

a Les minorités privilégiées et les nouvelles « élites »

1. Les fondements traditionnels de la fortune et de la puissance

La position dominante d'un groupe social étroit est le résultat d'une combinaison complexe entre les éléments d'un héritage précapitaliste (grande propriété terrienne, privilèges de type féodal, fiscaux notamment) et les avantages acquis à la suite de la colonisation ou du contact avec l'étranger (commerce extérieur, gestion industrielle et financière, administration, etc.).

La propriété foncière demeure une des bases principales de la richesse, par le truchement des revenus directs ou indirects (fermage, métayage, colonat, usure) des *latifundia*, et des privilèges qui s'y rattachent : disposition d'une main-d'œuvre docile assimilée à une « clientèle », représentation politique des campagnes, blocage possible de tout progrès rural et de toute réforme agraire, etc. Le cas reste particulièrement expressif en Amérique latine où les grands propriétaires terriens, les *terratenientes*, descendants directs des « caciques », transfèrent depuis des siècles vers les villes où ils se sont somptueusement installés les ressources extraites du milieu rural ; ils y ont fréquemment ajouté les revenus de la spéculation foncière et immobilière en milieu urbain, favorisée par la rapidité et l'anarchie du développement des villes. De tels phénomènes ont été aussi relevés en Inde, au Maroc et en Iran.

La deuxième grande source de puissance est **le monopole des relations avec l'étranger**, visible dans plusieurs domaines d'intérêt économique majeur : les cultures d'exportation, l'extraction minière et la première transformation industrielle, mais surtout l'import-export, le commerce de gros, le drainage de l'épargne et le secteur bancaire, les circuits internes de distribution, voire les armes et la drogue… La Martinique donne ainsi l'exemple d'une économie tout entière dominée par une dizaine d'importateurs qui se sont assuré le monopole de l'entrée des principaux produits, viande, poisson, épicerie, bois, vin, tabac, essence, voitures… et qui contrôlent plusieurs secteurs essentiels, commerce, transports intérieurs, distractions, tourisme… De la même façon, en Afrique noire et en Amérique latine, les grandes sociétés commerciales – souvent d'émanation étrangère – tendent à supplanter en importance nationale les représentants de la grande exploitation agricole ou de la haute administration : correspondantes privilégiées de l'extérieur, elles reçoivent et orientent en priorité l'aide internationale et les investissements étrangers, ce qui renforce encore leur rôle politique.

Le service public, au niveau directionnel, constitue la troisième source de pouvoir : l'oligarchie économique s'est assuré aussi fréquemment que possible le contrôle de la haute administration, de l'armée, de la police, de l'appareil judiciaire, en nouant avec les autorités religieuses, parfois très puissantes (cas des confréries musulmanes en Afrique sahélienne) des relations étroites. Une classe « bureaucratique » ou « technocratique » est partout, en voie de constitution et de renforcement, sans que ses liens avec les possédants et les dirigeants économiques soient toujours bien éclaircis. Les conséquences de cette influence croissante sont aisément prévisibles : pléthore administrative ou militaire, vénalité, fraude et corruption, dont le président SENGHOR a dit qu'ils sont « la maladie infantile de tous les pays sous-développés », avant d'ajouter : « Chaque année, la fraude intérieure, les détournements des deniers publics causent au Trésor (sénégalais) de lourdes pertes, qui se chiffrent par plusieurs milliards… Le plus grave… c'est de vouloir dépenser plus que l'on ne gagne, ce qui pousse insensiblement certains à se mettre en marge de la société, se faisant graisser la patte quand ils sont fonctionnaires, pratiquant la fraude sous toutes ses formes quand ils sont hommes d'affaires » (discours, 29 mars 1974). En Inde, en Indonésie, aux Philippines, en Égypte, au Zaïre, en Colombie, au Brésil, comme dans la plupart des PVD, les experts ont montré que le pouvoir politique « est le véhicule de l'accumulation, au plan collectif par le biais du secteur public, mais aussi au plan individuel par tous les avantages personnels qu'il procure » (J.-F. BAYART, *Le Monde diplomatique*, novembre 1981). L'exemple récent de la Zambie est, à cet égard, fort révélateur : dans « le souci d'éviter la corruption », le Président et le gouvernement y ont décidé en 1992 de multiplier par plus de vingt la rémunération des ministres, ce qui la porte à un niveau cinquante à cent fois supérieur au salaire du personnel de maison ou des ouvriers agricoles !

2. Les comportements habituels des classes dirigeantes

Les élites traditionnelles constituent une « catégorie sociale oisive ou semi-oisive » (Denis-Clair LAMBERT). Elles sont les plus sensibles à **l'effet de démonstration ou d'imitation**, qui consiste à copier, de manière somptuaire et ostentatoire, les habitudes de consommation des pays industriels, dans un souci d'identification à un modèle étranger, considéré comme supérieur. René DUMONT a sévèrement raillé, dans son ouvrage *L'Afrique noire est mal partie* (1962), l'attitude de la « caste administrative privilégiée » : prolifération ministérielle ; politique de représentation diplomatique ruineuse ; salaire mensuel d'un parlementaire équivalant au revenu d'un paysan en six ans ; consommation de luxe : automobiles, vêtements, alcool, logements d'apparat, belles villas dans des quartiers où la faible densité aggrave les coûts d'équipement ; domesticité nombreuse, etc. La balance des paiements du pays s'en trouve fortement compromise, par l'intermédiaire des importations onéreuses de produits étrangers sophistiqués mais aussi par l'exportation de devises nationales au cours des fréquents voyages de cette minorité à l'extérieur et surtout à la suite de gros transferts monétaires vers les banques étrangères. « Des présidents et ministres prévoyants feraient des réserves pour leurs vieux jours dans les banques suisses et leurs femmes achètent des villas au bord du lac Léman » (R. DUMONT) ; les classes aisées d'Amérique latine auraient déposé dans les banques européennes et nord-américaines plus de 14 milliards de dollars. Bien que les évasions de capitaux soient plus fortes en Argentine et au Mexique, les riches Brésiliens auraient acquis autour de Miami environ 6 000 appartements ou villas pour une valeur totale de 1,2 milliards de dollars…

Ces attitudes, peu soucieuses de l'intérêt national, contribuent à faire de l'oligarchie traditionnelle un élément essentiel de freinage, voire de blocage absolu, de l'évolution et du développement nécessaires. Leur responsabilité a été vivement dénoncée par des chercheurs tels que D.-C. LAMBERT, G. BLARDONE ou Y. LACOSTE qui affirme que « la cause fondamentale du sous-développement est donc le pouvoir exorbitant des minorités privilégiées ». Surtout préoccupées de perpétuer leur puissance, elles brident le progrès économique plus qu'elles ne songent à le susciter, en maintenant la sous-exploitation agricole, le sous-emploi, la sous-éducation, la sous-information, en utilisant le gonflement des services administratifs, militaires et policiers, comme une soupape de sécurité provisoire, en faisant de leurs liens avec l'étranger un puissant instrument de contrôle économique et politique. Pourtant, dans ce tableau général, des signes de mutation apparaissent, qu'il faut maintenant envisager.

3. L'émergence d'une classe d'entrepreneurs

Les pays et régions les plus anciennement et les plus fortement touchés par un processus de modernisation comptent, à côté des classes dirigeantes traditionnelles, un noyau de propriétaires et de chefs d'entreprises, actifs et non plus oisifs, préoccupés de croissance et de « management », et non plus seulement de conservation des positions acquises. Ces industriels, ou gros commerçants, sont souvent issus d'immigrés récents en Amérique latine, donc sans liens anciens avec l'oligarchie traditionnelle ; en même temps, ils gardent avec les pays développés d'étroites liaisons financières, se bornant parfois à gérer sur place l'investissement extérieur. Leur rôle a été important dans la mise en place des industries légères de substitution aux importations et s'étend aujourd'hui aux industries lourdes d'équipement, avec un très haut degré de concentration financière. La montée des bourgeoisies industrielles est particulièrement sensible dans des pays comme le Mexique, autour des principaux pôles régionaux, Mexique, Monterrey et Guadalajara, ou comme le Brésil autour de São Paulo. Ce type d'évolution est particulièrement marqué, comme on le voit, en Amérique latine et, accessoirement, en Afrique du Nord ; au contraire, en Afrique noire et en Asie, les « nouvelles élites » montrent moins d'intérêt pour le commerce, l'industrie et la réussite économique que pour l'armée, la politique ou la haute administration, à travers lesquelles elles consolident leur position sociale. Parmi les caractéristiques communes qui rapprochent, au-delà de l'extrême variété des cas observés selon les pays et les individus, ces exemples de constitution souvent rapide de véritables empires économiques, on peut relever : l'appartenance courante à une émigration plus ou moins récente (Chinois en Asie du Sud-Est, Italiens en Amérique du Sud), le passage des secteurs traditionnels, servant de base de lancement (agriculture, mines, commerce) à des activités plus rémunératrices et modernes (banques et assurances, immobilier, télécommunications et radio-télévision, informatique, représentation exclusive de firmes multinationales, type Coca-Cola ou Mac Donald, investissements dans les pays industriels, établissement de liens très étroits avec la direction politique du pays, etc). Quelques grandes fortunes se sont ainsi imposées, notamment dans les pays marqués par de spectaculaires mutations économiques, comme en Thaïlande (où les plus riches familles, comme Sophonpanich, Lamsan ou Wanglee « pèsent » plus d'un milliard de dollars), au Brésil ou au Pérou (où les « nouveaux riches », Romero, Nicolini, Brescia, Lanata-Piaggio, ont résisté aux tentatives successives d'étatisation des présidents Velasco et Garcia, avec d'énormes évasions de capitaux vers l'étranger développé...).

Deux cas emblématiques de méga-entreprises peuvent être rapidement évoqués :

1. Celui du **groupe Cisneros au Venezuela**, considéré comme le plus puissant d'Amérique du Sud, extrêmement diversifié dans le pays (ordinateurs, cosmétiques, chaînes de restauration rapide, de supermarchés et de grands magasins, pétrole, grands domaines agricoles, chaîne de télévision, etc.) et à l'étranger (actionnaire important de la Chase Manhattan Bank, propriétaire de firmes d'ordinateurs, d'articles de sport, de mise en bouteilles aux États-Unis, d'immeubles à Londres, de la chaîne de grands magasins Galerias Preciados en Espagne, etc.), pour un effectif total de 30 000 employés dans le monde ;

2. Celui du fameux **groupe Tata en Inde**, immense groupe industriel de 250 000 personnes pour un chiffre d'affaires de 30 milliards de dollars en 1992 (soit l'équivalent de 2 % du PNB indien) : fondé sur le textile, le conglomérat s'est successivement étendu dans l'aéronautique, l'automobile, l'électronique, la chimie et la pharmacie, l'hôtellerie, le bâtiment, les cosmétiques, la sidérurgie et les mines, l'agro-alimentaire...

3 Les masses populaires restées en situation marginale

a Les facteurs et les signes de la marginalisation

Les principaux experts considèrent, ainsi qu'on l'a déjà évoqué, qu'environ 40 % des habitant des pays du Tiers monde, dotés d'un revenu dérisoire et précaire, vivent dans des conditions infra-humaines et restent tenus à l'écart des progrès économiques, des services collectifs et des mouvements d'ascension sociale. Ainsi en Inde où la catégorie des « nécessiteux » représente environ 40 % de la population totale et les castes « annexes et arriérées » entre le quart et le cinquième (90 millions d'« intouchables »). Les instruments de la marginalisation sont nombreux et cumulatifs, ainsi que le montre la simple énumération suivante :

— phénomènes d'isolement et d'enclavement dans des régions, des zones, des quartiers, mal ou non desservis par les équipements publics élémentaires (routes, voies, eau, électricité, hygiène...) ;

— utilisation limitée et épisodique de la monnaie et, de façon générale, faiblesse des échanges dans de vastes zones ou couches sociales ;

— retard culturel considérable que les taux pourtant fort élevés d'analphabétisme (fréquemment plus de 80 % dans les classes adultes) ne traduisent qu'incomplètement : ainsi en Inde où « la masse des écoliers recouvre en fait des phénomènes importants de stagnation et de déchet de l'ordre de 60 à 70 % après la onzième année d'âge » (F. DORÉ) ;

— conditions dramatiques de l'exode des campagnes vers les villes surpeuplées, avec leur cortège psychosociologique de déracinement, de détribalisation, d'inadaptation, d'acculturation ;

— survivance fragile et constamment menacée de secteurs archaïques tels que l'artisanat et le commerce de taille réduite, en dehors des circuits modernes et organisés de production et de distribution ;

— niveaux d'emploi et de revenu trop bas pour accéder aux normes de consommation pratiquées par les classes plus favorisées ; l'impossibilité d'atteindre ces « nouvelles richesses », jointe à la perte des valeurs ancestrales, développe un sentiment généralisé de frustration, expliquant des comportements de délinquance, d'asociabilité, de révolte ;

— combinaison fréquente de ces divers facteurs d'isolement social avec des phénomènes de rejet tenant aux différences de couleur, de race, de religion, de culture, d'origine tribale (l'Inde compte ainsi environ 90 millions d'« intouchables »…).

b Les formes principales de marginalisme social

On en distingue traditionnellement deux nuances suivant que l'on a affaire aux populations des campagnes et petites villes ou à celles des grandes agglomérations.

— **En milieu urbain**, les masses marginalisées correspondent aux nouveaux migrants, à la recherche de l'emploi et du logement, et leur nombre, compte tenu de la très rapide croissance urbaine, peut être considérable : dans les capitales d'Amérique latine, le tiers des citadins ne sont pas intégrés et le quart environ vivent dans des taudis et bidonvilles. Denis-Clair LAMBERT illustre la notion de « marginalisme résidentiel » et de **sous-intégration** à l'aide de quelques chiffres significatifs : dans les zones de taudis vit 50 % de la population de Calcutta et de Kinshasa, 25 % de celle de Manille, de Lima ou de Rio, le tiers de celle de Mexico ou de Caracas. Le bidonville – dont on ne poursuivra pas ici la description, ceci étant repris par ailleurs – est la parfaite projection spatiale et sociale du phénomène de marginalisme : il a l'allure, la structure et le fonctionnement d'un îlot rural enclavé dans le milieu urbain, mais en même temps relié organiquement à lui pour sa subsistance.

— **En milieu rural**, les disparités sociales – parfois moins apparentes – sont en réalité plus violentes que dans les villes. Elles reposent principalement sur la possession du sol cultivable, rejetant dans une position inférieure et marginale les paysans sans terre et la masse de tenanciers, « colons », fermiers et métayers, enfermés dans un système semi-féodal de relations avec le grand propriétaire. Le cas de l'Inde est, ici, très significatif. Le nombre des travailleurs agricoles et des paysans sans terre y a augmenté de 75 % entre 1961 et 1971, soit trois fois plus vite que la population ; plus de 50 millions d'actifs agricoles travaillent moins de cinq mois par an. Les petits paysans, propriétaires fermiers ou métayers s'endettent lourdement auprès des usuriers, hypothèquent leurs terres et finissent parfois dans un état proche du servage : 3 à 5 millions d'hommes travaillent ainsi comme de véritables serfs médiévaux pour rembourser leurs dettes !

4 L'étroitesse des classes moyennes

a Des mutations sociales indéniables : l'exemple de la Tunisie

Le dégagement des classes moyennes est le résultat habituel d'une longue évolution des rapports économiques et sociaux dans un pays en voie de modernisation : en cela, il est un utile révélateur des changements survenus et de leurs limites. Ceux-ci, bien qu'inégaux et parfois mal perceptibles, sont indéniables partout. Ainsi que le montre le cas de la Tunisie, décrit par Jean PONCET, la dynamique sociale est en marche, d'un pas souvent malaisé ou hésitant, dans des directions complexes et confuses qu'on peut ainsi répertorier :

— mouvement général de diffusion de la modernisation : essor remarquable de la scolarisation ; équipement sanitaire et hospitalier (surtout médecine préventive et protection infantile) ; planning familial, etc ;

— « déruralisation » et gonflement des villes principales, le taux de population urbaine passant de 36 % en 1960 à 55 % en 1991, tandis que Tunis – dont la population a doublé en quinze ans environ – concentre 37 % des urbains ;

— montée du salariat et du prolétariat, dans les campagnes comme dans les villes : la moitié des actifs dans l'agriculture est prolétarisée et l'emploi salarié dans les secteurs industriel et tertiaire a doublé : « le passage au mode de production capitaliste et au salariat plus ou moins régulier… constitue un progrès dans la mesure où il touche une masse rurale sous-employée, qui végétait misérablement sous la coupe de notabilités, de prêteurs-usuriers, voire de patrons ne les employant que saisonnièrement ou occasionnellement ». Pourtant ce salariat demeure « peu nombreux, mal payé, instable » et inorganisé ;

— émergence d'une « petite couche d'affairistes et d'entrepreneurs », en liaison étroite avec les investisseurs étrangers, plus volontiers tournée vers les secteurs du commerce, de l'hôtellerie ou de l'immobilier et les activités de sous-traitance que vers l'industrie moderne ;

— renforcement des couches intermédiaires, intellectuels, fonctionnaires, cadres et employés, formant une « citadinité tertiaire » assimilable à une petite bourgeoisie, mal reliée aux masses populaires « déchirées entre un traditionnel en voie d'effondrement et un moderne incohérent et décevant ». Les transformations observées en Tunisie depuis deux décennies sont assez révélatrices des mouvements sociaux intervenus dans le Tiers monde, avec le délestage rapide du secteur agricole, le gonflement du « tertiaire », la prédominance de la mobilité « horizontale » (campagnes vers les villes) sur la mobilité « verticale » (ascension sociale), les perspectives professionnelles limitées de l'industrialisation.

b La composition complexe des couches moyennes

Elles sont très mal connues statistiquement parce que très délicates à isoler dans le corps social incomplet et mouvant des pays du Tiers monde. S. BRUNEL les définit par la perception de revenus intermédiaires et réguliers, par une volonté de promotion sociale pour elles-mêmes et pour leurs enfants, par une certaine capacité à épargner et par une certaine mobilité sociale.

Dans un article consacré à la question, B. KAYSER (Revue *Tiers-Monde*, 1983) évalue la part des classes moyennes à 19 % de la population totale au Brésil, 10 % en Indonésie et au Burkina Faso, et à un quart des urbains au Chili, un cinquième en Inde et au Bangladesh, en croisant divers critères : le secteur d'emploi, le revenu, l'accès à l'eau potable.

Logiquement, on y décèle d'abord la masse souvent considérable des **fonctionnaires**, bénéficiant de la stabilité de l'emploi, de revenus parfois élevés (calqués sur les traitements des fonctionnaires métropolitains au temps de la colonisation en Afrique noire) et de pouvoirs administratifs et politiques étendus. Viennent ensuite les **cadres supérieurs et moyens du secteur privé**, toujours très peu nombreux (400 seulement au Sénégal sur un total de 90 000 salariés du secteur privé et 30 000 du secteur public) et un groupe assez étoffé de « non-manuels », professions libérales, commerçants moyens et petits industriels, ingénieurs, techniciens, universitaires, employés de presse, etc. Beaucoup d'entre eux ont été fraîchement promus à ces postes pour succéder aux cadres de la colonisation ou aux spécialistes étrangers, souvent encore assez nombreux : les étrangers représentent ainsi 38 % du personnel salarié de la Côte-d'Ivoire. Les Européens, qui occupent 5,5 % des emplois, y perçoivent 43,6 % de la masse salariale distribuée !

La pléthore administrative obéit à des objectifs sociaux à courte vue : ainsi en Égypte, « jusqu'à ce qu'interviennent les politiques d'ajustement structurel, tout diplômé de l'école ou de l'université, et tout analphabète ayant accompli son service militaire, pouvait être recruté dans la fonction publique » (J. CHARMES, Revue *Tiers-Monde*, octobre-décembre 1987).

Une mention spéciale doit, enfin, être accordée aux **ouvriers du secteur industriel moderne** qui, classés partout ailleurs dans le prolétariat, occupent encore dans le Tiers monde une place relativement privilégiée, grâce à l'emploi permanent et à des salaires plus élevés que dans la moyenne du secteur manufacturier. Celui-ci demeure certes modeste (de 0,1 à 1 % de la population totale dans les pays d'Afrique noire) mais le salariat a progressé souvent de manière spectaculaire : les effectifs du secteur manufacturier ont ainsi plus que doublé au Brésil en une décennie (de 3,24 millions en 1970 à 6,86 millions en 1980) et crû trois fois plus vite que la population totale en Corée du Sud pendant la même décennie ; en Algérie, l'emploi salarial – surtout dans le secteur industriel – a doublé de 1966 à 1977. Cette « classe ouvrière » émergente est caractérisée par une grande instabilité (absentéisme élevé), de faibles niveaux de qualification, de sévères conditions de travail, et – surtout – par une très grande hétérogénéité. Les disparités principales tiennent au type d'industrie (envergure de la firme, niveau technologique) et à la nature de l'employeur. On notera surtout que, dans la plupart des pays du Tiers monde, le secteur public occupe encore – malgré le processus de désengagement partout amorcé – une place tout à fait décisive, employant par exemple 24 % des actifs industriels en Inde et 58 % en Algérie, fournissant 27 % du capital industriel au Kenya et 47 % en Côte-d'Ivoire.

Le monde ouvrier est encore embryonnaire, instable, mal structuré. L'organisation professionnelle y progresse cependant, comme au Brésil où le nombre d'employés urbains syndiqués a doublé entre 1970 et 1978 et où les premières grandes manifestations ouvrières se sont déroulées en 1977.

Ces classes moyennes restent, en tout cas, fort étroites. Leur très forte dépendance vis-à-vis de l'intervention étrangère, de la puissance publique et des classes dirigeantes traditionnelles leur interdit d'être – comme ce fut le cas au moment de la révolution industrielle dans les pays aujourd'hui développés – le moteur principal de la dynamique et de la transformation sociale. De nombreux auteurs considèrent que la faiblesse numérique et l'impuissance actuelle de ces couches intermédiaires, de même que leurs comportements d'imitation et la précarité de leur position socio-économique, sont une des causes majeures de la perpétuation du sous-développement. Les tensions sociales ne débouchent qu'exceptionnellement sur une remise en cause générale des structures mais s'expriment plutôt dans des révoltes marginales et sporadiques (agitation universitaire, terrorisme urbain, troubles dans les campagnes). Il est fréquent que **l'armée**, corps intermédiaire nombreux et puissant, à travers lequel chemine une certaine ascension sociale, reprenne à son compte, au cours d'expériences « progressistes » ou « révolutionnaires » (Pérou, Égypte, Congo, Burkina Faso) quelques-unes de ces revendications difficilement formulées.

C Croissance économique et réduction des inégalités

Les conclusions des études les plus dignes de foi consacrées aux pays du Tiers monde se rejoignent pour mettre en évidence une inquiétante constatation : le **processus d'augmentation du produit national, souvent rapide et impressionnant, ne s'est pas accompagné d'une amélioration générale des niveaux de vie, d'une atténuation progressive des injustices les plus évidentes, mais plutôt de l'aggravation des disparités, régionales et sociales**. Comme on l'a noté plus haut, on constate que dans les pays où une analyse statistique sérieuse (Mexique, Brésil, Corée, Sri Lanka, etc.) permet de dresser un constat indiscutable, **les riches se sont encore enrichis et les pauvres appauvris**. Le phénomène est largement et officiellement reconnu par la Banque mondiale comme par l'ex-président mexicain L. Echevarria (« pour la plupart de nos peuples, cette décennie a été une période de marginalisation croissante… Le nombre des chômeurs et des analphabètes est supérieur à celui d'il y a dix ans », avril 1973), ou le président ivoirien F. Houphouët-Boigny (« les inégalités de revenu s'aggravent et le fossé, toujours plus large, qui sépare les acteurs et les profiteurs de la croissance est devenu une constante inquiétante de nos structures sociales », janvier 1973). Ces deux derniers pays ont en commun d'avoir connu un moment une croissance extrêmement rapide, qualifiée parfois de « miracle », avec un produit intérieur brut progressant respectivement de 7,1 % et de 11,3 % par an et un produit industriel de 8,4 % et de 15 %. Mais le chômage y a progressé d'un même pas : 5,8 millions de chômeurs totaux ou partiels au Mexique en 1970, soit 44 % des actifs potentiels, et 12 % de chômeurs totaux dans les villes ivoiriennes. De nombreux autres exemples de « **croissance sans développement** » ont été décrits par Samir AMIN pour l'Égypte, Celso FURTADO pour le Brésil, Gunnar MYRDAL et Francis DORÉ pour l'Inde, René DUMONT pour la Tanzanie, pourtant dotée alors d'une doctrine socialisante. Il faut, pour en proposer l'explication, distinguer deux niveaux de réflexion :

a) La reconnaissance d'une sorte de règle sociale commune à toute économie libérale et qui fait des inégalités un stimulant et un produit presque « normal » de la croissance, et donc directement dépendantes du rythme de celle-ci. Un rapport du Bureau international du Travail (1974) distinguait ainsi 3 groupes de pays :

— pays avec un produit intérieur par habitant inférieur à 100 dollars (Birmanie, Bénin, Tchad...) marquant un faible taux d'inégalité de revenu ;

— l'inégalité atteint son maximum dans les groupes où le produit par tête oscille de 200 à 500 dollars (Brésil, Colombie, Irak, Jamaïque, Liban, Mexique, Pérou...) ;

— le degré d'inégalité diminue ensuite à mesure que le revenu moyen augmente, dans le groupe de 500 à 1 000 dollars (Argentine, Grèce, Venezuela) et de plus en plus nettement dans les pays développés.

b) Une situation particulière aux pays sous-développés devant chercher à l'étranger les investissements nécessaires à la croissance économique et ne pouvant donc orienter que très partiellement leur utilisation et leurs résultats. Les pays précédemment cités, Brésil, Mexique, Côte-d'Ivoire, Tunisie, sont précisément parmi ceux qui ont fait le plus large appel au capital extérieur. Parallèlement, **les régimes fiscaux, incomplets, timorés**, reposant surtout sur les taxes indirectes à la consommation, ne contribuent guère à une égalisation des revenus ainsi qu'elle est recherchée par le biais de l'imposition sur le revenu dans les pays développés. Au Pérou, au cours de la dernière décennie, les revenus fiscaux sont tombés de 15 % à 4 % du PNB, alors que 20 % serait la norme souhaitable, et les grandes sociétés ne consacrent à l'impôt que 1 à 2 % de leurs ventes (d'après N. BONNET, *Le Monde*, 12 février 1991). Au Brésil, « sur 150 millions d'habitants, 5,5 millions remplissent une déclaration de revenu et 1,9 million sont soumis à l'imposition, les salariés étant évidemment les plus pénalisés » (D. HAUTIN-GUIRAUT, *Le Monde*, 14 janvier 1992). Fréquemment enfin, le rythme de croissance est considéré comme l'étalon même de la réussite et tout est sacrifié à sa progression, quitte à rejeter dans une deuxième étape les objectifs de plein emploi et de redistribution équitable des revenus. Les tentatives menées dans ce sens dans quelques rares pays (Chine, Cuba, Corée du Nord, Tanzanie) – parfois présentées comme exemplaires en matière de justice sociale – ont été disqualifiées par leur mépris de l'idéal démocratique.

Les conclusions récentes sur ce sujet ne sont guère différentes des amères réflexions des années 70 et 80. Aux remarques d'Edgar MORIN en 1977 :

> « Croyant faire de la croissance pour le développement (social, humain), on fait de la croissance pour la croissance. Ici, on découvre qu'à la racine même de la notion de développement, ce qui est pauvre est justement ce qui semble le plus riche : l'idée d'homme et l'idée de société » ;

et de François PERROUX, en 1981 :

> « La croissance forte et durable n'est pas, en soi, la promesse d'une meilleure répartition ; on le savait hier, on le constate aujourd'hui avec un fort grossisse-

ment… **La croissance, si elle n'est pas rectifiée, enrichit les riches et scelle leur solidarité ; elle appauvrit et désunit les pauvres.** Spontanément, elle n'est pas harmonieuse ; elle devrait être harmonisée consciemment »,

répond la constatation un peu désabusée du *Rapport Ramsès 1994* à propos de l'Inde :

« …le produit brut par tête a donc augmenté en moyenne de 3 à 3,5 % par an. Ce n'est pas un mince résultat, même si l'inégalité des revenus est restée grosso modo *ce qu'elle était et si la population des "très pauvres" a probablement augmenté en nombre absolu… Il n'est pas certain pour autant que plus d'avoir corresponde à un mieux-être. On ne peut exclure non plus que l'accélération de la croissance – à population accrue – ait été un facteur de déséquilibres sociaux et régionaux. Il est certain, en tout cas, qu'elle a entraîné une dégradation marquée de l'environnement ».*

C Le secteur informel au secours de l'emploi

Comme on l'a vu précédemment, l'existence d'un vaste potentiel démographique peut être considéré, selon les cas et les auteurs, comme un obstacle insurmontable à toute hausse sensible de la productivité, ou comme un capital décisif, immédiatement utilisable dans une stratégie de croissance, « un gigantesque gisement de ressources humaines » (G. MARC). Le problème central est, en réalité, celui des conditions, des coûts et des difficultés de la mobilisation de ce potentiel humain en vue d'atteindre les objectifs de développement, c'est-à-dire en un mot de l'emploi, dont dépendent le plus souvent la réussite ou l'échec des expériences engagées. Comme l'a remarquablement résumé Alfred SAUVY, le problème essentiel du Tiers monde n'est « pas tant celui du pain que celui du gagne-pain ».

1 Chômage et sous-emploi : un phénomène protéiforme

a Des évaluations difficiles et impressionnantes

Les pays du Tiers monde comptent en 1992 environ 2,3 milliards de personnes en âge de travailler, pour une population totale proche de 4,4 milliards. Selon A.ANGELOPOULOS, ce chiffre atteindrait 3 milliards d'actifs potentiels à la fin du siècle : « Cela signifie que sur 100 personnes en âge de travailler dans le monde, 83 habiteront dans les régions considérées actuellement comme peu développées et seulement 17 dans les régions industrialisées. » Chômage et sous-emploi sont à la mesure d'une telle ampleur. Les évaluations sont malaisées au niveau mondial : pour le Tiers monde les pourcentages proposés vont de 8 % à 25 % de la population active totale, selon que l'on prend en compte le seul chômage complet et officiel ou l'ensemble du sous-emploi sous ses diverses formes.

La situation y est nettement tranchée entre la majorité des pays du Sud-Est asiatique, souffrant d'une pénurie de main-d'œuvre, et le reste des PVD, très durement touchés : en Amérique latine, le chômage urbain dépasse 8 %, en Inde et au Pakistan, 15 %, en Afrique subsaharienne, 18 % (contre 10 % dans les années 70), selon le Bureau international du Travail. Les coups de sonde effectués sur quelques pays illustrent l'ampleur du problème : le taux de chômage atteint 15,6 % pour les hommes et 18,6 % pour les femmes au Kenya en 1990, 10,8 % et 24,3 % au Sri Lanka, 15 à 17 % pour le total des deux sexes au Maroc et en Tunisie, le double sans doute en Algérie. Dans ce pays, le nombre des chômeurs est estimé à 1,7 million en 1993 et augmente de 200 000 par an (50 000 offres pour 250 000 jeunes entrant chaque année sur le marché du travail) ; le taux de chômage atteint 58 % pour les jeunes de 15 à 19 ans et 40 % pour les 19-24 ans… La Chine compterait, de son côté, au moins 10 millions de « travailleurs urbains en surplus », s'ajoutant aux 100 millions de « cultivateurs en surnombre », selon M. CARTIER et J. VÉRON (*Économie prospective internationale*, CEPII, 2e trim. 1992).

De façon générale, le taux de **chômage des jeunes** est considéré comme quatre fois plus élevé que celui des adultes (estimé à 9,8 % en 1993 dans 36 pays étudiés) et dépasse donc couramment 30 à 35 % dans de nombreux années PVD : encore les différents experts relèvent-ils que ces chiffres sont sûrement sous-estimés, compte-tenu de la faible prise en charge officielle des chômeurs !

b Des manifestations multiples

De multiples nuances de pénurie d'emploi peuvent être décelées et répertoriées, depuis le non-emploi absolu, les demandes exprimées ou refoulées, jusqu'à l'emploi trompeur, précaire, improductif ou somptuaire. On en retiendra trois modalités principales, largement et finement interpénétrées dans la réalité sociale :

a) ***Des manifestations structurelles*** telles que la faiblesse prononcée de l'emploi féminin (ainsi en Algérie où, pour 3,5 millions de femmes sans autre emploi que les tâches familiales et ménagères, on dénombre seulement 100 000 femmes dotées d'emplois rémunérés), le sous-emploi particulièrement élevé des jeunes – 20 à 30 % d'actifs réels seulement dans la tranche de 15 à 20 ans – et le parasitisme familial qui en découle, un seul salaire devant parfois entretenir un ménage élargi de vingt personnes ou plus.

b) ***Des manifestations sectorielles*** qui font de l'agriculture, de l'artisanat, du commerce et des divers services, des secteurs-refuges pour l'emploi, encombrés d'individus en nombre pléthorique et, donc, à la productivité dérisoire. Dans le secteur agricole, « des familles nombreuses se partagent le travail insuffisant que leur fournissent des exploitations trop petites, où les ouvriers agricoles ne peuvent trouver un emploi qu'en période de pointe… En 1960, on estimait qu'en Amérique latine le sous-emploi rural atteignait le tiers de la population active agricole. Cette proportion s'est probablement accrue depuis lors (R. MAC NAMARA). Au Mexique, « on estime à 4 millions (avec leurs familles) les paysans sans terre qui ne trouvent du travail de salarié qu'en période de récolte, c'est-à-dire quatre à cinq mois par an », relèvent R. DUMONT et M.-F. MOTTIN qui remarquent, en plus, que 10 millions de paysans mexicains ont émigré vers les États-Unis et que 10 autres millions sont allés grossir la population des villes au cours du dernier quart du siècle. Le plus souvent, les emplois offerts ne sont que partiels ou temporaires : le paysan égyptien travaille en moyenne 160 à 180 jours par an, le paysan indien, 220 jours ; dans les campagnes tunisiennes, l'excédent d'emploi représente jusqu'à plus de 60-70 % de la population se déclarant « occupée » et, sans cet artifice, les chiffres du chômage seraient beaucoup plus considérables encore. ***Dans le secteur secondaire***, le sous-emploi touche surtout l'artisanat – où toute amélioration technique se traduit par une flambée de chômage – et le bâtiment, souvent très actif mais particulièrement sensible aux fluctuations économiques. C'est pourtant dans le ***secteur tertiaire*** que les formes de chômage déguisé sont les plus nombreuses et les plus illusoires : prolifération de mini-entreprises de commerce (les petits métiers de la rue), de transport (taxis collectifs, cyclo-pousses...) ; domesticité pléthorique ; parasitisme administratif, militaire, policier, etc. On reviendra sur le contenu et la fonction de ces activités dans la partie spécifiquement consacrée au « secteur informel ».

c) ***Des manifestations spatiales*** spécifiques, qui opposent traditionnellement le sous-emploi en milieu rural, diffus, latent, moins visible au premier regard, et le sous-emploi en milieu urbain, plus concentré et spectaculaire, sans être pour autant dramatique. Dans les campagnes, la surcharge démographique des exploitations agricoles s'est considérablement aggravée, ne laissant plus actuellement à chaque actif que la moitié du territoire cultivé par son homologue au début du siècle : d'où, avec une ampleur insoupçonnée, un chômage croissant masqué par les solidarités familiales et villageoises. C'est le principal facteur de la migration désespérée vers les villes, elles-mêmes trop peu pourvoyeuses en emplois stables, car trop faiblement industrialisées. ***Le chômage urbain*** est considérable, touchant 27 % des actifs potentiels dans les villes algériennes, 20 % à Abidjan, 19 % à Kingston (Jamaïque), 16 % à Bogota et – de façon générale – 10 à 15 % des individus dans toutes les métropoles. Il y prend des formes multiples, complexes et ambiguës qui aggravent l'instabilité, la fragilité et la marginalisation des populations urbaines : les « pseudo-emplois » se multiplient et se succèdent, dans la fébrile recherche quotidienne d'un maigre revenu qui justifie les tâches les plus dégradantes ou les recours les plus douteux. Il y avait en Inde, en 1973, 5,5 millions de mendiants (1 % de la population totale !), dont 115 000 auraient moins de 14 ans : 800 000 sont aveugles, 300 000 sourds et muets, 150 000 lépreux et 100 000 attardés mentaux ; au moins 40 000 « gamines » hantent les rues de Bogota et le nombre des prostituées est évalué à 40 000 à Callao (le port de Lima) et à plus de 200 000 à Bangkok...

C D'étonnantes distorsions

Le marché de l'emploi n'est pas seulement marqué par des carences quantitatives : il est aussi caractérisé par diverses contradictions qui illustrent un défaut de structuration et de cohérence.

Le travail des enfants constitue l'une des principales manifestations de ces distorsions internes de l'emploi. Ce travail précoce est une des caractéristiques les plus tragiques du sous-développement : en effet, 90 % des 100 millions d'enfants de moins de 15 ans effectuant un travail légal ou illégal (estimation du Bureau international du Travail en 1983 ; d'autres sources fournissent une évaluation plus proche de 50 millions) résident dans des pays du Tiers monde. Ce phénomène atteint d'impressionnantes proportions dans divers pays d'Asie (Pakistan, Inde, Bangladesh, Thaïlande, Taiwan, Corée du Sud), d'Amérique latine (Colombie, Brésil, Argentine, Bolivie, États d'Amérique centrale) et du bassin méditerranéen (Maroc, Portugal, Italie même). Dans certains, tels que la Thaïlande ou le Pakistan, il s'assimile parfois à un véritable « trafic d'esclaves ».

Si la pénurie de main-d'œuvre peut être évoquée comme facteur d'explication en Asie du Sud-Est (où les enfants constituent de 10 à 15 % de la main-d'œuvre), d'autres interprétations doivent être recherchées dans les pays d'Afrique (où le PNUD estime que 20 % des enfants travaillent) et d'Amérique latine (jusqu'à 25 % des enfants au travail), voire dans plusieurs pays « développés » de la Méditerranée. « Au Brésil, environ 8 millions d'enfants travaillent, percevant au mieux un tiers du salaire comparable des adultes ; plusieurs centaines de milliers se prostituent… En Inde, le taux d'enfants abandonnant l'école primaire est en moyenne de 40 %, mais il atteint les 80 % à 85 % dans les zones où les fabriques de cuivre, de verre, de cuir, de tapis, etc., emploient des très jeunes en grand nombre » (C. BEDARIDA, *Le Monde de l'Éducation*, mars 1994). Ce travail, qui peut être forcé de manière coercitive ou sollicité en tant que complément du revenu familial, concerne des secteurs extrêmement divers, de l'agriculture au micro-commerce de la rue, en passant par les entreprises artisanales et industrielles ; sous prétexte d'apprentissage, les très longues et pénibles heures de travail peuvent ne pas être payées ou, au mieux, donner lieu à une très faible rémunération.

L'autre distorsion majeure concerne la **sous-utilisation des individus diplômés et qualifiés**, s'inscrivant dans un phénomène général de chômage élevé des catégories les plus instruites de la population, c'est-à-dire en majorité les jeunes à la recherche d'un premier emploi. Selon le PNUD (Rapport de 1993), le taux de chômage des diplômés de l'enseignement supérieur s'établit à 12 % et à 9 % pour les diplômés du secondaire, pour seulement 2 % pour les personnes n'ayant pas fait d'études. 20 % à 25 % des diplômés du supérieur sont au chômage en Thaïlande, 14 à 15 % en Côte-d'Ivoire et au Ghana tandis qu'au Bangladesh, 40 % des titulaires d'une maîtrise sont en chômage ou sous-employés. L'inadaptation de l'offre (formations trop générales et théoriques ou, au contraire, trop techniques et sophistiquées) à la demande nationale est responsable de cette situation et du fréquent départ vers l'étranger de ces jeunes diplômés, l'administration – déjà pléthorique – ne pouvant plus éponger ce surplus. Médecins, juristes, enseignants, informaticiens, scientifiques, ingénieurs agronomes même… restent ainsi sans emploi correspondant à leurs compétences – ou à leurs prétentions – et alimentent un fort courant migratoire vers le monde développé. Dans le sens inverse, les investissements étrangers et l'intervention des firmes multinationales drainent vers les PVD d'accueil un important flux de personnel qualifié en provenance des pays industriels ou d'autres pays sous-développés : le mouvement est désormais beaucoup moins important dans le sens Europe-Afrique qu'entre pays asiatiques avancés (Japon, Hong Kong, Singapour) et émergents (Thaïlande, Malaisie, Taiwan). Chacun de ces pays est d'ailleurs devenu à la fois importateur et exportateur de personnel qualifié : Singapour compte ainsi 30 000 professionnels et cadres étrangers employés par des entreprises de diverses nationalités mais a envoyé un nombre équivalent de ses citoyens (étudiants, cadres et spécialistes) dans l'aire asiato-pacifique (d'après une étude du Centre de développement de l'OCDE de 1993).

La distorsion, plus grave en Afrique, a été bien relevée par J. DE BARRIN : « Les pays africains n'ont pas – loin de là – les moyens financiers d'arrêter l'hémorragie de leurs cadres de haut niveau vers le monde développé. En revanche, pour combler ce vide, ils doivent s'attacher, souvent à grands frais, le concours d'expatriés dont la qualification n'est pas toujours à la hauteur de leurs espérances. Coûteux chassé-croisé... »

d Détérioration observée et annoncée : les risques de la croissance sans emploi

Les différentes études récentes sur la question présentent des conclusions convergentes sur la **détérioration de la situation et de la sécurité de l'emploi dans le Tiers monde**, ainsi que sur la probabilité de perspectives inquiétantes. Celles-ci tiennent à la fois à la croissance démographique, aux carences de l'investissement productif et, peut-être surtout, au retard que prend la création d'emploi par rapport à l'évolution économique générale.

Les schémas de la figure 10 rendent bien compte de ce phénomène qualifié trop sommairement de « **croissance sans emploi** » (avec moindre création d'emploi, serait une formule plus exacte). Exprimé en indice (sur une base 100 en 1975), l'écart moyen des croissances du PIB et de l'emploi en 1990 est partout défavorable au second, dans les pays de l'OCDE (– 29) comme dans les autres grandes régions (– 12 en Amérique latine, – 10 en Afrique subsaharienne, – 61 en Asie du Sud, – 121 en Asie de l'Est). Les prévisions pour la fin du siècle annoncent une aggravation de cet écart (de – 43 en Amérique latine à – 262 en Asie de l'Est) et font apparaître un semblable retard de l'emploi par rapport à la main-d'œuvre, à l'exception spectaculaire de l'Asie de l'Est et du Sud-Est où la pénurie de demande, déjà signalée, devrait s'affirmer.

Ainsi s'affiche clairement un autre des blocages fondamentaux qui obèrent les chances de développement du Tiers monde : entre 1960 et 1987, **moins du tiers de l'augmentation de la production (y) était attribuable à un accroissement de l'emploi**, et plus des deux tiers étaient dus à une augmentation des investissements (selon le Rapport mondial sur le développement humain, 1993). Les explications en sont principalement à chercher dans les multiples efforts des entreprises pour augmenter leur niveau de productivité en « économisant la main-d'œuvre », pour diverses raisons bien connues : augmentation des coûts du travail, préférence pour les innovations technologiques, craintes de la syndicalisation et de l'absentéisme... Les firmes multinationales, bien que très présentes (35 000 sociétés avec 150 000 filiales à l'étranger, pour un total de 22 millions de salariés, dont 7 millions dans les PVD, en 1990) n'emploient, en définitive, que moins de 1 % de la population active du Tiers monde ; de surcroît, pendant la décennie 1980, elles y ont encore plus réduit la création d'emplois que leurs investissements directs.

Les perspectives sont, donc, assez alarmantes : il faudrait ainsi créer près d'un milliard d'emplois, dans les PVD au cours de la décennie 1990 pour fournir du travail aux chômeurs actuels et aux nouveaux demandeurs, ce qui supposerait un quasi-doublement des taux de croissance actuels !

Il n'est pas étonnant, de ce fait, que soient mis en cause les modèles de développement qui conduisent à de telles impasses et que certaines solutions – autrefois

Figure 10
RAPPORTS DE L'EMPLOI AVEC LA CROISSANCE DU PIB ET DE LA MAIN-D'ŒUVRE : ÉVOLUTIONS ET PRÉVISIONS

1. Croissance et emploi (indice 100 en 1975)

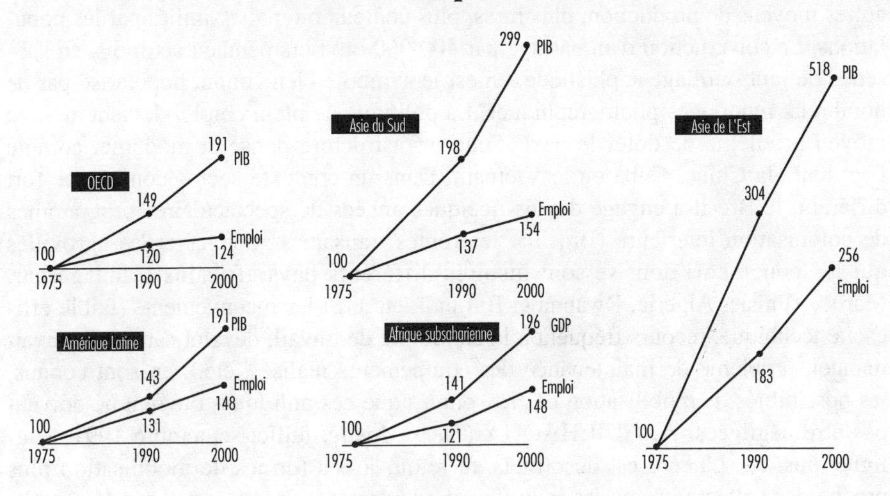

2. Emploi et main-d'œuvre (indice 100 en 1990)

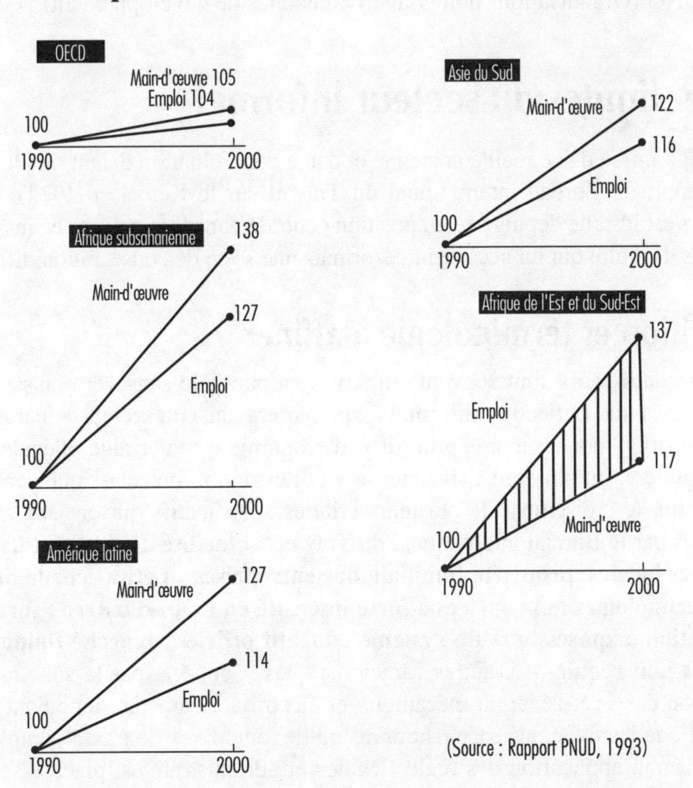

(Source : Rapport PNUD, 1993)

recommandées avant d'être rejetées – connaissent un certain regain d'intérêt. C'est le cas du concept et des **politiques d'investissement-travail** (ou épargne-travail).

Selon la doctrine chinoise, qui en a fourni le modèle au Tiers monde, le potentiel humain est largement susceptible d'entraîner la croissance économique par ses seules capacités de travail : cette ressource immense doit être mobilisée par priorité aux autres moyens de production, plus rares, plus coûteux ou mal assimilés par les populations. La construction d'un barrage par 400 000 ouvriers pendant six mois, en l'absence de tout outillage sophistiqué, en est le symbole bien connu, popularisé par de nombreux reportages photographiques. La politique de plein emploi devient alors le moyen privilégié de doter le pays d'une infrastructure dense et moderne, comme l'ont tenté la Chine, Cuba ou le Vietnam. Dans un contexte socio-économique fort différent, le Brésil a engagé depuis quelques années de spectaculaires programmes de colonisation intérieure (Brasilia, les routes transamazoniennes et les agrovilles qui les ponctuent) dont se sont inspirés différents pays africains (Madagascar, Maroc, Tunisie, Algérie, Rwanda et Burundi, etc.). Si les inconvénients (faible efficacité technique, recours fréquent à la contrainte de travail, dévalorisation du travail manuel, problème de maintenance des équipements réalisés, etc.), en sont connus, les possibilités de mobilisation des ressources que ces politiques ouvrent ne doivent pas être négligées. A. GUICHAOUA (*Tiers-Monde*, juillet-septembre 1991) souligne ainsi : « L'heure est désormais au retour à des formes de mobilisation plus proche des collectivités et des individus par l'intermédiaire de structures décentralisées, d'associations « volontaires » de producteurs ou usagers, et surtout de divers types d'ONG (Organisations non gouvernementales de développement). »

2 Intérêt et limites du secteur informel

Bien qu'il s'agisse d'une réalité ancienne et d'une dénomination datant de plus de vingt ans (Rapport du Bureau international du Travail sur le Kenya en 1972), le secteur informel s'est installé depuis peu en position centrale dans les analyses et aussi dans les politiques d'emploi qui lui accordent désormais une sorte de consécration officielle.

a Définition et terminologie à affiner

Plusieurs qualificatifs sont souvent employés en parallèle sans s'être aussi généralement imposés que l'adjectif « informel » : on parlera ainsi du secteur « marginal, refuge, en transition, non structuré, primitif », d'économie « souterraine, illégale, clandestine, irrégulière, intermittente, silencieuse »... Les définitions classiquement retenues reposent sur le croisement de plusieurs critères significatifs qui ont été, à l'origine, énumérées par le Bureau international du Travail : « **facilité d'accès ; utilisation des ressources locales, propriété familiale des entreprises ; petite échelle des opérations ; technologies appropriées à forte intensité en main-d'œuvre ; formation et qualification acquises hors du système éducatif officiel ; marché fluide, concurrentiel et non régulé** ». D'autres caractéristiques y ont été, par la suite, adjointes : absence ou carence d'énergie mécanique et électrique, caractère ambulant ou semi-permanent de l'activité, absence d'horaires ou de jours fixes de travail, emploi d'aides familiaux, non-application des règles légales et administratives, place essentielle de l'apprentissage, matériaux et activités de récupération et de réparation, etc.

La délimitation stricte de l'importance de ce secteur est rendue pratiquement impossible par sa fluidité et sa précarité et, surtout, par sa foisonnante multiplicité : il est, en effet, à la fois présent dans les différentes fonctions (production, distribution, gestion, réparation), dans les divers secteurs économiques (services, artisanat, industrie, mais aussi agriculture bien que ce domaine en soit parfois exclu *a priori* par les experts), à des niveaux d'organisation fort dissemblables (du petit vendeur de rue à la micro-entreprise, de l'activité d'appoint irrégulière à des formes stables de salariat, du mini-étalage à de véritables marchés stabilisés, du taxi clandestin à des entreprises de transport collectif fermement installés sur leurs lignes...).

De même, son importance économique peut demeurer marginale – comme dans les pays industriels où l'économie souterraine est cependant moins négligeable qu'on pourrait le croire, notamment dans les pays de l'Europe méditerranéenne – ou être devenue, au contraire, décisive. Ainsi, au Brésil en 1985, on évaluait à 75 % les chefs de famille pauvres qui travaillaient dans le secteur informel contre 35 % pour l'ensemble de la population (d'après la Banque mondiale, 1990). Au Pérou, « la frange d'ombre mitoyenne du monde légal » emploie 48 % de la population active, fournit 39 % du PIB, contrôle 93 % du transport urbain à Lima, occupe 43 % des logements, compte près de 500 000 marchands ambulants et a édifié au total 274 marchés informels, pendant que l'État et les municipalités n'en avaient suscité que 57 (d'après H. DE SOTO, *L'autre sentier. La révolution informelle dans le Tiers monde*, 1994). Au Tchad, le secteur structuré, dit « moderne », n'emploie que 20 000 personnes, soit à peine 1,5 % de la population active totale... (Plan d'orientation, 1993).

Au-delà de l'emploi urbain, l'informel se manifeste aussi dans des domaines plus imprévisibles : par exemple, les échanges internationaux entre pays surtout limitrophes (contrebande généralisée de produits de l'agriculture, de l'élevage, des mines, de l'artisanat, voire des armes, des stupéfiants et... des migrants) ; les opérations de crédit (prêts usuraires, associations de fonds tournants, dites « tontines » en Afrique francophone, chargées de collecter des fonds et de les utiliser pour faciliter le commerce, financer des entreprises naissantes, assurer des actions de sécurité sociale), voire l'enseignement et l'insertion des jeunes (sur le modèle de la remarquable association Undugu au Kenya).

b Un débat toujours animé sur la fonction sociale de ce secteur

Suivant les systèmes de pensée et d'interprétation, les jugements portés sur le rôle à attribuer à ce secteur dans une perspective de développement ont fortement divergé.

♦ L'analyse marxiste le présente comme « **l'armée de réserve** » du secteur capitaliste organisé, « le secteur informel (petite production marchande) ayant pour rôle de maintenir le niveau des salaires dans le secteur capitaliste au strict minimum de subsistance » (J. CHARMES, 1987), en développant un réseau de sous-traitants dominés et exploités. L'informel, caractérisé par une faible productivité et un niveau technologique archaïque, se révélerait ainsi incapable d'entraîner une dynamique, « d'assurer le développement et de se substituer totalement aux mécanismes de transfert pour assurer l'évolution de la société » (M. PENOUIL, 1992). On insiste sur d'autres aspects négatifs : dissimulation et évasion fiscale, coûts économiques et sociaux de l'illégalité, extrême fragilité des positions acquises, encouragement à des formes sociales perverses : corruption, fraude et contrefaçon, rapine, délinquance, prostitution, trafics divers, etc.

♦ En revanche, beaucoup d'autres analystes mettent l'accent sur **les avantages sectoriels et sur les éléments conjonctuels de solution** qu'apporte le secteur informel, dans le contexte actuel des PVD, sans jamais le considérer pourtant comme la panacée universelle. L'argumentation repose sur beaucoup de considérations indiscutables, telles que :

— la réponse désespérée à des situations de crise profonde : l'informel est alors diversement qualifiée de « ballon d'oxygène, d'analgésique, de **secteur-refuge**, de **stratégie de survie** » et présenté comme un moyen « d'aider à gérer la durée… de durer, de subsister, de se donner le temps de voir la conjoncture mondiale évoluer et les conditions du développement à long terme se modifier » (M. PENOUIL), en créant des emplois et des revenus supplémentaires, même précaires, notamment en favorisant la **pluriactivité** ;

— **la fonction de transition** qu'il est susceptible d'assurer entre le non-emploi (ou le sous-emploi rural) et des formes plus modernes et stables d'activité, dans divers domaines : acquisition de qualifications rudimentaires par l'apprentissage, constitution d'une petite épargne, installation de salariés informels à leur propre compte, modernisation technologique progressive, récupération et réparation de matériaux divers, etc. (voir encadré ci-dessous) ;

— **la flexibilité** intrinsèque du secteur, sans limites strictes entre fonctions de production, de service et de commercialisation, sans nécessité de constitution de stocks et, donc, d'investissement notable de départ, avec la possibilité de répondre à une demande populaire que le secteur moderne ne pourrait satisfaire dans des conditions supportables pour les consommateurs (logement, habillement, alimentation, combustibles, matériaux de construction, services privés, crédit à court terme, etc.).

À partir d'une étude approfondie du Pérou, et de Lima en particulier, l'économiste Hernando DE SOTO a développé une vision très positive des perspectives offertes par le secteur informel, présenté comme le fondement le plus dynamique du pays :

> *« Cette capacité à risquer et à évaluer signifie qu'il se crée dans le pays une large base d'entreprises. L'informalité au Pérou a transformé beaucoup de monde en entrepreneurs, c'est-à-dire en individus sachant mettre à profit les possibilités offertes en gérant avec une certaine efficacité les ressources disponibles, y compris leur propre travail… Cette nouvelle classe d'entrepreneurs représente le capital humain indispensable au décollage économique.* ***Elle a permis à ceux qui n'avaient rien de survivre et a constitué une soupape d'échappement pour les tensions sociales. Elle a donné au torrent migratoire une mobilité et une élasticité fructueuses.*** *Elle est en train de réussir ce que l'État n'a jamais obtenu : intégrer un grand nombre de marginaux à l'économie monétaire du pays… L'immense majorité de la population partage un comportement, un désir de vaincre la pauvreté et d'avoir du succès »*
>
> (*L'autre sentier. La révolution informelle dans le Tiers monde*, édition française, 1994).

Les fonctions sociales du secteur informel

Si la productivité des activités du secteur informel est nécessairement faible, sa fonction essentielle réside bien dans la création d'un grand nombre d'emplois, que ni l'industrie ni le tertiaire évolué ne sont en mesure de fournir. Mais le secteur informel remplit au moins trois autres fonctions résiduelles très importantes. D'abord, il permet l'offre et la distribution des biens et de services qui ne sont pas pris en compte par le secteur moderne. Certaines activités sont assimilables ici à la production manufacturière (aliments, combustible pour la cuisson des repas, vêtements, mobilier, ustensiles d'usage quotidien, matériaux de construction). D'autres sont assimilables au tertiaire primitif (commerces de détail, transports, marchands ambulants). Ainsi, à Dacca, capitale du Bangladesh, il existe un échelon intermédiaire entre les vendeurs de rue et les magasins, ce sont les colporteurs qui ont une étroite portion de trottoir attitrée. Ils y installent un large parapluie qui les abrite du soleil et disposent devant eux toutes sortes de marchandises : fruits et légumes aussi bien que montres et transistors. Une autre fonction résiduelle consiste dans la capacité d'épargne de ce secteur. En dehors du cas des aliments, qui proviennent souvent de zones rurales environnantes ou de cultures vivrières qui ont été maintenues dans les jardins potagers urbains, les autres biens sont élaborés en récupérant tout ce que rejettent les entreprises du secteur moderne. Planches, matières plastiques, déchets métalliques, bref tout ce qui est susceptible de réutilisation sera recyclé. Des métiers tombés en désuétude en Europe, comme ceux de chiffonnier ou ferrailleur, sont ici pratiqués méthodiquement et à grande échelle, au besoin en exploitant le travail des jeunes enfants dans des conditions de totale insalubrité.

On peut citer à cet égard la zone des squatters de Zabbaleen, dans la banlieue Mansheit Nasser à l'est du Caire. 15 000 habitants vivent dans un site de 30 hectares sans adduction d'eau ni assainissement. Le nom de la zone est une référence à leur activité principale, puisque Zabbaleen signifie « celui qui ramasse les ordures à domicile ». Mille tonnes de détritus sont collectées par les habitants chaque jour dans les rues et auprès des entreprises cairotes. Les déchets sont acheminés sur le site en charrette ou à dos d'âne. Le recyclage comprend une succession précise de quatre opérations. Femmes et enfants sont mis à contribution pour trier ferrailles et boîtes de conserve. Certaines tôles sont utilisées pour l'autoconstruction des baraques de Zabbaleen, le reste est revendu à des artisans du Caire. Puis commence le tri des déchets organiques destinés à l'alimentation des porcs qui vivent en complète promiscuité avec les résidents. Ce dont les porcs ne veulent pas est mélangé aux excréments humains et animaux du site pour fabriquer un compost vendu comme engrais aux agriculteurs de la région environnante. Quant aux détritus non utilisables, ils s'accumulent et créent un danger permanent d'incendie. On estime qu'à Zabbaleen, l'insalubrité crée une telle mortalité infantile que moins de 40 % de nouveau-nés survivent au-delà d'un an.

Cet exemple extrême, mais non exceptionnel, indique donc bien l'importance des activités de récupération, que représentent économiquement une forme d'épargne. La dernière fonction résiduelle du secteur informel, c'est l'accumu-

lation de capital. Là se sélectionnent les entreprises qui émergeront de la masse pour disposer d'un outillage plus complet, puis d'un atelier embauchant des salariés. Voici le cas de Mamadou Fall, trente ans, artisan, qui fabrique des meubles dans un magasin situé près de la Grande Mosquée de Dakar. Fils d'un marchand, il devait hériter de son père, mais, très jeune, il a quitté la maison familiale et fait une fugue à Rosso, en Mauritanie. De retour à Dakar, il a connu la dure existence des bidonvilles à Fass, étant rivé à un patron qui le sous-payait. Puis, il s'est mis à son compte et sa bonne étoile l'a mis en contact avec des clients européens qui lui ont commandé rideaux, tables et chaises. Il a pu acheter des machines, prendre plusieurs apprentis. Il travaille même pour des ministères et envisage de quitter son local de planches pour louer ou acheter un bâtiment en dur : il aura alors définitivement pignon sur rue et pourra prendre épouse et fonder un foyer. Le secteur informel est bien une école du capitalisme : comme Mamadou Fall, qui maintenant habite les « parcelles assainies » de Guédiawaye, le patron qui a réussi peut quitter le ghetto des bidonvilles et s'installer dans un quartier mieux loti.

Bernard GRANOTIER, *La planète des bidonvilles : perspectives de l'explosion urbaine dans le Tiers monde*, Paris, Le Seuil, coll. « l'Histoire immédiate », 1980.

LES VOIES DE LA MODERNISATION : CHOIX, ACQUISITION, MAÎTRISE TECHNOLOGIQUE 3

Faire face aux défis démographiques et sociaux - analysés dans les chapitres précédents - suppose une croissance économique rapide et soutenue. Or, s'il ne faut pas sous-estimer les résultats obtenus dans ce domaine, il faut aussi remarquer leur très grande hétérogénéité, selon les secteurs, les régions ou les pays, et également selon les périodes : à côté de quelques réussites incontestables, combien d'échecs, de décollages ratés, de reculs après des débuts encourageants ! On est aujourd'hui conscient du fait qu'il n'existe pas de recettes miracles ni de choix définitifs en matière d'agriculture comme d'industrie. Les chapitres qui suivent chercheront à mesurer l'évolution des productions agricoles et industrielles dans le Tiers monde et à exposer l'éventail des options possibles en s'appuyant sur les expériences les plus significatives. Mais il semble indispensable de réfléchir auparavant, à la question – primordiale – des choix technologiques.

Selon le *Petit Robert,* une ***technique*** est un « **ensemble de procédés méthodiques fondés sur des connaissances scientifiques**, employés à la production », tandis que la ***technologie*** est « l'étude des techniques, des outils, des machines, des matériaux ». Cette définition est trop générale pour nous permettre de poser avec pertinence les questions soulevées par la nécessaire modernisation des techniques de production dans le Tiers monde. On peut lui préférer celle que propose B. NEZEYS : « **Branche du savoir, constituée par l'ensemble des connaissances et des compétences nécessaires à l'utilisation, l'amélioration et la création des techniques**[1] ». Ainsi définie, la technologie est ***un savoir*** complété par une somme de compétences, c'est-à-dire par un ***savoir-faire***.

1. B. NEZEYS, *Commerce international, croissance et développement*, Paris, Économica, 1985.

A La technique, un facteur de production essentiel

1 Un rôle grandissant

Sur le plan de la théorie, les économistes classiques et Karl MARX, tout en faisant des remarques pertinentes sur la nature et le rôle du progrès technique, n'ont accordé qu'une place secondaire à celui-ci dans leurs analyses de la croissance. **Ce n'est qu'après la Seconde Guerre mondiale que la technologie est apparue comme un facteur de production, à côté du capital et du travail**. Aujourd'hui, on tend même à considérer qu'elle occupe une place centrale dans le processus de la croissance économique.

Or, dans ce domaine, le retard des pays du Tiers monde est d'autant plus difficile à combler que **le rythme de l'innovation ne cesse de s'accélérer**. P. BAIROCH rappelle qu'à la fin du XVIIIe et au XIXe siècle, de bons artisans pouvaient copier aisément les machines et procédés mis au point en Angleterre... et souvent importés frauduleusement sur le continent[2].

La situation a radicalement changé depuis lors. La deuxième révolution industrielle fondée notamment sur l'électricité et le moteur à explosion, et *a fortiori* la troisième, fondée sur l'électronique, les bio-technologies et les matériaux de synthèse, ont creusé **un fossé impossible à combler par une transmission purement empirique**. Ceci est d'autant plus grave que l'onde de l'innovation a progressivement gagné tous les secteurs d'activité : l'automation, par exemple, intéresse non seulement les industries à processus continu telles que la pétrochimie ou la sidérurgie, mais aussi les industries de montage et également le secteur tertiaire, banques et assurances par exemple.

De nos jours, plus des deux tiers des industries manufacturières des pays développés utilisent sous une forme ou sous une autre des technologies micro-électroniques... La rapidité de cette mutation entraîne un raccourcissement du cycle des produits industriels, un rapide élargissement de leur gamme, une adaptation plus fine des productions aux différents « segments » du marché de consommateurs. Tout ceci implique une très grande souplesse d'adaptation de la part des producteurs[3]. L'agriculture n'est évidemment pas restée étrangère à ces évolutions : les exploitations agricoles des pays développés utilisent de plus en plus de moyens de production complexes et coûteux; leur fonctionnement se calque par bien des traits sur celui des établissements industriels, quand elles n'ont pas été purement et simplement annexées par le secteur agro-industriel.

2. P. BAIROCH, *Le Tiers Monde dans l'impasse*, Paris, Gallimard, 1971.

3. C.-J. DAHLMAN, « Évolution des technologies industrielles dans les PVD », *Finances et Développement*, juin 1989.

2 Un sérieux handicap mais peut-être un atout pour le Tiers monde

Les conséquences de ces mutations sont graves pour les pays en développement dont la ressource la plus abondante est une main-d'œuvre peu qualifiée et bon marché et à qui manquent les compétences requises non seulement pour la conception et la mise au point, mais aussi pour l'utilisation des techniques modernes.

Cependant, celles-ci ne leur offriraient-elles pas de nouvelles opportunités ? Dans le domaine industriel, par exemple, la flexibilité autorise la production de séries plus courtes. Ces dernières s'accommodent d'unités de production plus petites et leur intensité capitalistique est moindre que lorsqu'il s'agissait de créer de grandes usines fournissant des produits standardisés à très grande échelle. En outre, les facteurs de localisation de ces établissements sont infiniment plus diversifiés que par le passé. B. MADEUF considère que « la rapide adoption des nouvelles technologies par les économies en développement permettrait à celles-ci non seulement de rattraper les économies avancées, mais aussi et surtout de faire l'économie de l'étape de la grande industrie »[4]. J.-J. SALOMON considère même qu'« il est possible que les retardataires dans la course à l'industrialisation jouissent d'un avantage comparatif en ce sens qu'il existe un réservoir de technologies disponibles qu'ils peuvent importer, imiter ou aménager sans avoir à prendre les risques ou à subir les coûts qu'ont assumés les pionniers »[5].

Poser la question dans ces termes revient à se demander dans quelles conditions et à quel prix le Tiers monde peut se procurer les techniques mises au point dans les pays économiquement les plus avancés. Nous tenterons de répondre à cette interrogation à la fin de ce chapitre.

Mais une question préalable se pose : est-il certain que les pays du Tiers monde aient intérêt à adopter systématiquement les techniques les plus avancées?

4. B. MADEUF, « Les limites de l'indépendance technologique », *Tiers-Monde,* n° 119, juillet-septembre 1989.

5. J.-J. SALOMON, L'importance que revêt la gestion de la technologie pour le développement économique de l'Afrique, in *La Gestion du progrès technologique dans les pays les moins avancés*, Paris, OCDE, 1991.

B Mimétisme dangereux, adaptation sclérosante : un faux dilemme

1 Dangers et condamnation du mimétisme technologique

a De nombreux échecs

La littérature sur le Tiers monde regorge d'exemples de transferts de technologies inadaptées. Des observateurs plus avides de sensationnel que d'objectivité se sont gaussés à satiété des chasse-neige soviétiques livrés à la Guinée au début des années 60 (ces livraisons consistaient en fait en tracteurs agricoles fournis avec des lots standard de pièces détachées et d'accessoires, incluant des lames de chasse-neige). Cela dit, les cas sérieux d'échec de transferts inadaptés aux conditions locales (climatiques, pédologiques, sociales ou économiques...) sont légion et ont pu constituer le thème central d'ouvrages entiers[6]. Contentons-nous d'évoquer quelques exemples choisis dans le domaine agricole ou agro-industriel.

Installée dans la banlieue dakaroise, la société BUD-Sénégal devait produire des légumes et des fruits de contre-saison pour les marchés européens. Elle était organisée sur le modèle des grandes exploitations maraîchères californiennes, avec un système d'irrigation automatique au « goutte-à-goutte ». Confrontée à des difficultés techniques et commerciales insolubles, elle fit faillite en 1979.

Le plan sucrier ivoirien visait à produire 550 000 tonnes de sucre en 1985, à partir de douze grands complexes. Six usines virent effectivement le jour; trois furent fermées en 1983, faute de rentabilité. Et combien de projets gigantesques ont été engloutis dans la forêt amazonienne, dont le célèbre domaine de Jari, qui couvrait plus de 3 millions d'hectares...

b Une condamnation globale

Au-delà de la dénonciation d'erreurs où la naïveté le dispute à la malversation, c'est une condamnation globale de l'adoption des technologies avancées qui est parfois prononcée, et ceci pour maintes raisons. Tout d'abord, les technologies transférées par les firmes multinationales sont **trop complexes** par rapport au milieu d'accueil et ne sont donc pas diffusables. D'autre part, mises au point dans les pays développés, **elles sont coûteuses en capital et faibles utilisatrices de main-d'œuvre**, ce qui ne correspond pas à la dotation en facteurs de production dont disposent les pays du Tiers monde ; elles sont en outre une source d'extraversion et de dépendance. Certaines appréciations sévères portées sur les résultats de la politique d'industrialisation algérienne illustrent bien ces deux séries de critiques : « La mise

6. Cf. par exemple S. MICHAILOF, *Les Apprentis sorciers du développement*, Paris, Économica, 1987.

en place des unités de production industrielles se fait surtout par la procédure du "clés en main" , censée accélérer le développement. Or, il apparaît que les difficultés à maîtriser et à gérer des technologies sophistiquées avaient été sous-estimées. [...] Les projets, fondés sur des perspectives de croissance très rapide, restent surdimensionnés, et les unités de production fonctionnent souvent à 30 ou 40 % de leur capacité. Les économies d'échelle espérées se transforment en surcoûts. Enfin, l'appel systématique aux firmes étrangères se traduit par un fort endettement. [...] On assiste à un vaste amoncellement de biens d'équipement qui ne sont pas en mesure de fonctionner [...] On débouche ainsi sur une dépendance technologique étroite et coûteuse[7]. »

On reproche également aux techniques importées des pays développés de dégrader l'environnement et de gaspiller les ressources naturelles : les pays industriels sont accusés d'« exporter leur pollution ».

Enfin, plus radicalement encore, ces technologies sont parfois accusées de véhiculer une **idéologie critiquable** : « Produire sans cesse pour inciter les changements de la mode, accélérer le rythme des innovations techniques, absorber une quantité de plus en plus grande de ressources physiques, tout cela relève des intérêts du système de production. Il est permis de douter si la société "acquisitive" qui en découle assure le bonheur de la minorité affluente qui y participe. Ce qui est certain, par contre, c'est qu'elle fait le malheur de la majorité misérable des habitants de la planète qui, privés de l'accès aux ressources, ne sont pas en condition de pourvoir à leurs nécessités les plus élémentaires[8] ».

Ce mimétisme technologique déteint aussi sur la recherche menée dans le Tiers monde. En effet, alors que les dépenses de recherche et développement y sont d'un niveau infiniment plus modeste que celles qui sont effectuées dans les pays riches, leurs orientations sont parfois déterminées en fonction des intérêts de ces derniers (à Panama, par exemple, la recherche agronomique financée par la fondation Rockefeller a longtemps privilégié l'étude de l'absorption des engrais par les plantes cultivées, alors que les problèmes posés sur l'adaptation de celles-ci au climat étaient négligés). Les chercheurs locaux eux-mêmes, formés aux problématiques et aux méthodes acquises bien souvent à l'étranger, sont obnubilés par la recherche sophistiquée et se voient encouragés dans cette tendance par des administrations sensibles au mirage techniciste.

2 Les technologies appropriées : un concept contesté

a À la convergence de divers courants de pensée

Technologies douces, technologies intermédiaires, écotechnologies, technologies appropriées, tous ces concepts tournent autour de l'idée selon laquelle il est indispensable pour les pays sous-développés de mettre au point des techniques spéci-

7. M. RAFFINOT, *Le Monde diplomatique*, novembre 1982.

8. I. SACHS, *Stratégies de l'écodéveloppement*, Économie et Humanisme, 1980.

fiques, répondant exactement à leurs besoins, à leurs capacités, à leur environnement.

Dans l'esprit du courant écologiste qui prend de la force au cours des années 70, une technologie douce utilise une énergie inépuisable, ne rejette pas de pollution, économise les ressources non renouvelables ; conçue pour de petites unités de production, elle favorise la déconcentration spatiale, ce qui accroît les possibilités de participation des individus. Cette perspective insiste donc sur un seul aspect des problèmes technologiques auxquels se heurtent les pays en développement.

Le concept de technologie intermédiaire s'est développé depuis 1965 sous l'impulsion des Anglo-Saxons, et notamment de E. G. SCHUMACHER, qui publia son célèbre ouvrage *Small is beautiful* en 1974 et poursuivit ses recherches dans le cadre de l'ITDG (Groupe pour le développement de la technologie intermédiaire). Cette approche préconise l'adoption de techniques situées entre les techniques traditionnelles et les techniques modernes. L'exemple le plus courant en est la charrue attelée, à mi-chemin entre la houe et le tracteur. Une technologie intermédiaire se caractérise par le modeste coût en capital de chaque emploi créé, la petite taille des établissements, qui permet la dissémination de la production et évite les déplacements massifs de population (frein à l'exode rural) et sa simplicité, qui la met à la portée des capacités d'assimilation des intéressés. Très critiqué par les tenants des technologies de pointe et du « raccourci technologie », SCHUMACHER a nuancé son approche et évolué vers le concept de ***technologie appropriée***, notion globalisante assez proche au fond de celles de *technologie optimale* ou *sur mesure* et d'*écodéveloppement*.

L'écodéveloppement

L'écodéveloppement que nous venons de définir se veut équidistant de l'économisme abusif qui n'hésite pas à détruire la nature au nom de profits économiques immédiats et de l'écologisme non moins outrancier qui érige la conservation de la nature en principe absolu au point de sacrifier les intérêts de l'humanité et de rejeter le bien-fondé de l'anthropocentrisme [...].

Qu'on ne s'y méprenne pas, nous ne croyons pas un instant à la possibilité d'éclater les sociétés complexes en un archipel de communautés vivant renfermées sur elles-mêmes, comme le voudrait l'utopie anarcho-communiste. Nous ne prêchons pas non plus un retour bucolique à la nature, irréel et mystificateur dans sa vision dorée de la vie paysanne. Enfin, nous ne pensons pas que la recherche des techniques appropriées doive mener à l'apologie du small is beautiful. *Les techniques intermédiaires prônées par SCHUMACHER ont bien sûr une utilité indiscutable dans certains cas, mais elles sont loin d'épuiser le dossier délicat du choix de techniques où il nous faudra trouver dans chaque situation, en expliquant nos critères économiques, sociaux et écologiques, les solutions les mieux adaptées au contexte en faisant appel à des intensités de capital très différentes. L'écodéveloppement postule un effort de recherche, mettant en œuvre toutes les disponibilités de la science moderne en vue de la satisfaction des besoins réels de la population à partir du potentiel de ressources constitué par son environnement. Ce faisant, il rejette le paradigme du transfert imitatif des techniques. Au lieu de transformer à grands coups d'investissements le milieu de façon à le rendre apte à recevoir des techniques qui ont peut-être fait leurs preuves sous d'autres latitudes et en d'autres circonstances, il propose de renverser la démarche : partir tantôt des besoins vers les domaines de ressources, tantôt des ressources vers les besoins sociaux pour identifier sur le parcours les techniques nécessaires et du coup les propriétés de recherche et les conditions institutionnelles pour l'utilisation de ces techniques.*

I. SACHS, « Stratégies de l'écodéveloppement », *Économie et humanisme*, 1980.

L'écodéveloppement, prôné en France notamment par I. SACHS « refuse également l'écologisme outrancier et l'"économisme sauvage" en combinant trois perspectives :

— l'autonomie décisionnelle (*self-reliance*) et la recherche de modèles adaptés au contexte historico-culturel et écologique de chaque communauté ;

— la prise en compte des besoins matériels et immatériels de tous les hommes en même temps que de chaque individu ;

— la prudence écologique, c'est-à-dire la recherche d'un développement en harmonie avec la nature ».

Le champ d'application de l'écodéveloppement ou des technologies appropriées est très large et englobe notamment le domaine de la construction (matériaux de construction, ouvrages d'adduction d'eau, égouts, habitations, usines, routes, barrages…), celui de la conception de matériel industriel permettant d'économiser le capital et d'utiliser largement la main-d'œuvre, ceux du développement agricole et rural, de l'énergie, du tourisme, etc.

Mais, comme les technologies de pointe, les technologies appropriées font aussi l'objet de vives critiques.

b Une notion critiquée

Les contempteurs des technologies appropriées fondent leurs critiques sur trois arguments :

♦ **Les techniques appropriées relèvent de « bricolages ancestraux »**

Ce sont des technologies pauvres, qui ne font qu'accroître le retard et la dépendance du Tiers monde[9]. De manière générale, les auteurs de ces critiques pensent qu'il est inutile de repasser par toutes les étapes techniques qu'ont franchies les pays aujourd'hui développés.

♦ Sauf à utiliser des technologies dépassées, **les technologies appropriées n'existent pas… elles sont à inventer**. Cela « exige des capacités scientifiques supérieures à celles que réclame le simple transfert des techniques existantes des pays développés. Ce qui signifie que sous prétexte d'écarter ces dernières, considérées comme inadaptées au retard scientifique des PVD, on exige d'eux un effort scienti-

9. A. EMMANUEL, *Technologie appropriée ou technologie sous-développée ?*, Paris, PUF, 1981.

fique et technologique supérieur à celui que, pour le moment, ils sont en mesure de consentir » (B. NEZEYS, *op. cit.*).

♦ La mise au point des technologies appropriées repose notamment sur le postulat selon lequel **les capitaux manquent dans le Tiers monde**. Elles cherchent à promouvoir de petites unités de production et leur large diffusion spatiale. Mais pour obtenir la même production que celle que fournirait une usine moderne de grande taille, le coût d'investissement risque d'être supérieur.

L'intérêt des technologies appropriées dans les régions rurales pauvres : technologies rurales au Kenya

Depuis sa création en 1976 avec l'appui de l'UNICEF et du gouvernement kényan, comme centre de démonstration et de ressources technologiques, le Centre de technologie rurale de Karen s'est consacré aux techniques destinées tout d'abord à améliorer les conditions de vie des femmes et des enfants des zones rurales. Trois grands domaines d'intérêt ont été délimités. Le premier est celui ***de la nourriture*** *: comment notamment stocker, préparer, accommoder les denrées alimentaires ? comment maintenir ou améliorer leur qualité nutritionnelle, tout en allégeant le fardeau de travail et en ménageant les forces des femmes rurales ? Il existe ainsi des moyens peu coûteux – par exemple un revêtement solide – qui protège les greniers traditionnels des rongeurs et les rendent à la fois hermétiques et imperméables. On trouve également une sorte de coffre perfectionné pour sécher le maïs.*

Le deuxième domaine d'activités concerne ***l'eau*** *: comment la capter, comment la stocker et la protéger des impuretés provenant des animaux, d'un système d'égouts et d'écoulement défectueux ? À cet égard, le Centre de technologie rurale s'est particulièrement illustré en mettant au point un réservoir en ciment, dérivé d'un modèle thaïlandais. Pour le construire, il suffit de cimenter l'extérieur d'un sac en toile rempli de feuilles ou de paille, et son prix est le dixième de celui d'un réservoir en tôle ondulée.*

Le troisième domaine d'activité est celui de ***l'énergie*** *; c'est en effet grâce à l'énergie éolienne, à l'énergie solaire, à la bicyclette ou encore à la force du poignet que l'on actionne le matériel qui permet de moudre le maïs ou de décortiquer les arachides. Les expériences sur les fours solaires ont acquis une importance croissante dans les vastes régions semi-désertiques ou arides de nombreux pays en développement où les combustibles sont venus à manquer.*

L'importance réelle de ces techniques nouvelles mises au point à Karen dépendra de leur application et, dans cette perspective, un programme de formation et de vulgarisation rurale a été lancé avec l'assistance de l'UNICEF et du ministère kényan des services sociaux. Dans le cadre de ce programme, des instructeurs reçoivent une formation auprès du programme polytechnique du centre. Ils se chargent ensuite de transmettre aux jeunes qui ont terminé leurs études les connaissances en rapport avec les besoins de la population rurale. À la fin de 1977, deux cent quatre-vingt-neuf instructeurs avaient terminé leur stage de formation et constituaient ainsi la base d'un système durable qui permet d'atteindre les communautés les plus isolées et les plus déshéritées.

A. ROBIN, *Le Monde*, 26 mars 1981.

3 Le pluralisme technologique : une nécessité

a Est-il raisonnable de refuser les techniques avancées ?

Face à des jugements aussi opposés, il faut souligner en premier lieu que le **refus des technologies modernes n'a jamais été pratiqué** par les rares pays qui sont parvenus à recoller au peloton des nations économiquement avancées ou semblent sur le point de le faire. La réussite japonaise repose sur la copie puis sur l'amélioration des technologies mises au point en Occident. La Corée du Sud, Taiwan, Singapour agissent-ils autrement ? En Corée du Sud, par exemple, l'industrie s'est développée sur l'acquisition systématique de techniques étrangères, et le gouvernement lie exemptions d'impôts et importation de technologies dans les domaines reconnus comme stratégiques[10]. Dès lors qu'un pays cherche des débouchés sur le marché international, le refus de techniques performantes est évidemment une erreur[11].

b Le refus du dogmatisme

Les points de vue entre partisans des technologies de pointe et défenseurs des technologies appropriées sont souvent plus nuancés qu'il ne paraît. Ainsi, R. RIDDELL, ardent propagandiste de l'écodéveloppement, admet que le choix entre technologies « dures » et « douces » ne doit pas nécessairement se faire au profit des secondes[12]. Inversement, un détracteur virulent des technologies appropriées comme A. EMMANUEL reconnaît qu'« une certaine compatibilité est nécessaire entre la technologie importée sous la forme d'une unité de production et le niveau technique et culturel général de l'environnement »[13] ; cette nécessaire adéquation n'est-elle pas précisément défendue par les apôtres du concept de technologie appropriée ?

En fait, à l'échelle d'un pays, **les choix technologiques ne peuvent se réduire à une solution unique**. Dans certains cas, notamment en milieu rural traditionnel, les technologies les plus banales à nos yeux peuvent se révéler très utiles pour améliorer la production de base et les conditions de vie des populations efficaces. En revanche, pour les industries de base ou d'équipement, le recours aux techniques élaborées constitue la solution la plus rationnelle. Entre ces deux extrêmes, il y a place pour plusieurs niveaux intermédiaires : « Le débat ne se pose pas sous la forme d'une alternative déchirante, mais en termes de dosage des moyens » (G. ÉTIENNE). Ceci

10. P. JUDET, « Transfert de technologie, expérience dans les PVD et succès asiatiques », *Tiers-Monde*, octobre-décembre 1989.

11. G. GRELLET, « Pourquoi les pays en voie de développement ont-ils des rythmes de croissance aussi différents ? », *Tiers-Monde* n° 129, janvier-mars 1992.

12. R. RIDDELL, *Ecodevelopment*, Farnborough, Gower PCL, 1981.

13. A. EMMANUEL, *op. cit.*

fait que des pays comme **l'Inde ou la Chine jouent systématiquement sur une large gamme de techniques**, en fonction d'objectifs variés : production pour les marchés ruraux à faible pouvoir d'achat, ou pour les marchés des grandes métropoles urbaines, ou encore pour les marchés mondiaux (voir encadré ci-après).

Il faut accepter un certain pluralisme technologique

Il ne s'agit pas d'opposer des technologies « pour les pauvres » à des technologies sophistiquées. Il faut accepter un certain pluralisme technologique, parvenir à utiliser dans la production plusieurs types de techniques. Il n'y a pas de règle générale : il s'agit simplement d'adapter des technologies aux objectifs de développement que l'on s'est fixés.

Si l'on veut construire du logement social en grande quantité, on ne peut le faire qu'en recourant à des technologies de type béton précontraint, grandes grues, chantiers organisés. Tous les pays, à part les sept ou huit pays les plus riches du monde, sont forcément importateurs nets de technologies de grands ensembles. Par contre, si l'on a une stratégie de logement qui consiste à aider les gens à construire eux-mêmes leur logement en leur facilitant l'accès à la terre, aux matériaux, à la maîtrise d'œuvre et aux services, on n'importera peut-être que certains composants, ou les fenêtres ou les portes. Seule cette diversité permettra d'éviter que les États et les entreprises ne choisissent uniquement que des grands projets qui ne se réaliseront jamais. N'oublions pas que les décisions, dans les pays du Sud, sont prises par des couches sociales très minces, par des personnes qui ont fait leurs études dans les pays du Nord et ne jurent que par les techniques sophistiquées. C'est sur ce terrain-là qu'il faut se battre, pour le pluralisme technologique, en ayant la possibilité de choisir plusieurs techniques pour les articuler en fonction d'objectifs que l'on se donne. Il ne s'agit plus, aujourd'hui, de se battre contre les technologies, comme dans les années 60, mais de savoir évaluer leur contenu, sans a priori. *C'est là une première étape.*

Ensuite, il faut se poser le problème de l'appropriation de ces techniques : comment supprimer les monopoles en allant vers une plus grande diversité dans la production ?

Enfin, il faut cesser de se limiter à la simple recherche de solutions techniques, il est temps de questionner l'essence même des technologies et d'ouvrir le débat philosophique.

G. MASSIAH

« Science sans conscience », *Croissance,* n° 343, novembre 1991

C Un marché opaque et restrictif

1 Le rôle clé des brevets

Qui sont les principales détentrices des technologies modernes ? Les grandes firmes internationales bien entendu, surtout si l'on songe aux technologies de pointe. Lancées dans une âpre compétition pour la prééminence mondiale, les FMN créent sans cesse de nouvelles techniques dans leurs laboratoires de recherche et sont à l'affût des découvertes réalisées par les équipes (de plus en plus rarement les chercheurs isolés) des laboratoires indépendants, universitaires par exemple. **Mais une découverte ou une invention n'est source de supériorité sur les concurrents que si l'on s'en réserve le monopole**. C'est ici qu'intervient un élément clé : le brevet.

Un brevet permet à son détenteur de s'assurer l'exclusivité de l'exploitation, de la découverte ou de l'innovation protégée pendant une durée suffisamment longue (15 ou 20 ans) pour que l'effort d'invention ait été rémunéré. La plupart des pays ont adopté une législation en la matière et la Convention de Paris sur la protection de la propriété industrielle – qui couvre les brevets, les certificats d'auteur d'invention, les modèles et dessins industriels, les noms commerciaux et les indications de provenance ou d'appellation d'origine – a été signée dès 1883. Polaroïd avec la photographie instantanée, Rank-Xerox avec la photocopie, Bic avec le stylo à bille sont de bons exemples de firmes qui ont su fonder de véritables empires sur l'exploitation de brevets originaux. Le Tiers monde est à peu près totalement absent de la compétition puisque 99 % des brevets déposés dans le monde sont la propriété de firmes appartenant aux pays industriels.

Le détenteur d'un brevet peut céder le droit d'utiliser un modèle, un procédé, voire une marque de fabrique ou commerciale, en accordant une licence d'exploitation. Notons qu'une telle licence peut aussi concerner un produit ou une technique non breveté. En effet, le dépôt de brevet s'accompagne de la divulgation d'informations sur le produit protégé, et certains industriels entendent garder le secret de leurs procédés. Coca-Cola, par exemple, a préféré quitter l'Inde lorsque ce pays a imposé une participation obligatoire au capital de toutes les firmes implantées sur son territoire, plutôt que de livrer la formule (magique ?) de son célèbre breuvage…

Dans la plupart des cas, l'obtention d'une licence ne suffit pas à assurer à l'acheteur la mise en œuvre efficace du brevet. Celle-ci suppose qu'il dispose de plans de fabrication, de rapports techniques, d'instructions de montage et de réglage, de modes opératoires, bref, d'un « mode d'emploi » complet : **c'est le savoir-faire industriel** (*know how*) qui peut représenter un important volume de documentation. Il est automatiquement inclus dans le contrat de vente d'un équipement important et, plus encore, d'une **usine « clés en main »**. Pour la firme de chaussures Bata, toute nouvelle création d'usine implique la diffusion d'instructions qui tiennent en… 45 volumes pour le seul aspect technique, 25 pour le volet financier, 31 pour la gestion administrative et commerciale[14].

14. J. PERRIN, *Les Transferts de technologie*, La Découverte, Coll. « Repères », 1983.

Mais ce savoir-faire ne suffit pas toujours à garantir la bonne marche de l'usine, et certains acheteurs de technologies demandent l'inclusion dans les contrats d'une clause de formation de la main-d'œuvre et des cadres ; il s'agit alors d'acheter des **usines « produits en main »**. Désireuse par exemple d'implanter une usine de liquéfaction de gaz naturel à Skikda, la Sonatrach, société publique chargée du secteur des hydrocarbures en Algérie, lançait en 1977 un appel d'offres international prévoyant précisément la formation professionnelle du personnel destiné à assurer le fonctionnement de cette unité.

2 Les deux voies de l'acquisition des techniques : une dépendance inévitable ?

De nombreuses entreprises du Tiers monde achètent les machines ou les équipements qui leur sont nécessaires pour développer leurs productions. Elles se procurent par là même des techniques qui sont en quelque sorte incorporées dans ces produits. Il s'agit d'une des formes les plus banales du transfert technologique qui constitue un élément essentiel du commerce mondial. Le Japon par exemple effectue plus de 36 % de ses exportations de machines et de matériel de transport vers les pays sous-développés (voir troisième partie, chapitre 2). Mais ceci est très insuffisant si l'on veut se doter d'un équipement complexe ou d'installations industrielles complètes.

Deux voies s'offrent alors aux entreprises :

a L'investissement direct : une efficacité limitée et contestée

La première voie consiste à favoriser l'implantation d'une filiale de FMN. Mais cette formule, très contestée par les théoriciens de la dépendance, était l'objet de vigoureuses critiques, durant les années 60 et 70 notamment. Sur le strict plan de la technologie, cette forme de transfert présente un avantage évident : la maîtrise du projet est en principe assurée, à condition que la firme ait apprécié correctement les contraintes de l'implantation. Où peut-on trouver plus grande fiabilité qu'auprès de Michelin, de Goodyear, de Bridgestone, de Pirelli ou de Continental si l'on désire créer une usine de pneumatiques ? **Mais la diffusion vers d'autres firmes du pays est bien moins que certaine** : l'effet de démonstration est peu probable car le retard technologique risque d'être trop considérable pour que les entreprises locales puissent le combler, dans l'hypothèse – au demeurant irréaliste – où la FMN serait prête à communiquer ses techniques et son savoir-faire. À Sumatra, par exemple, dans les plantations de palmiers à huile, d'hévéas, de tabac, les procédés de sélection des graines, les engrais et les techniques de culture ont été longtemps considérés comme des secrets industriels, et ce n'est que depuis 1973-74 qu'une diffusion de ces techniques a été organisée vers les petits planteurs en vue de renforcer la capacité d'exportation de l'Indonésie[15]. Enfin, les FMN répartissent souvent les différents

15. Cf. C. AROCQ, « Centre et périphérie en Indonésie », *Travaux de l'Institut de géographie de Reims* nos 75-76, 1988.

stades d'un processus entre plusieurs unités implantées dans divers pays ou entreprises. Mais monter des téléviseurs ou des calculettes, voire fabriquer des circuits intégrés, ne conduit pas automatiquement à la maîtrise de la filière électronique !

b L'achat de licences : une forme de « l'échange inégal »

La **seconde voie de l'acquisition des techniques consiste à acheter directement des licences d'exploitation auprès des firmes qui détiennent les brevets.** Mais pourquoi divulgueraient-elles un élément clé de leur puissance ? Elles le feront pour gagner un nouveau marché ou pour utiliser une main-d'œuvre peu payée, si la voie de l'investissement direct leur est fermée ou leur paraît moins intéressante que la cession de licences. Mais leur puissance rend les négociations difficiles car elles cherchent naturellement à tirer le meilleur profit de la transmission de leur savoir-faire.

Cela dit, **le marché international de la technologie connaît une croissance rapide** qui atteignit 15 % l'an entre 1970 et 1981, mais s'est ralentie depuis, en raison de la baisse des revenus des pays pétroliers et de la crise financière que traversent bon nombre de pays en développement. L'importance de ces dépenses pour le Tiers monde est mal connue. Elles équivalaient à 15 % de la valeur des exportations du Mexique (cas extrême il est vrai) en 1981 et tournaient autour de 5 à 6 % pour les autres pays latino-américains à cette époque. À l'échelle de l'entreprise, le coût à payer s'élève aisément à 1 ou 2 % du chiffre d'affaires annuel et parfois à 3 ou 4 % de celui-ci[16].

Cependant, ce marché pose plusieurs problèmes aux entreprises du Tiers monde.

♦ **Des prix excessifs et injustifiés** ? Le prix élevé des technologies est justifié par la lourdeur des dépenses de recherche et de développement qu'impose la mise au point des produits nouveaux. La cession d'une licence d'exploitation incorpore ces dépenses. Mais pour l'acheteur du Tiers monde, le marché est opaque : comment estimer à son juste prix un produit pour lequel manquent les informations qui permettraient de comparer performances, fiabilité, rentabilité ? Comment peut-il mener efficacement ses négociations avec les firmes détentrices de technologie ? La pratique des appels d'offre internationaux ne permet de pallier que très imparfaitement cette faiblesse, car le marché est oligopolistique : combien d'entreprises dans le monde sont-elles capables de proposer un complexe pétrochimique ou une unité sidérurgique ?

Notons que le transfert technologique effectué par l'investissement direct soulève le même type de problème. Le montant des redevances que la maison-mère impose à sa filiale pour prix de cession de brevets et de savoir-faire est également invérifiable.

Il faut souligner enfin que **bon nombre de licences concédées dans le Tiers monde concernent des marques**. Pour les cosmétiques ou la confection, où l'apport technologique est minime, la valeur de la marque représente souvent plus de 10 % de la valeur du produit. Or, en Afrique notamment, plus de 80 % des marques de fabrique sont d'origine étrangère. **A. EMMANUEL voit là un transfert de « pseudo-technologies »**[17]. Ceci présente pourtant des avantages, et, en particulier, assure la sécu-

16. H. DLALA, « Le transfert de technologie et de savoir-faire industriel en Tunisie », Annales de Géographie, n° 554, 1990.

17. A. EMMANUEL, *op. cit.*, 1981.

rité des débouchés… ce qui explique l'ampleur de la contrefaçon. Les contestataires les plus radicaux du système des brevets observent que les licences cédées portent sur des technologies déjà amorties et poussent en substance les pays sous-développés à « voler » les techniques (S. AMIN).

♦ **Les clauses restrictives limitent les effets positifs de la diffusion des techniques.** Le débat sur la légitimité du système des brevets a perdu de nos jours ce caractère extrême et porte plutôt sur les clauses restrictives qui sont imposées à l'acquéreur d'une licence. Il s'agit, par exemple, d'obliger le licencié à s'approvisionner chez le vendeur de la licence en biens de production ou en biens intermédiaires. D'autres clauses interdisent les exportations ou leur fixent des limites d'ordre quantitatif ou spatial (voir encadré ci-dessous). L'acheteur peut également être contraint de s'engager à céder automatiquement à son vendeur le droit d'utiliser toute amélioration qu'il pourrait apporter ultérieurement au produit fabriqué ou au procédé cédé…

Les restrictions territoriales à l'exportation

Dernier volet de notre analyse et non des moindres, les restrictions territoriales à l'exportation. À ce propos, il peut être utile de distinguer trois situations désavantageuses pour l'acquéreur.

— Notons d'abord celle où le preneur collabore avec le fournisseur de technologie pour fabriquer les produits contractuels destinés à la consommation nationale et à l'exportation. Dans ce cas, l'exportation est autorisée seulement vers un petit nombre de destinations indiquées dans le contrat ou interdite sur les grands marchés déjà occupés par le donneur. Les deux clauses suivantes illustrent bien ce type de restrictions territoriales à l'exportation :

1. « Le preneur acquiert aussi l'exclusivité de la commercialisation (des produits)… dans les pays suivants : Tunisie, Libye, Tchad, Turquie, Niger et Soudan. Cependant le preneur aura la faculté de démarcher des clients installés hors des pays sus-mentionnés après accord du donneur. »

2. « L'exportation des produits contractuels spécifiés à l'article 1.1 est sans restriction sauf l'exportation sur l'Égypte, l'Europe, l'Amérique du Nord et Centrale, le Nigeria et la République de l'Afrique du Sud. L'exportation sur ces parties du monde est autorisée seulement par le (cédant). »

— Deuxièmement, et c'est le cas le plus général, la gamme de produits contractuels doit être commercialisée uniquement en Tunisie par le preneur, sauf convention contraire […]. L'un des contrats examinés stipule que « le preneur ne fabriquera que les quantités de spécialités nécessaires pour couvrir les besoins de la Tunisie ». […]

— Les restrictions précédentes s'appliquent en général à la préparation, à l'élaboration et au montage de biens de consommation directe ou d'équipement. Mais lorsque la licence porte sur la fabrication de matières intermédiaires entrant dans la composition des biens que produit le preneur, celui-ci « … n'est pas autorisé… de vendre (les produits contractuels) à des négociants ou des personnes à l'intérieur ou à l'extérieur du territoire de la

Tunisie » sans le consentement écrit du donneur. Enfreindre cette clause est considéré par le cédant comme une faute grave, au même titre que le non-paiement des royalties dues, susceptibles d'entraîner l'annulation du contrat de licence [...].

Ainsi ***la stratégie commerciale du fournisseur de technologie fait de l'acquéreur un maillon de sa chaîne de distribution commerciale****. L'exclusion de l'entreprise tunisienne du marché mondial ou au moins de certains marchés la condamne à l'import-substitution dont les limites sont aujourd'hui évidentes. En conséquence, les restrictions commerciales à l'exportation limitent quantitativement la production et font obstacle à la croissance de l'entreprise. À une autre échelle, elles privent l'industrie tunisienne de ce qu'on considère dans la politique de réajustement économique comme le moyen d'améliorer sa compétitivité, à savoir l'exportation, et limitent les entrées de devises de la Tunisie.*

H. DLALA

« Le transfert de technologie et de savoir-faire industriel en Tunisie ».

Annales de Géographie, n° 554, 1990

D Les politiques technologiques : de l'importation à la production

Les politiques technologiques s'organisent selon trois axes majeurs.

1 Freiner ou promouvoir les achats de technologie ?

a Politiques de contrôle des achats technologiques

La crainte de voir leurs fournisseurs exercer un monopole sur les activités de pointe et le souci de freiner la dégradation de leur balance des paiements ont conduit de nombreux pays en développement à **contrôler les importations immatérielles de techniques et à comprimer le coût des licences**. Des législations restrictives ont ainsi été promulguées dans les années 60 et plus encore 70 en Inde, en Argentine, au Brésil, au Mexique, etc. Dans les pays du Pacte andin (Bolivie, Colombie, Équateur, Pérou, Venezuela), la durée de validité des brevets est réduite à cinq ans, ou à dix ans pour ceux qui sont effectivement exploités. Au Mexique, un registre des transferts technologiques permet de rejeter les contrats de transfert qui concernent une technique déjà disponible dans le pays, qui prévoient des redevances excessives ou imposent des pratiques restrictives jugées inacceptables. Au Brésil, il est en outre interdit à la filiale d'une entreprise étrangère de verser à sa maison-mère une rémunération relative à la technologie.

Si ces politiques strictement défensives permettent de filtrer les technologies et de réprimer certains abus, elles ont leur revers. En Inde, par exemple, les restrictions concernant le montant et la durée de paiement des redevances ont poussé les fournisseurs à exiger un règlement forfaitaire global puis à se désintéresser du succès final du transfert.. D'autre part, les restrictions aux apports de techniques freinent l'évolution des appareils productifs et obligent à développer un effort scientifique intense ; les théoriciens libéraux considèrent que ces efforts auraient pu être tournés plus utilement vers des recherches spécifiques plutôt que vers des techniques déjà éprouvées ailleurs[18].

b Globaliser ou « dépaqueter » les techniques ?

La recherche de l'efficacité maximale des transferts débouche sur deux attitudes opposées.

♦ Les pays à niveau technologique médiocre mais disposant de ressources financières importantes (cas des pays pétroliers pendant les années 70) ont eu tendance à **globaliser leurs achats de technologies, de façon à s'assurer – du moins l'espéraient-ils – de la cohérence du projet et de garantir ses résultats**. C'est ainsi que l'Algérie est passée des contrats clés en main aux contrats produits en main. Mais les résultats ont été peu probants au niveau de l'autonomie technologique : la brutalité du transfert n'a pas permis un véritable apprentissage. On a même assisté au dépérissement des capacités technologiques locales et, la crise venant, l'Algérie s'est trouvée à la tête d'usines sous-utilisées et non rentables (voir chapitre suivant).

♦ **En Amérique latine, la tendance a plutôt été de déglobaliser les achats de technologie**, c'est-à-dire de décomposer le projet de manière à repérer les éléments maîtrisables localement et ceux pour lesquels l'appel à l'extérieur s'imposait, en déterminant ce qui relevait de la licence, du savoir-faire, ou de l'assistance technique. Les entreprises et ingénieurs locaux peuvent ainsi intervenir activement en tant que fournisseurs et être associés à la conception, à la réalisation et à la gestion du projet.

♦ **Des succès incontestables ont été enregistrés**. Ainsi, le premier complexe pétrochimique brésilien, implanté à São Paulo a été fourni à la firme publique Petrobras clés en main. Le second, construit à Bahia, fut acheté par lots séparés ; le Brésil en assura l'ingénierie de détail et a fourni 65 % des équipements. Le troisième fut pris totalement en charge par Petrobras[19]. Mais, à côté de ces succès, **on a observé des tentatives malheureuses ou conduisant à une maîtrise incomplète de la filière considérée.** Tel est le cas de la filière informatique brésilienne.

18. *Rapport sur le développement dans le monde 1991*, Banque mondiale, Washington.

19. Cf. P. JUDET, « Transferts de technologie : expériences dans les pays en voie de développement et succès asiatiques », *Tiers-Monde*, n° 120, octobre 1989 ; C. OMAN, *Les Nouvelles Formes d'investissement dans les industries des pays en développement*, OCDE, Paris, 1989.

Succès et limites de l'industrie informatique brésilienne

Il y a une quinzaine d'années environ, le gouvernement fédéral brésilien interdit la libre importation des mini-ordinateurs et de leurs composants. Cette décision fut l'une des premières mesures destinées à promouvoir, sur des bases nationales, une industrie informatique. [...] L'heure est au bilan, car si les engagements sont respectés, la politique de réserve de marché au profit des industriels nationaux devrait prendre fin en 1992. S'il est indéniable que les Brésiliens sont aujourd'hui capables d'offrir une gamme très diversifiée d'équipements informatiques, deux points d'interrogation continuent à alimenter le débat sur l'opportunité de maintenir cette politique protectionniste.

Le premier concerne le niveau de compétitivité internationale des produits informatiques brésiliens. À la différence de certains pays du Sud-Est asiatique, (Corée du Sud, Taiwan), le Brésil n'est pas parvenu à développer d'une façon significative ses exportations dans ce secteur d'activité. Par ailleurs, la forte poussée des achats en contrebande d'ordinateurs étrangers indique que les prix et les performances des matériaux offerts dans le pays ne satisfont pas pleinement les utilisateurs finaux.

Le second point concerne la réelle capacité des entrepreneurs nationaux à accompagner le développement technologique mondial. Face à l'ampleur des moyens de recherche engagés dans les pays industriels et face aux transnationales qui n'hésitent pas à coopérer entre elles pour réaliser des projets communs, le Brésil reste isolé dans le cadre de sa propre politique nationale.

H. DROUVOT, C. RUIZ, « Politiques de développement technologique dans l'industrie informatique brésilienne », *Problèmes d'Amérique latine*, n° 91, Documentation française, 1er trimestre 1989.

Face à ces stratégies essentiellement défensives, certains pays asiatiques ont mené, non sans succès, des politiques beaucoup plus dynamiques.

C L'ouverture sélective

La Corée du Sud est très souvent prise comme exemple d'un pays ayant opté pour une stratégie technologique d'ouverture dans laquelle le pilotage de l'État a joué un rôle essentiel.

Comme dans de nombreux pays d'Amérique latine, ce pays a opté pour le « dépaquetage » technologique, qui fut institutionnalisé en 1969 avec l'interdiction de la pratique des contrats clés en main et produits en main. Mais, à la différence de ces pays, **la Corée a multiplié très tôt les accords de sous-traitance internationale et s'est appuyée sur des achats massifs de technologies immatérielles**. De plus, les importations dans les domaines considérés comme stratégiques sont exemptées d'impôts et les firmes qui développent leurs propres centres de recherches sont aidées par l'État. Une véritable « veille technologique » a été mise sur pied, qui permet à tous les industriels d'être tenus au courant pratiquement au jour le jour des appels d'offre, des brevets déposés et des orientations de la recherche-développement dans le monde entier.

Prenons l'exemple de l'électronique. On peut parler d'une véritable planification des transferts de technologies, portant, en première phase, sur la création d'unités de montage (télévision, radio, téléphone...), permettant d'acquérir la maîtrise des techniques d'assemblage et appuyée sur l'importation de biens d'équipement et sur l'assistance technique étrangère. La deuxième phase, qui visait essentiellement la production locale des composants, s'est élargie aux calculatrices, aux montres électroniques, et incluait, en plus de la maîtrise des techniques de production, celle de la conception des produits. La troisième phase débouche sur la recherche-développement, l'ingénierie, la conception d'ensembles industriels complets et de produits spécifiquement coréens[20]. Cet exemple, comme celui du Brésil, souligne qu'une politique technologique complète ne peut se limiter à réglementer l'achat de technologies toutes faites.

2 Favoriser l'assimilation technologique

Le problème de l'assimilation technologique se pose à plusieurs niveaux.

En premier lieu, un relais indispensable à l'assimilation technologique est l'**ingénierie d'adaptation**, qui permet d'apporter aux techniques nouvelles les améliorations marginales, simples, peu coûteuses, destinées à les ajuster aux conditions locales.

En second lieu, les utilisateurs des nouvelles technologies doivent avoir les **compétences** voulues pour les assimiler et les maîtriser et doivent servir d'intermédiaires pour la diffusion de celles-ci dans le secteur considéré. Il faut d'abord former les cadres indispensables et l'on doit souligner ici combien les disciplines littéraires, économiques ou juridiques attirent les jeunes, notamment en Afrique et en Amérique latine. Il est vrai que, dans le Tiers monde, **l'enseignement technique** a été largement négligé. Mais A. EMMANUEL fait fort justement remarquer que « ce sont les emplois offerts par les entreprises qu'on voit fonctionner et dont on peut estimer les potentialités, qui génèrent les candidatures à la formation correspondante ». Sans débouchés, une filière de formation n'a guère de chance d'attirer les candidatures, et un bon nombre de techniciens ou de diplômés de haut niveau, souvent formés à l'étranger, ne reviennent pas dans leur pays d'origine : « l'exode des cerveaux » portait voici quelques années sur 70 % des médecins et chirurgiens du Pakistan, 25 % des ingénieurs indiens.

Mais, en troisième lieu, le décalage entre la technique et le niveau de formation générale de la population constitue aussi un obstacle majeur à une large diffusion des technologies modernes et peut susciter l'apparition de « kystes technologiques »[21]. On débouche finalement sur le problème – déjà évoqué – de **l'enseignement général**, mauvaise copie, trop souvent, des systèmes éducatifs des pays développés.

20. J. PERRIN, *op. cit.*

21. D.-C. LAMBERT, *Le Mimétisme technologique du Tiers Monde*, Économica, Paris, 1979.

3 Promouvoir l'innovation

L'aptitude à créer de nouvelles technologies est en principe le but ultime de toute politique technologique, qu'il s'agisse d'innover dans des technologies modernes d'abord importées ou de mettre au point des technologies appropriées et spécifiques. En pratique, la ligne de démarcation entre adaptation, amélioration et création technologiques est impossible à tracer : l'amélioration locale des techniques importées conduit, au fur et à mesure de l'évolution du niveau des prix, de la disponibilité des ressources locales, des besoins du marché, à peu près inévitablement à intervenir dans la création technologique proprement dite. L'exemple de Petrobras et celui de l'électronique coréenne, précédemment cités, illustrent bien ce processus.

Certains pays du Tiers monde disposent d'ailleurs de capacités de recherche et développement non négligeables : l'Inde est le troisième pays du monde par le nombre de ses chercheurs et techniciens (2,5 millions) derrière les États-Unis et l'ex-URSS. On ne manque pas d'exemples d'innovations à contenu technologique assez ou très élevé nées dans le Tiers monde, qu'il s'agisse de réalisations relevant des techniques modernes ou appropriées. Les deux géants, Chine et Inde, disposent de fusées capables de mettre des satellites artificiels en orbite… et de la bombe atomique.

Les NPI deviennent d'ailleurs des exportateurs vers le Tiers monde et même vers les pays développés. L'Inde exporte des machines-outils, la Corée du Sud des bateaux, des automobiles, des machines textiles, etc. Certains NPI vendent également des usines clés en main au Moyen-Orient, en Asie, en Afrique, et réalisent de grands travaux (routes, aéroports, barrages hydroélectriques…) dans le Tiers monde.

Dans le domaine des technologies appropriées, de nombreuses réalisations font également preuve de capacités des ingénieurs et chercheurs du Tiers monde. Au Mexique, l'entreprise Hylsa, branche sidérurgique d'un grand groupe privé national, a mis au point en 1955 un procédé qui permet d'obtenir de l'acier par réduction directe du minerai de fer ; cette technique était alors révolutionnaire, et ce n'est que nettement plus tard qu'une méthode concurrente a été proposée par la RFA. Un procédé spécifique de production d'acide phosphorique a été conçu et est commercialisé par la Tunisie. Pendant de nombreuses années, Nestlé exporta de la poudre de lait en Inde, affirmant qu'il était impossible de fabriquer un produit similaire digestible à partir de lait de bufflesse… assertion dont un institut de recherche indien démontra ultérieurement l'inconsistance.

Un exemple classique de technologie à la fois intermédiaire et appropriée est celui de la petite industrie sucrière développée en Inde à partir d'une technique séculaire (industrie khandsari) progressivement améliorée (technique OPS mise au point en 1957) et qui prospère à côté des grands complexes sucriers dont le pays dispose également. L'industrie khandsari est adaptée aux conditions du marché propre aux régions encore assez isolées de cet immense pays, ainsi qu'à celles où la production de canne est assez disséminée. Dans cet exemple, les deux technologies sont « appropriées », l'une aux marchés urbains et aux capacités des puissants groupes industriels du pays, l'autre à une Inde plus traditionnelle. Il est vrai que la rentabilité financière des sucreries khandsari est liée à une importante protection fiscale et que leur rendement en sucre est inférieur à celui des grands complexes… ce qui vient à l'appui des thèses des détracteurs des techniques appropriées et souligne leur intérêt transitoire.

Conclusion

On observe, une fois de plus, la césure de plus en plus nette entre les pays du Tiers monde qui ont les moyens de s'adapter efficacement aux mutations technologiques, et ceux qui en sont actuellement incapables : les NPI qui disposent d'un éventail industriel déjà large et d'une capacité technologique réelle sont dans une situation totalement différente de celles des petits pays à faible revenu où l'agriculture traditionnelle joue encore un rôle important et où l'urbanisation est faible ou marginale. Pour ces derniers, le dosage entre technologies plus ou moins sophistiquées et technologies intermédiaires doit accorder une place importante aux secondes.

Mais il faut être également conscient (sans tomber dans un quelconque déterminisme ethnologique) de l'importance des conditions socioculturelles dans l'aptitude à assimiler la technologie d'origine occidentale. Les NPI du Sud-Est asiatique, à l'instar du Japon, sont les héritiers d'une civilisation matérielle et culturelle et d'un type d'organisation sociale qui les rendent semble-t-il plus aptes à adopter rapidement les technologies modernes que les pays africains par exemple.

Enfin, il faut garder présent à l'esprit le fait que les choix technologiques sont des choix de société comme le souligne justement S. MICHAILOF : « Lorsque l'objectif était d'assurer à tout prix la puissance d'un État face aux menaces impérialistes, l'édification d'une industrie métallurgique et mécanique puissante s'imposait à l'évidence et laissait peu de possibilités dans le choix des techniques de production et la répartition des facteurs. Si, au contraire, l'objectif est de satisfaire les besoins élémentaires d'une population rurale sous-employée, les options technologiques sont certainement beaucoup plus ouvertes[22] ».

22. S. MICHAILOF, *op. cit.*

NIVEAUX ET ALTERNATIVES D'INDUSTRIALISATION 4

L'industrialisation a longtemps été considérée comme la voie royale du développement et placée au cœur de la plupart des stratégies économiques menées dans le Tiers monde après la Seconde Guerre mondiale et même depuis le début du XXe siècle dans certains pays d'Amérique latine. Outre sa fonction motrice dans la croissance, on voyait en elle un levier essentiel du développement. J.-M. ALBERTINI a fort justement souligné qu'« il est difficile de concevoir le passage d'une société traditionnelle à une société moderne sans les transformations sociales et mentales qu'entraîne l'industrialisation »[1].

Malheureusement, les résultats n'ont pas toujours été à la hauteur des espérances et **l'industrie a été fortement remise en cause dans les années 70.** On lui reprochait son inefficacité, son manque de compétitivité et son incapacité à créer des emplois alors qu'elle mobilisait de très lourds investissements, eu égard aux capacités de financement des pays du Tiers monde. On la rendait également responsable de l'hypertrophie d'un secteur public privilégiant des projets démesurés soumis aux normes et schémas productifs élaborés dans le Nord et entravant l'essor des entrepreneurs locaux. Mais on dénonçait également ces derniers pour leur manque d'initiative et leur recherche de profits immédiats. On voyait enfin dans l'industrie le cheval de Troie des firmes multinationales, accusées de mettre en coupe réglée les ressources naturelles et la main-d'œuvre des pays d'accueil.

À la fin des années 80, tout en continuant à être conscient des contraintes et des dangers d'une industrialisation à tout va, on est parvenu à **une vision moins passionnelle des problèmes que pose l'industrialisation.** Les succès incontestables de certains NPI ne sont évidemment pas étrangers à ce recadrage. On s'attache aujourd'hui à cerner les raisons des échecs ou des réussites des diverses politiques industrielles mises en œuvre dans le Tiers monde, et les responsables de ceux-ci sont beaucoup plus circonspects que par le passé dans le choix des moyens d'une **industrialisation efficace**, définie part D.- C. LAMBERT et J.- M. MARTIN comme la « capacité autonome de produire et de diffuser les progrès techniques dans l'ensemble de l'environnement économique ».

1. J.-M. ALBERTINI, *Les Mécanismes du sous-développement,* Paris, Éditions ouvrières, 1re édition, 1966.

Avant d'analyser la diversité des choix et des options en matière de politique industrielle, il est nécessaire de prendre la mesure des résultats obtenus.

A Une croissance réelle mais déséquilibrée

1 Un retard qui ne se comble guère

♦ Prise dans son sens large (activités extractives, industries manufacturières, bâtiment et travaux publics, production et distribution d'eau, d'électricité et de gaz), **l'industrie du Tiers monde progresse depuis plusieurs décennies plus rapidement que celle des pays développés.** Selon la Banque mondiale, l'industrie manufacturière – nettement plus révélatrice de la profondeur de l'industrialisation – enregistre depuis 1970 des taux de croissance très élevés, de l'ordre de six à huit pour cent par an, ce qui est remarquable et correspond à un rythme deux fois plus soutenu que celui des pays développés (tableau 1).

TABLEAU 1
UNE CROISSANCE RÉELLE
(taux de croissance annuel moyen, en %)

ensembles spatiaux	industrie au sens large		industrie manufacturière	
	1965-1980	1980-1991	1965-1980	1980-1991
Ensemble du Tiers monde (1)	6,8	3,3	8,0	6,0 (2)
dont Afrique Sud saharienne	7,2	2,0	?	3,1 (2)
Asie de l'Est et du Pacifique	10,8	9,4	10,3	10,6
Asie du Sud	4,3	6,4	4,5	6,7
Moyen-Orient et Afrique du Nord	6,3	0,9	?	3,5
Amérique latine	6,6	1,4	8,3	1,3
Pays de l'OCDE	2,8	2,5 (3)	3,3	3,1 (3)

(Source : *Banque mondiale*)

(1) Hong Kong et Singapour exclus.

(2) 1980-1990.

(3) Calculé sur 12 pays de l'OCDE.

♦ Pourtant **le Tiers monde ne joue encore qu'un rôle discret dans l'industrie mondiale.** Avec, rappelons-le, les trois quarts de la population mondiale, il ne représente qu'environ le quart de la production industrielle au sens large. Mais cette présentation est trompeuse car les industries extractives majorent fortement son importance réelle. En effet, elles perpétuent l'ancienne division internationale du travail qui réservait aux pays colonisés le rôle de fournisseurs de minerais et de produits énergétiques aux métropoles politiques ou économiques du Nord. De plus, leur rôle en termes de valeur ajoutée et d'emploi est limité. En outre, l'exportation de ces produits rencontre de graves difficultés sur les marchés internationaux (voir troisième partie, chapitre 2).

La production manufacturière reflète beaucoup plus exactement le retard industriel du Tiers monde. En 1955, celui-ci ne fournissait que 6 % de la production manufacturière mondiale. En 1990, il en représentait environ 15 %. Malgré les rythmes de croissance qui ont été précédemment rappelés, ces pays partaient d'un niveau trop faible pour que les objectifs définis lors de la deuxième conférence générale de l'ONUDI (Organisation des Nations unies pour le développement industriel) aient eu la moindre chance d'être atteints : lors de cette conférence tenue à Lima en 1975, le Tiers monde s'était donné pour but la production de 25 % des biens manufacturés de la planète en l'an 2000 !

2 Des pays encore peu industrialisés dans l'ensemble

♦ **Sur le plan économique**. À l'échelle nationale, les statistiques peuvent être, une nouvelle fois, trompeuses, si l'on prend le terme d'industrie dans son sens large : le secteur industriel fournit 36 % du PIB des pays à faible revenu et 37 % de celui des pays à revenu intermédiaire, contre 35 % pour les pays développés à économie de marché. Quant aux pays exportateurs de pétrole à revenu élevé, ils seraient « hyper-industrialisés » puisque plus de 60 % de leur PIB dépend de l'industrie ainsi définie !

La prise en compte du seul secteur manufacturier situe l'industrie du Tiers monde à un niveau beaucoup plus modeste. En effet, sur un total de 74 pays sous-développés pour lesquels on dispose de données chiffrées pour l'année 1991, l'industrie manufacturière représente entre 3 et 10 % du PIB dans un tiers d'entre eux et ne dépasse 20 % que dans 18 cas. On est alors sensiblement au niveau des vieux pays industriels où, désindustrialisation et, tertiarisation de l'économie aidant, cette part est en sensible recul. Mais la réalité de la sous-industrialisation profonde du Tiers monde n'est véritablement appréciable que si l'on sait qu'un habitant y fournit statistiquement une production manufacturière trente fois plus faible qu'un habitant d'un pays développé d'économie libérale.

♦ **En terme d'emplois, l'industrie au sens large ne fournit du travail qu'à 14 % des actifs** dans l'ensemble des pays en dévelopement (à 8 % dans les PMA) contre 26 % dans les vieux pays industrialisés. Si cette proportion a augmenté de 3 points dans le premier groupe depuis 1965, elle a chuté de 10 dans le second. Ici encore, le redéploiement de l'industrie mondiale est donc incontestablement en marche. Mais il est clair que la croissance de l'emploi industriel est incapable de résorber le chômage urbain des pays du Tiers monde, même si l'on tient compte du fait que la création d'un emploi industriel suscite en moyenne 2 à 3 emplois nouveaux dans le secteur tertiaire.

♦ **Au total, retard industriel et spécialisation importante dans les industries extractives caractérisent encore le secteur secondaire** du plus grand nombre des économies sous-développées. Ils reflètent le **maintien de l'ancienne division internationale du travail** née de la dépendance coloniale. Le « **pacte colonial** » imposait en effet aux pays dominés l'achat de biens manufacturés fournis par les métropoles, en contrepartie de l'exportation de produits bruts, agricoles ou miniers. Ce système a quelquefois entraîné la ruine d'actifs artisanats locaux. Un exemple classique à cet égard est celui des tisserands de l'Inde dont les produits – les fameuses « indiennes » –, faisaient encore prime sur les marchés européens au XVIIIe siècle, et qui ont été ruinés au siècle suivant par l'invasion des cotonnades britanniques... travaillant les fibres produites en Inde. L'indépendance n'a pas fait disparaître *ipso facto* cette forme de rapport inégal.

3 Une structure par branches encore immature

a L'hypertrophie des activités extractives

♦ Disposant d'environ 40 % des réserves minérales connues (hydrocarbures exclus), **les pays sous-développés fournissent plus du quart de la production mondiale de minerais.** Mais tandis que pour les pays développés, l'industrie extractive joue rarement un rôle important dans la production industrielle au sens large, elle constitue une part prépondérante de celle-ci dans nombre de pays sous-développés qui ont la chance de disposer d'importantes ressources. Sauf exception, ces derniers exportent de 60 à 90 % de leur production minière. Le cuivre, le fer, l'uranium fournissent respectivement l'essentiel des ressources en devises de la Zambie, de la Mauritanie et du Niger (voir troisième partie, chapitre 2).

L'importance actuelle du Tiers monde dans la production mondiale est relativement récente, liée à la révolution du transport maritime et à l'internationalisation des grandes firmes des secteurs métallurgique et énergétique. Après avoir approché le tiers de la production minière mondiale au début des années 70, cette part tend à reculer en raison de la crise économique, de la baisse du prix des hydrocarbures après 1981, du regain d'intérêt pour le charbon et l'uranium, produits abondants dans les pays développés, ainsi que de l'effort de recentrage des grandes sociétés extractives vers des pays politiquement sûrs.

Cependant, pour divers métaux, dont plusieurs sont d'intérêt stratégique, le rôle du Tiers monde demeure prépondérant : en 1992, il a fourni plus de 80 % de l'étain, 77 % de l'antimoine, 70 % du tungstène, entre 55 et 60 % du chrome, du cobalt et du manganèse et près de la moitié du cuivre produits dans le monde... C'est bien entendu dans le domaine des hydrocarbures que la situation est la mieux perçue et la plus révélatrice. En 1938, les pays sous-développés extrayaient le quart du pétrole mondial. Leur part est passée à 37 % en 1950 et à 61 % en 1973. Après les deux chocs pétroliers, la réorientation spatiale de l'activité des grandes sociétés pétrolières et la diminution de la consommation mondiale ont fait momentanément retomber cette part. Toutefois, au début des années 90, le Tiers monde a pratiquement retrouvé son importance de 1973. Il détient d'ailleurs environ 90 % des réserves mondiales prouvées.

♦ **Les inconvénients des économies trop exclusivement extractives sont bien connus.** En dépit d'importants efforts de valorisation locale, minerais et combustibles sont encore insuffisamment traités sur place. Ainsi, avec 46 % du minerai de fer extrait sur la planète, les pays sous-développés produisent un peu moins de 20 % de l'acier mondial. Fournissant 60 % du pétrole, ils ne disposent que de 30 % des capacités de raffinage. D'autre part, l'industrie extractive est faible créatrice d'emplois. Enfin, l'essentiel des biens d'équipement et des consommations intermédiaires nécessaires à ces activités doit être importé. L'effet d'entraînement sur les industries nationales est donc réduit dans la majeure partie des cas. En outre, des effets pervers apparaissent : l'endettement des pays miniers est, en règle générale, très supérieur à celui des autres pays sous-développés, leur diversification économique moindre, leurs importations alimentaires plus fortes.

b La prépondérance des industries légères au sein du secteur manufacturier

L'industrie manufacturière du Tiers monde est, on l'a vu, insuffisamment développée. Sa structure par branches révèle en outre bien des marques d'immaturité.

En premier lieu, **cette industrie est orientée encore trop largement vers la production de biens de consommation non durables.** En 1991, les branches textile-habillement et agro-alimentaire constituaient 45 % au moins de la production manufacturière de près des deux tiers des pays du Tiers monde, alors qu'elles n'en représentent qu'exceptionnellement plus de 20 % dans les vieux pays développés à économie de marché. Il s'agit de productions visant à satisfaire la demande des populations locales ou à approvisionner à bas prix les pays d'économie avancée en utilisant souvent des ressources locales. Leur importance reflète une industrialisation naissante, fondée sur des techniques simples et l'utilisation d'une main-d'œuvre peu qualifiée et peu payée.

En revanche, la production de biens d'équipements, c'est-à-dire essentiellement les machines et le matériel de transport qui sont au cœur du processus industriel, **est très faiblement représentée**. Pour l'ensemble de ces pays, ces biens représentent moins de 9 % de la production mondiale, Europe de l'Est et ex-U.R.S.S. exclues, et moins que la seule production française. Ce retard signifie que le processus d'industrialisation dépend très largement des importations de ces machines : dans la plupart des pays en développement, ces importations représentent de une à cinq fois leur propre production (et parfois beaucoup plus). De même, l'insuffisant développement de leurs industries de base les contraint à se procurer à l'extérieur les biens intermédiaires (acier, métaux non ferreux, produits chimiques) qui leur sont nécessaires.

Somme toute, cette industrialisation réelle mais incomplète ne signifie-t-elle pas que la nouvelle division internationale du travail qui se met en place tend à spécialiser le Tiers monde dans les productions les plus banales, celles qu'abandonnent les pays développés, souvent contre leur gré d'ailleurs (car cela leur pose de graves problèmes sociaux) ? La réponse à cette question est nuancée car elle doit tenir compte des amples disparités qui sont apparues au sein du Tiers monde.

4 L'ampleur des disparités au sein du Tiers monde

Si l'écart entre pays développés et pays sous-développés reste globalement considérable, des différences de plus en plus criantes marquent les divers degrés d'industrialisation auxquels sont aujourd'hui parvenus ces derniers.

a D'énormes disparités

L'Asie de l'Est (Chine, Corée du Sud, Indonésie, Thaïlande, etc.) concentre 43 % de la production manufacturière du monde sous-développé, contre 40 % pour l'Amérique latine, 9 % pour l'Asie du sud (Inde, Pakistan, Bangladesh…), 5 % pour le Moyen-Orient et l'Afrique du nord réunis et 2 % pour l'Afrique au sud du Sahara (Afrique du Sud exclue). Le continent africain, tardivement entré sur la voie de l'industrialisation, voit même l'écart se creuser avec les autres grandes régions sous-développées.

Si l'on pondère ces données en tenant compte du poids démographique de ces régions, l'Amérique latine est quatre fois plus industrialisée par habitant que le Moyen-Orient et l'Afrique du Nord, trois fois plus que l'Asie de l'Est, douze fois plus que l'Asie du Sud et vingt fois plus que l'Afrique au sud du Sahara !

Passant à l'échelle des pays, les écarts deviennent absolument énormes, puisqu'en 1991, 8 pays réalisent plus de 70 % de la production industrielle du Tiers monde. Il s'agit de la Chine, du Brésil, de la Corée du sud, du Mexique, de l'Inde, de la Turquie et de l'Indonésie (tableau 2).

TABLEAU 2
LES 12 PREMIERS PAYS MANUFACTURIERS DU TIERS MONDE

Rang 1991	Pays	% de la production du Tiers monde en 1991	Rang 1970	Taux de croissance annuel 1970-80	Taux de croissance annuel 1980-91
1	Chine	19,5	1	9,5	11,1
2	Brésil	16,1	2	9,0	1,7
3	Corée du Sud	10,4	8	17,0	12,4
4	Mexique	8,2	4	7,0	1,8
5	Inde	7,2	3	4,6	6,7
6	Turquie	3,4	7	6,1	7,2
7	Indonésie	3,2	17	14,0	12,3
8	Thaïlande	3,1	15	10,5	9,4
9	Puerto Rico	1,8	14	7,9	1,0
10	Hong Kong	1,7	16	?	?
11	Philippines	1,6	9	6,1	0,4
12	Singapour	1,5	24	9,7	7,0

(Source : Banque mondiale)

N.B : Absence de données pour Argentine et Taiwan

b Niveaux et types d'industrialisation

L'observation de la structure de la production industrielle des différents pays du Tiers monde et plus précisément de la répartition de leur valeur ajoutée manufacturière entre les biens de consommation non durables, les biens intermédiaires, les biens d'équipement et les biens de consommation durables est très révélatrice du niveau de développement auquel ils sont parvenus, car elle fournit une indication précieuse bien qu'indirecte sur l'autonomie des divers secteurs industriels vis-à-vis de l'extérieur et sur leurs liens de complémentarité, en d'autres termes, sur le degré d'indépendance et la cohérence de leur industrialisation. Partant de là, il serait possible de proposer une classification assez fine des pays sous-développés

Faute de disposer de toutes ces données pour l'ensemble de ces pays, on peut proposer une **typologie établie en mesurant la part des industries agro-alimentaires, du textile et de l'habillement** (qui constituent l'essentiel des industries légères dans les pays sous-développés) dans la valeur ajoutée manufacturière de chacun d'eux (cf. figures 11 et 12).

Un échantillon portant sur plus de cinquante pays révèle la structure globalement peu évoluée de l'Afrique au sud du Sahara : dans la quasi-totalité de cet ensemble, ces industries fournissent plus de 45 % de la valeur ajoutée manufacturière (VAM), ce qui n'est le cas que pour la moitié des pays d'Amérique latine et de l'Asie de l'est et du sud, et est exceptionnel en Afrique du nord et au Moyen-Orient, marqués par la prépondérance des industries de première valorisation des hydrocarbures.

En croisant deux critères : un indice de niveau (la VAM par habitant) et un indice de structure (le poids des industries agro-alimentaires, du textile et de l'habillement dans la VAM), **cinq groupes de pays peuvent être distingués** :

• **Groupe I.** Ce groupe rassemble des pays encore essentiellement ruraux et agricoles, à industrialisation à peine ébauchée, industries légères quasi exclusives, accompagnées le cas échéant d'un secteur minier important. La VAM par habitant n'y dépasse pas 100 dollars ; 46 à 80 % de celle-ci proviennent du textile et de l'agro-alimentaire. La plupart des pays africains au sud du Sahara se trouvent à ce niveau, en compagnie des pays à la traîne d'Asie du Sud (Bangladesh, Pakistan, Sri Lanka) et d'Amérique latine (Honduras, Haïti, Bolivie).

Le Burkina Faso illustre fort bien ce type de situation. Le secteur manufacturier y procure 15 % du PIB et 4 % seulement de l'emploi. La VAM par habitant y est l'une des plus faibles du monde : 36 dollars seulement. Industries textiles et agro-alimentaires représentent les quatre cinquièmes des industries manufacturières qui se réduisent à la fourniture des biens de consommation les plus banals : rizeries, huileries, brasseries et fabriques de boissons gazeuses, manufactures de cigarettes et d'allumettes… S'y ajoutent des usines d'égrenage de coton alimentant le complexe de filature et de tissage de la Voltex et des ateliers de montage de bicyclettes et de vélomoteurs…

• **Groupe II.** Ces pays possèdent une gamme d'industries manufacturières plus variée que les précédents, puisque le textile et l'agro-alimentaire ne représentent plus qu'environ la moitié de la VAM, et le poids du secteur manufacturier y est sensiblement plus élevé : 150 à 400 dollars par habitant. Le Zimbabwe et la Zambie s'y trouvent en queue de peloton, en compagnie du Maroc, des Philippines et d'assez nombreux pays des Caraïbes ou d'Amérique centrale. Ils ont été rejoints par la Colombie qui régresse, confrontée à de graves désordres intérieurs et aux effets destructurants de la narco-économie. Ses espoirs de devenir un NPI s'estompent, contrairement à la Thaïlande, lancée sur les traces des « quatre petits Dragons » du Pacifique et qui se situe à la limite supérieure de ce groupe.

FIGURE 11
NIVEAUX ET TYPES D'INDUSTRIALISATION AU DÉBUT DES ANNÉES 90

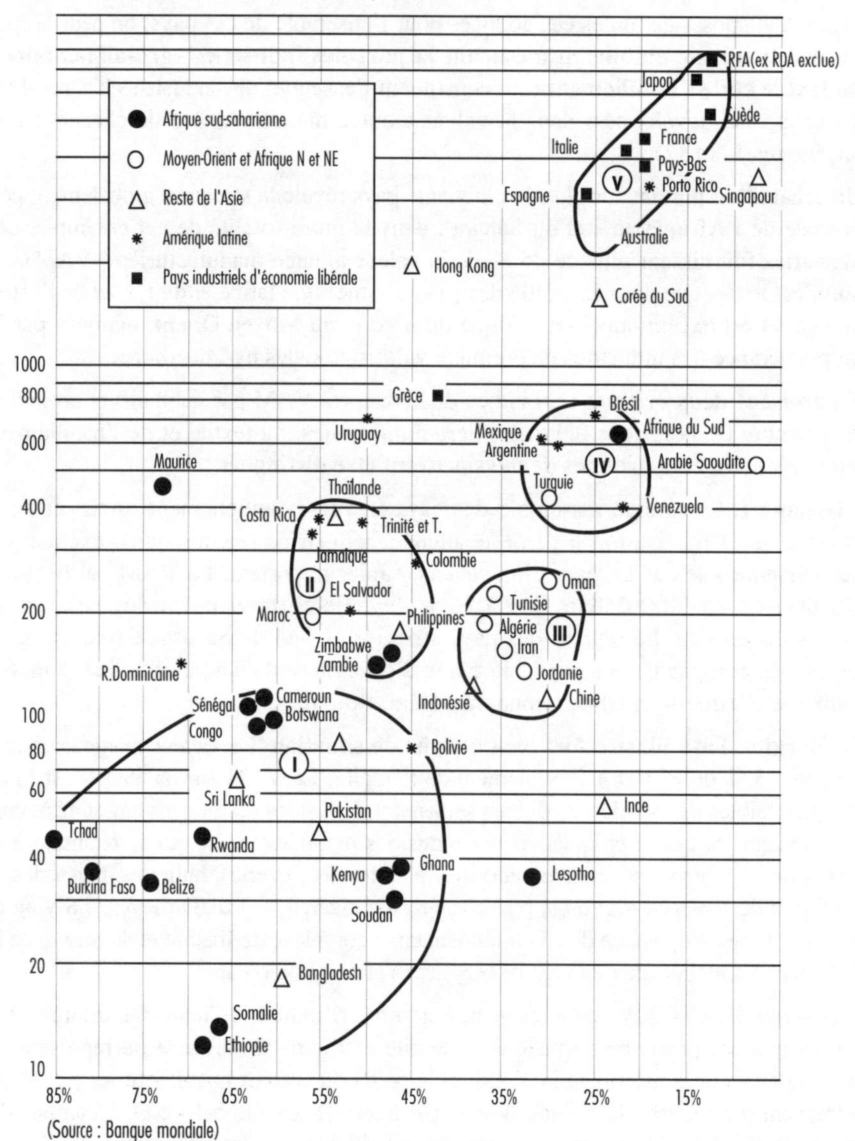

(Source : Banque mondiale)

FIGURE 12
TYPES DE STRUCTURES INDUSTRIELLES
(% de la valeur ajoutée manufacturière)

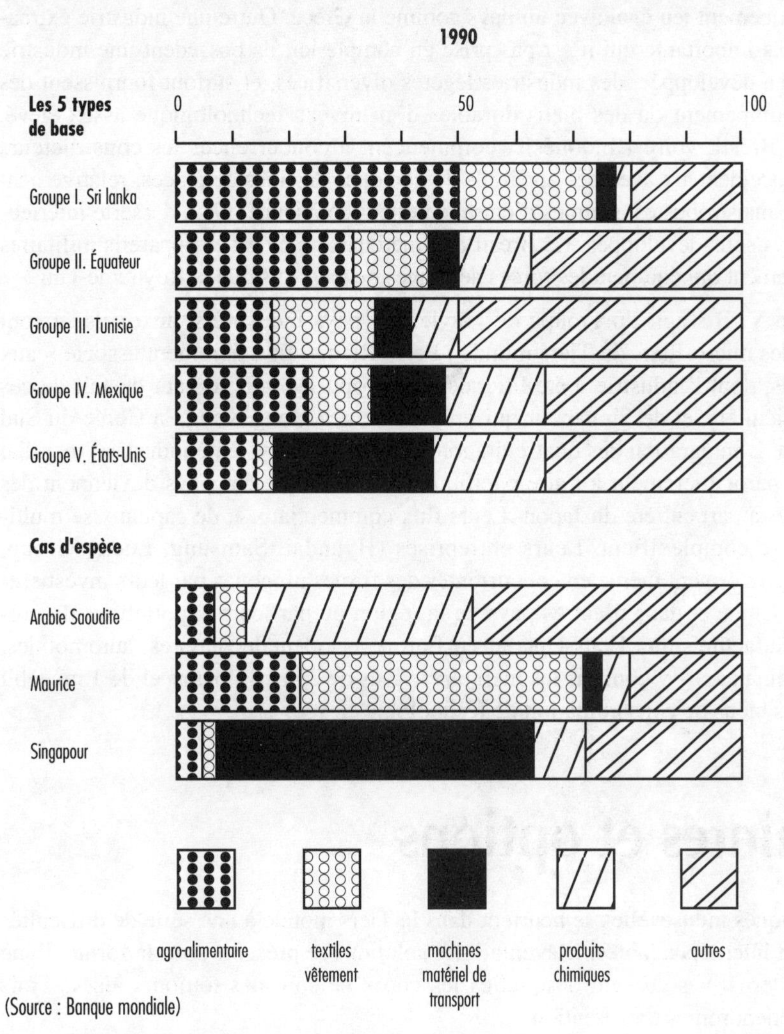

(Source : Banque mondiale)

• **Groupe III**. Cet ensemble réunit essentiellement des pays asiatiques (Moyen-Orient, Chine, Indonésie) ainsi que la Tunisie et l'Algérie. Leur VAM par habitant est plus faible que dans le groupe II, mais leur éventail industriel nettement plus large (surtout pour la Chine et l'Indonésie) en raison de l'importance des activités liées à la valorisation des hydrocarbures, mais aussi des efforts (plus ou moins heureux au plan de la rentabilité) de mise sur pied d'industries métallurgiques, chimiques, de constructions mécaniques, etc. La Chine est certes la première puissance industrielle du Tiers monde, mais la masse de sa population et l'importance de ses agriculteurs abaissent sa VAM par habitant. Ceci la place en retrait par rapport aux pays de ce groupe et l'exclut de l'ensemble suivant. Cet effet de masse est également très net pour l'Inde, autre pays-continent, qui occupe une position isolée sur la figure 11.

• **Groupe IV.** Avec une VAM par habitant comprise entre 400 et 800 dollars ainsi que des structures industrielles telles que l'agro-alimentaire et le textile-habillement ne représentent plus qu'entre 25 et 30 % de leur produit manufacturier, ces pays peuvent légitimement prétendre au titre de NPI. En niveau, les plus avancés d'entre eux font pratiquement jeu égal avec un pays comme la Grèce. Outre une industrie extractive parfois importante qui n'est pas prise en compte ici, ils possèdent une industrie lourde bien développée, des industries légères diversifiées, et surtout fournissent des biens d'équipement ou des biens durables d'un niveau technologique assez élevé. Ainsi, le Brésil, voire l'Indonésie, commencent à concurrencer les constructeurs d'avions occidentaux avec des appareils de quelques dizaines de places, relativement rustiques, mais robustes, simples d'entretien et qui conviennent à la desserte intérieure des pays sous-développés. Le Brésil commercialise même des appareils militaires d'entraînement qui équipent les forces aériennes de pays tels que le Royaume-Uni !

• **Groupe V.** Il s'agit du groupe des « vieux » pays industriels, auxquels se sont agrégés des micro-États du Tiers monde : Porto Rico, « État librement associé » aux États-Unis, dont l'industrie a été littéralement propulsée vers le haut du fait de ces liens particuliers, et de Singapour qui précède de peu Hong Kong, la Corée du Sud et Taiwan. L'intégration des quatre dragons asiatiques au système industriel mondial – et plus particulièrement à l'aire pacifique – est telle que ces pays deviennent des partenaires à part entière du Japon. Leurs flux commerciaux et de capitaux se multiplient et se complexifient. Leurs entreprises (Hyundai, Samsung, Lucky Group, Daewoo...) s'érigent même en concurrentes des firmes nippones par leurs investissements en Chine et dans d'autres pays de la région ou par leurs exportations de produits manufacturés aux Etats-Unis et en Europe occidentale (navires, automobiles, micro-ordinateurs – y compris les mémoires vives de 256 kilo-octets et de 1 mégabit – et autres biens de consommation de technologie élevée...).

B Contraintes et options

Les politiques industrielles se heurtent dans le Tiers monde à une série de difficultés largement interdépendantes. L'éventail des solutions se présente sous la forme d'une série d'alternatives au sein desquelles les choix ne sont pas toujours aisés. Trois thèmes retiendront notre attention.

1 Investissement capital ou investissement travail ?

La question des choix technologiques a déjà été posée dans le chapitre précédent, sous l'angle de l'adaptation des techniques aux conditions locales. Nous y revenons ici dans une optique différente. Partant de l'observation banale selon laquelle le capital est rare et la main-d'œuvre abondante, le problème est le suivant : est-il préférable d'utiliser des techniques de production incorporant peu de travail mais beaucoup de capital, ou de mettre l'accent sur l'emploi en adoptant des techniques moins élaborées ? Ceci rejoint aussi la discussion introduite sur ce point dans le chapitre sur la pauvreté et l'exclusion.

♦ **Si l'on prend modèle sur les sociétés industrialisées** et si l'objectif est un rattrapage rapide de celles-ci, **on aura recours à des techniques de pointe exigeant des investissements élevés pour chaque emploi créé**. Ceci imposera d'importants efforts pour la formation de personnel qualifié à divers niveaux (techniciens supérieurs et ingénieurs notamment). Mais ces activités étant très peu créatrices d'emplois, non seulement on ne remédiera pas aux problèmes sociaux, mais en outre, le risque n'est pas négligeable de voir du personnel de haut niveau, dépourvu d'emploi immédiat, grossir le flot de la fuite des cerveaux dont sont déjà victimes nombre de pays en développement. Une façon de tenter de résoudre ce dilemme consiste à passer des contrats avec les sociétés d'ingénierie pour que celles-ci proposent non seulement des usines « **clés en main** », mais des usines « **produit en main** », incluant la formation du personnel et l'assistance technique. Alors que le coût de la formation ne représente qu'environ 1 % du montant des contrats du premier type, il dépasse 10 % et peut même atteindre 40 % dans le second.

♦ **Si l'on opte au contraire en faveur de la création maximale d'emplois**, on adoptera des techniques moins avancées ; les corollaires de ce choix sont une croissance plus lente et un développement frontières fermées (industries peu compétitives). Mais l'industrialisation devrait être, socialement parlant, plus efficace.

2 Marché intérieur ou marché extérieur ?

Confrontés à de lourds déficits de leurs balances commerciales et des paiements courants, **nombre de pays du Tiers monde sont tentés de privilégier une industrialisation visant leur marché intérieur**. Cette réaction rejoint les préoccupations des analystes radicaux ou marxistes qui dénoncent l'« échange inégal » dont sont victimes les pays du Sud face à ceux du Nord et prônent des **politiques auto-centrées,** voire déconnectées du monde industrialisé. Un exemple de cette attitude (trop souvent analysé de manière simplificatrice d'ailleurs) est fourni par la politique industrielle de la Chine maoïste

Mais le repli sur les marchés nationaux se heurte d'abord à leur étroitesse. Celle-ci est due à la faible taille fréquente des pays sous-développés : près des deux tiers de ceux-ci comptent moins de 10 millions d'habitants. Mais même dans les pays plus peuplés, l'importance de la pauvreté écarte du marché des biens manufacturés parfois la moitié voire davantage des acheteurs potentiels. Dans ces conditions, à l'exception des pays très peuplés où l'effet de masse autorise l'apparition de marchés intérieurs non négligeables, l'ensemble des pays du Tiers monde ne peut se doter que d'industries fournissant des produits de consommation courante. La structure industrielle de la plupart des pays africains au sud du Sahara répond à ce schéma. Mais sous-dimensionnées, leurs usines ont des coûts de production élevés. À l'inverse, si elles sont surdimensionnées, en prévision d'un élargissement ultérieur du marché, leurs coûts sont également excessifs, du fait de la lourdeur des frais fixes répercutés sur de trop courtes séries.

La faiblesse du marché explique donc que les industries de biens d'équipement ne puissent s'établir. Au début des années 70, « un seul petit pays développé comme la Suède consommait en moyenne chaque année plus de biens d'équipement que le Pakistan, l'Indonésie et le Nigeria réunis, ou que l'ensemble des 130 plus petits pays sous-développés » (P. BAIROCH). Bien que la situation ait évolué favorablement dans les plus grands des pays qui viennent d'être cités, cette observation reste d'actualité pour la plupart des pays du Tiers monde. Il en résulte que dans ceux qui étoffent rapidement leur appareil industriel ou qui disposent d'un secteur extractif gros consommateur de biens d'équipement, les importations de machines et de matériel de transport approchent et même dépassent la moitié de leurs importations totales. Tel est le cas par exemple de la Malaisie, de l'Indonésie, de l'Iran, du Venezuela, du Mexique, de Singapour.

3 Entreprises privées, entreprises publiques, firmes étrangères ?

a La faiblesse du secteur privé

Dans la plupart des pays du Tiers monde, la faiblesse de l'épargne privée et les défaillances des systèmes de financement des entreprises sont des maux endémiques. Compte tenu de la crise qu'ils traversent actuellement, le taux d'épargne intérieur de nombreux pays pauvres est négatif depuis plusieurs années. Le Tchad, le Mozambique, la Tanzanie, le Burkina Faso, le Niger, la Bolivie, pour n'en citer que quelques-uns, sont dans ce cas. Cependant, les pays à revenu intermédiaire consentent un effort d'épargne souvent supérieur à celui des pays industriels à économie de marché. Des taux record atteignent ou dépassent même 30 % : 47 % à Singapour, 36 % en Corée du Sud et en Algérie, 32 % en Thaïlande pour l'année 1991, contre 15 % aux États-Unis, 21 % en France, 35 % au Japon.

Une autre difficulté tient à **l'insuffisante orientation des investissements vers le secteur productif.** Il ne s'agit pas d'un réel manque d'esprit d'initiative. Mais les détenteurs de capitaux ou de pouvoir (commerçants, personnel politique, membres de l'administration…) s'orientent en priorité vers des activités plus immédiatement lucratives telles que l'immobilier ou l'import-export. D'autre part, il ne faut pas simplifier excessivement une situation qui est en fait très nuancée selon les pays. De grands groupes industriels et financiers privés, d'allure conglomératique bien souvent, ont vu le jour dans le Tiers monde, tels Birla ou Tata en Inde, Votorantim ou Bamerindus au Brésil, ou ces « géants » que sont Hyundai ou Samsung en Corée du Sud.

Malgré tout, l'importance des capitaux nécessaires à la création d'établissements industriels et la complexité des techniques à mettre en œuvre, imposent bien souvent le recours à des sources de financement extérieures à la sphère du capital privé national.

b Le rôle déterminant du secteur public

Les firmes publiques sont donc partout présentes, aussi bien dans les NPI que dans les PMA Un recensement récent des 200 premiers groupes industriels du Tiers monde montrait que 111 d'entre eux dépendaient directement de l'État. Les sociétés pétrolières venaient aux tout premiers rangs de ce classement, avec par exemple la National Iranian Oil Co, Pertamina (Indonésie), Petrobras (Brésil), Petroleos (Venezuela), la Libyan National Oil Corp… ; on y trouvait également des sociétés sidérurgiques telles Sidermex (Mexique), Steel Authority of India, Anshan Steel Work (Chine), Pohang Iron and Steel (Corée du Sud)… Les entreprises publiques sont également présentes dans les mines, la production d'électricité, le raffinage du pétrole, la pétrochimie, l'industrie du ciment, les constructions mécaniques, etc. De taille évidemment beaucoup plus réduite, les firmes à capitaux publics des petits pays ont une prépondérance plus forte encore à l'échelle de ceux-ci. Au Mali, par exemple, 12 des 15 premières entreprises relèvent de l'État, dont 7 en totalité et 4 en majorité [2].

Jusqu'au milieu des années 70, l'État apparaissait donc comme l'indispensable substitut aux entrepreneurs privés en même temps que le garant de l'intérêt général. Cependant **son rôle est aujourd'hui contesté**, (comme dans les pays développés d'ailleurs), et pour des raisons similaires, à la fois idéologiques et pratiques. Sur le plan théorique, le néo-libéralisme considère que ces firmes sont sources de rigidités et de blocages de l'appareil économique. Sur le plan empirique, on les stigmatise pour leur inefficacité, liée à une gestion bureaucratique ou irresponsable ; on leur reproche également leurs déficits chroniques, d'être des dévoreuses de budgets, et donc partiellement responsables de l'endettement de l'État ; enfin, on les condamne pour une puissance excessive qui en fait de véritables « États dans l'État ».

Ces accusations souvent fondées, conjuguées à la crise des finances publiques et aux politiques d'ajustement imposées par le FMI et la Banque mondiale ont donné naissance à une vague de privatisations qui a débuté au Chili en 1974. Pratiquement **les deux tiers des privatisations menées dans le monde ont eu lieu dans les pays sous-développés**[3]. Imposées par la contrainte extérieure ou par les circonstances, ou résultant de choix délibérés, ces privatisations conduisent souvent au renforcement du rôle des firmes étrangères. Il serait certainement davantage de l'intérêt des pays concernés d'alléger les lourdeurs étatiques qui pèsent sur ces firmes et de favoriser leur association avec des capitaux privés nationaux ou étrangers.

C La montée en puissance des FMN

Depuis la fin de la Seconde Guerre mondiale, et plus encore pendant les années 70-80, **la montée en puissance des firmes multinationales** et plus largement la tendance à la mondialisation de l'économie se sont traduites, dans le Tiers monde comme ailleurs, par une **forte croissance des investissements étrangers.** Près des deux tiers de ceux-ci concernent le secteur industriel et plus de 40 % l'industrie manufacturière.

L'intérêt des firmes étrangères pour les richesses du sous-sol des pays sous-développés, déjà ancien, découle du creusement du déficit des pays industriels en matières premières et en sources d'énergie, déficit qui contraste avec **la richesse et les bas coûts d'exploitation des gisements du Tiers monde**, tandis que l'extraordi-

2. Voir sur ce sujet P. GROU, *L'Émergence des géants du Tiers monde*, Paris, Publisud, 1988.

3. G. HERZLICH, *Le Monde*, Paris, 25 janvier 1994.

naire réduction des coûts d'acheminement rend presque négligeable le handicap de la distance.

L'investissement dans les industries manufacturières locales s'est développé plus tardivement et a d'abord été un moyen **d'accéder aux marchés intérieurs des pays sous-développés** protégés par des barrières douanières élevées. Depuis le milieu des années 60, les « délocalisations » (il serait plus correct de parler de relocalisations) visent aussi à produire dans le Tiers monde pour les consommateurs des pays riches. Des milliers d'usines ont ainsi « quitté » les États-Unis, l'Europe et le Japon pour l'Amérique latine, l'Afrique, et de plus en plus l'Asie.

Ce type d'investissement s'avère très rentable. **Ceci résulte du bas prix et à la productivité de la main-d'œuvre locale** : faible niveau des salaires, brièveté des congés (10 jours par an à Taiwan, 14 à Singapour), longueur de la semaine de travail (plus de 60 heures souvent…). À ceci s'ajoute la légèreté des charges pesant sur les entreprises : la couverture sociale est faible et incomplète en Amérique latine, embryonnaire en Asie du Sud-Est et en Afrique, alors qu'elle grève les salaires de 50 % et parfois davantage dans les vieux pays industriels. Enfin, cette main-d'œuvre présente, aux yeux des investisseurs, l'immense mérite d'être disciplinée et peu syndicalisée. D'autre part, **de nombreux avantages fiscaux sont offerts aux entreprises étrangères** dans le cadre de codes des investissements censés contrôler ceux-ci tout en les attirant. Enfin, l'abondance de l'espace disponible et l'**absence de contraintes visant à protéger l'environnement** sont des facteurs qui prennent une importance grandissante et expliquent le glissement d'industries polluantes vers les pays du Sud.

C Les stratégies d'industrialisation

Elles peuvent être ramenées à quatre types principaux.

1 L'industrialisation par substitution aux importations (ISI)

Le principe de cette stratégie consiste à substituer des productions nationales à des importations antérieues, en commençant par les biens de consommation non durables (alimentation, textiles) que l'on protège fortement contre les importations, puis en remontant par les biens d'équipement ou intermédiaires, d'abord relativement simples puis de plus en plus complexes.

Dans une troisième étape, on devrait pouvoir déboucher sur les marchés extérieurs. Cette stratégie s'est très largement répandue dans le Tiers monde, en Amérique latine d'abord, dans l'entre-deux guerres, puis en Asie du Sud-Est et, plus récemment, dans de nombreux pays d'Afrique.

Le scénario prévu ne s'est malheureusement presque jamais concrétisé. En Amérique latine, par exemple, la deuxième étape n'a jamais été franchie sans intervention des capitaux publics. Après un démarrage prometteur, qui correspond à la satisfaction des besoins d'un marché déjà existant, des blocages apparaissent :

— *Détérioration de la balance commerciale* liée à la multiplication des importations de biens d'équipement et intermédiaires : le montant de celles-ci est supérieur aux économies réalisées sur les importations de produits finis. En somme, la substitution d'une production locale à des importations de biens de consommation débouche sur la substitution d'importations de biens d'équipement aux biens de consommation courante… ce qui accroît la vulnérabilité de l'économie nationale !

— *Blocage interne* : une fois la substitution réalisée, la croissance industrielle est lente, car son expansion ne dépend plus que de celle de la demande intérieure. L'étroitesse du marché stérilise la transmission de l'industrialisation aux secteurs d'amont ;

— *Manque de compétitivité* : les marchés extérieurs n'ont pu être attaqués. Un exemple caricatural de ce manque de compétitivité : en 1965, l'ensemble des pays sous-développés avait dépensé 2,1 milliards de dollars pour produire des véhicules dont la valeur sur le marché mondial ne dépassait pas 0,8 milliard.

2 La valorisation des exportations primaires

Bon nombre de pays ont adopté la solution qui consiste à exporter des produits valorisés par une transformation plus ou moins poussée, au lieu d'exporter des produits bruts dont la valeur d'échange ne cesse de se dégrader depuis plusieurs décennies au moins.

Tel est le cas des pays producteurs de produits miniers qu'il ne serait pas rentable d'exporter en l'état : valorisation « fatale » qui peut n'être que rudimentaire. Mais cette valorisation demeure minime, et souvent réalisée dans le cadre de firmes exportatrices elle n'enclenche guère de processus d'industrialisation vers l'aval. La politique des pays pétroliers du Moyen-Orient qui tentent de contrôler l'ensemble de la filière des hydrocarbures se rattache à ce type de stratégie.

Celle-ci a également été adoptée par de vastes pays aux ressources naturelles importantes et possédant déjà un appareil industriel fondé sur le modèle de substitution aux importations. Exemples : Brésil, Argentine, Mexique, Égypte. De 1965 à 1971, le Brésil a multiplié par 8,5 ses exportations de placages, contre-plaqués et bois reconstitués et par 65 ses exportations de chaussures.

3 La promotion des exportations (ou substitution d'exportations)

Cette politique consiste au départ à attirer des usines étrangères (« industrialisation sur invitation ») dont les productions visent les marchés des pays riches, en utilisant des pièces ou des produits semi-élaborés importés et la main-d'œuvre locale qui constitue le principal « avantage comparatif » sur lequel se fonde cette stratégie. Cette politique a débuté au Mexique et caractérise tout particulièrement les pays d'Asie du Sud-Est. Elle suscite aujourd'hui de nombreux émules et l'on voit apparaître une « deuxième vague de NPI » (Malaisie, Philippines, Indonésie, Sri Lanka, Thaïlande, Chine, Inde, Tunisie, etc.). Ces choix ont favorisé des croissances spectaculaires entre 1970 et 1980 : la production manufacturière (en monnaie constante) a été multipliée par plus de 4 en Corée du Sud, par 3 à Singapour, par 2,5 à Hong Kong et par 2 au Mexique.

Contrairement à la substitution aux importations, cette stratégie conduit à une réelle amélioration de la balance des paiements et favorise la création d'entreprises très compétitives. Fondée sur l'exploitation d'une main-d'œuvre très peu payée, son coût social est cependant très lourd, ce qui explique la montée des tensions sociales et politiques dans divers NPI d'Asie du Sud-Est. Pour A. LIPIETZ, il s'agit d'une « taylorisation primitive » car « ce sont des postes de travail parcellisés et répétitifs [qui sont délocalisés]. L'appareillage est léger et individuel (machines à coudre de l'habillement, lunettes binoculaires et pinces de l'électronique). Bref, des industries de main-d'œuvre au sens le plus propre du terme. » [4]

La promotion des exportations assume en outre des risques sérieux :

— dépendance envers le marché mondial, non seulement pour les exportations, mais aussi, surtout dans les petits territoires sans ressources, pour leur approvisionnement en matières premières et sources d'énergie ;

— dépendance envers les firmes transnationales surtout qui assurent une partie, voire l'essentiel du financement de ce type d'industrie et fournissent les technologies.

Cette stratégie d'industrialisation pose aussi la question de sa diffusion et de sa poursuite. La multiplication des émules amplifie l'offre sur les marchés mondiaux et exacerbe la concurrence. Les pays ayant adopté les premiers cette stratrégie risquent de se voir débordés par des pays offrant des conditions, notamment salariales, encore plus basses que les leurs. Ils doivent donc, pour continuer à soutenir une croissance rapide, se reconvertir, tout comme les vieux pays industriels, en développant des productions qui intègrent plus de « matière grise » et en remontant les filières industrielles vers les industries de base et de biens d'équipement, c'est-à-dire en combinant promotion des exportations et substitution aux exportations, tout en favorisant l'essor des firmes nationales. La Corée du Sud et Taiwan fournissent de bons exemples de ce type d'évolution.

4 Les industries industrialisantes

« Les industries industrialisantes sont celles qui doivent entraîner des effets d'aval et permettent ainsi la construction de l'ensemble des secteurs de l'économie » (R. GENDARME). Il s'agit, selon l'un des principaux théoriciens de cette stratégie (G. DESTANNE DE BERNIS), de créer une structure industrielle cohérente (favori-

4. A. LIPIETZ, *Mirages et miracles, problèmes de l'industrialisation dans le Tiers monde*, La Découverte, Paris, 1985.

sant au maximum les échanges intersectoriels) et intravertie (axée sur un développement rapide du marché national).

L'Algérie qui a choisi cette voie en 1967 prend comme base de son développement les hydrocarbures et la sidérurgie. La netteté de ces choix apparaît à travers la ventilation des investissements prévus par les plans quadriennaux 1970-1973 et 1974-1977 : les deux secteurs reçoivent ensemble 51 puis 53 % de l'investissement industriel qui mobilise, à lui seul, 53 puis 59 % de l'investissement.

En fait, cette stratégie rappelle fortement le modèle soviétique et correspond également à la première phase d'industrialisation de la Chine maoïste, celle des années 50. Dans un contexte économique et politique très différent du contexte latino-américain, il s'agit également d'une forme d'industrialisation par substitution aux importations, mais évoluant des industries de base vers les industries légères.

Les résultats de l'Algérie sont assez impressionnants : l'industrie au sens large croît de 11,6 % par an de 1960 à 1970 et encore de 7,6 % par an de 1970 à 1981, et sa part dans le PIB s'élève de 35 % à 55 % entre 1960 et 1981 (mais les hydrocarbures à eux seuls en représentaient près de 38 % en 1980). Ce pays se dote incontestablement de bases industrielles : la production d'électricité triple entre 1970 et 1980, celle de ciment quadruple. La production de tracteurs qui débute en 1974 atteignait près de 5 000 unités en 1979…

Mais des tensions de plus en plus vives se sont fait jour, qui imposent une évolution de la stratégie industrielle. Les difficultés essentielles sont au nombre de cinq :

— Difficultés considérables de gestion d'usines ultra-modernes achetées clés en main ; malgré ses efforts dans le domaine de l'enseignement, l'Algérie n'a pu former cadres, ingénieurs et techniciens au rythme voulu.

— Projets trop ambitieux et surdimensionnés qui fonctionnent souvent à 30 ou 40 % de leur capacité.

— Malgré l'importance de ses revenus pétroliers, l'Algérie a dû s'endetter très fortement : de 930 millions de dollars en 1970, la dette extérieure passe à 17 milliards en 1980.

— La forte demande de biens de consommation et d'équipement des ménages ne peut être satisfaite que par l'importation.

— L'agriculture, sacrifiée, est en crise. Elle satisfaisait plus de 70 % des besoins alimentaires en 1969 ; elle n'en fournit plus que 30 % en 1980 et les importations de céréales ont fortement augmenté.

Malgré la volonté d'indépendance, la contrainte extérieure demeure très lourde. Le plan lancé en 1980 constitue un tournant. L'accent est mis sur les biens de consommation : logement et industries légères, qu'un nouveau code des investissements devrait stimuler, en favorisant les entrepreneurs nationaux privés. Les sociétés publiques géantes ont été démantelées. Le Sonatrach, par exemple, qui chapeautait le secteur des hydrocarbures, de la recherche à la commercialisation des produits pétroliers, a été scindée en 13 sociétés. Ces choix sont confirmés dans le plan 1985-1989 qui continue à favoriser les industries légères et ouvre la voie au capital étranger : le « modèle » algérien a vécu !

D Complexité des schémas d'industrialisation

1 La liberté des choix d'industrialisation n'est jamais totale

Les pays de grande taille et à forte population, surtout s'ils ont la chance de disposer de ressources du sol ou du sous-sol importantes, **ont des choix réels.** Ils peuvent imposer certaines conditions aux société multinationales attirées par l'importance de leur marché intérieur en « monnayant » celui-ci. Mais l'ampleur et la variété fréquentes de leurs ressources autorisent aussi un démarrage frontières fermées. Les petits pays, en revanche, ne peuvent généralement pas s'appuyer sur leur marché intérieur ou leurs matières premières. Ils **sont conduits à adopter des politiques ouvertes** et à attirer les firmes multinationales en leur offrant des avantages parfois excessifs. Les petits pays enclavés, quant à eux, sont dans les situations de départ les plus défavorables. Ce n'est évidemment pas un hasard si la plupart des PMA sont dans cette situation.

2 Avec le temps, les stratégies d'industrialisation se diversifient et s'imbriquent

♦ **Présenter aujourd'hui les quatre dragons asiatiques comme de simples pays-ateliers reviendrait à offrir une vision très réductrice de leur industrialisation réelle.**

En Corée du Sud, par exemple, l'industrialisation a commencé très classiquement, au lendemain de la Seconde Guerre mondiale, par une phase de **substitution aux importations** (I.S.I.), fondée sur l'essor des « 3 blanches » : coton, sucre, farine. Si, dès 1962, ce pays se lance dans la substitution d'exportations en accueillant des firmes étrangères, ce n'est pas dans le cadre d'un libéralisme économique absolu, mais au contraire sous l'impulsion d'un État très dirigiste, appuyé sur des banques publiques auxquelles les entreprises coréennes sont rattachées autoritairement, et qui n'accordent leurs crédits qu'à celles qui se plient aux objectifs du plan. La planification coréenne, apparemment incitative, est en réalité rigoureuse et très centralisée.

D'autre part, les industries de main-d'œuvre ont très rapidement évolué vers des systèmes productifs complets par **remontée de filières. Prenons le cas de la filière textile.** Dans un premier temps, on s'est contenté d'exporter des vêtements confectionnés à partir de tissus importés. Puis, on a exporté des tissus obtenus à partir de fibres synthétiques importées. À la fin des années 60, on s'est mis à fabriquer ces fibres dans des usines locales. Dans les années 70, on s'est lancé dans la fabrication de machines textiles destinées à l'industrie coréenne, puis vendues sur les marchés extérieurs. Enfin, au cours de la décennie suivante, la Corée du Sud a été capable de concevoir et d'exporter des complexes textiles proposés « produits en main » aux pays de la région… On le voit, si la Corée reste fondamentalement un pays ouvert sur les marchés extérieurs, son schéma d'industrialisation mêle inextricablement substitution d'exportations et ISI.

♦ **Inversement, l'ISI ne résume pas à elle seule l'industrialisation de l'Amérique latine.** Nous avons déjà évoqué la succession de plusieurs phases d'ISI dans ces pays. Sensibles à l'essoufflement de leur croissance, le Brésil, le Mexique, l'Argentine, le Venezuela, se sont engagés dans la sous-traitance internationale dès 1965-1970. La crise des années 80 a accéléré ce passage à la **substitution d'exportations** et conduit à une libéralisation rapide bien que sélective, du commerce extérieur, ainsi qu'à des privatisations qui s'accentuent au début des années 90. **L'ISI n'est pas totalement abandonnée pour autant**, comme le montre par exemple la fermeture du marché brésilien aux importations de micro-ordinateurs en 1984, ce qui a permis aux entreprises nationales de dominer leur marché intérieur sur ce créneau précis. Tout ceci coexiste avec une stratégie de **valorisation des exportations primaires,** voire même d'exportation de produits bruts, que pratiquent le Mexique ou le Venezuela avec leur pétrole, ou le Brésil avec ses produits miniers amazoniens.

♦ Partant de telles analyses, **l'économiste C. OMINAMI distingue cinq types d'économies en voie d'industrialisation**, chacun étant défini par une combinaison particulière de stratégies d'industrialisation (tableau 3).

TABLEAU 3
SCHÉMAS ALTERNATIFS D'INDUSTRIALISATION

Types de pays	Substitution aux importations	Promotion d'exportations primaires	Substitution d'exportations
Préindustriel	+	++	
Rentier	++	+++	–
Industrialisation intravertie	++	++	
Taylorien	+	+	+++
Mixte	+++	++	++

(Source : C. OMINAMI, *Le Tiers Monde dans la crise*, La Découverte, Paris 1986)

N.B. Les signes illustrent l'importance de chacune des stratégies définies : + = faible ; ++ = moyenne ; +++ = forte ; – = absente.

Les économies préindustrielles correspondent, en gros, aux PMA Les pays pétroliers du Moyen-Orient constituent de bons exemples de pays rentiers tentant de valoriser leurs exportations primaires. L'industrialisation intravertie caractérise des pays comme la Colombie, le Nigeria, la Côte-d'Ivoire, qui s'industrialisent par une substitution aux importations combinée à la valorisation de leurs productions primaires minérales ou agricoles. L'Île Maurice est un excellent exemple actuel d'économie taylorienne. Les quatre petits dragons asiatiques ont dépassé ce stade grâce à la réussite de leurs remontées de filières, mais sont encore caractérisés par la prépondérance de la substitution d'exportations. L'Inde, le Brésil, le Mexique correspondent aux économies industrielles mixtes qui, fondées au départ sur l'ISI, appuient la poursuite de leur industrialisation sur la valorisation de leurs ressources agricoles et minières et tentent de l'accélérer et de la compléter en s'orientant vers les marchés extérieurs, avec l'aide éventuelle des firmes multinationales.

E Les dynamiques spatiales de l'industrialisation

La complexité de ces systèmes industriels se double d'une réelle diversité des processus de localisation. À l'échelle nationale, la répartition des industries peut être analysée comme la résultante de logiques spatiales en principe antagonistes.

1 Extraversion et littoralisation

À l'époque coloniale et dans le cadre de la première division internationale du travail, les régions littorales et leurs pôles portuaires et urbains ont vu se développer les premiers complexes d'extraction minière. Ceux-ci donnaient lieu, le cas échéant, à des activités de concentration ou de première transformation. On trouve de multiples exemples de ce type de localisations. Les ressources d'hydrocarbures du Mexique (région de Tampico), du Venezuela (golfe de Maracaïbo), du Nigeria (région de Port-Harcourt), du Gabon (Port-Gentil)… et bien entendu de très nombreux champs pétrolifères du Moyen-Orient ont été plus ou moins précocement exploités par les compagnies pétrolières nord-américaines et européennes dans ce cadre. Il en est de même, par exemple, des gisements de bauxite guinéens (îles de Los), des nitrates du Chili, de l'étain malais… Les usines de production de poudre ou de beurre de cacao, les huileries, les sucreries installées près des plantations littorales ou dans des ports d'Afrique de l'Ouest ou du Brésil, par exemple, relèvent de la même logique spatiale.

La stratégie de valorisation des exportations débouche pour les mêmes raisons sur la créaion de complexes littoraux. Les exemples les plus frappants sont bien entendu les complexes pétrochimiques géants qui se sont multipliés sur les littoraux de tous les pays pétroliers, du Mexique à l'Indonésie et dans tous les pays du golfe Arabo-Persique au lendemain des chocs pétroliers des années 70. De nombreux exemples similaires pourraient être pris dans d'autres filières (bois, métaux ferreux ou non, engrais phosphatés, etc.)

La nouvelle division internationale du travail privilégie encore les implantations périphériques, littorales toujours, et parfois frontalières. Le type de localisation le plus caractéristique en est la zone franche industrielle d'exportation, systématiquement installée dans un port. Les exceptions, rarissimes (Gumi en Corée du Sud, Manaus au Brésil, Bangalore en Inde) sont liées à des facteurs climatiques (Gumi,

Bangalore) et surtout à la capacité des pays d'accueil d'imposer ces localisations aux firmes étrangères. Une autre exception célèbre est celle des « maquiladoras » implantées près de la frontière nord du Mexique ; mais il s'agit ici d'usines et non véritablement de zones franches, à moins de considérer tout le nord du Mexique comme une immense zone franche, puisque le statut de maquiladora a été étendu plus tard à une très vaste portion du territoire de ce pays… en attendant que la mise en œuvre de l'ALENA n'ouvre éventuellement la totalité de celui-ci aux firmes et aux capitaux nord-américains et canadiens.

2 Autocentrage et dissémination des établissements industriels

Contrairement aux stratégies précédentes, l'ISI et les politiques autocentrées tendent à favoriser une plus grande diffusion spatiale des industries. Tel est le cas d'un pays comme la Côte-d'Ivoire où la substitution aux importations, bien qu'encore modeste et largement centrée sur Abidjan, a donné naissance à des complexes cotonniers et sucriers en position intérieure (Ferkéssédougou, Bouaké…), le long de la voie ferrée Abidjan-Ouagadougou. La mise en valeur de gisements intérieurs relève de la même logique lorsqu'il s'agit d'approvisionner les industries de biens d'équipement destinés à la demande nationale. Mais ici, la distinction entre ISI et la valorisation des exportations primaires n'est pas toujours aisée. C'est ce que l'on observe au Venezuela avec l'exploitation du gisement ferrifère du Cerro Bolivar. De même, au Brésil, l'usine de Barcarena, située à une quarantaine de kilomètres de Belém est destinée à traiter la bauxite de Trombetas. L'objectif est de produire à terme 320 000 tonnes d'aluminium dont 10 % destinés à la satisfaction des besoins nationaux.

Plus largement, **les tentatives de dissémination industrielle relèvent des politiques d'aménagement régional.** Les économies planifiées de type socialiste, mais aussi les pays à planification incitative, ont presque toujours affiché l'ambition d'atténuer les déséquilibres régionaux qui marquent si fortement l'espace des pays du Tiers monde. Quelle que soit la nature du régime économique et politique, l'action redistributrice de l'État peut s'avérer réelle. Il ne faut pas oublier, en effet, le rôle moteur des firmes publiques dans le développement de ces pays, y compris les plus « libéraux ».

3 L'opposition entre les deux logiques spatiales n'est pas aussi simple qu'il paraît

♦ Tout d'abord, **il faut bien sûr tenir compte des contingences et des héritages de l'Histoire.** Ainsi, l'extraversion, qu'elle soit le fait de la colonisation, ou de politiques de valorisation des exportations primaires, doit bien s'accommoder de la localisation intérieure de certains gisements. L'exploitation des métaux précieux des régions andines dans un passé déjà lointain, tout comme celle, beaucoup plus récente, du manganèse gabonais de la région de Franceville, ont dû surmonter l'enclavement de ces gisements.

♦ À l'inverse, **les stratégies visant à une meilleure diffusion spatiale des activités industrielles sur les territoires nationaux ne peuvent faire abstraction de la répartition du peuplement et de celle des infrastructures existantes.** Lorsqu'il ne remonte pas à des périodes antérieures, l'entassement des populations dans les régions littorales est très souvent un héritage de la colonisation, et il est banal de souligner la répartition côtière des grandes métropoles du Tiers monde. Il serait évidemment irréaliste d'implanter des usines dans un désert humain ! La mise en œuvre d'une stratégie de substitution aux importations ne peut faire abstraction de la répartition des consommateurs (qu'il s'agisse d'individus ou d'entreprises), de la main d'œuvre, qualifiée ou non, de tout l'environnement indispensable au bon fonctionnement d'une entreprise industrielle (entreprises travaillant à l'amont ou à l'aval, services bancaires et financiers, y compris l'administration centrale dans les PMA où les relais intérieurs de celle-ci sont parfois mal assurés). Tout ceci privilégie les grandes métropoles urbaines et, en premier lieu, les capitales.

♦ Comme un bon nombre de pays du Tiers monde ont vu se succéder plusieurs phases d'industrialisation ou combinent simultanément plusieurs stratégies, **il en résulte une stratification des implantations industrielles, et parfois des réorientations brutales des localisations**, qui peuvent rendre délicate l'interprétation des cartes de répartition actuelles des industries.

L'un des exemples les plus spectaculaires de renversement des principes de localisation industrielle est certainement celui de la Chine. Au lendemain de la victoire de Mao Zedong, l'industrie chinoise était localisée pour 67 % dans sept provinces côtières, et plus particulièrement dans les villes de Shanghai, Pekin et Tianjin (figure 13).

Dès les premiers plans quinquennaux, la volonté d'intérioriser l'économie et d'atténuer les déséquilibres régionaux conduit à favoriser les provinces de l'intérieur. Le premier plan (1953-1957), par exemple, donne naissance, en même temps qu'à bien d'autres créations intérieures, aux bases sidérurgiques de Wuhan, de Baotou et au complexe pétrochimique de Lanzhou (figure 13). Cette tendance s'accentue lors du plan suivant qui voit le front d'industrialisation progresser dans deux directions majeures : l'une vers le nord-ouest, en direction du Xinjiang, l'autre vers le sud-ouest (Yunnan) ; le « Grand Bond en avant » est aussi l'occasion de promouvoir une industrialisation diffuse des espaces ruraux, que symbolise l'expérience malheureuse des célèbres hauts fourneaux de campagne et celle, plus réussie, des usines d'engrais villageoises[5]. La volonté de mettre en œuvre une politique de justice spatiale sera affirmée jusqu'à la fin des années 70.

Certes, **les ambiguïtés de cette politique doivent être soulignées.** Mao Zedong proclamait en 1956, dans un discours à la dialectique alambiquée prononcé devant les cadres du parti communiste que « si votre désir de développer l'industrialisation de l'intérieur est sincère et non de pure façade, il vous faudra utiliser et développer encore davantage les industries côtières, surtout l'industrie légère »[6]. On peut être déçu des résultats, eu égard aux ambitions affichées. Malgré tout, en 1981, les provinces côtières avaient vu leur part de la production industrielle nationale tomber à un peu moins de 59 %.

---

5. Cf. K. BUCHANAN, *L'espace chinois*, A. Colin, Paris, 1973.

6. Cité par A. REYNAUD, *Société, espace et justice*, PUF, Paris, 1981.

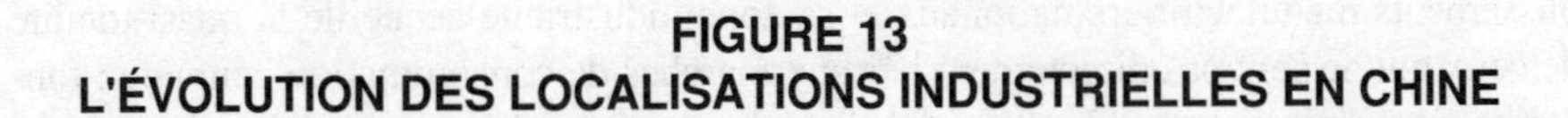

FIGURE 13
L'ÉVOLUTION DES LOCALISATIONS INDUSTRIELLES EN CHINE

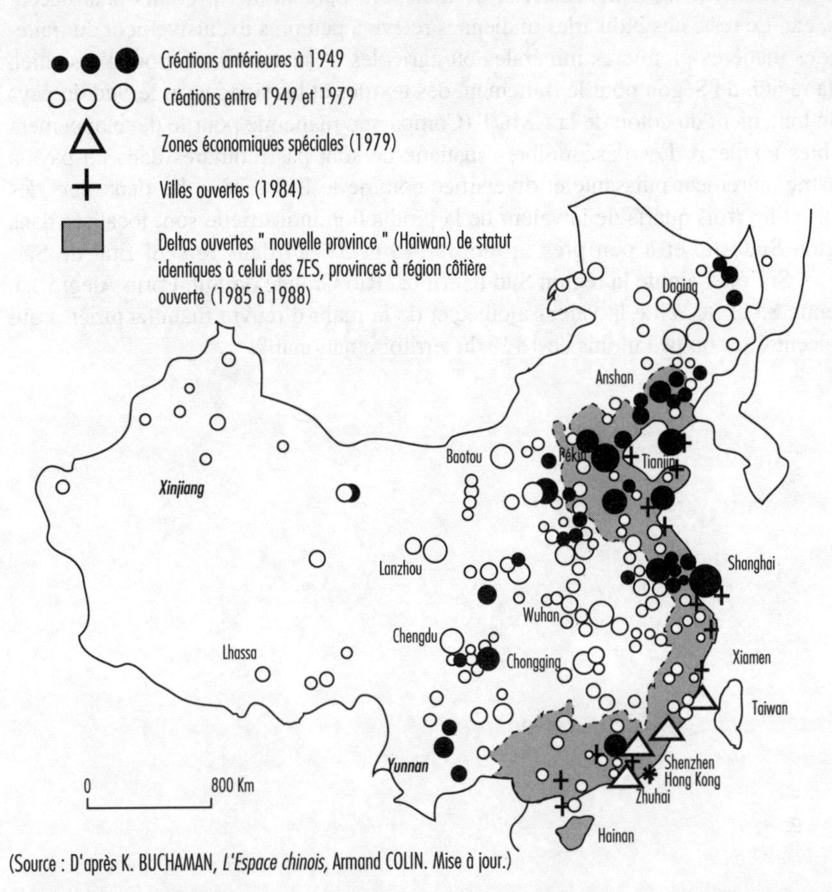

(Source : D'après K. BUCHAMAN, *L'Espace chinois*, Armand COLIN. Mise à jour.)

Pendant les années 80, le renversement brutal de la stratégie chinoise s'appuie sur la décentralisation économique, la renaissance des entreprises privées et l'ouverture contrôlée aux capitaux étrangers. Ce renversement s'accompagne d'un très net **retour à la côte** de l'effort d'industrialisation et se traduit par la création de quatre zones économiques spéciales (ZES) en 1979, puis par l'ouverture de quatorze villes côtières en 1984, suivie en 1985 de celle des deltas du Yangtsé et de la Rivière des Perles, et finalement de tout le littoral. Il en est résulté une véritable explosion industrielle des secteurs les plus méridionaux de celui-ci. La seule province de Guandong, où est située la célèbre ZES de Shenzhen – dans l'arrière-pays de Hong kong – a vu sa part de l'industrie nationale passer de 4,8 % à 6,6 % en l'espace de six années (1981-1987)[7].

En conclusion, les disparités de l'industrialisation à l'échelle des territoires nationaux demeurent très grandes, quel que soit le niveau de développement du pays observé. Dans un PMA comme le Mali, Bamako concentre plus des deux tiers des éta-

7. F. LEMOINE, « La vague d'industrialisation des régions côtières de la Chine dans les années 80 », *Économie prospective internationale*, 1990 (2), CEPII.

blissements manufacturiers nationaux et sa zone industrielle accueille la quasi-totalité de ceux qui ne sont pas directement liés aux marchés de consommation courante : fonderies, machinisme agricole, matériel de transport, parachimie, produits pharmaceutiques, etc. Le reste des industries maliennes relève à peu près exclusivement du traitement des matières premières minérales ou agricoles et se concentre, pour l'essentiel, dans la région de Ségou pour le traitement des textiles et les rizeries, et le Sud du pays pour le traitement du coton de la CMDT (Compagnie malienne pour le développement des fibres textiles)[8]. Les déséquilibres spatiaux ne sont pas moindres dans un pays à l'industrie autrement puissante et diversifiée comme le Brésil où « les deux tiers des emplois et les trois quarts de la valeur de la production industrielle sont localisés dans la région Sudeste, et à peu près la moitié (48 et 53 %) dans le seul État de São Paulo »[9]. Si l'on y ajoute la région Sud (Curitiba, Rio Grande do Sul, Porto Alegre…), c'est entre 85 et 90 % de la valeur ajoutée et de la main-d'œuvre manufacturières qui est concentré sur un peu moins de 18 % du territoire national[10].

---

8. A. MAHAROUX, « Les industries du Mali », *Cahiers d'Outre Mer*, 40 (159).

9.H. THÉRY, *Le Brésil*, Masson, Paris, 2e édition, 1989.

10. A. GAUTHIER, J. DOMINGO, *Le Brésil, puissance et faiblesse d'un géant du Tiers monde*, Bréal, Montreuil, 2e édition, 1991.

INCERTAINES AGRICULTURES 5

L'évolution de l'agriculture du Tiers monde donne lieu à des interprétations contradictoires. Lorsqu'on raisonne à l'échelle nationale, les exemples indien ou chinois conduisent à un optimisme nuancé. En revanche, la dégradation de la situation dans la plupart des pays africains ne peut que susciter les plus vives inquiétudes. À l'échelle des systèmes de production, la réalité devient foisonnante et impossible à décrire en quelques pages : qu'y a t-il de commun entre la misérable parcelle du *caboclo* brésilien en bute à de multiples difficultés, et les spectaculaires champs irrigués circulaires libyens ou saoudiens, fruits des techniques agronomiques les plus modernes transplantées en plein désert ?

Nous tenterons d'éclairer cette question en évoquant tout d'abord la diversité et les transformations des principaux systèmes de production agricole du Tiers monde. Puis nous observerons, à l'échelle du Tiers monde et à celle de ses grandes composantes, l'évolution des résultats et des moyens de la production ainsi que les principales difficultés rencontrées. Nous pourrons alors envisager les différents types de solutions qui ont été proposés pour tenter de résoudre ces problèmes.

A Des systèmes de production en profonde transformation

L'opposition classique entre agriculture traditionnelle, vivrière ou de subsistance, qu'évoquent la culture itinérante sur brûlis ou la **riziculture sous pluie,** et **l'agriculture d'exportation ou spéculative doit être fortement nuancée** aujourd'hui. Dans le monde paysan s'est développée en effet une agriculture paysanne plus ou moins ouverte sur le marché qui s'oppose à une agriculture d'entreprise, qui fut longtemps l'apanage de grands domaines, aux mains de firmes étrangères ou d'une oligarchie nationale souvent urbaine, et qui a connu elle aussi des transformations importantes.

1 L'essor de la petite exploitation commerciale

a Les héritages

Les paysanneries du Tiers monde peuvent se rattacher à trois grandes familles de systèmes productifs traditionnels.

L'agriculture vivrière à longue jachère, dont les formes de détail sont extrêmement variées, a joué un grand rôle dans les trois grands ensembles géographiques du Tiers monde : Afrique, Amérique latine, Asie, mais a marqué plus longtemps et plus profondément l'Afrique au sud du Sahara. Elle n'est plus que résiduelle aujourd'hui ; cependant, les systèmes de transition qui lui ont succédé lui doivent encore nombre de leurs particularités. Elle est caractérisée par des pratiques collectives, une forte participation féminine aux tâches agricoles, la rareté de l'association de l'élevage du gros bétail et de la culture, la faiblesse du matériel aratoire, une marque relativement légère sur l'espace. Celui-ci est organisé en général en auréoles concentriques où se succèdent zone de jardins, champs permanents et champs itinérants, ces derniers n'occupant qu'une partie de la dernière couronne.

Les systèmes rizicoles des deltas de l'Asie des moussons contrastent puissamment avec les précédents par l'intensité et la permanence de l'occupation du sol, l' aménagement complexe et rigoureux de l'espace cultivé, souvent totalement artificialisé, l'intensité du travail humain, parfois allégé par le recours à des animaux de trait (buffles), l'importance des petits élevages de complément (volailles, pisciculture). Bien entendu, ici encore, il faudrait introduire bien des nuances : la riziculture la plus répandue en Asie est moins intensive et moins minutieuse que celle qui vient d'être évoquée.

Une troisième série de systèmes agricoles est centrée sur l'élevage et présente des formes diverses où la distinction essentielle oppose nomadisme et semi-nomadisme pastoraux. Les relations avec le monde des cultivateurs sont toujours importantes, qu'elles prennent un caractère commercial (échange de produits), « technique » (location de terres de pacage sur les friches) ou « politique » (domination par la force des cellules de producteurs paysans). Si cette dernière famille de systèmes agricoles est en très fort recul, les autres formes ont évolué par étapes, grâce à leur insertion sans cesse plus marquée dans les circuits marchands.

b L'agriculture de transition

Le passage de l'agriculture traditionnelle à l'agriculture en prise sur le marché s'effectue sous la pression de divers facteurs. Il a pu être imposé par les colonisateurs (cultures forcées de produits tropicaux destinés à l'exportation) et a été accéléré après l'indépendance par les autorités nationales qui y voyaient une source de devises et un moyen de financer l'industrialisation et le développement des infrastructures. Mais cette évolution résulte aussi de l'essor des marchés urbains locaux et du puissant attrait qu'exercent les produits d'équipement du foyer ou de consommation individuelle (modernisation de l'habitat, équipement ménager, deux-roues, matériel audio-visuel…).

L'adjonction d'un volet commercial à des systèmes voués jusque-là à l'autosuffisance villageoise ou familiale finit par transformer profondément ceux-ci. L'évolution de l'agriculture africaine est particulièrement révélatrice et bien connue. Le développement ou l'introduction de cultures nouvelles pousse à l'extension des superficies cultivées lorsque des terres sont disponibles ou au raccourcissement de la durée des jachères si tel n'est pas le cas, modifie le calendrier du travail des champs, favorise la modernisation des techniques (développement de la culture attelée, utilisation d'engrais…), peut conduire à transformer la gamme des produits vivriers. Plus profondément encore, cette ouverture change les mentalités et les comportements. La terre acquiert une valeur marchande qui attire des non-agriculteurs (commerçants, fonctionnaires). On assiste donc à l'effritement puis à l'effondrement des systèmes de propriété collective du sol, au recul des pratiques communautaires, à l'individualisation des comportements. C'est finalement tout le système social qui se trouve bouleversé.

Le rôle économique de ces exploitations de transition est très variable mais n'est jamais négligeable, comme le montrent les exemples présentés sur le tableau 1 et qui se limitent, il faut le souligner, aux micro-exploitations familiales.

TABLEAU 1

PART DES MICRO-EXPLOITATIONS DANS LA PRODUCTION COMMERCIALE DE QUELQUES PAYS DU TIERS MONDE (%)

Pays	Riz	Blé	Maïs	Autres produits vivriers	Café	Cacao	Thé	Coton	Canne à sucre	Autres cultures d'exportation
Bolivie	30	10	10	50-80	100	100	?	?	?	100
Costa Rica	66	–	66	53	?	?	–	?	?	?
Pérou	?	30-35	30-35	30-35	?	?	?	?	?	?
Bangladesh	20	60	80	60	–	–	?	?	90	90
Chine	21	21	21	80	?	–	?	?	?	?
Indonésie	10	–	10	10	100	100	?	100	90	100
Burundi	95	?	15	15	100	–	100	?	?	?
Cameroun	?	?	30	50	30	30	?	30	?	30
Ghana	80	–	30	50	?	100	?	?	10	?

? = absence de renseignement

– = sans objet.

(Source : IFAD., 1992)

Mais les résultats économiques ne sont pas toujours satisfaisants et des effets nocifs surviennent fréquemment : la rémunération de ces cultures est souvent problématique, pour des raisons que nous évoquerons ultérieurement (le problème n'est pas propre à l'agriculture de transition). De plus, la pression sur le sol, renforcée par la croissance démographique, peut entraîner la surexploitation et la dégradation de celui-ci. L'exemple de la culture de l'arachide généralisée dans le nord du Sénégal sous l'impulsion de la confrérie musulmane mouride est très révélateur à cet égard. Enfin, entrant dans le circuit monétaire, les agriculteurs peuvent tomber dans le cercle vicieux de l'endettement et de l'usure et, pour finir, se voir dépossédés de leurs terres et venir grossir le flot des « bidonvillois » ou celui des salariés agricoles au statut précaire.

2 Du grand domaine colonial à l'agriculture capitaliste

a Grande plantation et grand domaine classiques

La taille de ces exploitations dépasse en général plusieurs centaines d'hectares, mais peut en atteindre plusieurs milliers et parfois bien davantage. En Malaisie, les plantations industrielles d'hévéas ont en moyenne 300 hectares ; en Amérique centrale, celles de canne à sucre atteignent couramment 1 000 à 2 000 hectares, mais certaines d'entre elles en comptent plusieurs dizaines de milliers. Au Liberia, Firestone a planté 8 millions d'hévéas sur 35 000 hectares... Ces exploitations réalisent souvent une mise en valeur seulement partielle de propriétés beaucoup plus vastes. L'accaparement de terres excédant largement les besoins de départ permet de se réserver une marge de croissance et de se prémunir contre la concurrence de planteurs rivaux et une possible surproduction. Il peut aussi résulter de la spéculation d'investisseurs désireux de contrôler d'éventuelles ressources du sous-sol ou tablant sur la valorisation ultérieure de terres achetées à bas prix.

Le **paysage créé par la plantation** est totalement différent de celui de l'agriculture familiale. La superficie utilisée est découpée en vastes lots géométriques délimités par un réseau de pistes, parfois de voies ferrées. Généralement près du centre de l'exploitation ou à proximité de la gare, se dressent les bâtiments destinés au traitement de la production : sucrerie, huilerie, installations de dépulpage des cerises de café, de préparation du latex, etc. La plantation est un véritable microcosme avec ses types de résidences hiérarchisés : habitations du planteur, du régisseur, groupe de maisons des ingénieurs, techniciens et contremaîtres, baraquements ouvriers. A ceci s'ajoute une série plus ou moins complète de services collectifs : bazar, dispensaire, école...

Les plantations utilisent souvent des techniques modernes : choix rationnel des semences, consommation élevée d'engrais, de produits phytosanitaires, adoption rapide des découvertes réalisées dans les institutions agronomiques spécialisées telles que le centre de botanique tropicale de Buitenzorg à Java. Les résultats sont donc parfois remarquables. L'hévéaculture indonésienne produit maintenant deux tonnes de latex à l'hectare contre une demi-tonne lors de son introduction dans le pays.

Mais toutes les plantations ne sont pas calquées sur ce modèle intensif. Bon nombre de *fazendas* caféières du Brésil, de domaines cotonniers du Nordeste de ce pays, ou sucriers des Caraïbes recherchent un bénéfice maximum avec le minimum d'investissements, en utilisant une main-d'œuvre surabondante, en l'absence quasi complète de mécanisation ou de motorisation et en épuisant des terres cultivées sans ménagement. De même, les grands domaines d'élevage, notamment en Amérique latine, représentent souvent des formes très extensives d'utilisation du sol.

La main-d'œuvre est souvent considérable. Firestone emploie 20 000 ouvriers agricoles au Liberia et la plantation d'hévéas de Dizangué, au Cameroun, fait vivre 1 500 ouvriers et leur famille, soit près de 8 000 personnes pour 5 000 hectares plantés. Mais rapporté à la superficie exploitée, l'emploi permanent est très variable et plutôt faible. Il peut même tomber à des taux extrêmement bas : 1 emploi pour 476 hectares par exemple pour l'ensemble des projets approuvés par l'administration brésilienne pour la mise en valeur de l'Amazonie vers 1980. Sur les plantations modernes, on emploie surtout des salariés, généralement très peu payés. En Thaïlande, les travailleurs saisonniers recrutés dans les régions pauvres du pays recevaient 2 dollars par jour en 1991 (auxquels s'ajoutaient nourriture et logement), soit moins de la moitié du salaire minimum national. Ailleurs, la rémunération se fait encore parfois en nature : les ouvriers agricoles doivent fournir 3 ou 4 jours de travail hebdomadaire en échange d'un droit de culture sur des lopins souvent situés sur les parties les plus médiocres du domaine.

La production étant destinée fondamentalement à l'exportation, d'importantes facilités de transport sont indispensables. Les exemples d'intégration entre moyens de transport et plantations ne manquent pas, à commencer par celui de la célèbre United Fruit Cy (devenue United Brands), née en 1889 de la fusion d'une société de transport de bananes et d'une compagnie ferroviaire qui avait créé au Costa Rica une plantation destinée à lui assurer du fret. Aujourd'hui encore, la moitié du réseau ferré de ce pays appartient à la compagnie et ce sont toujours ses propres bateaux qui transportent la banane aux États-Unis. De même, la progression vers l'intérieur de la vague caféière partie de la région de São Paulo s'accompagna de la constitution de plusieurs compagnies de chemin de fer sous l'impulsion de groupements de planteurs.

Une plantation représente de lourdes immobilisations de capitaux : il faut d'abord acheter, aménager et équiper une vaste unité de production et de transformation. De plus, lorsqu'il s'agit d'arbres ou d'arbustes, la production ne débute pas avant plusieurs années. Ces capitaux ont longtemps été apportés par de **grandes sociétés étrangères** pour lesquelles la production agricole n'était que le premier maillon d'une longue chaîne d'activités : conditionnement, transport, transformation éventuelle sur place ou dans le pays de destination, commercialisation. Rien d'étonnant dans ces conditions si les plus grands fabricants de pneumatiques sont à la tête de vastes plantations d'hévéas ou si le trust Unilever, par sa filiale United Africa Company, est largement établi en Afrique équatoriale dans des plantations d'oléagineux.

La **puissance de ces firmes est considérable**, surtout si on la rapporte à celle de la plupart des pays qui les accueillent. Au temps de sa splendeur, l'United Fruit a exercé la réalité du pouvoir par personnes interposées dans plusieurs « républiques bananières » d'Amérique centrale. Il en a été de même pour Firestone au Liberia. Le facteur « risque politique » est donc déterminant dans l'implantation d'une grande plantation. On perçoit ici l'une des faiblesses du système (aux yeux des propriétaires), et un élément essentiel de son évolution récente.

b Délestage foncier et essor de l'agriculture contractuelle

La modification du contexte politique peut conduire à la disparition de ces grandes exploitations. Dans maints pays, des réformes agraires les ont morcelées… ou ont tenté de le faire (voir plus loin). De même, les grandes entreprises agricoles étrangères ont parfois été contraintes de se dégager de leurs possessions foncières ou de s'associer aux bourgeoisies nationales ou aux capitaux publics locaux. La stratégie des multinationales des États-Unis est particulièrement démonstrative à cet égard. Les nationaux des pays dans lesquels elles s'implantent dorénavant fournissent en général le foncier; elles apportent le savoir-faire de leurs ingénieurs agronomes et les garanties nécessaires à l'obtention de crédits bancaires.

L'abandon de la production directe présente d'ailleurs des avantages pour ces sociétés : en particulier, les risques climatiques et commerciaux échoient aux producteurs nationaux. Ce retrait ne conduit d'ailleurs pas à une véritable perte de contrôle sur la production : les grands propriétaires privés ou les entreprises publiques, de même que les paysans-planteurs nationaux, se lient souvent à elles par des contrats d'achat de semences, d'engrais, de pesticides et d'aide technique et s'engagent également à leur livrer tout ou partie de leur production.

Cependant, ce délestage foncier, sensible dans les pays et pour les productions où des entreprises étrangères sont engagées depuis longtemps, **coïncide avec un vaste mouvement de diversification, tant spatiale que sectorielle.** La demande croissante de viande et de fruits et légumes (tropicaux ou tempérés) de contre-saison ouvre de nouveaux champs d'action aux multinationales de l'agro-business. La King Ranch Corporation, par exemple, propriétaire de 400 000 hectares aux États-Unis, a mis au point une race bovine adaptée à la fois aux conditions tropicales et subtropicales et à la demande nord-américaine (la race Santa Gertrudis); elle s'est associée à deux producteurs bien implantés au Brésil pour créer six ranches sur 131 000 hectares dans l'État de São Paulo et en Amazonie. Elle est également présente au Venezuela depuis 1963, ainsi qu'en Argentine et au Maroc depuis 1969[1]. De même, on voit de grandes firmes s'intéresser de plus en plus à la production dans le Tiers monde de cultures délicates fortes utilisatrices de main-d'œuvre : tomates, asperges, champignons de couche, artichauts, voire fleurs et plantes d'ornement… Dans le contexte de ce redéploiement, l'**agriculture sous contrat** dont nous avons déjà fait état, et l'**association avec des entrepreneurs** locaux publics ou privés sont des modes d'intervention fréquents et en plein essor.

En conclusion, il ne faut plus réduire l'agriculture du Tiers monde à une opposition entre petits agriculteurs repliés sur eux-mêmes et grandes exploitations étrangères tournées vers l'exportation. Mais il ne faudrait pas davantage limiter la situation actuelle à la dualité petite agriculture paysanne marchande/grands domaines capitalistes. On observe entre ces diverses catégories d'exploitations (dont l'importance

1. G. DOREL, « Les stratégies mondialistes des grandes firmes agro-industrielles étatsuniennes », *Travaux de l'Institut de Géographie de Reims*, 1980 (43-44).

varie fortement d'un continent et d'un pays à l'autre), une large gamme de situations intermédiaires. En particulier, la modernisation et l'essor des marchés urbains nationaux favorisent **l'affirmation de propriétés de taille moyenne** qui, tout en restant minoritaires par le nombre, peuvent jouer un rôle très important dans l'approvisionnement des villes. Enfin, bien que la voie socialiste soit en très fort recul, il **existe encore des exploitations collectives**, dont nous aurons l'occasion de parler à propos des réformes agraires (figure 14).

FIGURE 14
L'AGRICULTURE DANS L'EMPLOI ET LE PIB : UN TRÈS LARGE ÉVENTAIL DE SITUATIONS

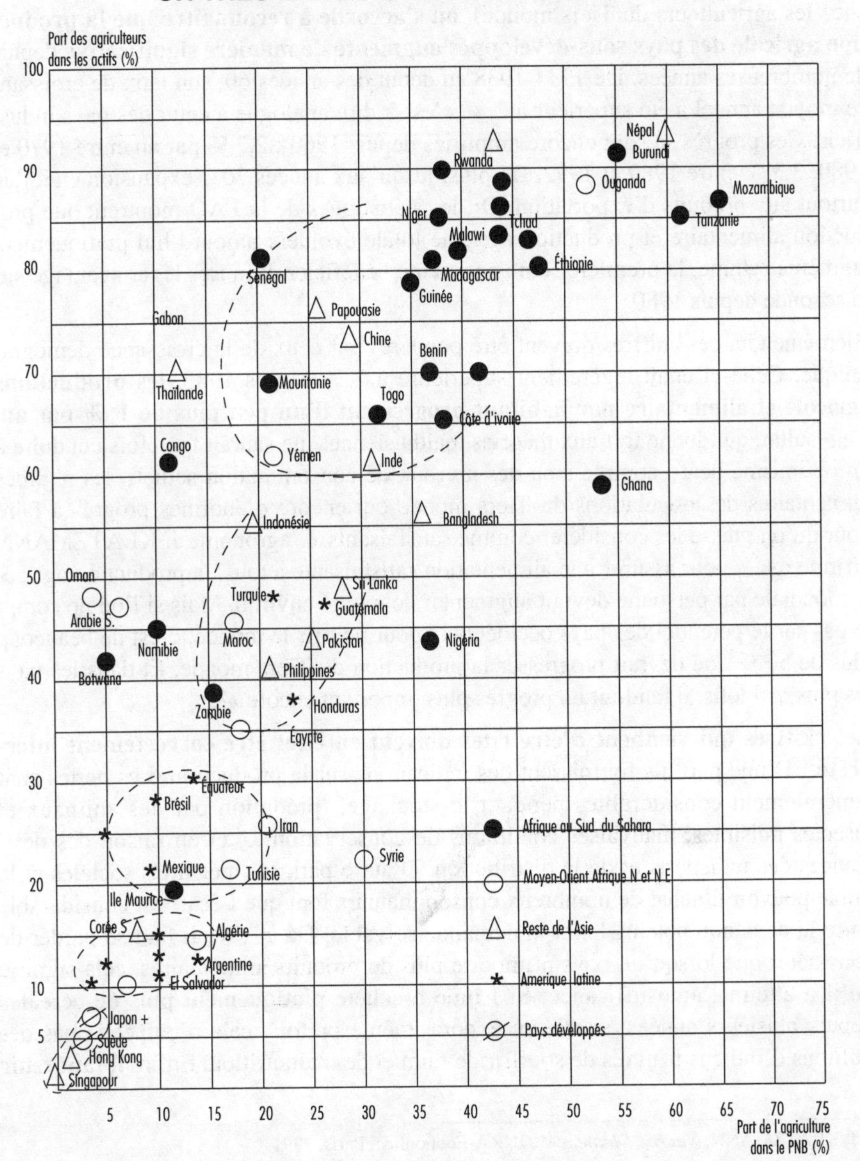

B Progrès et problèmes

1 Les résultats : des données à interpréter

a Réalité et limites de la croissance

Malgré les réserves qu'il est indispensable d'émettre sur la qualité des statistiques agricoles (on mesure très mal, en particulier, l'importance de l'autoconsommation chez les agriculteurs du Tiers monde), **on s'accorde à reconnaître que la production agricole des pays sous-développés augmente de manière significative** depuis de nombreuses années. De 1934-1938 au début des années 60, son taux de croissance moyen annuel a été supérieur à 2 %, c'est-à-dire analogue à celui des pays industriels. Ces progrès se sont encore amplifiés depuis 1960 : 2,7 % par an entre 1970 et 1980, 3,3 % entre 1980 et 1992. De plus, jusqu'aux années 70, l'expansion était due surtout aux produits d'exportation. Or, les statistiques de la FAO montrent que production alimentaire et production agricole totale évoluent aujourd'hui pratiquement au même rythme, la première semblant même bénéficier d'un très léger avantage sur la seconde depuis 1980.

Bien entendu, ces chiffres doivent être pondérés par ceux de la croissance démographique. Celle-ci étant légèrement supérieure à 2 % depuis 1980, **les productions agricole et alimentaire par habitant progressent d'un peu plus de 1 % par an.** Ce résultat, qui donne tort aux théories malthusiennes, ne saurait toutefois conduire à un optimisme béat : compte tenu des niveaux de consommation actuels, les régimes alimentaires des populations du Tiers monde ont encore d'énormes progrès à faire pour qu'on puisse les considérer comme satisfaisants. L'agronome J. KLATZMANN affirme que « pour assurer une alimentation satisfaisante à tous, la production agricole mondiale par personne devrait augmenter de moitié environ. Mais si l'on ne compte pas sur le potentiel des pays occidentaux pour nourrir le monde, c'est de beaucoup plus de 50 % que devrait progresser la production du Tiers monde. Et dans les pays les plus mal lotis, il faudrait un progrès plus important encore »[2].

Les chiffres qui viennent d'être cités doivent en effet être correctement interprétés. D'une part, ils fournissent des indications sur la production. Les pertes sont généralement considérables pendant le stockage, (prédation par des animaux et insectes nuisibles, mauvaises conditions de conservation…) et en raison des déficiences des transports et de la distribution. D'autre part, les inégalités sociales et le faible pouvoir d'achat de nombreux consommateurs font que l'écart est considérable entre la demande potentielle et la demande solvable. De ce fait, il faut se garder de considérer que lorsqu'un pays n'importe plus de produits alimentaires, cela signifie qu'il a atteint l'autosuffisance. Si l'Inde n'achète pratiquement plus de céréales depuis plusieurs années, si elle en exporte même parfois, cela n'empêche pas des millions d'Indiens pauvres de souffrir de faim et de malnutrition. Enfin, **il faut tenir**

2. J. KLATZMANN, *Nourrir l'humanité* , INRA-Économica, Paris, 1991.

compte des divergences existant au sein du Tiers monde. La figure 15 montre que l'amélioration de la production alimentaire par habitant dans cet ensemble de pays est due pour l'essentiel à l'Asie du Sud et de l'Est. L'Amérique latine ne progresse que de 3 % entre 1980 et 1992, alors que le Moyen-Orient régresse de 2 % et l'Afrique de près de 7 %. Les progrès dont bénéficient (sous réserve d'une redistribution égalitaire !) 2,6 milliards d'habitants du Tiers monde ne doivent pas faire oublier la dégradation du niveau alimentaire ou le maintien de la précarité qui touchent près d'1,2 milliard de personnes. De 1979-1981 à 1989-1991, si 30 pays du Tiers monde ont enregistré une amélioration de leur production alimentaire par habitant, 50 ont vu celle-ci régresser.

FIGURE 15
ÉVOLUTION DE LA PRODUCTION ALIMENTAIRE PAR HABITANT DE 1980 À 1992

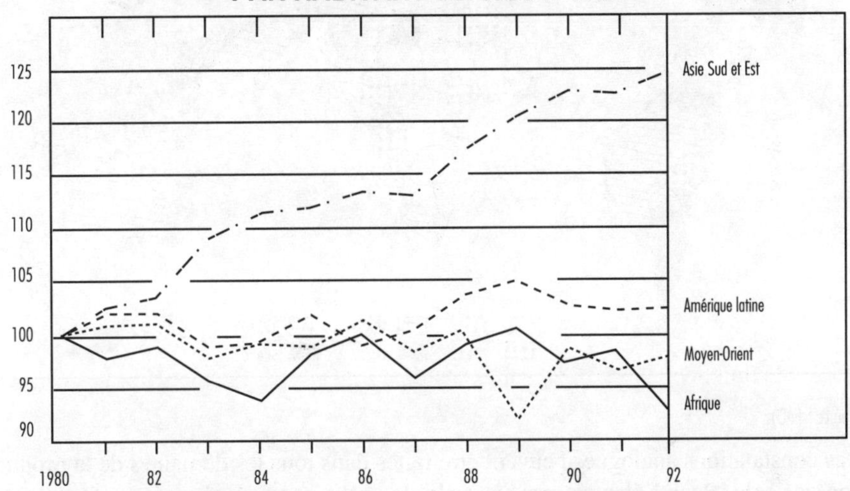

(Source : FAO) indice 100 = moyenne 1979-1981

b Des rendements encore faibles

Les rendements céréaliers moyens (blé, épeautre, millet, sorgho, riz, maïs, orge, seigle et avoine) qui dépassent 40 quintaux à l'hectare en Amérique du Nord et en Europe et 32 quintaux dans l'ensemble des pays développés, ex-URSS et Europe de l'Est compris, n'atteignent pas 25 quintaux dans le Tiers monde. De 1980 à 1992, ils ont augmenté de 7 quintaux dans le premier groupe de pays et de 6 dans le dernier. La réalité des progrès du Tiers monde est à nouveau incontestable, mais on constate également que, loin de se combler, l'écart se creuse en valeur absolue. À l'échelle des grands ensembles régionaux, **l'Afrique enregistre le retard le plus grave**, avec un rendement moyen de 9,1 quintaux à l'hectare, contre 19 au Moyen-Orient et 24 en Amérique latine, tandis que l'Asie du Sud et de l'Est atteint 30 q/ha. Bien sûr, ces moyennes dissimulent de très fortes disparités : en Amérique latine, par exemple, Haïti dépasse tout juste 10 q/ha alors que les rendements de l'Argentine, du Chili ou de la Colombie s'échelonnent entre 26 et 42 quintaux (voir figure 16).

FIGURE 16
RENDEMENTS CÉRÉALIERS DANS LE MONDE

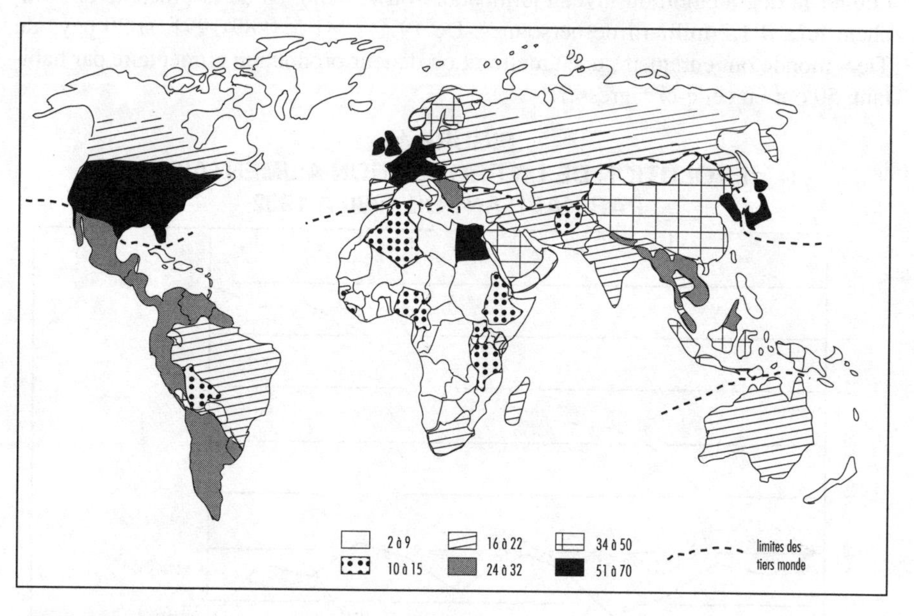

(Source : FAO)

Des constatations analogues peuvent être faites dans tous les domaines de la production agricole. Pour l'élevage par exemple, les pays sous-développés ne fournissent que 35 % de la viande bovine avec 70 % du cheptel mondial en 1992. Quant aux rendements laitiers, l'écart est de 4,3 à 1 entre pays développés et pays sous-développés, et, au sein de ceux-ci, de 3 à 1 entre Amérique latine et Afrique (tableau 2).

TABLEAU 2
LE RETARD DU TIERS MONDE DANS LE DOMAINE DE L'ÉLEVAGE BOVIN (1992)

Ensembles territoriaux	Nombres de têtes		Production de viande		Production de lait		Rendement laitier
	1 000 têtes	%	1 000 tonnes	%	1 000 tonnes	%	Kg / an
Pays sous-développés	894 663	69,7	17 663	34,7	109 115	24	842
dont :							
Afrique	149 188	11,6	2 294	4,5	8 656	1,9	342
Amérique latine	327 758	25,5	9 932	19,5	43 962	9,7	1 073
Moyen-Orient	49 245	3,8	1 208	2,4	13 666	3	818
Asie Sud et Est	367 878	28,6	4 213	8,3	42 754	9,4	917
Autres	595	…	16	…	76	…	1 240
Pays développés	389 525	30,3	33 172	65 3	346 286	76	3 620
MONDE	1 284 188	100	50 835	100	455 400	100	2 026

(Source : FAO)

2 Des obstacles nombreux

Les agriculteurs du Tiers monde sont confrontés à quatre grandes séries de difficultés.

a L'insuffisance des moyens matériels et humains

• **De nombreuses données révèlent l'insuffisance des moyens techniques** dont disposent les agriculteurs du Tiers monde : consommation d'engrais à l'hectare, utilisation de produits phytosanitaires, de semences ou de reproducteurs sélectionnés, importance de la mécanisation et de la motorisation, etc. Sans aborder tous ces éléments, nous nous en tiendrons à **la consommation d'engrais**. Alors que l'engrais naturel manque cruellement en raison notamment de l'absence générale d'association de l'élevage aux cultures, l'utilisation des engrais artificiels est loin des niveaux enregistrés dans les pays d'économie avancée. En Europe du Nord-Ouest, on consomme près de 250 kg d'engrais par hectare. Le tiers des pays sous-développés n'en utilise pas 10 kg/ha, et la plupart de ces pays appartiennent à l'Afrique au sud du Sahara. Et si un pays sur cinq dépasse la moyenne mondiale (93 kg/ ha en 1992), il s'agit pour l'essentiel de territoires de taille réduite qui sont le plus souvent des cas d'espèce : Costa Rica, Martinique, Guadeloupe, au statut particulier, Arabie Saoudite, Koweït, Oman, Qatar, qui ont les moyens de développer une agriculture « de luxe », nouveaux pays industriels d'Asie de l'Est et du Sud-Est.

Ces chiffres résultent cependant d'un important effort de rattrapage : la consommation d'engrais chimiques a presque doublé dans le Tiers monde depuis

1981 alors qu'elle est stabilisée en Europe occidentale. Il est vrai que dans les pays industriels, on s'efforce de rationaliser la consommation d'engrais chimiques... On est loin de ces préoccupations dans la plupart des pays sous-développés.

◆ Qu'elle soit indispensable ou simplement utile comme facteur de régularisation des pluies et d'augmentation des rendements, **l'irrigation se caractérise trop souvent encore par des techniques de gaspillage et de relative impuissance**, à l'exemple de ce que l'on observe dans l'Inde traditionnelle (voir encadré ci-dessous).

Les limites de la petite irrigation en Inde

La petite irrigation est largement fondée sur des puits. Elle utilise aussi des réservoirs d'irrigation villageois, connus sous le nom de tanks. *Les uns et les autres ont le grand avantage de demander surtout de la force de travail – abondante en Inde –, des initiatives locales, des technologies simples et des investissements limités. Cependant, ces techniques ne réalisent que des corrections incomplètes de la répartition naturelle de l'eau dans le temps et dans l'espace. Certes, les puits utilisent des réserves, et l'eau tombée en saison des pluies et en année pluvieuse est disponible en saison sèche et lors des années de pénurie. Mais ils dépendent des caractères géologiques locaux, et ne permettent pas de mieux répartir l'eau dans l'espace. Les* tanks, *de leur côté, ne créent que des réserves assez faibles et dépendent des pluies locales. Malgré son grand intérêt et ses avantages, la petite irrigation n'apporte finalement que des retouches imparfaites à la répartition de l'eau dans le temps et dans l'espace. C'est ce qui explique l'importance attribuée à la grande irrigation, fondée sur les barrages de dérivation et les barrages réservoirs, dont le développement pose d'autres problèmes.*

F. DURAND-DASTES,

« L'Inde contemporaine », La Documentation française, 1993

Depuis de nombreuses décennies, **on multiplie les grands barrages, et la petite irrigation villageoise moderne se développe**, sous forme de puits tubés avec utilisation de pompes. Ainsi, depuis 1976, les superficies irriguées ont augmenté de 40 % en Afrique, de plus de 25 % en Amérique latine et en Asie du Sud et de l'Est, de 14 % au Moyen-Orient. A l'heure actuelle, l'agriculture irriguée fait vivre 2,4 milliards d'habitants sur la planète et fournit plus de la moitié de la production mondiale de blé et de riz. Mais dans le Tiers monde, le problème essentiel tient à l'importance des gaspillages. Une étude de la FAO soulignait en 1993 que **« l'eau dérivée ou pompée à des fins d'irrigation peut être gaspillée dans une proportion atteignant 60 % »**[3]. Or, des limites à l'extension de l'irrigation apparaissent déjà dans de nombreux pays, notamment en Afrique du Nord, au Moyen-Orient et en Afrique au sud du Sahara. où une trentaine de pays devraient être confrontés à une pénurie d'eau en l'an 2 000. Les ressources mobilisables sont en effet de plus en plus rares et de plus en plus coûteuses et la compétition pour l'eau entre agriculture, industrie et consommation domestique va s'accroître. Malheureusement, l'agricul-

3. FAO, *La Situation mondiale de l'alimentation et de l'agriculture* , Rome, 1993.

teur n'a pas les moyens de payer l'eau plus cher que ses concurrents, et il en gaspille une forte proportion, on vient de le voir. La solution passe par une rationalisation de l'usage de l'eau.

◆ **Deux séries de facteurs contribuent à rendre compte des lenteurs de la vulgarisation des techniques agricoles modernes.** La première est d'ordre purement économique : coût élevé des engrais, des produits de traitement, des machines, qu'il faut souvent importer et qui voient leurs prix majorés parfois de plus de 50 % entre le port de débarquement et l'utilisateur. Une deuxième série de facteurs relève **d'éléments humains**. L'analphabétisme constitue un frein sérieux à la vulgarisation agricole. En Colombie, 70 à 95 % des enfants d'âge scolaire dans les grandes villes étaient effectivement scolarisés voici quelques années ; dans les campagnes, ces taux tombaient à 51-60 %. D'autre part, l'insuffisance en nombre et en qualité des vulgarisateurs et des agronomes traduit un désintérêt fréquent envers les questions agricoles. Au Sénégal, 30 % des étudiants font des études de droit, 2 % seulement se tournent vers l'agronomie et les sciences halieutiques. Beaucoup plus que le prétendu esprit routinier attribué volontiers aux agriculteurs, ces faiblesses expliquent les lenteurs de la diffusion du progrès.

b Des paysanneries trop souvent marginalisées et exploitées

◆ **Un sous-emploi fréquent**

Le sous-emploi agricole est important et a une triple origine. Il est tout d'abord « **technique** ». Le chômage saisonnier peut prendre des proportions considérables. Au Chili, en juillet, la demande de main-d'œuvre ne représente que 63 % de celle de mars. En Corée du Sud, le nombre des heures travaillées en décembre n'atteint que 40 % de celles de juin. Comme partout ailleurs, le progrès tend bien entendu à réduire les besoins en travailleurs : en Malaisie, par exemple, les efforts réalisés pour faire baisser les coûts de production du caoutchouc naturel ont entraîné en quelques années une réduction de 17 % du nombre des ouvriers agricoles employés sur les plantations d'hévéas.

Le sous-emploi s'accentue en outre sous l'effet de la **croissance démographique**, à laquelle ne répond pas une extension parallèle des surfaces cultivées, et que l'exode rural est loin de résorber. Pour l'ensemble du Tiers monde, si l'emploi dans l'agriculture est passé de 72 à 61 % de la population active entre 1965 et 1990, la population agricole continue à s'accroître en chiffres absolus. Selon un rapport publié récemment sous l'égide de l'ONU, la main-d'œuvre agricole a augmenté annuellement de 1,9 % en Afrique au sud du Sahara, de 1,6 % en Asie, de 0,6 % en Amérique latine et de 0,4 % au Moyen-Orient et en Afrique du Nord entre 1970 et 1985[4].

Les **structures foncières**, enfin, ont également leur part de responsabilité dans le sous-emploi croissant : aux ruraux sans terre s'ajoutent les minifundistes que leurs exploitations minuscules n'emploient qu'une partie de l'année (30 à 40 % de celle-ci dans les *minifundia* latino-américaines).

4. IFAD, *The State of Rural Poverty* , New York, 1992.

◆ **Des structures foncières injustes**

C'est en Amérique latine que la concentration des terres aux mains d'un petit nombre de propriétaires se manifeste avec le plus d'acuité. Au milieu des années 80, le quintile supérieur des exploitations guatémaltèques concentrait 90 % des superficies agricoles du pays. Cette proportion était de 89 % en République dominicaine, avoisinait les 80 % en Colombie, en Équateur et au Honduras. Le Brésil symbolise parfaitement ce problème général à l'Amérique latine : 5 % des exploitations y occupent près de 70 % des superficies agricoles appropriées, et « sur plus de 5,8 millions d'exploitations, une infime minorité (un peu plus de 2 100), mais qui disposent chacune d'au moins 10 000 ha concentrent 15 % des terres, et les 20 plus grands propriétaires possèdent à eux seuls plus de 20 millions d'ha... »[5].

Ces déséquilibres ne sont pas propres à l'Amérique latine. En Ouganda, les trois quarts de l'espace approprié appartiennent à 20 % des propriétaires ; le Kenya, le Zaïre, la Zambie sont dans des situations voisines. Et si les très grandes exploitations sont plus rares en Asie, cette région du globe n'en connaît pas moins de très fortes inégalités dans la répartition des terres. Tel est le cas de la Jordanie, du Népal, et, à moindre titre, du Pakistan, du Bangladesh...

Corollaire du latifundisme et du surpeuplement rural, le minifundium est également un phénomène général. Dans la plupart des pays d'Amérique latine, 60 % des propriétaires regroupent moins de 10 % des terres disponibles ; le morcellement foncier atteint des taux-record dans les Caraïbes et les petits pays de l'isthme centre-américain : Antigua et Barbuda, Haïti, Guatemala, Panama... En Afrique, les exploitations de moins de 2 ha représentent plus des deux tiers du nombre des exploitations et en Asie, plus de 70 % (voir figure 17).

Ce morcellement tend à s'accentuer sous la pression démographique. Pour l'ensemble du Tiers monde, la superficie arable disponible par individu au sein des familles agricoles est passé de 0,40 ha en 1965 à 0,33 en 1988. Les chiffres tombent à 0,23 ha en Asie. R. DUMONT cite un cas extrême à Sri Lanka, où l'émiettement est tel qu'il ne devient matériellement plus possible de subdiviser les terres. « Au lieu de partager un héritage déjà trop petit, on décide que telle rizière sera cultivée successivement par chacun des cohéritiers. Après plusieurs générations, la congestion rurale ne cessant de croître, il existe des ayants-droit qui ont le droit de cultiver tel lopin... tous les six ans, parfois tous les vingt-quatre ans ; on cite près de Galle, dans le sud, une famille où le droit de culture revient à la même branche... tous les quatre-vingt-seize ans ! ».

Outre la croissance démographique, **de nombreux facteurs favorisent l'éviction des petits propriétaires** : modernisation, crises agricoles, usure, voire intimidation ou violence. Au Bangladesh, cas-limite peut-être, 15 % des paysans étaient sans terre en 1960. Ce taux était passé à 40 % en 1970 et serait de 60 % actuellement.

Sans terre ou disposant d'une propriété insuffisante pour faire vivre sa famille, le paysan est contraint de prendre des parcelles en location ou de se louer comme ouvrier agricole (permanent, temporaire, journalier...). Dans tous les cas, il a de fortes probabilités d'être réduit à une condition misérable.

5. A. GAUTHIER, J. DOMINGO, *op. cit.*

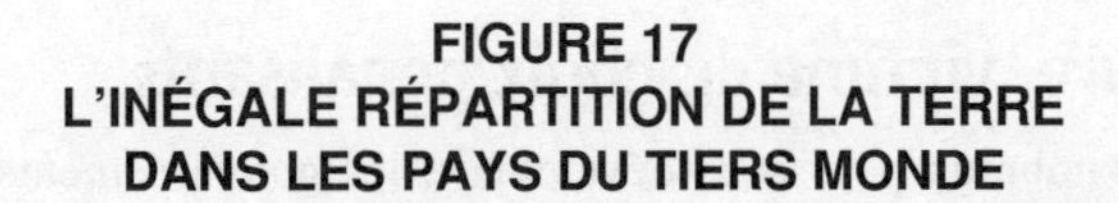

FIGURE 17
L'INÉGALE RÉPARTITION DE LA TERRE DANS LES PAYS DU TIERS MONDE

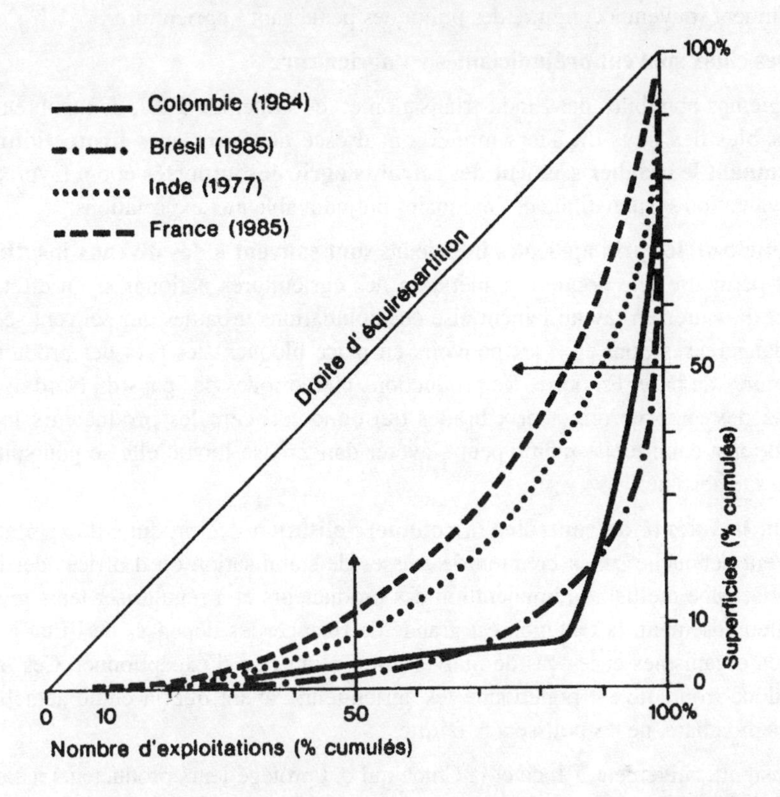

Quant aux exploitants non-propriétaires, l'insécurité de la tenure est très fréquente dans les régions où fermage et métayage prédominent (Asie), dans celles où le régime communautaire demeure significatif (Afrique) et là où l'occupation illégale ou semi-légale est courante (Amérique latine). Au Panama, 66 % des exploitations sont tenues par des occupants illégaux. Ceux-ci représentent 27 % et 17 % des chefs d'exploitation au Paraguay et au Brésil.

Les conséquences sont dramatiques sur le plan humain. Selon la Banque mondiale, **la pauvreté** absolue toucherait un milliard de personnes dans le monde ; 80 % de ces pauvres seraient des ruraux (voir partie 2, chapitre 2). Elle frappe 80 % des foyers ruraux au Bangladesh, plus de 60 % aux Philippines. Cette pauvreté, qu'il s'agisse de celle des agriculteurs eux-mêmes ou de celle des régions ou des pays auxquels ils appartiennent constitue une sérieuse entrave à l'accélération du progrès agricole. Elle ne permet pas le financement des structures d'encadrement, empêche l'approvisionnement de l'agriculture en moyens de production fournis à bon prix. Plus largement, le bas niveau de consommation des agriculteurs qui, rappelons-le, constituent encore la majorité de la population dans de nombreux pays sous-développés, est un frein majeur au développement des autres secteurs d'activité.

C L'agriculture, victime de choix pénalisants

Dans de très nombreux pays sous-développés, les gouvernements ont conduit et continuent souvent à conduire des politiques pénalisant l'agriculture.

◆ **Des choix souvent préjudiciables à l'agriculture**

Longtemps obnubilés par l'industrialisation et les stratégies d'ISI, de nombreux responsables des pays du Tiers monde ont dressé des **barrières protectionnistes entraînant le renchérissement des intrants agricoles importés** et ont favorisé une surévaluation systématique des monnaies préjudiciable aux exportations.

D'autre part, **les prix agricoles intérieurs sont souvent à des niveaux insuffisants** pour permettre une bonne rémunération des agricultures nationales. En effet, soucieux d'assurer un ravitaillement aisé des populations urbaines qui peuvent se révéler dangereuses pour eux, les pouvoirs en place bloquent les prix des produits alimentaires de base. En outre, les productions pléthoriques des pays du Nord donnent lieu à des exportations à prix bradés qui concurrencent les producteurs locaux. L'aide alimentaire elle-même peut s'avérer dangereuse lorsqu'elle se poursuit sans nécessité absolue.

Enfin, **la volonté de contrôler la commercialisation** des produits d'exportation a souvent débouché sur la création de caisses de stabilisation ou d'offices destinés à favoriser une meilleure rémunération des producteurs et à régulariser leurs revenus. Malheureusement, la tentation est grande de financer les dépenses de l'État à partir de ces organismes et les cas de malversation n'ont rien d'exceptionnel. Ces offices ont donc trop souvent ponctionné les agriculteurs, avant que la chute actuelle des cours mondiaux ne les pousse à la faillite.

Très significativement, l'Inde et la Chine qui ont protégé leurs producteurs nationaux ont accompli de nets progrès agricoles. La Corée du Sud et Taiwan, dont les réussites sont également reconnues, ont su conjuguer les intérêts contradictoires des villes et des campagnes. Le gouvernement coréen par exemple a su intervenir avec beaucoup d'habileté et de souplesse sur le marché des céréales (voir encadré ci-dessous).

Les interventions du gouvernement coréen sur le prix du riz

Le riz est encore la principale production de l'agriculture coréenne même si celle-ci se différencie de plus en plus. Le prix de vente doit assurer un revenu suffisant au paysan, permettre le maintien d'un pouvoir d'achat essentiel pour l'économie nationale et l'extension du marché intérieur des industries ; mais, principale consommation des citadins, surtout des ouvriers, le prix du riz ne doit pas grever leur budget pour ne pas entraîner des hausses de salaires. Aussi, le gouvernement coréen a-t-il été amené à pratiquer une politique de double prix : achat au paysan au-dessus du prix mondial (jusqu'à deux fois et demie), vente en ville à un prix très inférieur (parfois une fois et demie moins cher). Cette politique est de plus en plus critiquée, à l'intérieur comme à l'extérieur ; on estime que c'est une politique trop interventionniste et trop onéreuse pour être poursuivie indéfiniment. Paradoxalement, le développe-

ment de la consommation de blé, importé à moindre prix, est l'une des méthodes utilisées pour desserrer cette contrainte interne.

Peu de pays ont ainsi combiné une politique d'industrialisation et une politique agricole qui réussisse à développer les cultures vivrières et à assurer le ravitaillement des villes.

M. BLANC

« La République de Corée : un nouveau pays industrialisé », *in* J.-L. MAURER et P. RÉGNIER, *La Nouvelle Asie industrielle* , PUF, Paris, 1989.

◆ Un autre aspect négatif des politiques agricoles menées dans le Tiers monde est **l'importance excessive longtemps accordée aux cultures d'exportation.** Des spécialistes comme R. DUMONT ou S. GEORGE y voient l'une des causes principales de la crise vivrière traversée par les pays sous-développés. Il est vrai qu'on a observé de nombreux cas de dégradation des équilibres alimentaires provoquée par le développement excessif des cutures d'exportation. A. LERICOLLAIS, par exemple, a très précisément analysé les ravages provoqués sur le système agricole sérère au Sénégal par l'essor anarchique de la culture de l'arachide. Mais ces difficultés ne sont jamais imputables à un seul facteur. Les erreurs économiques évoquées précédemment ont leur part de responsabilité, de même que la pression démographique.

On analyse aujourd'hui avec plus de recul les relations entre cultures vivrières et cultures d'exportation. Nous avons déjà vu que, selon les chiffres de la FAO, les deux types de productions évoluent sensiblement au même rythme depuis les années 70. Une étude de la Banque mondiale portant sur 38 pays africains a montré en 1984 que, dans la plupart des cas, le déclin agricole a touché à la fois les cultures vivrières et les cultures de rente et que dans six pays, les deux types de cultures ont progressé, tandis que les cultures d'exportation ont obtenu de meilleurs résultats que les cultures alimentaires dans deux pays seulement[6]. Il faut souligner enfin que, dans l'optique libérale qui recueille actuellement les suffrages de nombre d'experts, si les cultures d'exportation fournissent des revenus suffisants (ce qui n'est pas toujours le cas en ce moment), ceux-ci permettent l'acquisition de biens de production qui peuvent servir aux cultures vivrières.

d Et les conditions naturelles ?

◆ **L'interprétation du sous-développement comme conséquence d'un milieu naturel ingrat doit être, on l'a vu, sérieusement nuancée.** C'est dans le domaine agricole qu'elle paraît évidemment la plus tentante. La « malédiction du climat et des sols » serait alors la grande responsable des difficultés agricoles. On évoque ces carapaces latéritiques qui possèdent « la couleur et la fertilité de la brique ». On souligne également à loisir l'importance du lessivage des sols en éléments fertiles solubles. On insiste tout autant sur la sécheresse désastreuse qui frappe cycliquement les pays du Sahel, sur la tyrannie exercée par la mousson indienne, sur les cyclones qui ravagent périodiquement les côtes des îles tropicales, sur les dégâts provoqués par les criquets pèlerins, sur les dangers de la mouche tsé-tsé…

6. S. BRUNEL, *Tiers Mondes, controverses et réalités*, Économica, Paris, 1987.

Tout cela correspond à de pénibles réalités. Mais la nature des régions tempérées serait-elle, par contraste, toute richesse et toute douceur ? Il faut reconnaître que les sols des pays sous-développés sont souvent plus pauvres et plus fragiles que ceux de la zone tempérée, que les climats y présentent des caractères excessifs plus marqués. Mais l'actualité la plus banale nous rappelle que « la nature sait se venger de l'homme » même dans les pays les plus riches. D'autre part, les sols des vieux pays industriels ne sont-ils pas en grande partie des créations humaines ? La plaine flamande en fournit un exemple parmi tant d'autres. C'est aussi la rareté des techniques susceptibles d'enrichir les sols, de corriger ou de limiter les excès de la nature, qui fait l'essentiel du contraste entre agriculture développée et agriculture sous-développée.

◆ **Cependant, il ne faut pas s'en tenir à cette vision classique des relations homme/milieu.** Comme dans les pays industriels, on assiste dans le Tiers monde à une inversion des rapports entre ces deux termes. D'une part, les agricultures traditionnelles, en dépit de leur faiblesse technique, peuvent s'avérer redoutables pour l'environnement. La dégradation du milieu liée à l'écobuage, à la réduction des jachères, au surpâturage, à la destruction des ligneux utilisés pour le chauffage ou la cuisson des aliments, les encroûtements salins provoqués par de mauvais systèmes d'irrigation sont suffisamment soulignés par la littérature sur le sous-développement et par les grands médias pour qu'il ne soit pas utile d'insister sur ces faits

Mais **la modernisation agricole présente elle aussi des dangers**, qui sont bien réels dans de nombreuses régions du Tiers monde. Les climats chauds et humides favorisent la prolifération des nuisibles et conduisent à une surconsommation de pesticides qui pèse déjà sur la santé de certaines populations de l'Inde. Des cas de pollution des eaux liée à l'utilisation d'engrais ont été décrits dans de nombreux pays sous-développés. La destruction massive des forêts équatoriales suscite l'inquiétude de nombreux défenseurs des grands équilibres de la planète… Tout ceci sera analysé plus précisément dans le chapitre 6 de la présente partie.

C La recherche de solutions

Face aux difficultés qui viennent d'être évoquées, deux types de réponses sont possibles : les réformes agraires tentent de promouvoir à la fois le progrès social et les progrès économiques, en mettant d'abord l'accent sur le premier terme. La recherche de solutions purement techniques passe par le lancement de vastes projets de modernisation et sur ce qu'il est convenu d'appeler la « révolution verte ».

1 Les réformes agraires seraient-elles dépassées ?

a Tenter de conjuguer justice sociale et progrès économique

Les objectifs d'une réforme sont doubles : il s'agit, d'une part, de supprimer les injustices sociales en transformant la répartition de la propriété et les modes de tenure, en somme, pour reprendre le cri mille fois répété de « rendre la terre à ceux qui la travaillent ». Il s'agit aussi de mettre en place l'outil capable de favoriser la modernisation agricole, tant pour élever le niveau de vie du paysan que pour favoriser le développement agricole du pays. La mise en œuvre de ces principes passe par plusieurs étapes.

◆ La récupération de terres

Le démantèlement de la grande propriété sous-exploitée est l'un des objectifs les plus indiscutables d'une réforme agraire. En revanche, dans le cas de grandes exploitations techniquement avancées, morceler, n'est-ce pas remplacer une unité à forte production par de plus petites ayant toutes chances de régresser faute de moyens techniques et financiers ? En l'absence de remise en cause complète de la propriété privée deux questions doivent être réglées :

• ***Limitation de la propriété privée***. La fixation du plafond dépend de la nature de la culture et des méthodes de production (la céréaliculture mécanisée implique à l'évidence des superficies infiniment supérieures à celles de la riziculture asiatique traditionnelle), mais également des rapports de force entre les aristocraties terriennes, le pouvoir politique et les masses paysannes.

On trouve donc de très grandes différences d'un pays à l'autre et, assez fréquemment, une évolution dans les plafonds autorisés. En Égypte, on passa de 84 hectares admis par individu en 1952 à 42 hectares en 1961, puis, en 1962, à 42 hectares par famille. À Cuba le plafond fut abaissé d'un peu plus de 400 hectares en 1959 à 67 en 1963… D'autre part, des dérogations sont assez généralement admises pour les propriétés les mieux gérées ou socialement progressives.

Malheureusement, ces limitations sont souvent difficiles à imposer : fractionnement fictif entre les membres d'une même famille, vente à des « hommes de paille », utilisation des imprécisions de la loi sont quelques-unes des pratiques qui permettent d'échapper au morcellement.

• ***Expropriation avec indemnité ou confiscation***. Dans certains cas, on a procédé à des confiscations de terres pures et simples ; cette mesure est plus facile à prendre si elle vise la propriété coloniale ou étrangère ou détenue par des personnes morales. Ainsi en a-t-il été en Tunisie des exploitations des colons, des terres collectives des tribus ou des biens habous (terres léguées à des mosquées ou à des communautés religieuses). Lorsqu'on opte pour l'expropriation avec indemnité, un premier problème réside dans la fixation du montant de cette indemnité. Une solution astucieuse consiste à le calculer à partir des déclarations fiscales antérieures du propriétaire (Pérou, par exemple).

◆ La mise en place de nouvelles structures

La redistribution des terres pose des problèmes plus ardus que leur récupération. Elle constitue la pierre d'achoppement de toutes les lois agraires.

L'émiettement individualiste prévaut dans les législations agraires réformistes. Le choix de la taille du lot accordé au nouvel exploitant est délicat : trop petit, il ne suffira qu'à l'autoconsommation, ne permettra ni surplus commercialisables ni investissement ; trop grand, il sera sous-exploité. Ici encore, les conditions techniques et démographiques jouent un rôle prépondérant. En Syrie, on a attribué 8 hectares par allocataire en culture irriguée, 30 en culture sèche. En Égypte où la pression démographique est particulièrement forte, on n'accorde que 1 à 2 hectares.

Dans les réformes à caractère social affirmé, les lots sont distribués gratuitement (Cuba). Ailleurs, un remboursement sur 20, 30 ou même 40 annuités est réclamé (Égypte, Syrie...), ce qui allège pour l'État le poids de l'indemnisation versée aux anciens propriétaires mais hypothèque évidemment la nouvelle exploitation.

Les attributions sont en général assorties de mesures visant à éviter un morcellement ultérieur. La reconcentration des terres est aussi un risque contre lequel on tente de se prémunir en bloquant les transactions foncières. Malgré ces mesures, l'impuissance économique est le point faible de toute attribution individuelle : très fréquemment, l'augmentation de l'auto-consommation, la baisse des rendements sont la rançon du progrès social recherché par cette voie. Deux types de solutions peuvent tenter de pallier cette difficulté.

Coopératives ou grands domaines d'État. Les formules de coopération sont nombreuses ; leur contenu et leurs résultats sont fort divers. Dans un cadre réformiste, l'obstacle essentiel réside dans le maintien ou la reconstitution d'inégalités sociales. En Inde, par exemple, coopératives de production comme coopératives de crédit ont été largement un échec.

Très différent est évidemment le contexte dans lequel sont mises en place les coopératives dans les États socialistes, mais l'application trop rapide ou mal comprise de mesures radicales conduit à de graves déboires. Dans le nord du Viêt-nam, par exemple, en 1956, trois ans après le début de la réforme, la plupart des paysans disposaient d'une propriété individuelle. Après un échec de la coopération organisée sous forme d'équipes d'entraide, la collectivisation reprit à partir de 1957 par passage aux coopératives semi-socialistes (le propriétaire adhère à la coopérative à laquelle il fournit sa terre et ses moyens de production sous forme de parts ; sa rétribution est proportionnelle à cet apport d'une part, à son travail, d'autre part). On aborda ensuite l'étape de la coopérative socialiste où tous les moyens de production deviennent propriété de la collectivité.

L'autre solution en régime socialiste consiste à créer de grandes exploitations sous forme de fermes d'État : cas de la « *granja del pueblo* » cubaine (cf. plus loin). Les difficultés proviennent alors de la lourdeur de la planification centralisée, du choix et de l'efficacité des stimulants (matériels ou idéologiques) appliqués à la main-d'œuvre, du manque de personnel d'encadrement technique et de gestion.

◆ D'indispensables mesures d'encadrement

En ce qui concerne les progrès de la production qu'on attend de toute réforme agraire, l'intervention de l'État doit se faire dans de nombreux domaines : alphabétisation et formation professionnelle des agriculteurs ; fourniture à conditions avantageuses de semences, d'engrais, de matériel ; mise en place d'un système de crédit véritablement accessible et éliminant l'usure ; mise à la disposition des paysans ou des exploitations collectives de techniciens (agronomes et gestionnaires) ou de vulgarisateurs. Plus largement, la réalisation d'infrastructures (irrigation, transport, commerce), voire l'obtention de débouchés extérieurs, complètent l'éventail des domaines dans lesquels l'État doit intervenir. En son absence, une simple redistribution de terres risque de résoudre bien peu de problèmes.

De très nombreuses réformes agraires (ou législations qualifiées ainsi !) ont été engagées dans le Tiers monde depuis cinq ou six décennies. Ainsi, tous les pays d'Amérique latine sauf deux (Argentine, Haïti) ont mené ou entamé de telles opérations, surtout depuis le début des années 60, afin de tenter de désamorcer le danger du « modèle cubain ». Cependant, même si l'on exclut les cas (nombreux) où les réformes ont eu lieu surtout sur le papier, ou sont, en réalité, des opérations de colonisation de terres neuves, le vocable « réforme agraire » recouvre des réalités fort diverses. On donnera ci-dessous quelques exemples particulièrement illustratifs des difficultés rencontrées par l'application de réformes agraires plus ou moins radicales.

b L'exemple indien : des réformes étouffées

En 1947, l'année même de son accession à l'indépendance, l'Inde créa une commission de la réforme agraire. Près de cinquante ans ont passé, et la situation dans les campagnes est toujours délicate, bien que de nombreuses mesures aient été édictées par les États chargés par le gouvernement central de promulguer la réforme agraire. Elles concernent trois points principaux :

◆ **L'élimination des tenures intermédiaires** est aujourd'hui considérée officiellement comme à peu près achevée. Ces tenures intermédiaires sont nées au XVIIIe siècle, au cours duquel l'administration britannique transforma les collecteurs d'impôts en propriétaires fonciers au sens romain du terme (*zamindari* au Bengale, dans le Bihar, les régions de Bénarès et de Madras) ; les possesseurs véritables se trouvèrent réduits en tenanciers expulsables à volonté, soumis à des fermages exorbitants et à des corvées incontrôlées. Le système évolua avec le temps : d'un côté, les *zamindari* se déchargèrent de la collecte de l'impôt sur de nouveaux intermédiaires ; de l'autre côté, certains tenanciers se mirent à sous-louer leurs terres. Ainsi finirent par se constituer des chaînes de 10, 20 ou même 40 intermédiaires vivant en parasites sur les récoltes de l'exploitant réel.

Dans le cadre des dispositions visant à éliminer les intermédiaires parasitaires, environ 20 millions de fermiers auraient été mis en rapport direct avec l'État, moyennant compensation versée par celui-ci aux intermédiaires. Mais on a autorisé les *zamindari* à conserver la terre qui leur appartenait réellement, à condition de la cultiver personnellement ; on a certes limité ce droit de reprise à une certaine surface. Cependant, ces dispositions ont été largement détournées car les zamindari ont fait inscrire de vastes superficies à leur nom sur les registres communaux dans la plupart des États, et parce qu'est considéré comme cultivateur celui qui se borne à financer une production agricole.

◆ **Consolidation et redéfinition des droits des tenanciers.** Les terres reprises aux *zamindari* ont été attribuées par l'État aux tenanciers, avec contrats à long terme et moyennant un loyer raisonnable. Mais pour devenir propriétaires, ceux-ci doivent verser des sommes relativement élevées, avec lesquelles le gouvernement indemnise les intermédiaires. En fait, un très petit nombre de paysans a pu bénéficier de cette clause. Pour les tenures sur lesquelles le métayer dépendait du propriétaire réel et non d'un intermédiaire, la loi donne aux tenanciers des droits à long terme et limite leur redevance à 20 à 50 % des récoltes. Malheureusement, ce taux est souvent dépassé. En outre, les propriétaires ont pu reprendre en faire-valoir direct une partie de leurs terres jusqu'à une certaine limite, et, comme précédemment, des subterfuges ont permis d'aller bien au-delà. De plus, la loi ne protège que les tenanciers en place au moment de la réforme ; comme sa préparation et son application ont été très lentes, beaucoup de propriétaires n'ont eu qu'à transformer leurs métayers en ouvriers agricoles pour y échapper. « Le gouvernement communiste du Kerala réussit une réforme beaucoup plus complète simplement en annulant les évictions antérieures au vote de la loi » (F. DURAND-DASTES).

◆ **La fixation des limites de la propriété** est très variable selon les États. Si au Jammu et au Cachemire le maximum autorisé est de 11 hectares, en Andhra Pradesh, celui-ci varie entre 13,5 et 162 hectares. Mais les plafonds peuvent être repoussés dans de nombreuses circonstances : taille de la famille, droit de transférer les terres en excédent aux héritiers, exclusion de la réforme des plantations de thé, café, canne à sucre, caoutchouc et sisal...

Les résultats de ces mesures sont très insuffisants. Un rapport émanant de la Commission du plan indien soulignait voici quelques années qu'« il existe un écart considérable entre les diverses lois de réforme agraire et leur application ». Les élites locales qui cumulent pouvoir économique et pouvoir politique, les administrations apathiques qui leur sont souvent liées, l'absence de volonté politique ferme au sommet ont été les principaux obstacles à la prise de décisions nettes et à leur application rigoureuse. On peut conclure, avec J. LE COZ que : « La réforme agraire a fortement écrêté la pyramide sociale. À sa place, se développe une petite et moyenne bourgeoisie rurale à base de paysans ayant atteint quelque aisance... Mais la masse de la population n'a guère profité de ces transformations. » La révolution verte sur laquelle on fait porter l'effort de développement agricole depuis 1965-1966 ne fait que favoriser la poursuite de ce mouvement.

C Au Mexique, les distributions massives de terres n'ont pas résolu les problèmes sociaux et économiques

Commencée en 1910 avec le soutien de l'immense masse des paysans sans terre et des Indiens dépossédés de leurs territoires collectifs, la révolution mexicaine aboutit en 1917 à la promulgation d'une constitution encore en vigueur dont l'article 27 posait les bases de toute la politique agraire ultérieure, et en contenait déjà l'ambiguïté. Le principe fondamental énonçant que « la propriété des terres... appartient à la nation » est corrigé immédiatement par l'affirmation selon laquelle la nation a « le droit de transmettre à des particuliers le dominium sur les terres... constituant de la sorte la propriété privée ». Cette ambiguïté caractérise tant le démantèlement jamais achevé des *latifundia* que la mise en place des structures pseudo-collectives.

◆ **Une importante redistribution laisse subsister de fortes inégalités.** Plus de 100 millions d'hectares auraient été redistribués depuis 1915. Après de puissantes réticences initiales, une première impulsion est donnée en 1934-1940 par le président Cardenas. Le mouvement régresse ensuite fortement, jusqu'à l'élection de Lopez-Mateos et se poursuit sous les sexennats de Diaz Ordaz, d'Echeverria, de Lopez-Portillo. Mais la présidence de ce dernier marque un nouveau tournant, les priorités passant en 1980 à l'augmentation de la production, de la productivité et des revenus des agriculteurs et à l'amélioration de la consommation alimentaire nationale.

Malgré le véritable bouleversement de la propriété rurale enregitré depuis 1915, 3 à 4 millions de paysans adultes sont encore privés de terre aujourd'hui. La paix sociale dans les campagnes n'est que relative et fréquemment déchirée, surtout dans les États du Sud, par des occupations illégales de terres et des troubles parfois sanglants, comme l'a montré la révolte des Indiens du Chiapas en janvier 1994.

◆ **Le démantèlement des *latifundia* n'a pas fait disparaître totalement la grande propriété.** La loi reconnaît l'existence et garantit le maintien de « l'authentique petite propriété » qui peut atteindre, de nos jours, 100 hectares de terres irriguées, 200 hectares de terres cultivables, 300 hectares de terres plantées en bananiers, canne à sucre, caféiers, cocotiers, vignes, oliviers, arbres fruitiers, etc. Pour l'élevage, on admet la possession de la superficie nécessaire à 500 têtes de gros bétail, imprécision qui a permis de nombreux abus. On estime qu'une dizaine de milliers d'exploitations atteignent ces maxima et fournissent à elles seules les deux tiers des aliments commercialisés, et il existe encore des propriétés comptant des dizaines de milliers d'hectares situées dans les régions semi-désertiques du nord du pays.

◆ **Le processus de redistribution conduit à un morcellement excessif et inégalitaire, dans le cadre de pseudo-collectivités.** Les terres attribuées à une communauté villageoise constituent un *ejido* ; celui-ci est une propriété collective et ne peut être ni vendu ni saisi. Mais les terres de labour de *l'ejido* sont le plus souvent divisées en parcelles individuelles dont la jouissance est héréditaire. Les *ejidatarios* ne peuvent légalement ni louer, ni vendre, ni partager en héritage, ni faire travailler en métayage la parcelle qu'ils reçoivent et cultivent individuellement. En fait, ces interdictions sont souvent contournées et on a vu apparaître au fil des années un clivage net entre les petits ejidatarios, vivant péniblement de leur terre, et de gros attributaires prenant en location des terres *ejidales,* utilisant une main-d'œuvre salariée et disposant au total d'exploitations moyennes et modernisées : 44 % des *ejidatarios* n'exploiteraient que 20 % des surfaces distribuées.

La taille moyenne des parcelles individuelles est, d'autre part, trop faible. Certes, elle progresse au fil des années. Mais la qualité des terres distribuées ne cesse de baisser.

◆ ***Des résultats économiques insuffisants.*** L'une des causes d'insuccès de la réforme agraire mexicaine réside dans l'impuissance de *l'ejidatario* à entrer dans le monde agricole moderne, faute d'instruction, d'encadrement technque et de moyens matériels et financiers. Si un système bancaire très développé a été mis en place pour financer l'investissement agricole, il a dévié de son but primitif : prévues pour favoriser le développement de l'esprit communautaire, ces banques ne devaient accorder de crédit qu'à des groupements de paysans. En réservant leurs prêts aux clients offrant de bonnes garanties ou disposant d'appuis politiques, elles ont accentué le clivage au sein des *ejidos.* Dans d'autres cas, leur intervention dans la production, qui peut aller jusqu'à une mise en tutelle complète de l'agriculteur, a fait perdre toute initiative au paysan. La faiblesse de l'équipement, en matière d'irrigation particulièrement, consacre enfin le décalage entre *l'ejidatario* et le propriétaire privé ; le plus souvent, les rendements sont inférieurs de moitié à ceux des minifundia du secteur privé.

Une solution a été expérimentée avec la mise sur pied *d'ejidos* collectifs. Lancé par le président Cardenas durant les années 30, ce mode de production a été encouragé à nouveau par le président Echeverria à partir de 1972. Mais rares sont les *ejidos* véritablement collectifs qui obtiennent des résultats économiques satisfaisants.

◆ **La fin de la réforme agraire.** Depuis le début des années 80, les préoccupations économiques l'emportent de plus en plus. En 1980, le SAM (Système alimentaire mexicain) mis en place par le président Lopez-Portillo et destiné à restaurer l'indépendance alimentaire nationale devait apporter une aide prioritaire aux vrais petits paysans privés et aux *ejidatarios*. Mais, inefficace, ce programme a été abandonné dès 1982 et remplacé en 1985 par un Programme national de développement intégré (Pronadir) qui mettait l'accent sur l'amélioration des conditions de vie dans les campagnes, sur l'organisation de coopératives et la modernisation technique. Ce programme fut aussi inefficace que le précédent. En 1989, le pays dépendait des importations pour 20 % de son alimentation ; la pauvreté et les problèmes nutritionnels des campagnes s'étaient encore aggravés.

Le souci principal devient dès lors l'amélioration de la rentabilité du secteur agricole. La crise d'endettement a d'ailleurs conduit le gouvernement à restreindre sérieusement les sommes accordées aux programmes d'encadrement du monde paysan. En 1989, le président Salinas « approfondit le retrait étatique au titre des nouveaux principes de gestion économique qu'il entend instaurer : il faut moderniser l'agriculture dans ses structures foncières et productives, relancer l'investissement, stimuler le capitalisme privé et l'encourager à assumer beaucoup des fonctions dont l'Etat se déprend, laisser jouer la concurrence nationale et étrangère, orienter prioritairement la production vers quelques créneaux avantageux sur le marché international (en particulier américain) et s'en remettre à l'importation pour assurer une partie du ravitaillement national »[7].

En 1991, la modification de l'article 27 de la Constitution décrète que la réforme agraire est révolue et permet l'appropriation privée des parcelles *ejidales* et la constitution de sociétés agricoles pouvant atteindre vingt-cinq fois les surfaces maximales autorisées pour les propriétaires individuels ainsi que la participation de capitaux étrangers. On devrait donc voir se multiplier les accords jusque-là expérimentaux entre des firmes agro-alimentaires et des coopératives paysannes. L'exemple-phare de ces accords est l'association entre la société Gamesa (rachetée par Pepsi-Cola en 1991) et 12 coopératives du Nuevo Léon pour la production de blé dans 329 fermes couvrant 4 200 hectares.

Ainsi se met en place une agriculture mexicaine « à trois vitesses » : les propriétés privées ou sociétés, les *ejidatarios* et les vrais petits propriétaires ayant des potentialités de développement réelles, et qui seront soutenus par les banques publiques, les paysans pauvres que l'on aidera à survivre grâce au Programme national de sécurité (Pronasul) lancé en 1998.

Alors que la page de la réforme agraire semble définitivement tournée, la grande ambiguïté de cette dernière aura été qu'elle a permis la promotion sociale réelle de nombreux paysans, sans donner à la plupart de ceux-ci les moyens d'une véritable promotion économique. On estimait au milieu des années 80 que, sur 2,7 millions

7. M. PÉPIN-LEHALLEUR, « L'émergence d'un Mexique rural post-agrariste» *in* M.F. PRÉVOT-SHAPIRA, J. REVEL-MOUROZ (coord.), *Le Mexique à l'aube du troisième millénaire*, IHEAL, Paris, 1993.

d'attributaires, des centaines de milliers connaissaient un sort misérable, de même que 700 000 vrais petits propriétaires privés. Seuls 350 000 agriculteurs (dont 23 000 ejidatarios) atteignaient un revenu comparable à celui des habitants des villes.

d Cuba : l'un des derniers bastions du socialisme

L'agriculture cubaine s'est développée, avant 1959, en appendice de l'économie des États-Unis : plus de 75 % des exportations (dont 700 000 t de sucre) et plus de 60 % des importations étaient réalisées avec le voisin du Nord. 70 % de la terre appartenaient à moins de 8 % des propriétaires ; 22 sociétés sucrières (dont 13 américaines) contrôlaient plus de 70 % de la superficie en canne du pays. Étant donné cette subordination, les réformes sociales ne pouvaient éviter de prendre une tournure nationale que l'hostilité des États-Unis poussa vers un socialisme de plus en plus radical.

◆ *La loi de 1959*

La loi promulguée en 1959, l'année même de l'arrivée au pouvoir de Fidel Castro, est nettement réformiste : la grande propriété est limitée à 403 hectares ; le surplus est confisqué moyennant indemnisation étalée sur vingt ans.

Au total, 10 % de la surface agricole sont concernés. Mais de 1959 à 1962, on assiste à l'escalade des mesures de rétorsion américaines (suppression du contingent de sucre admis aux États-Unis en novembre 1959, tentative de débarquement dans la baie des Cochons en 1961) auxquelles répond une socialisation croissante du régime cubain : expropriation et nationalisation des raffineries de sucre en 1960, transformation des coopératives en « fermes du peuple » (*granjas del pueblo*) gérées par l'État en 1961.

◆ *La loi de 1963 et les fermes d'État*

En 1963, la nouvelle loi de réforme agraire vise à éliminer l'opposition des moyens propriétaires en ramenant le plafond autorisé à 67 ha. L'accord sucrier avec l'URSS pousse Cuba vers le bloc socialiste. Des fermes d'État se substituent aux fermes du peuple et aux sucreries d'État, sans aucune autonomie de gestion : plans de production, approvisionnement en engrais et machines, commercialisation relevaient du ministère de l'Agriculture, de même que les salaires, dont le montant était indépendant des résultats. Enfin ces fermes ne tenaient aucune compatibilité. Les inconvénients ne tardèrent guère à apparaître : inefficacité, gaspillages, manque de motivations des travailleurs.

◆ *Le tournant de 1975 : vers la semi-autonomie des entreprises agricoles d'État*

Face aux insuffisances évoquées ci-dessus, on décida en 1975 de donner une semi-autonomie aux fermes d'État, désormais désignées sous le nom d'entreprises agricoles. Celles-ci devaient devenir des entités économiques viables, pouvaient passer des contrats d'approvisionnement et de fourniture, rémunéraient leurs travailleurs en fonction des résultats, etc. Elles continuaient à se plier à la planification centralisée, mais une fois leurs objectifs atteints, étaient libres de développer d'autres productions.

◆ *La socialisation progressive du secteur privé*

La réforme de 1963 laissait subsister un secteur privé comptant environ 200 000 exploitations, 350 000 travailleurs et 3,5 millions d'hectares. Ces propriétés ne pouvaient être exploitées que par leurs propriétaires et leur famille. Leur transmission ne pouvait s'effectuer que par héritage en ligne directe ; elles pouvaient être vendues à l'État et à lui seul.

La doctrine officielle a toujours prôné la persuasion pour obtenir leur intégration au secteur socialiste. En 1975, une politique plus énergique visa à favoriser la multiplication des coopératives agricoles exploitant communautairement les terres de leurs membres, sur le modèle du kolkhoze soviétique, mais avec une taille beaucoup plus réduite, et sans lopin individuel. Les premières avaient vu le jour dès 1959, mais on n'en comptait que 43 en 1975. Leur nombre était passé à 1 400 en 1985 et elles englobaient plus de 60 % des terres du secteur privé, ce qui permit de supprimer les marchés libres paysans. Finalement, un texte de 1987 mit fin à la propriété privée, et l'agriculture cubaine était donc totalement socialisée au début des années 90.

◆ ***Crise du communisme et crise de l'agriculture cubaine***

La situation du monde rural cubain s'est incontestablement améliorée après 1959 en raison surtout du gros effort effectué par le gouvernement dans les domaines de la santé, de l'éducation, etc. Mais la mise en place d'un système socialiste à deux secteurs (d'État et coopératif) a souffert de graves insuffisances : gestion trop centralisée, manque de cadres techniques, erreurs de planification, manque de motivation des agriculteurs. L'évolution de la production a été loin de répondre aux espoirs placés en elle : à la fin des années 80, la campagne sucrière fournissait entre 6 et 8 millions de tonnes au lieu des 10 escomptés. Les efforts de diversification n'avaient pas permis de desserrer totalement le carcan de la monoproduction exportatrice, le sucre procurant encore plus de 70 % des recettes d'exportations. Des importations de riz, de haricots et de viande restaient indispensables et certains produits alimentaires étaient rationnés.

La chute du bloc communiste a plongé le pays dans une situation catastrophique. Toujours soumis à l'embargo américain, le commerce extérieur s'est effondré. Faute de combustible, les tracteurs soviétiques sont arrêtés et l'agriculture manque cruellement d'engrais. La récolte sucrière de 1993 était en recul de 4 millions de tonnes sur celle de l'année précédente. Le programme lancé en 1990 pour favoriser l'augmentation de la production alimentaire n'a pas porté les fruits escomptés. Le rationnement a dû être terriblement durci et les maladies de carence se sont multipliées. Alors que le régime a dû céder du terrain en autorisant la création de sociétés conjointes avec des capitaux étrangers, en légalisant la circulation du dollar, en fondant l'avenir économique du pays sur le pétrole et le tourisme, on s'orientait vers une timide privatisation dans le secteur agricole : la location de parcelles de terre dont le produit pourrait être vendu librement était à l'étude à la fin de 1993. L'agriculture socialiste cubaine survivait au début de 1994, mais pour combien de temps ?

Pour conclure, quelles qu'aient été leurs options, rares sont, au total, les réformes agraires dont la réussite soit incontestable à la fois sur le plan social et sur le plan économique. Taiwan ou la Corée du Sud fournissent cependant des exemples de redistributions importantes de terres accompagnées d'une rapide croissance de la production... et ceci n'est certainement pas sans lien avec leur rapide accession au rang de NPI Face aux difficultés que les exemples que nous avons retenus mettent en évidence, certains observateurs avancent l'hypothèse de la fin des réformes agraires. Quoi qu'il en soit, il est incontestable que, depuis les années 70-80, c'est vers l'amélioration des méthodes de production et donc vers le progrès technique qu'est revenu le balancier des priorités agricoles.

2 Les voies difficiles de la modernisation technique

a La remise en cause des grandes opérations et des grands projets

◆ **À l'époque coloniale,** les administrations européennes ont cru trouver dans la mise en œuvre de grands projets de développement agricoles le moyen de moderniser rapidement des régions entières. Mais leur vision trop techniciste les conduisit souvent à de lourds déboires. Ainsi, par exemple, au lendemain de la Seconde Guerre mondiale, un ambitieux plan arachidier (le *groundnut scheme*) proposé par les autorités britanniques envisageait le défrichement de 1,3 million d'hectares au Tanganyika, en Rhodésie et au Kenya...L'expérience ayant totalement échoué dut être abandonnée au bout de trois ans.

◆ **De tels mécomptes n'ont pas fait disparaître la foi dans la toute-puissance des techniques modernes** et on a assisté dans les pays nouvellement indépendants à la multiplication de projets plus ou moins grandioses bénéficiant de la bénédiction et du financement d'organisations internationales, et parfois de la participation directe de firmes étrangères. Les déboires ont continué et l'on n'aurait aucun mal à citer des dizaines d'exemples d'échecs complets ou de projets qui, lancés à grands frais et à grand renfort de publicité, ont dû être considérablement réduits et survivent quelquefois uniquement parce que l'on n'ose pas les arrêter. Contentons-nous d'évoquer l'Office du Niger, créé par la France en 1919 en vue de la production massive de coton et de riz, repris par le gouvernement malien après l'indépendance de ce pays, et jamais achevé après plusieurs réorientations ; le plan sucrier (objectif : 550 000 tonnes de sucre) et le plan palmier (70 000 ha, 12 huileries) lancés par la Côte-d'Ivoire au début des années 60 ; le projet des hauts-plateaux de l'Ouest du Cameroun, réalisé sous l'égide de la Banque mondiale, qui devait permettre d'augmenter de 40 % l'ensemble de la production agricole de cette région ; le projet Sodeblé, qui, avec l'aide technique des Grands Moulins de Paris envisageait en 1975 la mise en culture de 10 000 hectares de blé sur le plateau de l'Adamaoua, encore au Cameroun, avec semis par avion, tracteurs lourds, chaînes de marine pour abattre les arbres… Le projet de la Kerrana Sugar Company, au Soudan, consistait pour sa part à mettre 32 000 ha en monoculture sucrière en vue de produire 330 000 tonnes de sucre, grâce à l'association de la firme multinationale Lonrho et du gouvernement soudanais… Tous ces exemples sont africains ; il n'y aurait aucune difficulté à leur trouver des équivalents en Amérique latine comme en Asie, et sous tous les types de régimes politiques.

Dans un très grand nombre de cas, ces opérations sont liées à la création de périmètres hydro-agricoles, associés à des barrages. On évoque parfois le « mythe du développement par le grand barrage », que l'exemple d'Assouan illustrerait parfaitement. Sans parler des cas, moins rares qu'on pourrait le supposer, de barrages construits dans des sites ou des situations tels qu'ils n'ont jamais pu être remplis (cf. les célèbres « éléphants blancs » mexicains), ces réalisations se heurtent toujours aux mêmes difficultés. Celles-ci sont d'ordre écologique (atteintes à l'environnement, destruction de sols), technique (incapacité à mener dans les conditions prévues les opérations de défrichage, mauvaise estimation des qualités des sols, inadaptation du matériel agricole, difficultés à maîtriser les systèmes d'irrigation et de drainage, insuffisance des rendements par rapport aux prévisions), économique (mauvaise estimation des coûts, problèmes de gestion dus au gigantisme des entreprises, à la fonctionnarisation du personnel d'encadrement), humain (problèmes d'insertion du projet dans les systèmes agraires préexistants, difficultés à recruter des agriculteurs volontaires, incompatibilité des logiques de comportement des « encadreurs » et des « encadrés »).

Grands barrages, grands désastres : le barrage de Sardar Sarovar (Inde)

Une fois encore, les pauvres et la nature vont faire les frais de cette politique. Car, au-delà des bénéfices apparents, un désastre se prépare. Ce barrage gigantesque, déjà réalisé à 15 % créera un réservoir long de 215 kilomètres et d'une capacité de 9 500 millions de mètres cubes. Sa capacité de production électrique devrait être de 300 mégawatts, il permettra d'irriguer 1,8 million d'hectares et de fournir de l'eau à plusieurs régions victimes de la sécheresse. Mais le projet va provoquer l'expulsion de plusieurs centaines de milliers de personnes et la destruction d'irremplaçables surfaces agricoles et forestières ainsi que d'un nombre incalculable d'espèces végétales et animales. Les études font défaut, par exemple sur les effets cumulatifs de l'implantation d'un autre grand barrage en amont, sur l'entassement des sédiments dans le réservoir qui provoquerait l'inondation supplémentaire de terres agricoles densément peuplées ou encore sur la diminution de l'apport d'eau douce dans l'estuaire qui réduira, voire détruira, les bancs de poissons.

Les programmes de réinsertion ne concernent qu'un quart des populations affectées et de surcroît ils sont irréalisables faute de terres disponibles. Ils sont aussi en contradiction avec la convention de l'Organisation internationale du travail sur le droit des populations aborigènes, notamment le droit au maintien du niveau de vie ; aucune solution n'est prévue qui permette de pallier la perte par les aborigènes de leur milieu culturel, la forêt, dont ils tirent la plus grande part de leurs revenus. La sous-estimation des coûts sociaux (les trois quarts des gens concernés sont « oubliés ») et environnementaux et la surestimations des bénéfices, en raison du défaut d'étude d'impact, masquent l'absence de viabilité économique du projet ; il ne profitera en fait qu'à une minorité d'industriels et de riches agriculteurs du Gujarat.

La Banque mondiale n'est pourtant pas novice de la matière. D'autres grands barrages : Kedung Ombo (en Indonésie), Pak Mun (en Thaïlande), Icha (en Inde), Balbina, Tucurui, Itaparica (au Brésil), Yaceryta (Argentine), Ruzizi (Rwanda et Zaïre) entre autres, attestent des conséquences désastreuses de ses choix...

Christian FERRIÉ, *Le Monde diplomatique*, février 1993.

Tout ceci souligne que le développement rural ne s'improvise ni ne se décrète. **Il ne peut réussir que s'il s'appuie sur une connaissance profonde du milieu physique et humain** auquel il s'applique. En particulier, il est indispensable d'**obtenir l'adhésion en profondeur des agriculteurs** qui sont en principe les principaux bénéficiaires de la plupart de ces opérations. « La stratégie des partenaires ruraux, à la fois défensive (refus de ce qui menace l'identité sociale et la liberté de décision) et offensive (détournement des moyens modernes par rapport aux objectifs affichés) » est trop souvent en parfait décalage avec celle des aménageurs dont « l'entêtement révèle une bonne dose d'irréalisme »[8].

◆ Il ne faudrait cependant pas que ces nombreuses critiques conduisent à un rejet systématique des grandes opérations de développement agricole. En particulier, **le procès fait aux grands barrages doit être nuancé.** D'une part, ils ont souvent des objectifs multiples : production d'électricité, régularisation des cours d'eau, irrigation. L'hydroélectricité est l'une des sources d'énergie les moins polluantes, et de plus, elle est renouvelable. La lutte contre les crues a un intérêt évident. L'irrigation à partir des grands barrages est la seule capable de corriger efficacement la répartition saisonnière et l'irrégularité interannuelle des pluies. La petite irrigation ne permet qu'une correction locale, partielle et souvent brève de ces irrégularités. Dans les régions densément peuplées où les terres disponibles pour l'extension des cultures font défaut, seule l'intensification permet de répondre à la croissance des besoins, et l'irrigation en est le meilleur support.

b La révolution verte : succès économique, source d'inégalités ?

◆ Des résultats impressionnants

La « révolution verte » consiste en l'adoption à vaste échelle par les pays sous-développés de nouvelles variétés de céréales (blé, riz, maïs, et secondairement millet et sorgho) offrant des rendements triples ou quadruples de ceux des variétés traditionnelles, sans risque de « verse » (espèces naines) et résistant à certaines maladies très répandues. Il s'agit d'un transfert de technologie des pays développés vers les pays pauvres : les variétés nouvelles de blé ont été mises au point au Centre international pour l'amélioration du maïs et du blé (CIMMYT) installé dans la banlieue de Mexico grâce à une subvention de la Fondation Rockefeller, par l'équipe du savant N. BORLAUG, prix Nobel de la Paix en 1970. Les blés nains améliorés introduits dans l'agriculture mexicaine dès 1951 ont fait leur apparition en Asie du Sud-Est (Inde et Pakistan) à partir de 1963. Les variétés améliorées de maïs ont été mises au point par une autre équipe de chercheurs du même institut à partir de 1964 et les riz nouveaux, nains, très productifs, « dormants » (leurs grains ne germent pas sur les épis mouillés) ont été sélectionnés dans le courant des années 60 à l'Institut international de recherches sur le riz (IRRI) des Philippines, financé initialement par les fondations Ford et Rockefeller. Ces deux organismes ont été intégrés ultérieurement au GCIAR (Groupe consultatif pour la recherche agricole internationale), placé

8. G. SAUTTER, *Dirigisme opérationnel et stratégie paysanne, ou l'aménageur aménagé*, « L'Espace géographique », 1978 (4).

sous le parrainage de la Banque mondiale, de l'ONU et du PNUD qui réunit aujourd'hui dix-sept centres internationaux de recherche répartis sur tous les continents.

Le blé a été le premier et le principal vecteur de la Révolution verte : très ubiquiste, il n'a pas nécessité la mise au point de variétés aussi nombreuses que les autres grandes céréales. D'abord circonscrite à l'Inde et au Pakistan, sa culture concernerait maintenant 75 % des terres à blé des pays en développement (Chine exclue) selon les responsables du GCIAR. Les VHR de riz ont également été d'abord diffusées en Asie : Inde, Philippines, Indonésie et Bangladesh. On en compte aujourd'hui plus de 300 variétés, qui occupent plus de 70 % des rizières de Colombie, du Honduras, du Venezuela, de l'Indonésie, des Philippines, du Sri Lanka. Le maïs a connu un essor plus lent car il a fallu créer des variétés finement adaptées aux conditions écologiques locales[9]. Au total, l'Asie a été de loin la principale bénéficiaire de la révolution verte et l'Afrique au sud du Sahara est le continent qui en a le moins profité en raison de la crise d'ensemble des paysanneries du continent, de l'insuffisance de l'irrigation, du manque de moyens financiers : les VHR commencent néanmoins à s'y répandre, notamment au Bénin, au Ghana, au Nigeria, en Tanzanie, au Togo, en Zambie et au Zimbabwe[10].

Là où elles ont été largement adoptées, les VHR ont donné des résultats spectaculaires. Au Mexique, les rendements céréaliers ont pratiquement doublé depuis 1965; Pour le blé, ils avoisinent aujourd'hui 40 q/ha. En Inde, la production de blé est passée de 7 millions de tonnes en 1950 à 55 en 1992, et celle de riz de 25 à 110 millions de tonnes. Ainsi, grosse importatrice de céréales depuis le début du XXe siècle, l'Inde est parvenue à peu près à l'autosuffisance et peut même parfois exporter de faibles quantités de blé. Il en est de même pour les Philippines, l'Indonésie, le Pakistan, qui assurent leurs besoins solvables en année climatique normale. Cependant, nous l'avons déjà vu, des millions d'habitants de ces pays ne mangent pas à leur faim en raison des disparités sociales et régionales qui subsistent.

◆ Des effets discutés

Si ces résultats sont incontestables, un débat s'est ouvert sur les conséquences de la révolution verte, insistant sur les aspects suivants :

— La diffusion des variétés à haut rendement est aujourd'hui freinée : les experts de la FAO et de l'OCDE s'accordent à penser que la phase initiale de développement s'achève, celle qui n'a pas coûté cher, car elle s'est développée sur des infrastructures déjà existantes.

— Les exigences des nouvelles semences sont en effet un frein sérieux à leur généralisation : il faut tout d'abord leur fournir de grandes quantités d'engrais ; par exemple, un quintal d'azote apporté sous forme de nitrate est indispensable pour l'obtention de 45 quintaux de blé à l'hectare. Il en va de même pour le riz.

Les besoins en eau, en pesticides sont considérables aussi. Les pratiques culturales, enfin, sont beaucoup plus astreignantes que pour les semences traditionnelles :

9. A. VON DER OSTEN-SACKEN, « Changement d'orientation au CGIAR, *Finances et Développement* », mars 1992.

10. F. BROWN, V. SHIVA, « L'Afrique peut-elle se permettre une Révolution verte ? », *Choix*, PNUD, juillet 1993.

labours profonds, sarclages répétés, etc. La vulgarisation a d'abord touché les régions et les catégories d'exploitants capables de répondre à ces exigences. La poursuite du mouvement ne peut se faire que dans deux directions. Ou bien les petits producteurs investissent lourdement (à leur échelle) pour l'achat des semences nouvelles et des intrants qui doivent accompagner celles-ci ; mais ceci suppose que leurs connaissances techniques s'améliorent également et qu'ils reçoivent formation et aides financières leur permettant d'évoluer. Ou bien, il faut gagner de nouvelles régions à la révolution verte, et ceci passe par l'extension de l'irrigation.

Le débat porte surtout sur trois conséquences dangereuses ou néfastes de la diffusion des VHR : elles présenteraient des risques écologiques, et seraient sources de dépendance et d'inégalités.

— **Sur le plan écologique**, les nouvelles variétés conduisent à abandonner la diversité culturale qui était un facteur de limitation des risques pour le petit agriculteur. Mais les risques économiques et écologiques s'accroissent alors dans l'hypothèse du développement d'une maladie ou de l'attaque d'un parasite mal contrôlé. Sur un plan plus général, faisant tomber en désuétude un large éventail de plantes sélectionnées empiriquement depuis des millénaires, les VHR pourraient contribuer à l'appauvrissement du patrimoine génétique de la planète, déjà entamé par nombre d'autres facteurs.

— On voit également dans la révolution verte une **source supplémentaire de dépendance** pour les pays du Tiers monde. En effet, ces semences sont des hybrides qui dégénèrent rapidement ou donnent des graines stériles. Les agriculteurs du Tiers monde sont donc contraints de se réapprovisionner en permanence auprès des grandes firmes semencières mondiales. D'autre part, le recours aux engrais, herbicides, pesticides, machines et au matériel hydraulique est un stimulant pour les industries nationales… à condition qu'elles existent ou qu'elles puissent s'adapter à la demande. Mais les pays sous-développés sont rarement dans cette situation. Ainsi, les plus grands complexes de fabrication d'engrais et d'intrants agronomiques de l'Inde ont été construits avec l'apport de capitaux des États-Unis et du Japon. Cela n'a pas empêché les importations d'engrais de ce pays de croître rapidement…

— Enfin, **la révolution verte est accusée de renforcer les inégalités**, L'Inde est souvent prise comme exemple, mais des faits analogues ont été décrits au Pakistan, en Tunisie, au Mexique, etc.

Spatialement, l'extension des variétés nouvelles s'est calquée sur les réseaux d'irrigation en place. La révolution verte a donc bénéficié aux régions déjà développées et prospères et laissé à l'écart celles où l'approvisionnement en eau n'est pas garanti. En Inde, ce sont les riches plaines du Penjab, de l'Haryana, de l'est de l'Uttar Pradesh, au Mexique les périmètres irrigués du nord du pays, qui monopolisent les progrès.

Socialement, les disparités se sont creusées à l'intérieur des régions concernées, en Amérique latine comme en Asie, du fait de l'incapacité des petits exploitants à investir. En Inde, les propriétaires cherchent à de débarrasser de leurs métayers, au besoin par la force, afin d'exploiter leurs terres soit personnellement soit en ayant recours à des travailleurs agricoles. De nombreux métayers travaillent donc sur des surfaces réduites. En outre, attirées par le profit, de nouvelles couches sociales s'intéressent à la terre : on voit apparaître des propriétés mécanisées dirigées par des industriels, des commerçants ou des fonctionnaires. Enfin, le chômage s'accroît car les propriétaires sont d'autant plus tentés de motoriser leurs exploitations qu'ils bénéficient de subventions pour l'achat de tracteurs et de machines. Ainsi, avec la révolution verte, les riches s'enrichissent et les pauvres s'appauvrissent.

C'est surtout à propos de l'accroissement des disparités que les points de vue s'affrontent entre adversaires et partisans de la révolution verte. G. ÉTIENNE, affirme par exemple qu'« il est inexact de prétendre que les petits propriétaires restent en dehors du mouvement, faute d'argent pour acheter des semences, des engrais, l'eau du puits d'un voisin. En réalité, le propriétaire de moins d'1 ha se débrouille pour acquérir au moins une partie des inputs nécessaires, augmentant ainsi sa production et ses revenus »[11]. Le même auteur ajoute que dans ces campagnes les salaires des sans-terre ont augmenté en termes réels et que le marché du travail s'est élargi.

D'autre part, sans contester l'argument selon lequel les disparités régionales se sont accrues, les défenseurs de la Révolution verte font remarquer que si l'on avait voulu concentrer les efforts de développement agricole sur les régions les plus pauvres, dotées d'un faible potentiel, on n'aurait pu parvenir à l'autosuffisance alimentaire. On constate en outre que de **nouvelles semences gagnent dans les régions où les VHR n'avaient pas encore pénétré**. Ainsi, les plateaux secs du Deccan connaissent à leur tour les prémices d'une révolution verte portant sur les céréales secondaires. Sur le plateau de Mysore, dans le Maharashtra occidental, se développe l'utilisation d'éleusine et de mil chandelle dont les rendements sont trois à quatre fois plus élevés que ceux des plants rustiques[12]. Ailleurs, on commence à diffuser des variétés nouvelles de manioc, de féverole, de niébé, de pois chiche, de patate douce, qui répondent aux traditions agricoles et aux habitudes alimentaires des paysans modestes et pauvres.

Il semble bien, tout compte fait, que « **la Révolution verte ne mérite ni l'excès d'honneur dont on l'a entourée il y a quelques années, ni l'indignité dont certains l'accablent aujourd'hui.** L'accroissement considérable des rendements qu'autorisent ces variétés nouvelles écarte, sur le papier, les risques de famines pour les prochaines années, qui semblaient inévitables voici une décennie ; comme toute modification technique brusque, elle peut, en revanche, provoquer des chocs en retour sociologiques si on ne s'en remet qu'au laisser-faire de l'économie libérale » (P. LONGONE).

On cherche maintenant à mettre au point des semences économes en produits phytosanitaires et en engrais azotés. Ceci pourrait être le point de départ d'une nouvelle révolution verte fondée sur les biotechnologies et les manipulations génétiques… ce qui relance le débat. En effet, l'essentiel de ces recherches est assuré par des firmes privées, et les nouveaux produits issus de ces travaux sont souvent protégés par des brevets. Pour les pays en développement, le risque est plus grand encore qu'avec la première Révolution verte de se voir exclus de ces recherches et de tomber sous la domination de fournisseurs étrangers.

11. G. ÉTIENNE, *Développement rural en Asie*, IEDES, Paris, 1982.

12. F. PESNEAUD, « Campagnes surpeuplées, campagnes en développement, une Révolution verte sur les plateaux de l'Inde péninsulaire », *Cahiers d'Outre-Mer* 28 (153), janvier-mars 1986.

Conclusion

Peut-on choisir entre révolution verte et réforme agraire ? Il est certain que le progrès technique peut apporter une solution aux pénuries alimentaires dont souffre la planète. Mais il est loin d'avoir résolu tous les problèmes agricoles. Les difficultés de la grande masse des agriculteurs du Tiers monde résultent de la faiblesse de leurs moyens de production, mais aussi de la persistance des inégalités sociales dans les campagnes. Vouloir résoudre ces problèmes sans toucher à celles-ci semble irréaliste. Loin de s'exclure, approche technique et approche sociale de ces problèmes doivent s'épauler.

Encore faut-il prendre une exacte mesure de l'importance du problème agricole. Or, **obnubilés par le développement industriel, les responsables et les experts ont longtemps négligé ce secteur.** Dans les années 60, seulement 15 % des investissements publics nationaux étaient orientés vers l'agriculture. La situation s'est sensiblement modifiée depuis cette date, tant à l'échelle des pays qu'à celle des grandes organisations internationales. Depuis la fin des années 70, par exemple, la Banque mondiale place à un rang élevé de ses préoccupations le développement rural fondé sur l'aide aux paysanneries, et de nombreuses expériences tentent de redonner à **celles-ci l'initiative du développement agricole**. On voit par exemple se multiplier les organisations villageoises dans les campagnes africaines où les femmes sont particulièrement actives[13]. Il devient de plus en clair que le développement agricole doit s'intégrer au développement général. Il doit servir de support au développement industriel à qui il peut offrir des matières premières et dont il peut absorber les productions. L'élévation du niveau de vie de plus de 60 % des actifs du Tiers monde devrait être le plus sûr soutien de la croissance générale.

13. Cf. par exemple P. PRAVERDAND, « La révolution silencieuse des paysannes africaines », *Bulletin de la Société neuchâteloise de géographie*, 36, 1992.

Conclusion

[illegible]

[illegible]

[illegible]

ESPACE, ENVIRONNEMENT ET DÉVELOPPEMENT 6

Les déséquilibres sociaux et économiques qui ont fait l'objet des précédents chapitres impriment leur marque sur l'espace des pays sous-développés. Les disparités géographiques (ou spatiales ou territoriales) entre régions d'économie moderne (infrastructures, industries, villes, ports…) et zones d'économie traditionnelle, marginalisées, constituent d'ailleurs un critère classique du sous-développement. Comme tout processus de diffusion, la modernisation s'accompagne, en effet, au moins dans un premier temps, de l'accentuation des déséquilibres, – qui tendent à se résorber d'eux-mêmes, pensent les partisans du libéralisme – mais qu'il est indispensable de combattre, selon les économistes moins aveuglément confiants dans les lois du marché.

Cette accentuation des déséquilibres spatiaux se manifeste à l'échelle régionale mais aussi au niveau des processus d'urbanisation, que ceux-ci soient envisagés dans l'optique des relations ville-campagne ou dans celle des structures internes des villes. D'autre part, s'il est vrai que les sociétés du Tiers monde ont longtemps été caractérisées par une relative impuissance à maîtriser leur environnement, ceci est de moins en exact de nos jours : sous la contrainte de nécessités internes (pression démographique notamment), ou par choix (volonté de « pousser les feux » de la modernisation), ou encore du fait de l'intervention de forces extérieures (FMN), les populations du Tiers monde comme leurs responsables disposent aujourd'hui de moyens techniques qui non seulement leur permettent d'intervenir de plus en plus puissamment sur le milieu naturel, mais aussi d'y créer d'irréversibles dommages. Les relations entre espace, environnement et développement posent, on le voit, de nombreuses et graves interrogations.

A Le creusement des inégalités

1 L'ampleur des disparités

a

De forts contrastes de peuplement opposent souvent – mis à part le cas de certaines îles tropicales ou de régions extrême-orientales densément peuplées – **d'immenses zones quasi-vides d'hommes à des franges ou des îlots intensément peuplés.** (O. Dollfus a très justement parlé pour le Pérou d'un « peuplement en archipel ».) L'Indonésie illustre fort bien l'énormité de ces contrastes : Java, avec 7 % de la surface nationale, regroupe 60 % de la population indonésienne, tandis que Kalimantan et la Nouvelle-Guinée occidentale, avec chacune un peu plus du quart de la superficie du pays, ne totalisent respectivement que 5 et 1 % de sa population. Ces contrastes remontent, pour la grande majorité des pays du Tiers monde, aux conditions historiques de l'installation des groupes humains (colonisateurs, main-d'œuvre importée d'outre-mer ou transférée de force vers les littoraux…) et sont la traduction spatiale de systèmes de mise en valeur impulsés par l'extérieur ou orientées vers lui.

b

Les disparités sont également d'ordre économique. Nous avons déjà souligné l'inégale répartition des activités sur les territoires nationaux : cultures d'exportation, zones industrielles, agglomérations urbaines et services qui leur sont attachés tendent à se regrouper dans les secteurs littoraux en raison de l'extraversion passée ou encore actuelle de tant de pays du Tiers monde. À l'inverse, les zones intérieures sont marquées par la sous-industrialisation (à quelques exceptions près, et notamment celle des complexes d'extraction des richesses du sous-sol), la prédominance des cultures destinées à l'autoconsommation ou aux marchés locaux, et par l'atrophie des réseaux urbains.

c

Les écarts régionaux de revenus sont tout aussi flagrants. La mesure de ces disparités est délicate et souvent approximative, mais les chiffres dont on dispose font de cette donnée une caractéristique particulièrement révélatrice du sous-développement. Tandis qu'en France, les écarts de revenus par habitant varient de 1 (Corse) à 1,5 (Ile-de-France), ils s'échelonnent entre 1 (Bihar) et 2,8 (Penjab) en Inde, entre 1 (Côte pacifique) et 3 (District fédéral) au Mexique, 1 (Nordeste) et 4 (Sudeste) au Brésil… Encore faut-il souligner que les régions de référence retenues ici sont très vastes, et que les disparités apparaissent beaucoup plus profondes dès que l'on affine l'analyse : au Brésil, si au lieu de s'en tenir aux grandes régions administratives, on passe au niveau des 26 États ou territoires de la fédération, l'écart passe de 1 (São Paulo) à 8,3 (Piaui, dans le Nordeste)…

Bien entendu, ces données passablement abstraites doivent être perçues dans toutes leurs dimensions sociales et avec la charge d'injustice profonde que révèlent les indicateurs d'espérance de vie, de niveau alimentaire, d'alphabétisation, d'accès aux soins, etc.

2 La dynamique centre-périphérie

a Le poids croissant des littoraux et des régions-capitales

Excepté les cas de zones consacrées activement à la grande agriculture d'exportation ou des enclaves minières, **le milieu rural intérieur est affecté par un processus progressif de délaissement** : par les actifs jeunes et instruits migrant vers les villes, par les commerçants et industriels qui n'y trouvent pas les débouchés escomptés, par les grands propriétaires eux-mêmes, peu soucieux d'y voir pénétrer des germes subversifs. Les milieux ruraux intérieurs font donc figure de périphéries dominées voire délaissées par les pôles nationaux le plus souvent en position littorale.

Dans les pays qui disposent d'au moins une façade maritime – et il est symptomatique de constater que parmi les plus pauvres, la plupart n'ont pas cet atout –, **la concentration des activités modernes sur les littoraux s'affirme constamment,** de même que sur les grands axes de transport qui desservent l'arrière-pays des principaux ports. Dans le cas le plus répandu, ces activités portuaires dominantes coïncident, de façon révélatrice, avec les principales agglomérations urbaines. **Les grandes villes monopolisent, en proportion directe de leur masse et de leur influence, tous les développements actuels** et atteignent un degré de concentration démographique et économique peu commun : on y reviendra au chapitre consacré aux problèmes urbains. Le Mexique et l'Inde fournissent de bons exemples de cette concentration.

Mexico, probablement la première agglomération du monde par le nombre de ses habitants est, avec l'État qui ceinture directement le District fédéral, le coeur incontesté du pays. Comptant 22 % de la population nationale, cet ensemble concentre 32 % de la main-d'œuvre, dont 40 % du personnel des banques et des assurances, 50 % des notaires, des avocats et des comptables, 55 % des employés de l'édition et de l'imprimerie, 70 % des membres des milieux de l'art et du spectacle, et fournit la moitié de la valeur ajoutée industrielle du pays[1]. En Inde, où le réseau urbain est plus dense et plus hiérarchisé, **Bombay et Calcutta** regroupent la moitié de la population active du pays employée dans le secteur secondaire. Bombay, « porte de l'Inde », est devenue le centre principal de la Fédération, doté d'industries modernes et diversifiées à haute valeur ajoutée (instruments de précision, informatique, nucléaire). Son rôle directionnel s'appuie sur la présence de nombreux sièges sociaux industriels et bancaires. Avec le revenu par tête le plus élevé de l'Inde, cette métropole affirme de plus en plus sa prédominance sur Calcutta. Celle-ci, qui n'a pu ou su redistribuer ses activités les moins prestigieuses dans sa périphérie immédiate, souffre de cette congestion et fait figure de centre directionnel et industriel fragilisé. Face à eux, Delhi ou Madras apparaissent très nettement en retrait, et plus encore des agglomérations comme Bangalore ou Hyderabad[2].

---

1. J. MONNET, *Le Mexique*, Nathan, 1994.
2. N. BURGUNDER et C. DHAINAUT, « Centre et périphérie en Inde », *Travaux de l'Institut de Géographie de Reims*, nos 75-76, 1988.

Loin des métropoles, des axes ou des interfaces actives, – que celles-ci soient littorales ou frontalières (cf. l'exemple bien connu de la frontière nord du Mexique) –, **des « lacunes » ou des « vides intersticiels de dimensions croissantes »[3] apparaissent dans l'espace des pays sous-développés.** Il est excessif, dans la plupart des cas, de parler d'espaces autarciques, mais leur degré d'intégration au reste du territoire national peut être extrêmement faible. En Inde, par exemple, l'intérieur de la péninsule du Deccan constitue un « vaste ensemble mal intégré à l'économie de marché »[4].

b Des pays éclatés

Face à ces contrastes, les observateurs donnent souvent des pays du Tiers monde l'image de pays éclatés. L.B. CASAGRANDE, par exemple, perçoit un Mexique composé de cinq « nations » distinctes : « Metromex », région capitale, « New Spain », sur les bassins et hauts-plateaux du Mexique central, dans l'orbite directe de la capitale, « South Mexico », sur l'isthme de Tehuantepec et dans le Yucatan, très isolée, ouverte ponctuellement à la modernité par des pôles pétroliers ou touristiques, « Clubmex », archipel d'enclaves touristiques internationales, « Mexamerica », enfin, profondément marquée par la présence américaine, à cheval sur la frontière Nord et englobant une grande partie du centre-nord du pays[5].

Tout en soulignant, elles aussi, l'énormité des contrastes régionaux au sein du Tiers monde, **les études fondées sur l'approfondissement du modèle centre-périphérie tentent de mieux cerner les logiques de fonctionnement de ces espaces nationaux**, en soulignant les relations qui unissent des centres dominants, à des périphéries, selon les cas, délaissées, dominées, ou intégrées. D'intéressantes applications de ce modèle ont été faites à propos de la Chine, de l'Union indienne, de l'Indonésie[6], du Brésil (voir figure 18 et encadré ci-dessous).

Contrastes régionaux et dynamique spatiale au Brésil

L'organisation générale de l'espace brésilien, qu'illustre la figure 19, résulte de la combinaison de quelques principes de répartition simples. Le principal repose sur l'opposition de type ***centre-périphérie****, entre le cœur du pays, constitué sur et à partir du doublet São Paulo-Rio de Janeiro, conforté par la capitale du Minas Gerais, et une périphérie moins active et peuplée. Ce schéma se double d'un contraste* ***littoral-intérieur*** *que révèle parfaitement la répartition de la population par exemple. Ce littoral est également caractérisé par l'alignement de pôles et secteurs (industriels, agricoles) aujourd'hui plus ou moins dynamiques, apparus au rythme des cycles économiques successifs.*

---

3. J.-P. RAISON, « Les formes spatiales de l'incertitude en Afrique contemporaine », *Cahier n° 19 du GEMDEV* et *Travaux de l'Institut de Géographie de Reims*, n° 83-84, 1993.

4. N. BURGUNDER ET C. DHAINAUT, *op. cit.*

5. L.B. CASAGRANDE, *Las cinco naciones de Mexico*, Juan Panadero, Guadalajara, 1990, cité par J. REVEL-MOUROZ, *in* M.F. PRÉVOT-SHAPIRA et J. REVEL-MOUROZ (dir.), *Le Mexique à l'aube du troisième millénaire*, IHEAL, Paris, 1993.

6. Cf. A. REYNAUD, *Société, espace et justice*, PUF, Paris, 1981, ou *Travaux de l'Institut de Géographie de Reims*, n°s 75-76, 1988.

Les évolutions à l'échelle historique compliquent ce modèle :

1. En soulignant l'opposition, sur le littoral Est, entre un **vieux centre déchu** *et répulsif (le Nordeste) et le centre actuel, très dynamique, bien qu'un début de saturation s'y manifeste parfois (taux de croissance urbaine légèrement ralenti) ;*

2. En faisant apparaître une **marge** *aujourd'hui assez bien intégrée au centre (Sud, Centre-Ouest), qui passe à un* **front pionnier** *agricole et minier dans et au-delà duquel la croissance se fait le long des axes de communication et donne lieu à une occupation ponctuelle, à l'intérieur d'un espace amazonien presque vide d'hommes et où l'économie de cueillette prédomine encore.*

A. GAUTHIER, J. DOMINGO,
Le Brésil, puissance et faiblesse d'un géant du Tiers monde, Bréal, 1991.

FIGURE 18
CONTRASTES RÉGIONAUX ET DYNAMIQUE SPATIALE AU BRÉSIL

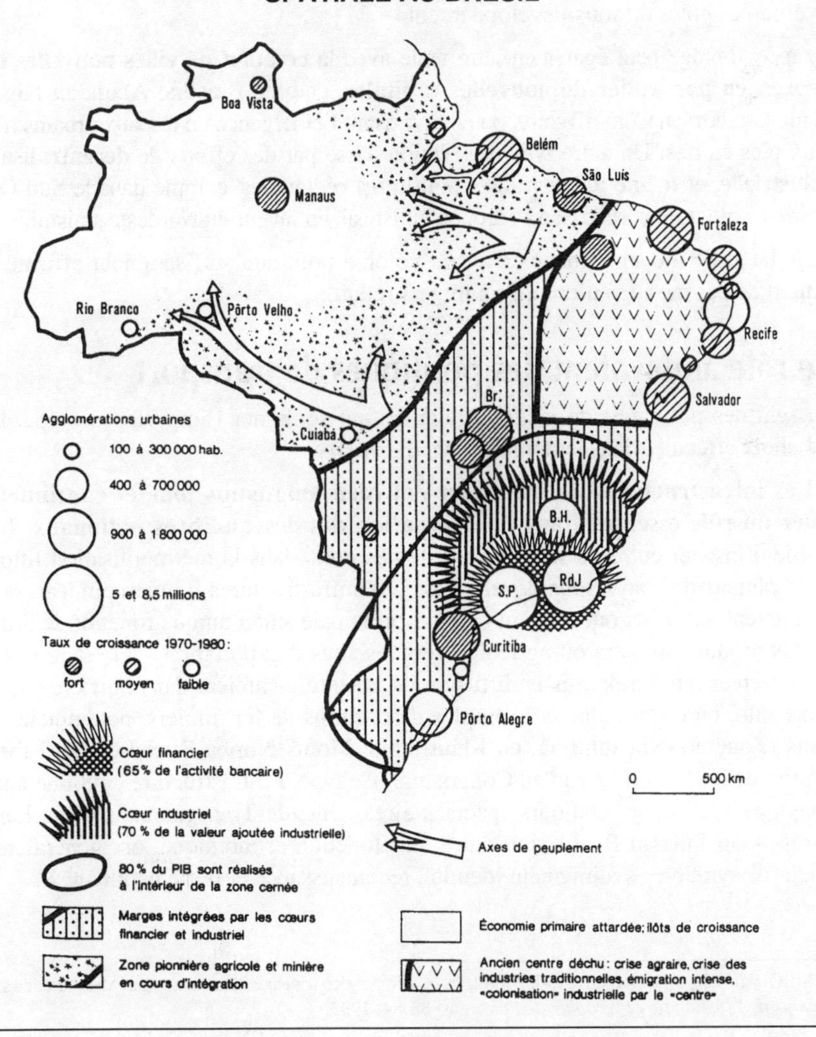

3 L'inefficacité des efforts de rééquilibrage

a Un large éventail de mesures

Sensibles aux risques économiques et politiques que fait peser l'approfondissement des disparités régionales, les responsables des pays sous-développés tentent de promouvoir un certain rééquilibrage en s'inspirant souvent des politiques d'aménagement menées dans les pays industriels.

L'intégration des espaces marginaux peut être recherchée par **l'implantation de nouveaux pôles de développement industriels ou agricoles**. Mais reposant surtout sur une activité unique (industrie lourde : sidérurgie, raffineries, production d'énergie ; tourisme international ; aménagements portuaires, ...) ils se révèlent incapables d'y diffuser le progrès attendu. Y. LACOSTE considère même qu'en accentuant l'exode rural et la désarticulation agraire, ces noyaux isolés agissent comme de « véritables pôles de sous-développement ».

Un rééquilibrage peut également être tenté avec la **création de villes nouvelles intérieures, en particulier de nouvelles capitales**, comme Brasilia, Abuja au Nigeria, Yamoussoukro en Côte-d'Ivoire, ou en favorisant l'émergence de réseaux urbains régionaux plus étoffés. Un autre type de solution passe par des efforts de **décentralisation industrielle, et même de véritables politiques régionales**, comme dans le Sud-Ouest ivoirien, autour du port de San Pedro, ou au Brésil, en faveur du Nordeste sinistré.

Mais faute de moyens financiers et de volonté politique suffisamment affirmée, la plupart de ces mesures n'ont qu'un impact réduit.

b Le rôle ambivalent des politiques de transport

Au sein des politiques de rééquilibrage, il faut souligner l'importance particulière des choix effectués dans le domaine des transports.

♦ **Les infrastructures de transport ont bien longtemps joué et continuent à jouer un rôle essentiel dans l'accentuation des déséquilibres nationaux.** Il est inutile d'insister outre mesure sur le rôle des ports dans la métropolisation littorale de la plupart des pays sous-développés. Les infrastructures de communication qui aboutissent à ceux-ci ont souvent eu pour principale sinon unique fonction le drainage des produits miniers ou agricoles vers les sites d'exportation. Tel est le cas des voies ferrées qui ont permis la diffusion de la culture caféière dans l'arrière-pays de São Paulo, ou des nombreux exemples de chemins de fer miniers, notamment africains (Zouérate-Nouadhibou, en Mauritanie, Monts Nimba-Buchanan au Liberia, chemin de fer Congo-Océan au Congo, etc.) Ce type d'infrastructure continue à faire l'objet de réalisations toujours spectaculaires, telles le Transgabonais ou la liaison Carajas-São Luis au Brésil, qui, outre leur fonction économique, ont généralement valeur de symboles « alimentant identité, reconnaissance et fierté nationale »[7].

---

7. R. POURTIER, « Le panier et la locomotive. À propos des transports terrestres en Afrique centrale », *Travaux de l'Institut de géographie de Reims*, nos 83-84, 1993.

Au-delà de leur fonction principale, les axes de drainage, qu'ils soient ferroviaires ou routiers, ont souvent favorisé l'exode rural des régions intérieures ainsi que l'essor de productions agricoles destinées à l'exportation (cas de la « boucle du cacao » en Côte-d'Ivoire) et finalement contribué à renforcer le dynamisme et la pluriactivité des régions littorales.

♦ **Mais les axes de communication s'avèrent également d'indispensables auxiliaires des efforts de rééquilibrage et d'intégration nationale.** Le Transgabonais « retourne » vers Libreville la région du Haut-Ogooué jusque-là orientée vers le Congo pour ses exportations de manganèse. La voie ferrée Abidjan-Ouagadougou constitue l'axe majeur de l'urbanisation ivoirienne et a servi de support à une certaine redistribution des industries vers le centre et le nord du pays. Un réseau routier s'avère un facteur d'intégration autrement efficace qu'un axe ferroviaire. La construction des routes transamazoniennes lancées par les militaires au pouvoir au Brésil dans les années 60 cherchait tout autant à assurer le contrôle des confins du territoire national qu'à favoriser le peuplement et la mise en valeur d'immenses régions. Malgré leur inachèvement et leur médiocre viabilité, elles participent activement au dynamisme d'un véritable front pionnier qui prend le Brésil en écharpe, du Maranhao au Mato Grosso.

La route est généralement le point de départ de processus complexes susceptibles de transformer en profondeur des sociétés et des économies restées en marge de la modernité. R. POURTIER a montré, à propos de l'Afrique centrale (mais ses analyses sont valables pour beaucoup de pays du Tiers monde, surtout les PMA), comment « la route joue le rôle en quelque sorte de la chiquenaude qui met en mouvement le processus conduisant au progrès agricole »[8]. Au Zaïre, l'approvisionnement vivrier de Kinshasa provient pour une bonne part de l'axe bitumé Matadi-Kinshasa-Kikwit. Au Congo, un large arrière-pays nourricier s'est développé à partir des routes qui conduisent à Brazzaville. Alors que les cours des produits agricoles d'exportation s'effondrent, les campagnes branchées sur des voies de transport retrouvent un peu partout en Afrique un rôle qui leur avait échappé : celui de l'alimentation des villes, et ceci tend à rééquilibrer les relations villes-campagnes, longtemps caractérisées par le rôle prédateur de ces dernières. « Un des plus beaux exemples récents d'épanouissement régional est, en Tanzanie, celui des piémonts des Southern Highlands, sur la route internationale qui unit Dar es Salaam à Lusaka, en Zambie, partie longtemps déshéritée et sous-peuplée des campagnes tanzaniennes, aujourd'hui productrice majeure de maïs et l'un des foyers les plus actifs de la modernisation agricole dans le pays »[9].

8. R. POURTIER, *op. cit.*

9. J.-P. RAISON, *op. cit.*

B La crise urbaine

Le thème de l'urbanisation – l'un des plus classiques et des plus significatifs dans l'analyse du sous-développement – est, suivant les auteurs, différemment rattaché, soit aux aspects sociaux, soit aux logiques économiques, soit aux préoccupations géographiques de l'aménagement des territoires. On a, plutôt, fait le choix ici de l'intégrer dans une thématique principalement environnementale et spatiale, sans négliger pour autant, dans le cours de l'étude, les autres approches.

Deux raisons essentielles peuvent justifier cette option. D'une part, le processus formidablement rapide et spectaculaire d'urbanisation – non seulement des espaces mais aussi des activités, des sociétés, des cultures, des modes de vie – modèle de plus en plus fortement l'environnement des hommes du monde en voie de développement : l'aspiration et l'accession à « l'urbain » sont en train, même, de les submerger.

D'autre part, les villes offrent un remarquable concentré des problèmes d'organisation de l'espace et de maîtrise-protection de l'environnement qui se posent à ces pays : les rapports de la masse humaine au territoire, les logiques centre-périphérie, les risques écologiques, les stratégies d'aménagement, etc., y sont beaucoup plus lisibles qu'ailleurs.

1 Une urbanisation encore faible mais en progression accélérée

Le mouvement actuel d'accroissement des populations urbaines – que les auteurs ont diversement qualifié : « explosion, révolution, bourgeonnement, bouillonnement » pour en souligner l'ampleur – paraît d'autant plus impressionnant qu'il repose sur des bases étroites. Le degré (ou taux) d'urbanisation (pourcentage de population vivant

TABLEAU 1
ÉVOLUTION DU TAUX D'URBANISATION PAR CONTINENT 1950-1990 ET PRÉVISION 2000

	Taux observés			
	1950	1970	1990	Prévision 2000
Europe	52,2	64,7	74,3	78,7
Amérique du Nord	63,6	74,2	82,9	86,4
Océanie	61,6	70,2	75,8	78,2
Amérique du Sud	40,5	56,9	69,7	74,8
Asie	15,7	24,8	33,5	38,5
Afrique	13,5	22,2	32,5	37,7

(Source : Annuaires ONU)

dans les villes par rapport à la population totale du pays) n'était ainsi en 1991 que de 28 dans les pays à faible revenu (Chine et Inde exclues) contre 77 % dans les pays de l'OCDE.

a Le retard d'urbanisation

Le Tiers monde est resté – avec des nuances souvent considérables d'un continent ou d'un pays à l'autre – un ensemble principalement rural où environ 54 % de la population réside dans les campagnes, contre 10 à 40 % dans celles des pays industriels. En dehors de l'Amérique latine et de quelques cas assez artificiels en Asie et au Moyen-Orient (Hong Kong, Singapour, Koweït), la population urbaine est partout minoritaire, alors qu'elle tend à devenir quasi exclusive dans le monde développé.

Le tableau 1, précisé par d'autres statistiques obtenues au niveau national, montre l'existence de groupes régionaux très contrastés parmi lesquels on distinguera (statistiques de 1991) :

— l'ensemble le plus urbanisé, *l'Amérique latine et les Antilles*, avec un taux moyen de 70 %, des taux extrêmes de 29 % (Haïti) et 85 % (Venezuela) et des taux significatifs de 60 à 75 % (Cuba, Mexique, Brésil, Pérou, etc.) ;

— un groupe intermédiaire, autour de 50 % où l'on recense principalement *l'Afrique du Nord* (Algérie : 53 %, Tunisie : 55 %) et *le Proche-Orient* (Égypte : 47 %, Syrie : 51 %…) ;

— *un ensemble asiatique*, où les taux très faibles sont rares (Bangladesh : 17 %, Népal : 10 %, Afghanistan : 16 %), les principaux pays oscillant autour de la moyenne de 26 % (Inde : 27 %, Pakistan : 33 %, Sri Lanka : 21 %) ;

— *un ensemble africain*, avec une moyenne de 20 % (Maghreb exclu) composé d'un groupe intérieur très sous-urbanisé (Burundi : 6 %, Burkina Faso : 8 %, Éthiopie : 13 %) et d'une façade occidentale plus urbanisée (Sénégal : 39 %, Ghana : 33 %, Côte-d'Ivoire : 41 %), la plupart des autres pays se concentrant entre 15 et 25 %.

b Une croissance urbaine échevelée

Si l'on veut bien se rappeler les rythmes et les problèmes de la croissance démographique dans le Tiers monde, on imaginera aisément ceux de l'urbanisation lorsqu'on aura noté qu'au cours des vingt dernières années la population des villes a progressé 2,3 à 3,5 fois plus vite que la population totale, soit un doublement tous les quinze à vingt ans ! Pendant la dernière décennie, le taux de croissance annuel de la population urbaine, qui atteignait 1 % en Europe, y a généralement dépassé 4 %. Cet écart ne va pas cesser de s'accroître puisque, depuis une décennie, la croissance urbaine se réduit nettement dans les pays industriels alors qu'elle s'exaspère ou se stabilise à un niveau très élevé dans les PVD, ceux-ci dépassant le milliard et demi d'urbains en 1990 pour 286 millions en 1950. (tableau 2)

Cette urbanisation galopante correspond d'abord à un phénomène de rattrapage du retard accumulé – ainsi que l'a souligné Milton Santos. On remarque, en effet, que les taux de croissance les plus élevés s'observent surtout dans les pays les moins urbanisés : des taux annuels moyens de l'ordre de 7 à 10 % pendant la dernière période sont atteints principalement en Afrique noire (Zaïre, Tanzanie, Kenya, Côte-d'Ivoire,...), dans les pays pétroliers du Proche-Orient (Libye, Émirats arabes, Koweït, Arabie Saoudite) et en Chine.

TABLEAU 2
TAUX D'ACCROISSEMENT DE LA POPULATION URBAINE EN % SELON LE NIVEAU DE REVENU – 1965 À 1991

	Taux moyens annuels		
	1965-73	**1973-84**	**1980-91**
Pays à faible revenu			
(Chine et Inde exclues)	5,2	5,1	5,0
Pays à revenu intermédiaire			
– total	4,5	4,1	3,2
– tranche inférieure	5,1	4,2	3,3
– tranche supérieure	3,9	4,1	3,0
Pays exportateurs de pétrole	9,2	7,7	4,9
Pays industriels à économie de marché	1,8	1,2	0,8

(Source : Rapport BM, 1993)

C'est sur le continent africain que ce déferlement urbain est le plus impressionnant, au moins en termes relatifs. Au cours de la décennie 1980, près de 3 millions d'urbains supplémentaires se sont ajoutés chaque année. Alors qu'il n'y avait avant 1940 que 2 millions de citadins au total en Afrique noire (2,5 % de la population totale) et une seule grande ville (Ibadan : 240 000 habitants), on comptait dès 1955 20 villes de plus de 100 000 habitants regroupant 4 millions de personnes et, vers 1970, 70 villes, dont 7 avoisinant ou dépassant les 500 000 habitants. L'Afrique subsaharienne compte aujourd'hui plus de 150 millions d'urbains, soit plus de 30 % de la population totale, et devrait en recenser 250 millions en l'an 2000.

Bien que moins saisissante qu'en Afrique, la progression du dernier demi-siècle est partout considérable : multiplication par 7,8 en Amérique latine, par 6,6 dans le Sud asiatique, par 5,5 en Asie orientale et seulement par 3 en Océanie, 2,7 en Amérique du Nord, 1,9 en Europe.

2 Le gonflement des grandes agglomérations

Ce déferlement urbain s'est particulièrement concentré dans les grandes villes dont il a fait, en peu d'années, de gigantesques métropoles qui comptent parmi les plus peuplées du monde. Sur 49 agglomérations de plus de 2 millions d'habitants, dès 1967-1968, le Tiers monde en groupait 23, dont certaines même à peine connues du grand public, Séoul, Tientsia, Nuhan... Bien loin devant Rome ou Berlin, on pouvait s'étonner de trouver Téhéran et Karachi, Santiago du Chili ou Delhi, dont les rythmes d'accroissement sont étourdissants. Quelques exemples peuvent être retenus tels que *Mexico* qui, de 1 million d'habitants en 1930, est passé à 3 en 1950, 5 en 1960, 8,7 en 1970, près de 20 millions en 1990 (et de 30 à 40 millions prévus en 2020), *Lima*, dont la population (5,4 millions d'habitants en 1987) a décuplé entre 1930 et 1970, accueillant un Péruvien sur 10 en 1940 et près de un sur 3 en 1990, *Kinshasa*, passant de 50 000 habitants en 1930 à près de 3,5 millions aujourd'hui, *Djakarta*, de 100 000 à plus de 10 millions en moins de cinquante ans, *Le Caire*, de 1 à 9 millions en un demi-siècle, *Shanghaï*, de 650 000 à plus de dix millions en trente ans, etc. La plupart des métropoles sud-américaines ont multiplié leur population de 20 à 40 depuis le début du siècle, et São Paulo par 200 depuis 1872 ! L'exemple d'Abidjan – sans être aussi monstrueux – est très significatif : le village de 1914, qui ne comptait que 100 000 habitants après la Seconde Guerre mondiale, a dépassé le million d'habitants en 1975 (et 2,2 millions en 1990) et s'accroît chaque année d'au moins 100 000 personnes.

TABLEAU 3
TAUX DE CONCENTRATION DE LA POPULATION URBAINE DANS LA PLUS GRANDE VILLE — ÉVOLUTION 1960-1990

	1960 (%)	1981 (%)	1990 (%)
Afrique noire :			
Mozambique	75	83	–
Guinée	37	80	89
Sénégal	53	65	52
Kenya	40	57	–
Congo	77	56	58
Ouganda	56	52	41
Tanzanie	34	50	–
Amérique latine-Antilles :			
Jamaïque	77	66	52
Panama	61	66	–
Costa Rica	67	64	72
Haïti	42	56	56
République dominicaine	50	54	52
Uruguay	56	52	45
Asie et Proche-Orient :			
Liban	64	79	–
Thaïlande	65	69	56
Libye	57	64	–
Irak	35	55	30

(Source : Rapports Banque mondiale)

Le nombre des « villes millionnaires » (plus d'un million d'habitants) du Tiers monde est passé de 1 (Pékin) en 1875 à 146 en 1985 et devrait atteindre 486 en 2025. Les projections récentes donnent le vertige : entre 1975 et 2000, les villes asiatiques devraient augmenter de 800 millions de personnes et l'ensemble des villes du Tiers monde, de plus d'un milliard ; 40 villes y dépasseraient 5 millions d'habitants et dix-huit villes 10 millions chacune ! 20 des 25 plus grands centres urbains mondiaux se trouveront dans les PVD d'ici l'an 2000…

Le fait important à retenir est cette très forte polarisation des gains urbains sur un petit nombre de grandes agglomérations qui tendent à s'extraire ainsi de plus en plus brutalement d'un arrière-pays demeuré rural, où seules quelques petites villes parviennent à progresser. On dénombre ainsi une vingtaine de pays où plus de la moitié de la population urbaine est concentrée dans la plus grande ville. Le **taux de métropolisation** (part de la population totale résidant dans les villes de plus de 1 million d'habitants) de l'Amérique latine dépasse même celui de l'Europe, 14,7 % contre 12,5 %. Deux types d'armature urbaine s'opposent : l'une largement dominée par d'énormes capitales (phénomène de **macrocéphalie urbaine**), l'autre, plus complète et plus dense, avec un réseau serré de villes moyennes à travers lequel le progrès se diffuse plus efficacement et équitablement que dans les pays sous-développés. Le tableau 3 donne quelques exemples significatifs d'hyperconcentration de la population urbaine dans la plus grande ville ; on constatera que, dans quelques cas, le phénomène s'est encore accusé au cours des vingt dernières années.

3 Des bases fragiles et artificielles

« À la base du processus récent d'urbanisation, on ne trouve pas le passage d'une économie agraire à une économie industrielle, mais une augmentation en flèche du secteur tertiaire, avec une faible croissance du secteur secondaire, dont l'essentiel revient à l'industrie de la construction… Le deuxième trait de l'urbanisation dépendante est (donc) la constitution de grandes concentrations de population sans développement équivalent de la capacité productive, à partir de l'exode rural et sans assimilation des migrants dans le système économique des villes » (M. CASTELLS). Cette définition de l'urbanisation dépendante correspond à la notion d'*urbanisation démographique* employée par M. SANTOS, par opposition à celle d'urbanisation technologique. Dans ce dernier cas – celui des pays aujourd'hui développés – la croissance des villes a été un effet dérivé de l'industrialisation et de la modernisation économique, alors que dans le premier cas – celui du Tiers monde – l'urbanisation précède la rénovation et le développement des secteurs productifs, en ne créant des emplois que dans le secteur tertiaire, improductif. Elle y est plus le résultat d'un processus démographique et social qu'économique.

a L'apport considérable de l'exode rural

Un faisceau de causes diverses et cumulatives explique l'ampleur préoccupante de la « migration du désespoir » (J. DUPUIS) des campagnes vers les villes : surpeuplement relatif des exploitations agricoles, irrégularité des revenus, sous-productivité, structures agraires oppressantes, abandon des tâches agricoles pénibles, mise en contact avec le type de vie et de revenu urbain, etc. Les facteurs répulsifs, agissant comme une pompe refoulante, semblent l'emporter sur les facteurs attractifs, bien que ceux-ci soient surestimés par les migrants : la ville est un mirage auquel succombent à la fois les plus démunis et les plus entreprenants. Selon les pays, les migrations se produisent principalement en direction des zones industrielles en construction (Zaïre, Zambie, Venezuela), des pôles portuaires dotés du plus grand dynamisme en raison des relations privilégiées avec l'extérieur, enfin des capitales et de leurs périphéries immédiates : ces trois éléments sont, d'ailleurs, fréquemment combinés en un même lieu.

L'apport migratoire joue un rôle décisif, engendrant à lui seul de 60 à 70 % de l'accroissement urbain total. Les immigrants récents donnent la teinte générale de la population, représentant trois quarts des citadins à Rio, Dakar, São Paulo, Djakarta, 69 % à Abidjan, 60 % à Buenos-Aires, 57 % à Ankara et Kinshasa. D'après P. VENNETIER, certains groupes ethniques sont massivement touchés par la migration, tels les Mossi du Burkina Faso qui, « suivant des routes de migration déjà anciennes, malgré le millier de kilomètres à parcourir et le handicap d'une langue et de mœurs différentes viennent s'embaucher en Côte-d'Ivoire, et à Abidjan surtout où on en compte plus de 25 000 », ou les Toucouleurs de la moyenne vallée du Sénégal, largement dispersés : 31 000 à Dakar, 15 000 à Saint-Louis, 4 500 à Thiès, 4 000 à Rufisque et Kaolack et même 1 200 à Abidjan et 500 à Conakry. Le cas de Kinshasa montre bien les multiples implications d'un tel phénomène : 57 % de la population est née à l'extérieur ; les hommes – qui migrent plus tôt – y sont plus nombreux que les femmes (110 pour 100) ; les taux de natalité et de croît naturel s'établissent respectivement à 5,6 et 4,6 %, pour un taux d'accroissement général de 10 % on y compte seulement 1 actif pour 5,6 personnes et pour 3 adultes en âge de travailler… (d'après Marc PAIN).

L'exemple chinois est aujourd'hui le plus significatif à cet égard. Une situation ancienne (misère des campagnes et concentration économique dans les grandes villes, surtout côtières) combinée avec une mesure conjoncturelle (suppression des « permis de résidence » limitant jusque-là les déplacements), a débouché sur de monstrueuses migrations rurales vers les principales agglomérations, concernant peut-être 50 millions d'individus par an ! « Hagards, les vêtements rapiécés, portant au bout de leur bambou flexible sacs de riz, baluchon, couchage et autres fardeaux, quelque deux millions et demi de paysans ont afflué à Canton au cours des semaines précédentes… La municipalité à dû faire appel au gouvernement pour convaincre les chemins de fer de supprimer certains trains en amont. Canton a dû interdire l'embauche de travailleurs extérieurs et offrir des primes au retour à ces millions de paysans attirés par les lumières de la ville » (R. FRANKLIN, mars 1989).

La migration, en amenant dans les villes des individus jeunes, contribue à accélérer la progression démographique naturelle, après une période de transition au cours de laquelle le déséquilibre des sexes reste marqué. Dans de grandes villes, au développement déjà ancien, la natalité est ainsi venue prendre le relais de l'apport migratoire : à Mexico, la migration ne fournit plus que 55 % de l'accroissement total et à Lima, depuis peu d'années, la croissance naturelle de la population dépasse le volume des migrations, pourtant considérable. Les deux sources de croissance – naturelle et migratoire – se conjuguent donc pour faire progresser la population urbaine deux à trois fois plus vite que la moyenne nationale, et quatre à cinq fois plus vite que la population des campagnes.

b Les carences de l'industrialisation

Bien que les villes soient le point de localisation préférentielle des entreprises industrielles, l'étroitesse générale de ce secteur (moins de 10 % des actifs en moyenne et à peine 15 % dans les pays les plus avancés) ne permet pas d'éponger de façon satisfaisante la demande considérable des nouveaux migrants. L'industrie authentique, organisée en unités de production de taille conséquente et à haut degré de technicité, y demeure souvent marginale et, de toutes les manières, faiblement créatrice d'emplois. L'exemple de *Dakar* est révélateur : pour 110 000 emplois au total, on recense 37 000 adultes à la recherche d'un travail et 70 000 personnes vivant d'expédients, tandis que chaque année arrivent au moins 25 000 migrants. Or l'industrie – au demeurant plus développée que dans beaucoup d'autres villes africaines – n'a créé que 13 000 emplois dans 243 entreprises (soit une moyenne assez basse de 58 ouvriers par établissement), alors que l'on compte au moins 3 000 petits commerçants et 7 000 détaillants sur les marchés (statistiques de 1972).

Les cas de très forte industrialisation urbaine restent artificiels et ambigus : la croissance des emplois à *Hong Kong* (30 000 emplois industriels en 1946 et 880 000 en 1980) a été exceptionnelle, de même qu'à *Singapour*, où se sont installées de nombreuses entreprises étrangères (General Electric, Esso, Nestlé, Unilever, Rolleiflex...) dans divers secteurs, raffineries de pétrole, industries textiles, montage de voitures, édition, appareillage photographie et électrique, etc. Mais, malgré un contrôle strict de l'immigration et une ardente recherche d'investissements nouveaux, le chômage y reste pressant : l'industrie se révèle incapable de créer les 10 000 emplois supplémentaires nécessaires chaque année et il faut continuer à gonfler artificiellement le secteur tertiaire, commerce, services divers, transports, tourisme. « Un mélange de ténacité et de prévoyance a donné des résultats certains mais l'économie reste encore assez fragile car, tant pour les affaires et le commerce que pour le récent secteur industriel et le tourisme, elle subit très fortement les vicissitudes de l'économie de marché des pays développés » (T.G. McGEE).

Cette remarque peut aisément être étendue à la plupart des villes du Tiers monde : l'urbanisation y progresse à un rythme sans commune mesure avec l'industrialisation (en Tunisie, l'industrie manufacturière n'emploie que 3 % des actifs alors que les villes groupent 45 % de la population totale ; au Chili, la population urbaine n'a pas cessé d'augmenter : 64 % en 1960, 81 % en 1981, alors même que la part du secteur industriel régressait). Le secteur tertiaire, plus lié à la consommation qu'à la production, fournit l'essentiel des nouveaux emplois, avec le bâtiment et les travaux publics ; les relations économiques avec l'étranger constituent un des moteurs de la croissance des villes, dont elles aggravent la dépendance et la précarité comme on l'a déjà vu. Le *chômage* est alors inévitable, touchant souvent 15 % des actifs (dans sa définition la plus restrictive) et atteignant 20 à 21 % dans les villes marocaines, ivoiriennes et guyanaises, 27 % dans les villes algériennes. Les jeunes de 15 à 24 ans sont touchés dans des proportions très supérieures, souvent de l'ordre de 40 % (Algérie, Surinam, Sri Lanka) et l'immigration incontrôlée en est une des causes principales.

4 Le dualisme urbain : « des distances intérieures considérables » (M. SANTOS)

La ville est, en pays sous-développé, le milieu qui reflète de la façon la plus évidente et la plus spectaculaire les distorsions et les contradictions profondes du système socio-économique : la lecture en est d'autant plus facilitée que ces disparités fonctionnelles se projettent violemment sur l'espace urbain qu'elles fractionnent en un certain nombre de secteurs fortement contrastés.

a Le dualisme au niveau des activités et des circuits économiques

L'opposition est brutale entre une mince frange de fonctions de niveau supérieur – toutes monopolisées par la grande ville : haute administration, gestion politique, activités financières et bancaires, import-export et commerce de gros, industrie moderne à haute technicité, etc. – et une foule d'activités de type archaïque et pré-industriel.

Ce secteur traditionnel est d'abord marqué par la survivance fréquente d'activités agricoles dans la ville même ou dans son immédiate périphérie : le ***secteur primaire*** occupait encore, vers 1960, 20 % des actifs de Valencia (Venezuela), 14 à 15 % des actifs de Bangkok, de l'agglomération de Dakar, de Bouaké, 12 % à Bangui, 5 à 7 % à Brazzaville, Abidjan ou Djakarta. Il s'agit, pour l'essentiel, d'activités de maraîchage, d'élevage et de pêche, maintenues et développées pour la vente sur les marchés urbains, mais aussi de cultures vivrières traditionnelles, pratiquées à titre d'appoint par les citadins d'extraction rurale récente, dans les petits jardins ou vergers qui entourent leur maison. « À Bamako, l'élevage est pratiqué par les citadins ; il est surtout le fait des Peuls, pour qui il demeure l'occupation principale ; bergers avant tout, ils quittent chaque jour la ville avec leur troupeau pour faire paître les bêtes. On compterait ainsi près de 3 000 bovins dans la cité… Mais à cet élevage urbain du gros bétail commun à toutes les villes des zones où domine l'activité pastorale, il convient d'ajouter… celui des ovins, des caprins et des volailles, qui errent d'une parcelle à l'autre et encombrent parfois les rues, où les véhicules leur font connaître souvent un sort tragique » (P. VENNETIER). D'après J.-P. PERONCEL-HUGOZ, « 20 % des habitants du Grand Caire exercent des professions agricoles et près d'un tiers d'entre eux se définissent comme des "gens de la campagne", où sont nés environ trois millions de Cairotes ».

La campagne se glisse ainsi la ville, et les deux milieux conservent des relations étroites et vitales. De l'une à l'autre, la mobilité de nombreuses « populations flottantes » est souvent considérable : les urbains (les femmes principalement) reviennent périodiquement travailler sur les exploitations agricoles tandis que les ruraux fuient vers la ville dans l'espoir d'un maigre revenu à la suite des fréquentes crises agraires. Ces mouvements sont d'autant plus intenses que la ville concernée est de croissance récente ; ailleurs, les activités ont tendance à se stabiliser et à se spécialiser, et le secteur primaire urbain à disparaître progressivement.

La deuxième grande catégorie est celle des ***travailleurs indépendants de l'artisanat, du commerce et des services***, l'imbrication entre ces trois secteurs étant si inextricable dans la réalité quotidienne qu'il serait artificiel de distinguer aussi rigoureusement qu'ailleurs les activités « secondaires » et « tertiaires ». « L'atelier de l'artisan, ou sa boutique, se réduit souvent à fort peu de choses : ce n'est parfois qu'un abri en plein air, un tapis sur le sol nu, une table et une chaise devant sa maison. Il offre sa marchandise sur place, mais pratique également la vente ambulante et le porte-à-porte... » (P. VENNETIER). À cheval sur la production et la vente, l'artisanat et le commerce, prolifèrent ainsi les petits métiers de la confection (tailleurs, teinturiers, tanneurs, fabricants de chaussures...), de l'alimentation (vendeurs à la criée de beignets, de galettes de manioc, de tortillas, de glaces...), de l'artisanat d'art ou de luxe (travail du bois, du bronze, de l'ivoire, poterie, de vannerie, bijouterie, marqueterie...) La masse des ***minuscules revendeurs*** peut en être rapprochée : elle va du restaurateur et du marchand de soupe ou de viande grillée en plein air jusqu'à l'individu qui propose – sous le manteau – un objet qu'il vient de subtiliser sur un étal ou sur les docks, en passant par une prodigieuse diversité de ventes à l'unité, fruits et légumes, cigarettes, savonnettes, lames de rasoir, images pieuses et recettes thérapeutiques douteuses, « objets d'art » d'authenticité discutable, etc. On en est réduit, dans ce domaine, à d'incertaines évaluations : on compterait ainsi 110 000 « revendeurs des trottoirs réguliers » à Bogota et les formes multiples d'« économie informelle » occuperaient au moins 40 % des actifs dans les villes indiennes. À Kinshasa, Marc PAIN a recensé « un artisan pour 25 à 30 familles, un commerçant stable pour 60 familles... un microcommerce, par essence flottant et instable, pour 6 à 8 familles ». Il ajoute : « Si l'on considère la totalité des activités, on s'aperçoit qu'une parcelle d'habitation sur trois ou quatre est le siège d'une petite activité ou d'un petit métier et cela sans compter les vendeurs réguliers des marchés (en 1975, 67 marchés, 48 000 vendeurs dont 40 000 dans les 25 marchés de plus de 500 vendeurs). »

Une place particulière doit être accordée aux ***professions dérivées de l'automobile***, aussi bien pour ce qui concerne les transports que l'entretien, les réparations et la récupération des véhicules les plus divers, les plus surprenants et les plus ingénieux. Les seules activités de transport dans la région de Dakar représenteraient le quart environ des travailleurs et le tiers des établissements déclarés dans l'ensemble du secteur privé ; la proportion des actifs masculins occupés par les transports urbains s'établirait à 13 % à Abidjan et de 15 à 40 % dans les diverses agglomérations du Zaïre. Les taxis collectifs, qui suppléent à la carence des transports en commun, et les taxis individuels, sont un des éléments les plus typiques de la ville du Tiers monde : pléthoriques, d'une agitation fébrile de fourmis laborieuses, bruyants et parfois tapageusement décorés, ils foisonnent à Port-au-Prince comme à Abidjan, à Tunis comme à Bogota. « Ils s'arrêtent à la demande, n'importe où, au milieu d'une avenue ou même d'un carrefour, bloquent toute une rangée de voitures pendant plusieurs minutes, puis coupent en repartant plusieurs files, afin de gagner du temps », note B. MARCHAND, qui attire par ailleurs – à propos des bidonvilles (*ranchos*) de Caracas – l'attention sur « l'importance de l'automobile dans la vie des *rancheros*, qu'ils soient chauffeurs d'autobus, de camions ou de taxis, mécaniciens ou revendeurs de pièces détachées. Les cimetières de voitures, très nombreux dans les *ranchos*, permettent de récupérer toutes sortes de pièces que des bricoleurs audacieux n'hésitent pas à remonter sur des véhicules d'une autre marque. Cette activité, qui tient plutôt du chiffonnier, du magicien et du charlatan que du véritable mécanicien est l'une des plus répandues… et marque fort bien le contact entre une main-d'œuvre misérable et très peu qualifiée et la civilisation moderne du gadget ». Il faut enfin noter, dans ce secteur traditionnel, la place importante des services domestiques, constituant en Amérique latine 20 à 25 % des effectifs du « tertiaire », 6 à 7 % des emplois totaux dans les villes africaines, et la quasi-totalité des chances de travail féminin (78 % des emplois occupés par les femmes des quartiers miséreux de Caracas).

b Le dualisme au niveau des structures sociales

Les grands clivages sociaux ayant déjà été envisagés, on se bornera ici à retenir ce que la ville présente de spécifique en ce domaine. C'est d'abord une opposition fondamentale – et aisément visible dans la réalité urbaine – entre les emplois stables et les occupations temporaires, aléatoires, correspondant à quelques heures de travail par semaine ou quelques semaines dans l'année, et concernant les secteurs les plus divers, commerce, domesticité, construction mais aussi industrie et administration. Des nuances supplémentaires viennent accuser les disparités urbaines :

— entre salariés de l'artisanat ou des petites industries et employés du secteur moderne, peu nombreux et beaucoup mieux payés : au Venezuela, les ouvriers des raffineries modernes ont un salaire sept fois plus élevé que ceux des entreprises familiales ;

— entre salariés et travailleurs indépendants, propriétaires d'un mince capital, les passages d'un statut à l'autre étant assez fréquents ;

— entre employés du secteur privé ou public, ce dernier, bien que déjà pléthorique (29 % à 33 % des actifs totaux à Bangkok, Manille et Djakarta, 28 % des salaires versés en Côte-d'Ivoire) étant le plus recherché, car gage de fonctionnarisation et de promotion sociale ;

— entre des foules d'origine rurale récente, sous-scolarisées, sans qualification, et une étroite frange de cadres hautement spécialisés (banque, recherche, industrie) et de membres des professions libérales. Il s'agit souvent, d'ailleurs, de techniciens étrangers restés aux postes de responsabilité (on compte encore 45 000 Européens à Dakar, 40 000 à Luanda, 20 à 25 000 à Abidjan, 22 000 à Nairobi) en attendant une difficile relève locale (cf., par exemple, les programmes de « sénégalisation » ou de « marocanisation »). La confusion subsiste pour ce qui concerne l'ampleur relative des écarts sociaux : à l'interrogation traditionnelle : « les inégalités sont-elles plus marquées à la ville ou à la campagne ? », les auteurs ont en effet diversement répondu et de manière peu convaincante. L'écart, lorsqu'il peut être perçu, paraît toujours énorme (1 à 200 à Brazzaville pour les revenus urbains), et ce d'autant plus que le contact entre les diverses couches sociales est brutal. C'est ce qu'exprime bien P. GEORGE : « La misère s'est transférée de la campagne où elle était diffuse à la ville où elle est concentrée », avant de décrire « la tragédie de ces foules attendant le salut d'une ville » qui ne peut pourtant pas leur offrir les perspectives concrètes espérées…

C Le dualisme au niveau de l'organisation et du paysage urbains

Pour aussi divers que puissent être leur héritage et leurs noyaux historiques, toutes les villes du Tiers monde présentent des caractères dominants identiques qui découlent des conditions actuelles de l'urbanisation, dévorante, incontrôlée, anarchique (fig.19 et 20). Ces caractères sont essentiellement : l'étalement et l'étirement en gigantesques tentacules le long des axes de transport, la densification ou la rénovation des zones centrales, **l'extrême hétérogénéité de l'espace et son fractionnement en quartiers discontinus, isolés, mal reliés entre eux, s'organisant et évoluant de manière plus ou moins autonome**. **Tout dans ce paysage dégage une impression d'*inachèvement*, de dispersion, d'improvisation**, d'abdication générale devant les agents individuels de l'urbanisation, simples citadins, lotisseurs ou promoteurs. L'« aménagement » urbain se fait au gré des vents de l'individualisme, du profit et de la ***spéculation***, exceptionnellement florissante ici : à Caracas, à Lima, à Mexico et dans plusieurs villes africaines sont fréquemment signalées des ventes illégales de lots à bâtir ; en Colombie, le coût du terrain va jusqu'à constituer 40 % du coût total de la construction et a été multiplié par 12 à Lima de 1950 à 1967 ; à Téhéran, les prix immobiliers ont doublé entre 1975 et 1978 et la capitale concentre désormais – pétrole exclu – 60 % de la valeur ajoutée iranienne. À Buenos Aires, « la spéculation immobilière est d'autant plus acharnée que rien, en fait, ne vient lui imposer de limite » (C. CHAMPENOIS) ; le prix des loyers y a quadruplé en trois ans. Quarante et un pour cent des immeubles construits à Istanbul l'auraient été sans aucun permis : les effondrements meurtriers de grands immeubles d'habitation, édifiés au défi des règles élémentaires de sécurité, y sont monnaie courante...

Les **carences dramatiques en matière de *logement*** entretiennent cette fièvre spéculative : il manque à Alger au moins 150 000 logements et le taux moyen d'occupation atteint 7,8 personnes par logement ; on y construit 10 000 logements nouveaux par an alors que le rythme souhaitable serait de 100 000 ! Au Caire, le déficit est estimé à 600 000 habitations, et à 28 millions de logements dans les villes indiennes ; à Lima, dans les taudis surpeuplés du centre, la densité dépasse 1 100 habitants par hectare...

Ce laissez-faire, pondéré parfois par quelques interventions publiques de réaménagement, a eu pour conséquence d'affirmer la profonde différenciation des quartiers suivant leur origine, leur morphologie, leurs équipements, leur contenu ethnique, social et professionnel, c'est-à-dire le **phénomène dominant de la *ségrégation***. Celle-ci est le plus souvent originelle et volontaire, comme le décrit P. VENNETIER pour l'Afrique : « un principe partout respecté a été celui de la séparation entre "ville des Blancs" et "ville des Noirs" : refus de cohabitation parfois, plus souvent conséquence de coutumes différentes. La limite entre les deux cités est presque partout marquée sur le terrain : c'est un accident topographique, une zone marécageuse, une large route, une voie ferrée... Partout se sont individualisés deux ensembles de quartiers entièrement différents par leur forme, leur paysage et leur contenu humain : d'une part, les quartiers où sont groupés presque tous les Européens, et constituant ce que l'on a souvent appelé la "ville blanche", partie de l'agglomération la plus urbanisée et la plus moderne d'aspect ; d'autre part, les quartiers abritant la grande masse des autochtones, la "ville noire", domaine de l'habitat de type traditionnel, vivant comme à l'ombre et sous la dépendance économique de la première ».

FIGURE 19
« TAUDIFICATION ET BIDONVILLISATION » : L'EXEMPLE DE LIMA

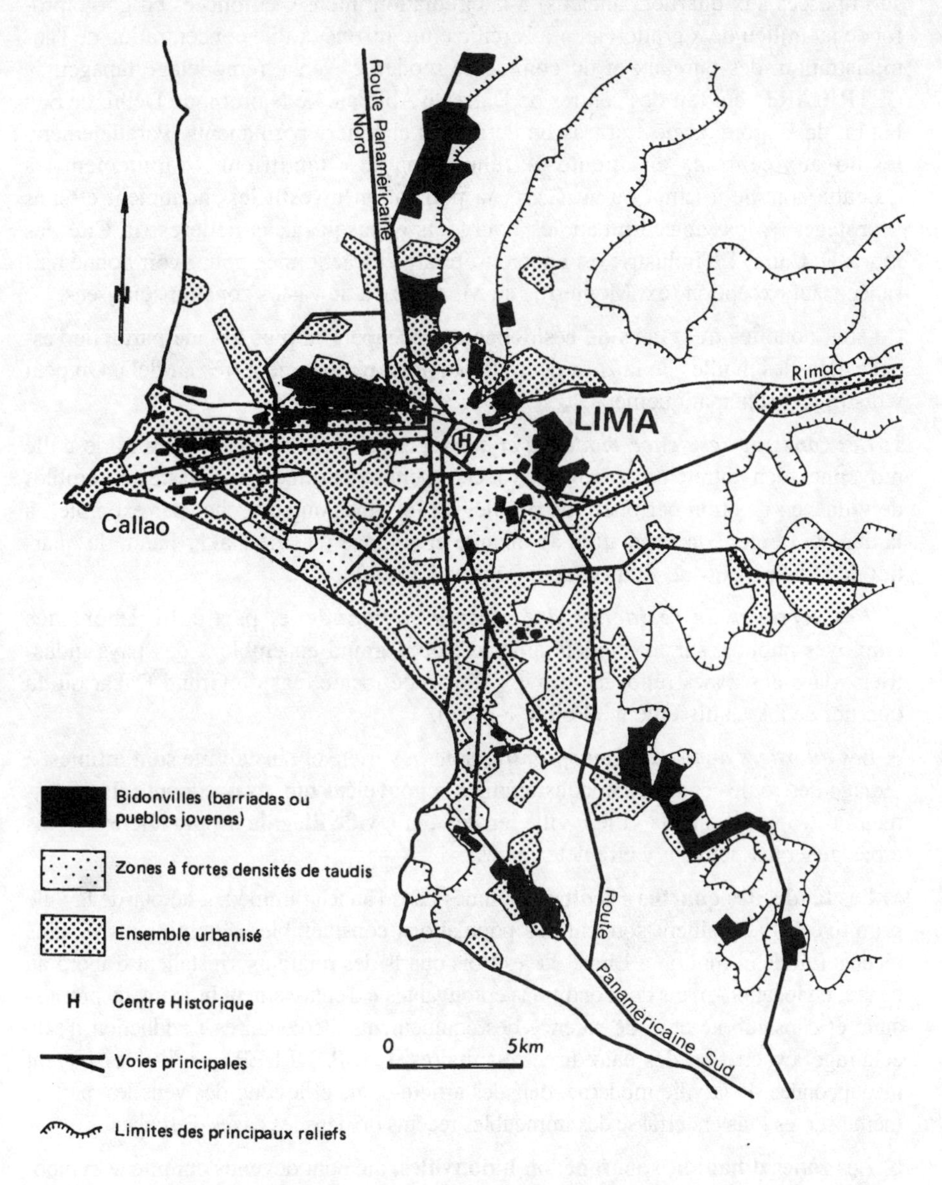

(Source : d'après J.P. DELER, *Cahiers de l'Institut des Hautes Études d'Amérique latine*, 1973)

Ce clivage fondamental, atténué dans les villes d'Asie et d'Amérique latine où les différenciations ethniques sont moins nettes, se double de disparités fonctionnelles qui opposent surtout un noyau central, sorte de « City », d'où jaillit une forêt de très hauts immeubles de prestige, occupés par les grandes sociétés bancaires, industrielles, commerciales et de transport, et un immense « **magma résidentiel** », en général assez bas, étiré et dilué loin du site primitif, au-delà des premières auréoles de faubourgs. La « ***vitrine urbaine*** » ne se différencie guère du modèle nord-américain, désormais étendu au monde entier : de larges voies (souvent des autoroutes surimposées aux quartiers anciens) à la circulation intense, enfoncées en gorge profonde au milieu de « gratte-ciel » à l'architecture raffinée ; une concentration de l'administration, des bureaux et du commerce moderne ; un « remodelage tapageur » (J. TRICART) qui fait des centres de Dakar, d'Abidjan, de Nairobi, de Delhi, de São Paulo, de Bogota ou de Caracas de véritables chantiers permanents. Parallèlement, les noyaux centraux en attente de rénovation se « taudifient » rapidement : à Calcutta comme à Lima ou au Caire, la population investit les monument et sites « protégés », les vieux immeubles bourgeois et jusqu'aux cimetières (la Cité des morts au Caire) ! L'industrie est encore trop rare et fractionnée pour avoir donné naisance, sauf exception (ex. Monterrey au Mexique), à de vastes zones spécialisées.

Ce sont donc les **quartiers de résidence** qui occupent la plus grande partie de l'espace, dans les mailles de la zone centrale ou, plus fréquemment très au-delà. On peut y distinguer schématiquement :

1. ***Les zones de résidence moderne et aisée*** près du centre, en immeubles de taille moyenne, bien entretenus, rénovés ou récemment construits, ou en vastes ensembles de villas, en position périphérique privilégiée (collines ou corniches par exemple), à la densité faible, à la végétation abondante et soignée (cas de Dakar Fann, du quartier de Didier à Fort-de-France, de la Molina à Lima).

2. ***Les secteurs de résidence des classes moyennes***, et particulièrement des employés publics, sur un modèle aménagé du « grand ensemble » des pays industriels, dans des zones rénovées par la collectivité locale (cas du Grand Dakar ou du quartier de l'Assainissement à Pointe-à-Pitre).

3. ***Les quartiers de résidence populaire***, dont la variété et l'instabilité sont infinies, à l'image des foules énormes et constamment renouvelées qui les occupent : ils constituent, par opposition à la ville « ville légale », la « **ville illégale ou parallèle** ». Trois types généraux peuvent y être déterminés :

a) **Les taudis des quartiers centraux** : situés dans l'anneau immédiat autour de la ville primitive, ils accueillent souvent des populations considérables d'immigrants urbains récents (un demi-million à Lima, où les trois quarts des migrants s'installent d'abord au centre, en location), dans des conditions éprouvantes « d'entassement humain, de promiscuité et d'insalubrité et… de carence des équipements élémentaires : adduction d'eau, éclairage, évacuation des eaux usées, sanitaires » (J.-P. DELER), en lisière souvent insoupçonnée de la ville moderne, dans les arrière-cours et le long des venelles, parfois même sur les toits en terrasse des immeubles récents ou dans les cages d'escalier…

b) **Les zones d'habitat spontané, ou bidonvilles**, qui sont devenus comme le symbole de l'urbanisation en pays sous-développé. On en a recensé de multiples nuances locales (ex. les jonques et les sampans dans les ports asiatiques), ordonnables en deux types principaux : **les bidonvilles incrustés dans le tissu urbain**, installés déjà depuis plusieurs décennies, largement débordés aujourd'hui par l'extension de l'agglomération, consolidés par des reconstructions en dur, fortement densifiés et pourvus parfois d'un minimum d'équipements, au moins en bordure (*favelas* de Rio ou *ranchos* de Caracas) ; **les extensions illégales dans la périphérie mi-rurale mi-urbaine**, construites clandestinement sur des terrains au statut juridique imprécis par des nouveaux venus ou par des familles abandonnant les taudis du centre pour s'établir plus individuellement dans un cadre médiocre, mais qui – partiellement – leur appartient. Au Pérou, à l'image des « invasions urbaines » fréquentes dans de nombreux PVD, *la barriada* (bidonville) naît généralement nuitamment de l'envahissement d'un terrain par un groupe de familles réunies dans ce but en association… Après l'invasion, les envahisseurs s'efforcent d'améliorer les conditions de leur habitat en dotant les barriadas d'une infrastructure minimum et de certains équipements publics indispensables tels que l'électricité, l'école pour leurs enfants, etc. » (J. WEISSLITZ).

c) **Les grandes cités de relogement périphérique**, qui sont présentées comme une réponse aux processus de taudification et de bidonvillisation, les pouvoirs publics prenant en charge l'aménagement rudimentaire de vastes « lotissements économiques », dont l'ampleur peut devenir considérable : 300 000 habitants à Pikine, près de Dakar (1/4 de la zone urbaine), 3 millions dans la « colonie prolétarienne » de Nezahualcoyotl, près de Mexico (1/5 de l'agglomération). Ce dernier cas est un des plus spectaculaires qu'on puisse décrire : sa population est passée de 60 000 habitants en 1960 à 580 000 en 1970, plus d'un million en 1975 et 3 millions actuellement !

Ces diverses zones populaires présentent en commun un certain nombre de caractères qui constituent les éléments de leur marginalité : établissement sur des sites dangereux (fortes pentes, ravins, fonds ennoyés, dunes, bordures lacustres, etc.), transposition urbaine de formes rurales (constructions, famille élargie, cloisonnement, agriculture et élevage), extrême instabilité (de la population, des constructions, des couples, de l'emploi, de la subsistance), sous-équipement dramatique par rapport aux autres quartiers (5 % avec l'eau à domicile dans les *barriadas* de Lima), rejet dans les périphéries lointaines compromettant les chances d'intégration, etc. L'étendue des besoins est désespérante pour des pays démunis : dès 1963, on considérait que 4,5 millions de personnes vivaient dans les bidonvilles en Amérique latine et, selon un rapport de l'ONU de 1980, les deux tiers des urbains de ce continent résideraient actuellement dans un habitat insalubre ou spontané (tableau 4).

TABLEAU 4
POURCENTAGE DES HABITANTS VIVANT DANS LES QUARTIERS INSALUBRES ET LES HABITATS INFORMELS DE QUELQUES VILLES DU TIERS MONDE

Afrique	Asie	Amérique Latine
Addis-Abeba (1980) : 85 % 34 %	Bombay (1988) : 57 %	Rio de Janeiro (1980) :
Lagos (1981) : 58 %	Calcutta (1980) : 40 %	São Paulo (1980) : 32 %
Nairobi (1986) : 34 %	Delhi (1981) : 50 %	Mexico (1980) : 40 %
Le Caire (1980) : 84 %	Manille (1980) : 40 %	
	Séoul (1988) : 12 %	

(Sources : OIT et ONU, d'après *Courrier ACP-CEE*, janvier-février 1991)

FIGURE 20
DEUX EXEMPLES D'EXPANSION URBAINE

Le Caire

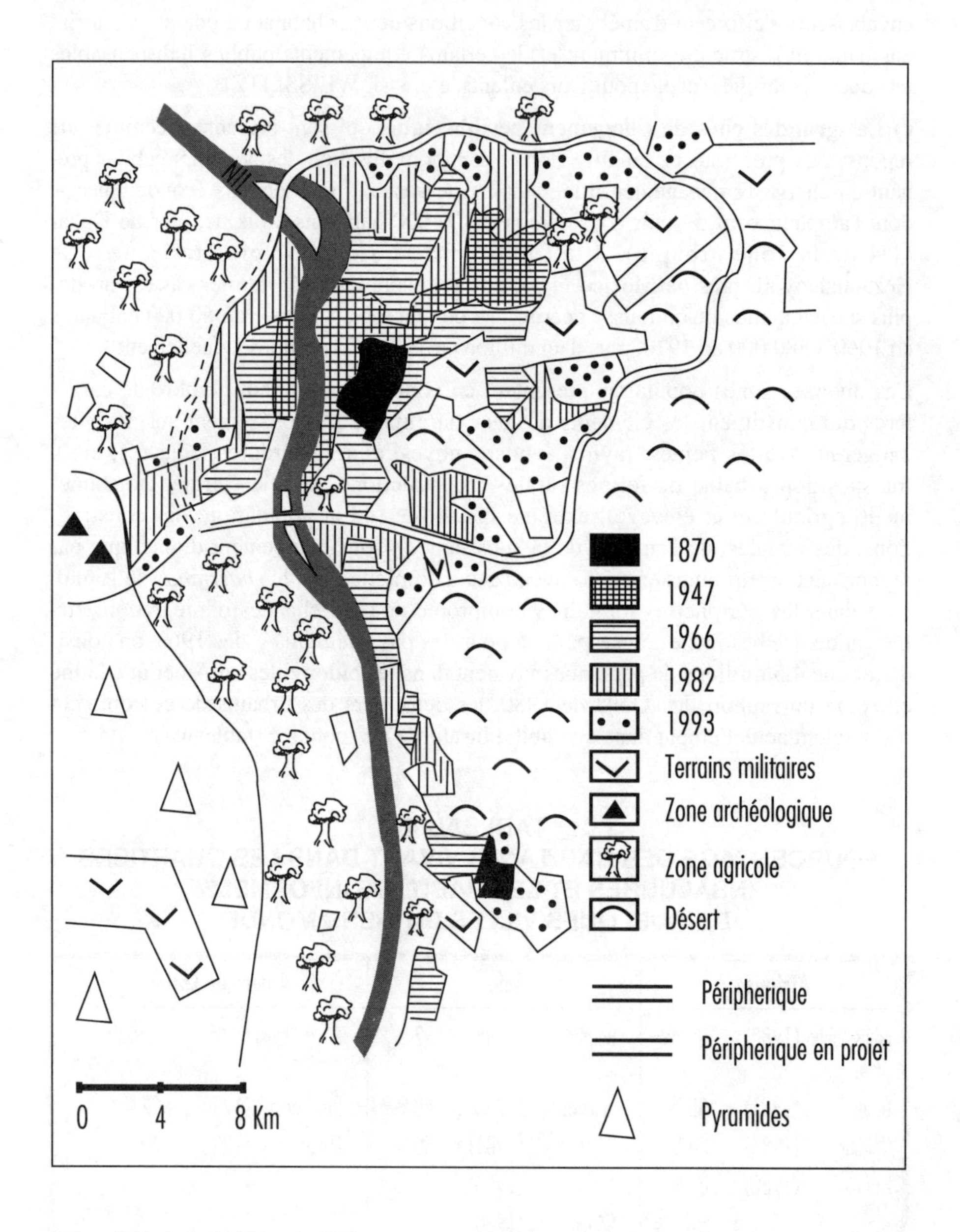

(Source : *Savoirs, Le Monde diplomatique*, 1993)

Mexico

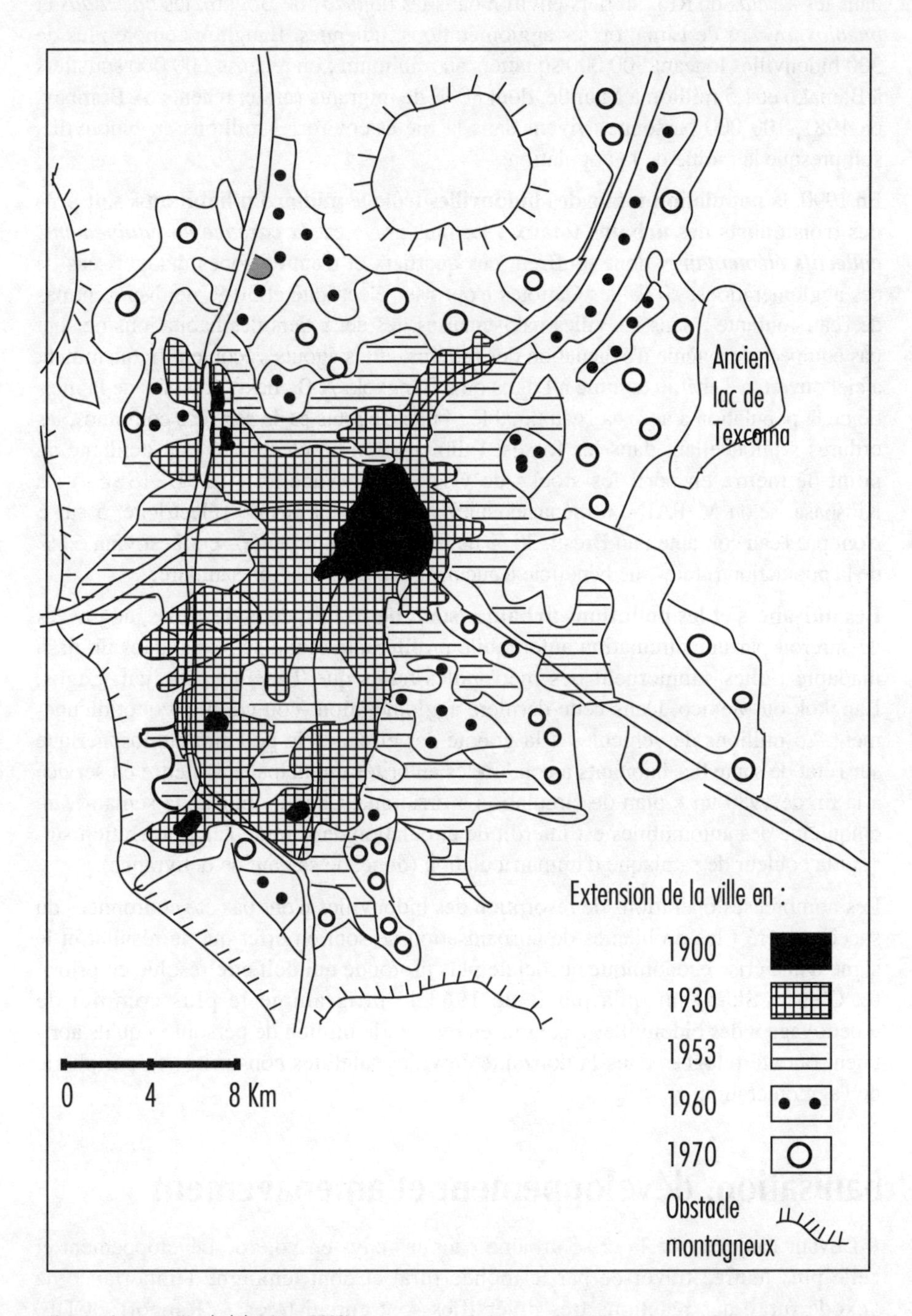

(Source : *Savoirs, Le Monde diplomatique*, 1993)

Les indications obtenues pour diverses agglomérations viennent confirmer la place considérable de ces formes d'habitat : 40 % des urbains (1,8 à 2 millions) accueillis dans les *favelas* de Rio, un tiers environ dans les *tugurios* de Bogota, les *barriadas* et *pueblos jovenes* de Lima, ou les agglomérations indiennes. Bangkok compte plus de 300 bidonvilles logeant 800 000 squatters au minimum ; on recense 600 000 squatters à Bamako et 1,5 million à Manille, dont 80 % de migrants ruraux récents. À Bombay, en 1981, 100 000 personnes vivent dans la rue et environ 3 millions en bidonville, soit presque la moitié de la population.

En 1990, **la population totale des bidonvilles frôle le milliard d'habitants, soit près des trois quarts des urbains totaux** ! Le plus grave est ***la carence en équipements collectifs élémentaires*** dont souffrent ces quartiers et d'autres zones défavorisées de ces agglomérations. 20 % des Cairotes n'ont pas l'électricité et 30 % ne disposent pas de l'eau courante ; dans les villes pakistanaises, les deux tiers des habitations ne sont pas équipées de sytème d'évacuation des ordures, et les égouts s'écoulent fréquemment à ciel ouvert, à Téhéran comme à Lagos ou à Bangkok. À Bamako, « moins de la moitié de la population a accès à l'eau potable ; faute d'égouts et de services communs, les ordures s'amoncellent dans les fossés, l'alimentation en électricité est vacillante au point de mettre en péril les stocks de vivres et de vaccins » (C. BRISSET) ; à Kinshasa, selon M. PAIN, 6 ménages sur 7 ne disposent pas de l'électricité, 5 sur 6 n'ont pas l'eau courante ; au Brésil, 30 % de la population urbaine – et, il est vrai, 63 % de la population rurale – ne bénéficie d'aucune sorte d'installation sanitaire…

Les nuisances et les pollutions urbaines sont, de ce fait, considérables, aggravées de surcroît par une circulation automobile proliférante et indisciplinée dans un tissu inadapté : elles submergent des métropoles telles que Téhéran, Abidjan, Lagos, Bangkok ou Mexico. Dans cette dernière agglomération – où circulent quotidiennement 2,5 millions de véhicules – la gravité des effets de la pollution atmosphérique sur l'état de santé des habitants a conduit les autorités municipales à mettre en service à la fin de 1989 un « plan de circulation » drastique. Chaque jour de la semaine, un cinquième des automobiles est interdit de circulation dans toute l'agglomération suivant la couleur de sa plaque d'immatriculation (donc, de sa date de délivrance).

Les nombreuses opérations de résorption des bidonvilles n'ont pas été couronnées du succès espéré : les problèmes de l'urbanisation ne sont en effet que le résultat et le signe d'une crise économique et sociale plus profonde qui doit être résolue en priorité. C'est à Shanghaï qu'à partir de 1963 le programme le plus complet de « nettoyage » des bidonvilles a été mis en œuvre : le million de personnes qu'ils abritaient ont été relogées dans la douzaine de villes satellites construites en périphérie de l'agglomération.

5 Urbanisation, développement et aménagement

« Devant l'ampleur de la crise urbaine dans les pays en voie de développement et celle plus feutrée traversée par le monde rural et dont témoigne l'importance de l'exode rural, des réactions très diversifiés sont enregistrées » (Rapport OCDE, 1973). En effet, experts ou chercheurs sont parvenus à des thèses diamétralement opposées sur les effets du développement urbain, ce qui a donné naissance dans le

Tiers monde à des politiques urbaines très diverses, préconisées par les aménageurs et les responsables nationaux. Trois types de raisonnement et d'intervention peuvent être schématiquement retenus.

a La critique urbaine et les politiques de freinage des villes

Les arguments avancés par les tenants de cette thèse (parmi lesquels René DUMONT ou Yves LACOSTE) sont connus et indéniables : rôle souvent parasitaire de la ville (prélevant sa main-d'œuvre et ses revenus sur un milieu rural à qui elle ne restitue que très peu en échange) ; sclérose des « élites » urbaines traditionnelles ; aggravation des inégalités de revenu avec les campagnes ; développement d'une consommation de type occidental très coûteuse pour l'ensemble du pays (G. SAUTTER a démontré la corrélation existant entre le degré d'urbanisation et l'ampleur des importations de produits alimentaires) ; fonction urbaine limitée à celle d'un simple intermédiaire avec les pays étrangers économiquement dominants, etc. Les villes – particulièrement les plus grandes – apparaissent alors comme des organismes improductifs et prédateurs, entretenus à grands frais par des masses rurales laborieuses, à la croissance artificielle et trompeuse, et dont les « effets de stoppage » économique et social l'emportent nettement sur les bienfaits. La priorité des investisssements, des équipements et des infrastructures doit donc être réservée aux campagnes, tandis que la croissance urbaine est volontairement freinée, voire stoppée. Cette position, directement inspirée des principes marxistes de réduction des inégalités entre la ville et la campagne, a surtout été appliquée en **Chine** où des quotas annuels d'immigrants ruraux doivent être respectés et où l'immigration inverse a été systématiquement encouragée, et à Cuba (« Plus de ruralisme et moins d'urbanisme ! », Fidel Castro), où, depuis 1963, de nombreuses mesures ont cherché à faire disparaître le parasitisme de La Havane… sans grand succès. Décentralisation des usines vers le milieu rural, suppression massive d'emplois bureaucratiques, participation obligatoire des urbains aux travaux agricoles, développement d'un « cordon agricole » tout autour de la ville pour la « ruraliser », encouragements au renversement des flux migratoires, sont les principales de ces mesures qualifiées d'« anti-urbaines » : leur efficacité réelle s'est révélée plutôt limitée et décevante en général.

b La thèse du développement urbain nécessaire

Elle apparaît de façon nuancée et critique dans les diverses études de Milton SANTOS pour qui « en tant qu'expression du sous-développement, la ville porte en même temps en elle le germe de l'évolution et de la rénovation ». Les arguments avancés sont, ici aussi, difficilement niables :

— phénomènes irréversibles et incontrôlables de l'exode rural et du gonflement urbain, liés à la modernisation des campagnes ;

— gamme de possibilités d'emploi, de promotion, de revenu, plus étendue et variée à la ville qu'à la campagne ;

— multiplicité et souplesse des « secteurs-refuges » d'emploi : artisans, commerce, transports, services divers, permettant d'absorber (imparfaitement) les surplus démographiques venus du milieu rural ;

— taux d'équipement (scolaire, sanitaire, social, culturel...) supérieurs en ville à cause des coûts moindres de desserte d'une population concentrée ;

— diffusion malaisée mais indiscutable de formes économiques modernes et de comportements sociaux plus progressifs (ex. maîtrise de la natalité) : « Les villes ont toujours été des centres de progrès et des creusets de civilisation » (Rapport OCDE, 1973).

L'écrivain péruvien J.-M. ARGUEDAS a remarquablement exprimé cette espérance : « Tu sais bien pour quelles raisons ils ont fui la Sierra. Là-bas, l'espoir n'existe pas ; à Lima, d'affamés, ils deviennent manœuvres, ouvriers ; de parias, propriétaires d'une cabane menacée par la police, et de propriétaires d'une cabane, patrons d'une maison en brique construite la nuit sur 50 ou 100 m^2, parfois 200. Ces quartiers empestent l'excrément humain, la pourriture ; maintenant, avec la lente prospérité de leurs habitants et l'importance électorale qu'ils ont atteinte, on les nettoie. Certains habitants ont déjà la lumière et l'eau. D'autres meurent de soif, de faim et de puanteur ; mais ils attendent en exerçant n'importe quel métier, car ils savent qu'ils arriveront à s'élever. Dans la Sierra, on ne leur offre que l'esclavage, le fouet des majordomes et, en outre, la faim, sans ciel, sans horizon » (cité par J.-P. DELER).

Cette conception plus positive des perspectives urbaines est illustrée aussi par la tendance à la revalorisation de l'image et de la réalité des bidonvilles, ainsi que par l'encouragement aux initiatives d'autoconstruction collectives (politique des « trames urbaines ») en Asie comme en Amérique latine. D'autres pays, dont le Maroc ou le Venezuela fourniraient des exemples, continuent à pratiquer une « politique-bulldozer » d'éradication des bidonvilles...

C L'indispensable restructuration du réseau urbain

Le clivage ville/campagne paraît d'autant plus irréductible dans le Tiers monde qu'il oppose fréquemment, à l'intérieur d'un réseau urbain incomplet et désarticulé, un milieu rural sous-équipé et quelques rares grandes agglomérations, polarisant l'essentiel du dynamisme national. Ce dernier phénomène, désigné par le terme de ***macrocéphalie***, prend souvent une ampleur quelque peu monstrueuse : déjà évoqué par São Paulo, il peut être illustré par les exemples de Dakar (17 % de la population mais 47 % des artisans du pays, 53 % des médecins, 68 % des salariés), de Bangkok (8 % de la population mais 64 % des médecins, 78 % des diplômés d'université, 60 % des récepteurs TV et 75 % des automobiles en circulation) et surtout de Lima (20 % des habitants mais 52 % des actifs du « tertiaire » et 67 % du « secondaire », 60 % de la valeur de la production industrielle et des services, 80 % du chiffre d'affaires de l'industrie et 75 % du commerce, 54 % du revenu de l'impôt sur les personnes, 62 % des automobiles en circulation et 83 % de la consommation des produits importés). La puissance cumulative de ces « villes primatiales » les distingue très rapidement des autres agglomérations du pays et, de la première à la seconde ville, pour le chiffre de la population, l'écart devient considérable au Sénégal comme en Côte-d'Ivoire, au Pérou comme en Tunisie. Aussi, la plupart des pays du Tiers monde, soucieux de rééquilibrer le territoire national par un effort (diversement soutenu) de planification et d'aménagement ont-ils été conduits à intervenir dans quatre directions principales :

— une **restructuration de l'espace des agglomérations géantes**, par la déconcentration en périphérie de certaines activités et la création de constellations de villes nouvelles-satellites (New Delhi, Shanghaï, Bangkok, Mexico, etc.) ;

— un effort national de réalisation d'un **réseau convenable d'infrastructures** en direction des régions intérieures mal reliées ou jusqu'ici totalement enclavées : le Kenya et la Côte-d'Ivoire (réseau routier et ferroviaire), le Congo (voie ferrée) et surtout le Brésil (grandes pénétrantes routières vers le Nordeste, le Matto Groso et l'Amazonie) en donnent l'exemple, en insistant sans doute excessivement sur les grands axes nationaux au détriment des réseaux régionaux secondaires ;

— une création ***ex nihilo*** **de pôles nouveaux** dans le but d'introvertir le développement, de l'« intérioriser » pour favoriser l'intégration nationale : construction de capitales nouvelles (Brasilia, Ankara, Chandigarh, Islamabad, Nouakchott, Kuala-Lumpur, Yamoussoukro) ou de noyaux industrialo-urbains (Paotéou en Chine, Chimbote et Pucallpa au Pérou, Ciudad Guyana au Venezuela, San Pedro en Côte-d'Ivoire) dans des zones arriérées, où ils devraient jouer en principe un rôle actif d'entraînement ;

— un renforcement, à l'aide d'une distribution mieux contrôlée des investissements, des **petites villes et bourgs**, bien insérés dans le milieu rural et dont les possibilités d'emploi et les équipements de base doivent être améliorés pour rivaliser avec l'attractivité de la grande ville. Ces centres ruraux peuvent, en liaison avec la production agricole, accueillir des établissements industriels de taille moyenne ainsi que c'est prévu au Kenya, ou recevoir quelques aménagements (administration, bureaux, marchés, hôtels) comme en Côte-d'ivoire, où la célébration annuelle de l'Indépendance a été conçue comme l'occasion de désenclaver et d'équiper les villes de l'intérieur (politiques de « communalisation »).

Ces diverses mesures, encore non généralisées, vont dans le sens souhaité assez unanimement d'une réduction de la coupure entre urbanisation et ruralisme et d'une interaction constante et plus équitable entre les deux milieux et les deux types de développement. Elles permettent de contourner l'un des problèmes majeurs de choix auxquels se heurtent les responsables du Tiers monde : « Porter tous ses efforts sur l'équipement urbain, c'est à coup sûr léser les masses rurales d'une part, c'est aussi précipiter l'exode. Négliger les populations urbaines, en revanche, c'est fermer les yeux sur des situations de pénurie et de catastrophe parfois au moins aussi graves » (Claire BRISSET).

Conclusion

Les troubles urbains multiples enregistrés au cours des dernières années sont, donc, surtout les signes d'une sérieuse **crise de croissance des villes du Tiers monde**. La paupérisation des nouveaux citadins – aggravée souvent par la rigueur des « plans d'ajustement structurel » – s'accompagne de flambées de violence qui trahissent l'ampleur du fossé social (par exemple, « invasions » périodiques et razzia des plages luxueuses de Rio par des bandes de jeunes des *favelas*), d'une ségrégation spatiale renforcée, d'une fragilisation de l'emploi « moderne » et en compensation, d'un bourgeonnement désordonné du secteur informel. Des manifestations spectaculaires viennent démontrer que **la capacité d'absorption** (ou de charge) des agglomérations est dépassée : engorgement, voire paralysie des transports, rejet des nouveaux migrants et des zones d'activité vers des périphéries de plus en plus lointaines, développement terrifiant des épidémies (SIDA, hépatites), très graves pollutions chroniques (illustrées par les encadrés sur Mexico et Rio de Janeiro), accidents écologiques et autres (aériens, ferroviaires, énergétiques, etc.).

Dans la douleur et le paroxysme, c'est pourtant la **formidable montée de la puissance urbaine** qui s'affirme : concentrant déjà, suivant les pays, entre 60 et 80 % du produit national, les villes ne cessent de polariser à leur avantage les dynamismes, et les initiatives, les moyens humains, matériels et financiers, l'instruction et la qualification, les équipements et les projets.

LES RAVAGES DE LA POLLUTION URBAINE

Rio de Janeiro

Fétichisée en cathédrale de la Nature par la statue du Christ rédempteur qui la domine depuis son belvédère du Corcovado, la baie de Guanabara souffre le martyre des monuments en péril. Sa taille de guêpe, qu'un navigateur portugais éberlué prit, il y a exactement quatre siècles, pour l'embouchure de la rivière de Janvier (Rio de Janeiro), lui fait l'effet d'un garrot trop serré. À cause de l'étroitesse du goulet, ses eaux ne se renouvellent pas au rythme qu'exige l'intensité de la pollution multiforme dont elle est, fatalement, devenue le réceptacle. Les roses que l'on y jette en l'honneur de Iemanja et de Ogum, la déesse de l'Eau et le saint Georges des cultes afro-brésiliens, baignent dans un bouillon de culture peu recommandable aux mortels. Minée de l'intérieur, la baie est en danger de mort biologique... L'urbanisation sauvage, fléau commun aux métropoles du Tiers monde, s'étale dès la sortie de l'aéroport international, de part et d'autre de la Ligne rouge, la nouvelle voie express (110 millions de dollars) construite dans des délais records en prévicion de la conférence. Le canal de Cunha, une coulée de vase puante, précède la vue plongeante sur l'immense bidonville du Complexe de la Marée. L'asphalte, le privilège des riches dans l'imaginaire du paria carioca, n'est jamais loin, à Rio, d'une venelle pourrie menant à un amas de cahutes sordides. Ainsi l'ont voulu le relief extravagant et la culture du squatt.

Les 545 favelas (zones de bidonvilles) recensées par la mairie se sont incrustées dans tous les recoins de la ville, sous les bretelles d'autoroute, au flanc des mornes, dans les remblais gagnés sur la mangrove, les bois de palétuviers enracinés sur les berges de la baie. Autant de « bocas de fumo » (points de vente de drogue) que de coupe-gorge. Et des statistiques à faire peur : près de 6 000 homicides l'an dernier dans le « Grand Rio », trois fois plus qu'à Los Angeles. La surpopulation qui sévit sur le pourtour de la baie (9 millions d'habitants) s'ajoute à toutes les autres sources de pollution héritées de l'industrialisation du « Grand Rio » : 16 terminaux pétroliers coutumiers de la mini-marée noire, 6 000 entreprises fertiles en émanations toxiques et un réseau d'épuration capable de traiter à peine 68 tonnes par jour de bouillasse saturée, soit 12 % de cocktail ravageur germes fécaux/déchets chimiques rejeté quotidiennement en mer par les égouts.

Outre ce flot de scories domestiques, la baie doit digérer toutes les vingt-quatre heures 6,9 tonnes de résidus d'hydrocarbures ainsi qu'une quantité non déterminée de chorume, un poison provenant de la décomposition des ordures ménagères (5 500 t/j) déposées dans une zone de mangroves transformée en une gigantesque décharge publique. Dans les premiers temps de la colonisation portugaise, les baleines y faisaient de fréquentes apparitions. Du fait du volume actuel de déchets qu'on y déverse, elle risque de perdre, d'ici un siècle, les deux tiers de ses 381 km². La poldérisation par l'ordure.

Résultat de quatre siècles de laisser-faire : 53 plages définitivement interdites aux baigneurs et une dizaine d'autres, parmi lesquelles Copacabana, Ipanéma, Leblon et São Conrado, hauts lieux du culte de la plage carioca, dont la qualité de l'eau se dégrade au fil des ans. Les amateurs d'ondes garanties salubres sont désormais priés d'aller piquer une tête du côté de la ville nouvelle de Barra da Tijuca, à trente kilomètres du centre. Et les pêcheurs de la baie qui vendent encore directement leur poisson au bout de la plage de Copacabana sont tout aussi menacés d'extinction que leurs proies devenues de plus en plus rares…

Extraits de J.-J. SEVILLA, *Libération*, 5 juin 1992.

Mexico

Mexico. – « Nous crèverons tous comme des mouches » : ce titre sur cinq colonnes à la une d'un quotidien de Mexico reflète la psychose qui s'est emparée de la population de la plus grande ville du monde, obsédée par l'imminence d'une catastrophe écologique. Avec 18 millions d'habitants, et un million de plus chaque année, la ville est la plus polluée du globe. Respirer à Mexico, c'est fumer quarante cigarettes par jour, estiment les spécialistes.

11 000 tonnes de poussières toxiques sont rejetées chaque jour de manière incontrôlée au-dessus de la ville : oxyde de carbone, dioxyde de soufre, plomb, fer, cadmium, bactéries et microbes divers… un véritable cocktail d'apocalypse. Certains jours d'hiver, une épaisse nappe roussâtre enveloppe cette gigantesque cité, qui « prend alors les couleurs de la mort », selon la formule d'un écologiste. Cernée par des volcans dont les plus élevés culminent à 5 000 mètres, la ville étouffe au fond de sa cuvette et les faibles vents ne parviennent pas à disperser les polluants…

Selon une étude confidentielle réalisée par les services scientifiques d'une ambassade européenne, les niveaux de pollution atteints actuellement « constituent une cause indirecte majeure de décès ». Les pouvoirs publics nient toutefois l'existence d'un lien entre la pollution et la mortalité à Mexico. Selon cette étude, la pollution peut avoir toutes sortes de conséquences sur la santé : maladies broncho-pul-

monaires et gastro-intestinales, conjonctivites, diminution de l'appétit, nausées, vomissements, céphalées, tachycardie, maladies rénales, du foie, du système nerveux, réactions allergiques diverses et mal contrôlées, cancers.

Principaux coupables : le plomb et le dioxyde de soufre contenus dans les gaz d'échappement ainsi que les contaminants biologiques (microbes, bactéries, particules organiques). Les trois quarts des gaz polluants sont produits par les véhicules – trois millions circulent chaque jour à Mexico – et les industries situées dans un cercle de 90 kilomètres de diamètre autour de la capitale.

En raison de l'altitude de la ville – 2 300 mètres, – l'air contient 30 % d'oxygène de moins qu'au niveau de la mer et la pollution par les divers oxydes de carbone est deux fois plus intense.

L'étude précise que le plomb, contenu à l'origine dans l'essence, « se trouve maintenant omniprésent dans la vie quotidienne à Mexico : lait maternel, fruits, légumes, lait de vache, etc. ». Des valeurs de 80 microgrammes de plomb par décilitre de sang ont été détectées chez des enfants « ce qui apparaît comme une menace véritablement catastrophique » quand on sait que le maximum admissible chez les enfants se situe entre 10 et 15 microgrammes. 70 % des enfants analysés dépassent le seuil de 40 microgrammes pour la partie nord de la ville, et des séquelles définitives sont à prévoir pour ces enfants, poursuit l'étude.

Et un autre polluant demeure : les matières fécales rejetées à l'air libre qui, sous l'effet des vents, entraînent une dissémination générale des micro-organismes. Il y a dix ans, les experts admettaient que deux millions de personnes rejetaient de cette manière plus de 250 tonnes de matières fécales quotidiennement. Les chiffres ont maintenant triplé.

Pour les spécialistes de la santé, le problème fondamental de Mexico n'est plus désormais de savoir si la vie sera plus ou moins agréable dans quelques années, il s'agit de savoir si la vie sera tout simplement encore possible…

AFP, *Le Monde*, 27 février 1987.

C Menaces sur l'environnement : les voies du développement durable

Le terme d'environnement – tellement banalisé qu'il s'est chargé de sens multiples et de beaucoup d'ambiguïtés – sera employé ici dans son acception élargie : non seulement les éléments naturels et matériels de l'espace géographique mais aussi le milieu humain, les activités, les sociétés, les institutions. Chacun des grands phénomènes évoqués, concernant les sols, l'air ou les eaux par exemple, comporte une dimension socio-culturelle évidente, en relation étroite avec plusieurs thèmes précédemment étudiés : démographie, santé, éducation, pauvreté, valorisation économique, occupation et organisation de l'espace, etc.

1 Sous les feux de l'actualité

L'année 1992 a marqué la spectaculaire consécration mondiale des thèmes environnementaux avec la réunion à Rio, du 3 au 14 juin, de la **Conférence des Nations unies sur l'environnement et le développement**, dite aussi « Sommet Planète Terre » ; la même année, la Banque mondiale a, pour la première fois, consacré son traditionnel rapport sur le développement dans le monde au thème « le développement et l'environnement ». Cette émergence internationale et médiatique du thème est le résultat d'au moins deux décennies de recherches et d'études, de réflexions et de controverses, de réalisations pionnières, dont les principales étapes ont été : la première conférence inter-gouvernementale sur l'utilisation rationnelle et la conservation des ressources de la biosphère organisée par l'UNESCO en septembre 1968, la première conférence des Nations unies sur l'environnement tenue à Stockholm en 1972 qui a décidé la création du PNUE (Programme des Nations unies pour l'environnement), l'instauration du Fonds pour l'environnement mondial en 1990 (sous l'égide de la Banque mondiale, du PNUD et du PNUE), le rapport de la commission Brundtland, préparant la conférence de Rio en 1992, et les signatures ultérieures des Conventions sectorielles en 1993-1994.

Au cours de cette période de gestation des idées et des programmes, la position du Tiers monde et de ses leaders d'opinion a également évolué vers une reconnaissance assez généralisée de l'importance et de l'urgence des problèmes environnementaux à traiter. Perçues comme « un luxe de nantis », voire comme « autant de gênes supplémentaires que le Nord veut imposer à des pays qui ont déjà trop de difficultés à surmonter » (M. BEAUD, *Tiers-Monde*, janv.-mars 1994), les préoccupations environnementales ont longtemps suscité l'indifférence (seulement 10 % des Brésiliens classaient les problèmes écologiques parmi leurs préoccupations majeures en 1989–1990) ou le rejet (cf. la fameuse déclaration d'Indira Gandhi à Stockholm en 1972 affirmant que la plus grave des pollutions était la pauvreté !).

C'est souvent encore avec une certaine virulence que les responsables du Tiers monde expriment leur irritation devant les recommandations écologiques venues des pays développés (et, donc, principaux consommateurs et destructeurs d'environnement…) mais la prise de conscience s'est indiscutablement généralisée. Elle repose sur quelques arguments essentiels :

— **la reconnaissance de l'interdépendance mondiale**, au-delà des frontières et des grands clivages économiques, **des phénomènes environnementaux** : évolutions du climat, du niveau des eaux et de la couche d'ozone, accidents industriels et pollutions internationales, effets de la déforestation ou de la désertification, situation des grands bassins fluviaux régionaux, etc. ;

— **l'éminente importance des pays du Sud en matière de biodiversité** : « Les régions chaudes du globe, principalement les régions équatoriales et tropicales, concentrent l'essentiel de la diversité biologique actuelle : 13 pays de ces régions (Brésil, Colombie, Indonésie, Chine, Équateur, Inde, Malaisie, Mexique, Pérou, Venezuela, Zaïre, Madagascar, Australie) concentrent 60 à 80 % de la diversité biologique mondiale… Le Brésil, la Colombie, l'Indonésie sont largement en tête pour leurs richesses écologiques, mais connaissent l'exploitation la plus anarchique de leurs ressources », relève ainsi A. RUELLAN (*Tiers-Monde*, janvier-mars 1994) ;

— **l'inexorable montée des PVD également au titre des victimes et des responsables de la dégradation mondiale de l'environnement** : « Sans changement de revenu, du seul fait donc de la croissance de la population, la part des pays sous-développés dans la dégradation de l'environnement mondial passerait entre 1985 et 2025 de 25 à 35 % ;... si en plus, le revenu par tête augmentait d'environ 3 % par an, elle passerait de 25 à 51 % » (D. TABUTIN et E. THILTGES, *Tiers-monde*, avril-juin 1992). Certains auteurs, comme B. COUTURIER (*Orcades*, 1993) mettent l'accent sur la situation actuelle, marquée par **les responsabilités du monde industriel en matière environnementale** : principaux émetteurs de gaz carbonique, de CFC (trois quarts du monde), de déchets toxiques et radioactifs (90 %) et principaux consommateurs de matières premières (80 %), d'énergie et d'eau (un Canadien utilise 588 fois plus d'énergie qu'un Burkinabé et un Américain 86 fois plus d'eau qu'un Malien !), ces pays sont en effet, et de fort loin, les premiers responsables des grandes dégradations (effet de serre et réchauffement de la planète, destruction de la couche d'ozone, pollution des airs et des eaux). D'autres experts, insistant sur la dimension dynamique, soulignent la montée en quelque sorte mécanique des périls écologiques dans les PVD : « Si le Nord a incontestablement été et demeure encore la principale source de prélèvement, de pollutions et de déséquilibres environnementaux, **c'est désormais dans le Sud, qu'avec le nombre et la croissance démographique, vont inexorablement se développer ces processus destructeurs** », prédit M. BEAUD (*Tiers-Monde*, janvier-mars 1994), en l'expliquant par diverses raisons : « Insatiabilité des puissants, désir de gain des riches, aspiration à accéder au mode de vie et de consommation du Nord, nécessité de survivre de ceux qui n'ont rien »...

2 De graves manifestations

C'est en termes très pessimistes que sont de plus de plus présentées la situation et les perspectives d'évolution de l'environnement dans le monde sous-développé, au point chez certains auteurs de parler d'un véritable « écocide » ! Les auteurs les plus sensibles aux risques écologiques s'interrogent principalement sur les coûts à supporter et sur les seuils à définir, reprenant par exemple, les conclusions d'un rapport de l'Académie nationale des Sciences des États-Unis et de la Royal Society de Londres en 1992 : « Si les prévisions actuelles de croissance de la population se confirment et si les modes de vie et d'activité sur cette planète ne changent pas, la science et la technologie pourraient se révéler incapables de prévenir une dégradation irréversible de l'environnement et une persistance généralisée de la pauvreté dans le monde » (cité par Lester BROWN, 1993).

Les signes les plus préoccupants, largement développés dans le rapport 1992 de la Banque mondiale, peuvent être énumérés comme suit (en excluant les grands phénomènes climatiques et atmosphériques mondiaux), sans oublier que les **divers processus sont étroitement interdépendants**. Ainsi, « la sécheresse n'est pas un phénomène nouveau en Afrique mais la capacité des systèmes naturels de lui résister s'est affaiblie. Les terres sont dégradées par la déforestation, le surpâturage, un labourage intensif et l'érosion. Les couches superficielles des sols amincies par l'érosion et faibles en matières organiques emmagasinent trop peu d'humidité pour pouvoir résister à des périodes de sécheresse prolongée. Il en résulte que les effets des sécheresses sont beaucoup plus dévastateurs aujourd'hui qu'une génération auparavant ».

a **La déforestation est considérée comme l'un des fléaux les plus dévastateurs**, à la fois cause, manifestation et conséquence de la dégradation de l'environnement. L'aggravation de la situation est manifeste : à la fin des années 80, une moyenne de 17 à 20 millions d'hectares de forêts tropicales disparaissait chaque année (soit l'équivalent d'un tiers du territoire français) pour 11 millions environ par an au début de la décennie. Un cinquième de la surface de ces forêts a disparu depuis le début du siècle et, selon la FAO, le taux de déforestation tropicale devrait passer de 16 à 18 % en 1990 à 30-35 % en 2035, le taux de déboisement moyen étant actuellement de 0,9 % par an. Les régions les plus touchées sont l'Amérique du Sud (surtout la zone amazonienne qui aurait perdu 12 % de sa surface boisée au cours des vingt dernières décennies), l'Afrique subsaharienne (le taux de boisement de l'Éthiopie est tombé de 40 % en 1900 à 4 % en 1990 : la Côte-d'Ivoire a perdu 7 millions d'hectares de forêts en vingt ans…) et l'Asie indienne et himalayenne.

Deux grandes familles de causes sont classiquement alléguées pour expliquer la gravité de cette déforestation :

— **de vastes défrichements « justifiés » par quelques grandes opérations** : construction d'infrastructures routières, de barrages, de villes et centres ruraux ; conquête de nouvelles terres pour l'agriculture ; ouverture de zones d'extraction minière (à l'exemple de l'énorme programme d'exploitation ferrifère de Carajas, étendu sur 400 000 km^2 en Amazonie brésilienne, environné de nombreux autres « chantiers miniers » : diamants, tungstène, uranium, étain, titane, etc.), lourdes exploitations industrielles de bois tropical (au Brésil, en Malaisie, aux Philippines et en Indonésie, surtout, à destination des pays industriels, Japon en tête) ;

— **des formes chroniques cumulativement plus déprédatrices**, dues en premier lieu aux pratiques d'agriculture – sur brûlis notamment – et d'élevage (60 à 70 % des déboisements annuels totaux) et à la surconsommation de bois pour l'usage domestique (construction, chauffage, cuisson : 25 % environ des déboisements annuels, avec des dévastations dramatiques dans certaines situations (Sahel africain, Haïti, Asie semi-aride).

b La désertification est un phénomène multiple et complexe, autant social que physique dans ses causes et ses effets

Les principaux responsables en sont « la surexploitation agricole (qui résulte conjointement de l'accroissement de la population et du développement des cultures de rente), le surpâturage et la déforestation »… (mais aussi) des « facteurs de nature différente : 1) les caractéristiques structurelles du système de production, qu'elles soient physiques (sols, climats), socio-économiques ou culturelles ; 2) les stratégies des acteurs, individuels ou collectifs… ; 3) les tendances lourdes que représentent la croissance démographique, la monétarisation et le déclin de la gestion collective des ressources naturelles » (D. TABUTIN et E. THILTGÈS, *Tiers-Monde*, avril-juin 1992). On comprend mieux, de ce fait, l'état chronique de fragilité des écosystèmes de la zone aride et semi-aride – dramatiquement aggravé par la survenance des fortes sécheresses – et l'échec généralisé des tentatives de limitation de la progression du désert (« barrières vertes », opération « cent mille arbres au Sahel », etc.). Considérant la gravité de la situation (la dégradation des terres fragiles touche 25 % de la superficie de la Terre et menace les conditions de vie de 900 millions d'habitants ; parmi les 70 pays à faible revenu et à déficit vivrier répertoriés par la FAO, 35 connaissent de graves problèmes de dégradation des sols, de sécheresse et de désertification ; les pertes annuels dues à l'avancée du désert sont évaluées à 42 milliards de dollars… alors que la communauté internationale ne consacre que 2 à 3 milliards à cette action), les bailleurs de fonds occidentaux et les pays africains les plus concernés ont signé en juin 1994 un accord juridique international « visant à mettre fin à la dégradation des zones arides », et constituant la troisième Convention issue du « Sommet de Rio ».

FIGURE 21
LA DÉGRADATION DES SOLS

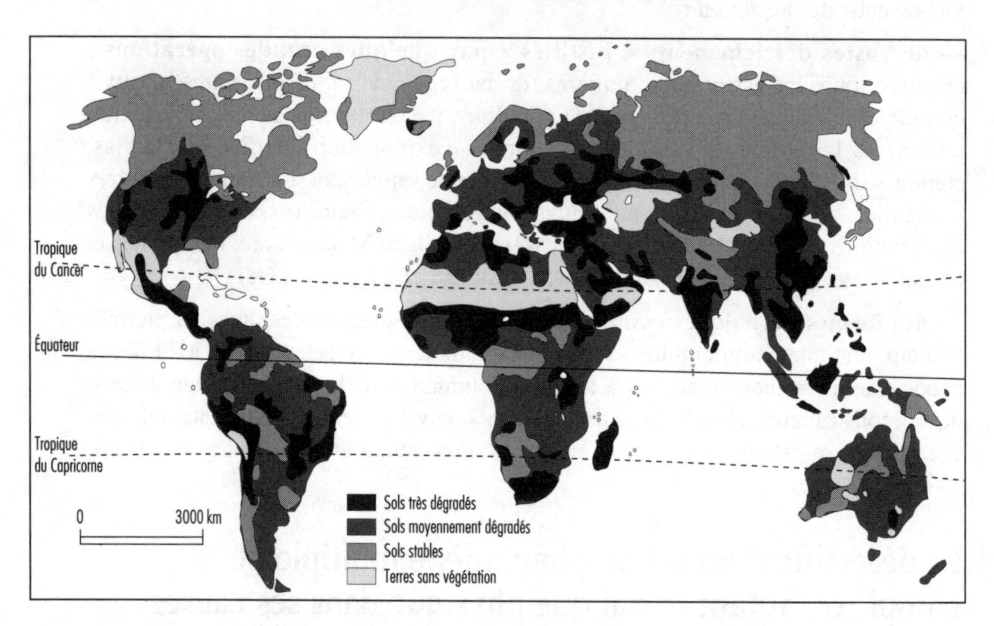

(Source : Institut des ressources mondiales, *Ressources mondiales*, Éditions Sciences et Culture, Montréal, 1992. d'après « *Savoirs* », *Le Monde diplomatique*, 1993)

C Les problèmes des sols et des eaux sont étroitement liés, ainsi qu'avec les phénomènes de désertification et de déforestation

Les phénomènes de dégradation des sols en zone tropicale et intertropicales sont multiples et très étendus : 1,2 milliard d'hectares, soit près de 11 % du couvert végétal du globe, auraient ainsi subi, du fait de l'activité humaine, une dégradation plus ou moins grave de leurs sols au cours des quarante-cinq dernières années, avec des effets très sérieux en Afrique sahélienne, en Amérique méridionale, en Inde et en Chine (cf. figure 21). Les experts insistent sur les effets catastrophiques des ruissellements violents – souvent transformés en graves inondations comme au Bangladesh – sur des terres arables fragiles : 200 000 km² seraient perdus chaque année par érosion, particulièrement dans les grandes plaines alluvionnaires indiennes et chinoises et sur les versants des cordillères andine et himalayenne. Les excès de la surexploitation des sols cultivables pour la culture et l'élevage sont partout dénoncés (de même d'ailleurs que ceux de la « surpêche » sur les zones poissonneuses reconnues) comme responsables de dramatiques déséquilibres : en Afrique subsaharienne, la superficie de terres arables disponibles par habitant est ainsi tombée de 0,5 à 0,3 hectare entre 1965 et 1987. S'y ajoutent des effets secondaires produits par une utilisation technique mal maîtrisée : ainsi, la salinisation des terres – phénomène naturel qui concerne le tiers des terres arables mondiales – a été aggravée par des pratiques maladroites d'**irrigation**, rendant impropres à la culture de vastes superficies, notamment en Inde et au Pakistan.

Dans le même esprit, la pertinence et les résultats des très nombreux **barrages** – souvent monumentaux – construits dans le Tiers monde au cours des dernières décennies sont vigoureusement contestés : « Certains ont dû être reconstruits ou abandonnés parce que la déforestation et l'érosion des sols provoquaient un envasement rapide des retenues. D'autres ont inondé une telle quantité de terre arable, déplacé une population si nombreuse ou provoqué une pollution de l'eau si étendue que leurs effets négatifs dépassent largement leurs effets positifs » (*Tableau de bord de la planète*, 1993). On se reportera, pour un texte d'illustration, au document « Grands barrages, grands désastres » du chapitre 5 (Partie II).

Les problèmes de l'eau se posent à la fois de manière quantitative : les risques de pénurie, et qualitative : les pollutions et leurs conséquences.

À la suite des besoins croissants d'un population proliférante et des activités économiques modernes (irrigation agricole, industrie, urbanisation), les réserves d'eau mondiales par habitant ont diminué d'un tiers au cours des vingt dernières années. Deux grands types des situation peuvent être distingués à cet égard :

— **les situations de pénurie** dans lesquelles les ressources hydriques disponibles sont inférieures à 1 000 m³ par habitant et par an : elles concernent 230 millions de personnes dans 26 pays, connaissant par ailleurs une forte croissance démographique (Afrique septentrionale et subsaharienne, Moyen-Orient) et conduisent à des carences très sérieuses notamment dans les grandes agglomérations (Pékin et Tianjin, Djakarta, Manille, Mexico, Lima, Le Caire, etc.) ;

— **les situations dites de « stress hydrique »** (entre 1 000 et 2 000 m³ d'eau par habitant et par an) où la croissance des consommations peut entraîner – comme dans le cas de pénurie – une surexploitation des nappes phréatiques, y compris fossiles, et, donc, non renouvables, signalée dans de nombreux pays asiatiques (Thaïlande, Inde, Chine) moyen-orientaux, africains et latino-américains (Mexique).

Les problèmes de pollution des eaux sont plus généralisés dans les PVD que ceux des risques d'épuisement : comme on l'a vu, un quart de l'humanité n'a pas encore accès à l'eau potable et est conduit à compromettre sa santé avec une consommation de très médiocre qualité, voire gravement contaminée (déjections humaines, ordures, engrais toxiques, effluents agro-industriels). Les agglomérations sont, ici aussi, durement touchées : ainsi, en Chine, 5 seulement d'un échantillon de 15 tronçons de cours d'eau analysés aux abords des grandes villes étaient encore capables de faire vivre des poissons… (Rapport Banque mondiale, 1992). Les eaux souterraines des nappes sont, à leur tour, polluées après les eaux de surface, principalement à la suite des dépôts sauvages de déchets dangereux et des carences de l'assainissement. Plus d'1,7 milliard d'individus dans le monde n'ont pas accès à une eau salubre et à un minimum de services d'assainissement : « **Eau insalubre et mauvaises conditions d'hygiène constituent actuellement les plus graves problèmes d'environnement pour les pays en développement** », reconnaît encore le rapport de la Banque mondiale qui décrit en détail les multiples maladies transmises par l'eau (diarrhées, surtout enfantines, typhoïde, choléra, bilharziose, etc.).

d

Les pollutions atmosphériques peuvent atteindre des valeurs très élevées dans les centres urbains en particulier, sous diverses formes : gaz d'échappement des véhicules (95 % de l'essence utilisé à Mexico renferme encore du plomb), rejets industriels, pollution de l'air des habitations avec l'utilisation de la biomasse (bois, paille, bouse séchée), etc. Plus d'un milliard d'urbains dans les PVD vivent avec des taux de particules en suspension considérés comme très dangereux par l'OMS : à Bangkok, Pékin, Calcutta, New Delhi, Téhéran, Mexico, cette extrême pollution est enregistrée pendant plus de deux cents jours par an… alors que le maximum « acceptable » est limité à sept jours suivant les normes de l'OMS.

e

Les « pollutions importées » sont désormais connues et dénoncées après avoir été longtemps discrètement acceptées. Elles relèvent de deux logiques différentes : soit les pays industriels exportent vers les PVD des fabrications dangereuses et/ou non polluantes, en y prenant si peu de précautions que des catastrophes écologiques (du type Bophal en Inde, São Paulo ou Mexico) peuvent s'y produire, soit ils y expédient des déchets embarrassants et toxiques.

« Le scénario est pratiquement toujours le suivant : 1) Collecte et entreposage de déchets par des sociétés-paravents rattachées à des paradis fiscaux ou à des no man's land juridiques (île de Man, Liechtenstein, Gibraltar). 2) Choix d'un pays pauvre du Tiers monde, le plus souvent africain et particulièrement endetté. 3) Promesse de quelques devises représentent un montant fabuleux pour ledit pays mais dérisoire par rapport au coût réel de l'élimination telle qu'elle devrait, en principe, être effectuée en Europe ou aux États-Unis. 4) Promesse à long terme d'infrastructures ainsi que d'un incinérateur qui, évidemment, a peu de chances de jamais voir le jour. 5) Transport effectué par bateau, sous pavillon de complaisance. 6) Mélange de déchets (en même temps qu'une dilution de la responsabilité des producteurs de déchets)... » (F. ROELANTS DU VIVIER, *Options*, n° 30, mars 1990).

De très nombreuses opérations de ce genre ont été révélées pendant les années 80 à l'occasion d'incidents qui ont attiré l'attention de la presse et des organisations internationales : « bateaux-baladeurs » chargés de déchets non identifiés et refusés dans plusieurs ports, arrestations de trafiquants internationaux aux États-Unis, dénonciation de contrats entre exportateurs et pays d'« accueil » (une centaine d'opérations contractuelles de ce type sont encore réalisées chaque année actuellement entre le Nord et le Sud), etc. Les pays expéditeurs (Suisse, Allemagne, Pays-Bas, Grande-Bretagne, États-Unis, Pays scandinaves parmi les plus souvent cités) sont confrontés à de monstrueux problèmes de stockage des déchets toxiques : 150 millions de tonnes pour l'Europe industrielle, 400 millions de tonnes pour les États-Unis. En face, les PVD y voient une occasion d'obtenir des devises, même si leurs tarifs à la tonne sont de quatre (contrat Guinée-Bénin en 1987) à soixante fois (contrat Bénin en 1988) inférieurs à ceux du traitement des mêmes déchets en Europe. On ne s'étonnera pas, en conséquence, que les plus accueillants soient aussi parmi les plus pauvres, surtout en Afrique (Sierra Leone, Angola, Congo, Bénin, Nigeria, Guinée-Bissau, Zimbabwe), en Amérique latine (Haïti, Honduras), ou en Asie (Pakistan) ; d'autres économiquement plus avancés (Maroc, Mexique, Libye, Corée du Sud, Jordanie, Guyane, Venezuela, etc.) ont, pourtant à l'occasion, accepté de telles transactions.

Elles sont devenues plus difficiles à partir des années 1986-1988 à la suite de vives dénonciations (« le Tiers monde-dépotoir, l'Afrique-poubelle ») et de diverses réglementations internationales sous l'égide de la CEE, de l'OCDE et des Nations unies, relayées par l'Organisation de l'unité africaine qui les qualifiait en 1988 à Addis-Abeba de « crime contre l'Afrique et les populations africaines » ; sans s'être interrompues, ces exportations sont désormais mieux contrôlées… ou dissimulées.

Pour synthétiser cette énumération, déjà longue mais non exhaustive, de dégradations, on peut avec A. RUELLAN (*Tiers-Monde*, janvier-mars 1994), répertorier « les six dangers majeurs qui guettent le monde à court terme, et surtout les peuples les plus pauvres :

1. La remontée des niveaux marins, conséquence du réchauffement climatique du globe (graves effets prévisibles dans les zones deltaïques, au Bangladesh surtout) ;
2. L'épuisement des ressources en sols ;
3. L'insuffisance des ressources en eau de qualité ;
4. L'épuisement des ressources halieutiques, marines et continentales, du fait des pollutions et des prélèvements excessifs ;
5. La diminution générale de la biodiversité ;
6. La baisse des potentiels agricoles et alimentaires des milieux. »

3 Nouveaux principes pour une symbiose développement/environnement

Le nouveau message des experts et des organisations internationales s'efforce de minimiser l'importance des conflits inévitables entre les priorités économiques et les précautions environnementales et, surtout, de renvoyer dos à dos les jugements trop univoques, en faveur soit du développement (la nature doit être pliée aux exigences de la production et à la normalisation technique), soit de l'ultra-protectionnisme (les velléités d'une « croissance zéro » volontaire pour ne plus dégrader la planète). Bien exprimée par les rapporteurs de la Banque mondiale en 1992, la relation mutuelle est la suivante : « La protection de l'environnement fait partie intégrante du développement. Sans bonne protection de l'environnement, pas de développement durable ; sans développement, pas de ressources suffisantes pour faire les investissements qui s'imposent et donc pas de protection de l'environnement... Une politique de l'environnement énergique complète et renforce le développement. »

C'est autour du concept de « développement durable, ou soutenable » que ce projet de réconciliation entre développement et environnement s'est cristallisé. L'expression de *sustainable development* a été surtout utilisée dans le célèbre rapport Brundtland, *Notre avenir à tous* (1987), avant d'être largement vulgarisée lors du Sommet de Rio. Non exempte d'ambiguïté et d'imprécision, difficilement traduisible mot à mot, elle a donné lieu à diverses définitions (six différentes dans le rapport Brundtland et une soixantaine dans la littérature dès 1989 !) qui ne sont, en réalité, que des retouches au tronc commun : « C'est le développement qui répond aux besoins présents sans compromettre la capacité des générations à venir à satisfaire leurs propres besoins » (Rapport Brundtland). Les nombreuses précisions apportées ultérieurement insistent à la fois sur les objectifs (durée et continuité du développement, satisfaction actuelle et future des besoins, respect et protection des ressources) et sur les contenus opérationnels (orientations technologiques et financières, modes de gestion des ressources – notamment non renouvelables, participation des citoyens et fonctionnements institutionnels, etc.). La confusion essentielle – qui débouche sur des contradictions entre auteurs, voire entre textes différents du même auteur – porte sur la signification principale des qualificatifs soutenable et/ou durable : des différentes acceptions possibles (supportable – acceptable, vivable – viable, satisfaisant ou soutenu – non éphémère-dynamique, ou encore reproductible – responsable – auto-entretenu), laquelle privilégier ? Et plusieurs auteurs relèvent, à juste titre, l'étrange ambition de vouloir faire durer et prospérer un système et des processus mondiaux de développement déséquilibrés et producteurs d'inégalités, au risque de perpétuer et d'aggraver les situations intolérables et les phénomènes pervers... D'autres affirment qu'il est illusoire de fixer et de substituer au développement d'autres règles et finalités qu'économiques, productivistes, dans le contexte actuel. Cette position est vigoureusement exprimée par S. LATOUCHE (*Tiers-Monde*, janv.-mars 1994) pour qui « **le développement durable, soutenable ou supportable n'est que la dernière née d'une longue suite d'innovations conceptuelles visant à faire entrer une part de rêve dans la dure réalité de la croissance économique...** C'est à l'aggravation même du mal que nous demandons des remèdes.

Contre le développement, proposer un développement durable, c'est chercher à prolonger l'agonie du patient le plus longtemps possible en entretenant le virus ».

L'enjeu du développement soutenable est donc beaucoup moins celui de la simple durabilité que du **changement drastique de modèle**, conciliant vraiment environnement et croissance et les confortant l'un par l'autre, suivant les principes de **l'écodéveloppement** défini dès le début des années 70 par Ignacy SACHS. Ce qui suppose à la fois la révision des modes de consommation – dans le Nord principalement –, la réduction des gaspillages (de notables progrès ont été réalisés ces dernières années dans le domaine énergétique), le strict contrôle des firmes multinationales, la reconversion des systèmes d'exploitation (agricole, minier, élevage, pêche), des stratégies communes définies et appliquées par les pays nantis, les pays pauvres et, peut être surtout, ceux qui sont engagés dans une frénétique course à la croissance...

Les conflits qui se sont exprimés lors de la Conférence de Rio – notamment entre États-Unis et Pays en développement – ainsi que la lenteur et la modestie d'ambition des trois Conventions sectorielles (climat, biodiversité, diversification) signées ensuite, montrent que de vigoureuses décisions mondiales en faveur d'un « autre type de développement » (« alternatif », « responsable », « économe », « écologique », etc.) sont difficiles à imaginer et sans doute mêmes illusoires. B. CASSEN (*Savoirs*, 1993) relève ainsi la contradiction flagrante entre plusieurs vœux exprimés à Rio (*l'Agenda 21*) et les conclusions de l'Uruguay Round du GATT à la fin de 1993, visant à limiter ou à éliminer toutes les entraves au commerce et décidant, dès 1986, d'exclure les questions d'environnement de son ordre du jour... À ceux qui, soulignant l'urgence d'intervenir dans le Tiers monde pour prévenir de véritables catastrophes écologiques, préconisent un renforcement des interventions financières extérieures (aide, prêts et investissements), G. de BERNIS rappelle qu'« il est plus urgent que jamais de réaffirmer qu'aucun développement ne peut être durable (soutenable) s'il repose sur un financement externe, toujours capable de se tarir ».

Bibliographie d'orientation de la partie II

Problèmes sociaux

Banque mondiale,

— *Investir dans la santé*, Rapport 1993, 340 p.

— *La pauvreté*, Rapport 1990, 288 p.

BESSIS (S.), *La faim dans le monde*, « Repères », La Découverte, 1991.

BRUNEL (S.), *Une tragédie banalisée : la faim dans le monde*, Hachette, 1991.

CHESNAIS (J.-C.), *La transition démographique*, PUF, 1986.

KLATZMANN (J.), *Nourrir l'humanité*, INRA-Économica, 1991.

Pauvreté et développement dans les pays tropicaux, Mélanges G. LASSERRE, CNRS-CEGET, 1983, 985 p.

DE SOTO (H.), *L'autre sentier : la révolution informelle dans le tiers monde*, La Découverte, 1994, 245 p.

Trente années d'Afrique (sous la direction de J. ALIBERT), La Documentation française, oct-déc. 1992, 292 p.

Technologie

EMMANUEL (A.), *Technologie appropriée ou technologie sous-développée ?* PUF 1981, 189 p.

GUÉNEAU (M.C.), *Afrique, les petits projets de développement sont-ils efficaces ?*, L'Harmattan, 1986, 230 p.

PERRIN (J.), *Les transferts de technologie*, La Découverte, coll. « Repères », 1983, 118 p.

MICHAILOF (S.), *Les apprentis sorciers du développement*, Économica, 1987, 310 p.

Industrialisation

BRASSEUL (J.), *Les nouveaux pays industrialisés*, A. Colin, 1993, 189 p.

COURLET (C.), *Les industrialisations du tiers monde*, Syros, 1990.

LIPIETZ (A.), *Mirages et miracles, problèmes de l'industrialisation dans le tiers monde*, La Découverte, 1985, 189 p.

MAURER (J.L.), RÉGNIER (P.) (dir.), *La nouvelle Asie industrielle*, PUF, 1989, 198 p.

SID AHMED (A.), VALETTE (A.) (dir.), *Industrialisation et développement, Revue Tiers-Monde* n° 115, juillet-septembre 1988, pp. 465-1040.

Agriculture

ALEXANDRATOS (N.) (dir.), *L'agriculture mondiale horizon 2000*, Économica, 1989.

CHONCHOL (J.), *Paysans à venir*, La Découverte, 1986, 299 p.

HAUBERT (M.) (dir.), *Politiques agraires et dynamismes paysans : de nouvelles orientations, Revue Tiers-Monde* n° 128, octobre-décembre 1991, pp. 721-959.

KLATZMANN (J.), *Nourrir l'humanité*, INRA/Économica, 1991, 128 p.

Revue *Problèmes d'Amérique latine* n° 3, nouvelle série : « Fin des réformes agraires et nouvelles stratégies paysannes », La Documentation française, octobre-décembre 1991, 136 p.

Environnement, problèmes urbains

Banque mondiale, *Le développement et l'environnement*, Rapport 1992, 299 p.

Savoirs (Le Monde diplomatique), Une terre en renaissance : les semences du développement durable, n° 2, 1993, 127 p.

SACHS (I.), *Initiation à l'écodéveloppement*, Privat, 1981.

Revue *Tiers-Monde*

— Après le sommet de la Terre : débats sur le développement durable, PUF, janvier-mars 1994, 238 p.

— Environnement et développement, avril-juin 1992, p. 243-480.

P. VENNETIER, *Les villes d'Afrique tropicale*, Masson, – Géographie, 2e éd., 1991, 244 p.

Villes d'Afrique (sous la direction de P. HUGON et R. POURTIER), La Documentation française, oct-déc. 1993, 270 p.

PARTIE 3

DANS LES TURBULENCES INTERNATIONALES

LE TIERS MONDE FACE À LA DYNAMIQUE DE MONDIALISATION

1

Des pans entiers de l'économie se mondialisent, en raison, notamment, du puissant rôle intégrateur que jouent les firmes originaires des trois pôles de la Triade : Amérique du Nord, Europe, Japon[1]. Cette mondialisation s'appuie sur une mobilité croissante des hommes, des marchandises, des capitaux et de l'information. Ces bouleversements offrent-ils des opportunités de rattrapage ou risquent-ils d'accentuer le retard du Tiers monde ? Ne tendent-ils pas, surtout, à accentuer l'hétérogénéité de ce dernier ?

A La mondialisation : opportunités à saisir ou source de nouveaux retards ?

1 Sous le signe de la mobilité et de la déréglementation

a Le contexte technique : l'accélération du progrès et l'effondrement des coûts dans tous les domaines de la circulation

♦ **Depuis la fin de la Seconde Guerre mondiale, de multiples innovations favorisent les liaisons à grande distance**. Entre les années 50 et 70, **le transport maritime** des produits pondéreux a connu une véritable mutation, marquée surtout par la spécialisation des navires (pétroliers, minéraliers, méthaniers, transporteurs de grains...) et la croissance continue de leur taille. Les premiers

1. Cf. K. OMAHE, *La Triade, émergence d'une stratégie mondiale de l'entreprise*, Flammarion, Paris, 1985 (traduction française).

pétroliers de 100 000 tonnes de port en lourd apparaissent en 1959, les 200 000 tonnes en 1965, les 300 000 en 1969. En 1976, alors que le premier choc pétrolier allait rapidement les condamner, étaient lancés des mastodontes de 550 000 tonnes. La productivité du transport s'est améliorée également en raison de la réduction considérable des effectifs des équipages et de la généralisation de systèmes de chargement et de déchargement efficaces (bandes transporteuses pour les minerais, pompes pour le pétrole, aspirateurs à grains...). Inventé en 1956 et généralisé dans les années 70 et 80, le conteneur allait avoir des conséquences de même nature sur le transport des biens manufacturés.

Les autres moyens de transport ont enregistré eux aussi des progrès exceptionnels. Les déplacements des hommes par exemple sont révolutionnés par l'essor des avions gros porteurs, l'amélioration de leur rayon d'action et de leur vitesse : lancé en 1971, le Boeing 747 transportait près de 500 passagers sur 8 000 km sans escale.

On assiste de même à une remarquable floraison d'innovations dans les domaines de la finance et de l'information. Face aux actions, obligations et créances négociables classiques, se multiplient de nouveaux titres symbolisés par les SICAV monétaires, fonds communs de placements, marchés à termes... Ceci associé à la révolution informatique, elle-même couplée avec des systèmes de télécommunication toujours plus performants permet aux donneurs d'ordre de déplacer des sommes colossales d'un point à l'autre de la planète quasi instantanément.

♦ **Tous ces progrès se traduisent par une extraordinaire contraction de l'espace terrestre**. Ceci est vrai en terme de distance-temps : alors qu'en 1950, il fallait 18 heures pour traverser l'Atlantique Nord en avion, 3 heures suffisent aujourd'hui en Concorde. Quand 8 à 10 jours étaient nécessaires pour acheminer des marchandises du Havre à New York par cargo classique, cette durée est réduite à 4 jours et demi avec les porte-conteneurs actuels.

Le rétrécissement de l'espace en termes de coûts est tout aussi spectaculaire. Le coût du fret maritime, par exemple, tend à devenir marginal par rapport à la valeur des produits transportés. Ainsi, le prix du transport d'une tonne de pétrole entre le golfe Arabo-Persique et Rotterdam par Le Cap représente 5 % de la valeur de celle-ci. Celui d'un magnétoscope bas de gamme entre le Japon et l'Europe environ 2 % et celui d'une voiture acheminée d'Italie en Grande-Bretagne 1 % ! De son côté, la facturation des communications téléphoniques internationales s'est réduite de 40 à 50 % entre 1979 et 1989, tandis que le prix du traitement de l'information chutait de 65 % entre 1975 et 1985 ; en même temps, la vitesse de traitement était multipliée par 20 ! Mais les progrès techniques n'auraient pas eu cet impact s'ils ne s'étaient accompagnés d'un démantèlement tout aussi remarquable des freins juridiques, administratifs et fiscaux qui entravaient les échanges au lendemain de la Seconde Guerre mondiale.

b Déréglementation et libéralisation des échanges

Sous l'égide du GATT, le commerce a été progressivement libéré au cours des dernières décennies. Les grandes négociations commerciales qui se succèdent (Kennedy Round, Tokyo Round, Uruguay Round) ont abouti chacune à des réductions des droits douaniers de l'ordre de 30 %, et la communauté internationale s'efforce, mais avec moins de réussite, d'atténuer les obstacles non tarifaires aux échanges.

Les entreprises de transport et de communication ont également été touchées par la vague de libéralisation, laquelle a fait exploser les marchés protégés et déchaîné de meurtrières guerres tarifaires entre compagnies, à l'instar de ce que l'on a observé dans le transport aérien, d'abord aux États-Unis puis en Europe, et de ce qui est en train de se produire dans les télécommunications.

Sur les plans monétaire et financier, la crise de 19 avait conduit à une stricte réglementation des activités bancaires, financières et boursières. Celle-ci est remise en cause avec la vague de déréglementations qui part des États-Unis et du Royaume-Uni à partir des années 70 et se transmet progressivement à toutes les grandes places mondiales. Ceci, combiné avec la fin du cloisonnement des activités entre banques, assurances et bourses, l'effacement progressif du contrôle des changes, la libération des taux d'intérêt, la possibilité pour les entreprises de se procurer des capitaux directement sur les marchés financiers au lieu de passer par l'intermédiaire des banques, favorise une **énorme expansion des flux financiers internationaux** - avec tous les dangers que suppose une spéculation pratiquement incontrôlable. Aujourd'hui, plus de 1 000 milliards de dollars circulent en une journée boursière normale, alors que le commerce international porte sur une quinzaine de milliards de dollars tout au plus[2].

La mondialisation des échanges de toute nature n'est donc pas un vain mot, et l'économiste R. PASSET a pu fort justement écrire que « la double évolution des transports et des technologies de l'information fait de la planète un seul et même espace »[3].

2 Le Tiers monde spectateur ou acteur de ces mutations ?

a Le Tiers monde globalement marginalisé

L'accélération du progrès technique et son coût croissant laissent aux pays sous-développés peu de possibilités d'insertion active dans le système-monde qui se met en place.

En matière de transport maritime, par exemple, 18 % seulement de la flotte mondiale appartient aux pays sous-développés, si l'on exclut les navires enregistrés dans les pays de libre immatriculation (Liberia, Panama, Bahamas, Chypre, etc.) qui en regroupent près de 39 %, mais dont les propriétaires réels sont des armateurs des pays industriels. Le déséquilibre est plus grand encore pour les flottes aériennes et devient un gouffre en matière de télécommunication et d'information : l'Amérique latine, l'Asie (Corée du Sud, Hong Kong, Singapour, Taiwan et Thaïlande exclus), l'Afrique et le Moyen-Orient sont des partenaires marginaux voire inexistants pour les entreprises des principaux pays utilisateurs de télécommunications internationales. Alors que dans les pays industriels, on compte pratiquement une ligne téléphonique principale pour deux habitants, on n'en compte qu'une pour cent dans de nombreux pays pauvres du Sud, moins encore dans certains pays africains. Dans le domaine de l'information, retard et dépendance sont tout aussi flagrants : les grandes

2. O. DOLLFUS, « L'espace financier et monétaire mondial », *L'Espace géographique*, Paris, 1992.

3. R. PASSET, « Un grand projet… tout en surface », *Le Monde diplomatique*, juin 1994.

agences de presse et les chaînes de télévision à rayonnement mondial appartiennent toutes aux pays du Nord. Les grandes bases de données sont dominées par les États-Unis (49 % du marché) et l'ensemble Europe-Japon (45 %)...

Les mutations sont si rapides, supposent un niveau scientifique et la mobilisation de telles sommes, que les espoirs de rattrapage sont des plus minces. L'avance prise par la Triade dans la constitution de bases de données est irréversible aux yeux de bien des observateurs. Or, la maîtrise de l'information joue aujourd'hui un rôle clé dans la croissance économique.

Au plus fort des débats sur la mise en place d'un nouvel ordre économique mondial, les pays du Tiers monde ont tenté de faire pression pour obtenir une place plus juste dans les échanges internationaux. On a alors discuté, mais en vain, d'un nouvel ordre de l'information. Par ailleurs, les pays sous-développés se sont vus reconnaître le droit d'effectuer 40 % des transports maritimes qui les concernent sur leurs propres navires... En fait, rien n'a vraiment changé pour la plupart d'entre eux (cf. deuxième partie, chapitre 3).

b Espoirs pour une minorité de pays du Tiers monde

Un nombre très limité de pays du Tiers monde a pourtant réussi à se glisser dans le groupe des grands utilisateurs des nouvelles techniques d'échanges et de communication. Il s'agit, on n'en sera pas surpris, des 4 dragons et à moindre titre des NPI asiatiques de la deuxième vague, ainsi que des grands pays d'Amérique latine. Ainsi, les économies dynamiques d'Asie ont vu leur part de la flotte maritime mondiale passer de 6 % en 1981 à près de 10,5 % en 1992. Leur essor est plus significatif encore pour les porte-conteneurs, dont elles possèdent près de 23 %, et les armateurs de Singapour et de Taiwan s'avèrent des concurrents redoutables des pays occidentaux[4].

Un rapport de l'OCDE publié en 1991 observe que la vitesse de diffusion des techniques de pointe dans les télécommunications (commutation électronique et numérique) est très rapide en Extrême-Orient et, dans une moindre mesure, en Amérique latine. Mais il souligne que la capacité d'innovation reste concentrée dans quelques pays d'industrialisation ancienne, et que « l'aptitude à adopter les technologies nouvelles, très variable d'un pays à l'autre, peut devenir un facteur important de l'inégale répartition des gains de productivité et de la croissance économique sur les marchés internationaux »[5].

Tout compte fait, si l'immense majorité des pays en développement a peu d'espoirs de jouer un rôle actif dans les mutations en cours, tous sont impliqués dans leurs conséquences : la mondialisation rend les diverses composantes de la planète (à l'exception de rares espaces isolés ou repliés sur eux-mêmes) de plus en plus interdépendantes et fait de l'écoumène un vaste terrain d'action pour les grandes firmes internationales.

4. OCDE, *Les Transports maritimes 1992*, Paris, 1993.

5. C. ANTONELLI, *La Diffusion des télécommunications de pointe dans les pays en développement*, OCDE, Paris, 1991.

B Les firmes multinationales face au Tiers monde : récusées puis courtisées

1 Les FMN, acteurs privilégiés de la mondialisation

Si les États jouent un rôle non négligeable dans le processus de mondialisation, les acteurs privilégiés de celui-ci sont les firmes multinationales dont l'action tend à effacer les frontières ou à s'y soustraire (la dénomination de firmes transnationales serait plus judicieuse, mais est d'usage moins fréquent que la précédente.) Ainsi que le rappelle P. GROU, le Centre des Nations Unies sur les transnationales range au sein de ce type d'entreprise « toute firme qui possède au moins une filiale de production hors de son espace national d'origine »[6]. Des définitions plus restrictives ont été proposées, mais nous retiendrons celle-ci en l'élargissant aux firmes qui n'appartiennent pas directement aux secteurs productifs : banques et autres prestataires de services internationaux.

La CNUCED recensait 37 000 FMN relevant des secteurs productifs au début des années 90, alors que leur nombre était estimé à 7 000 vingt ans auparavant. Les plus importantes d'entre elles ont une puissance qui les fait égaler et même surpasser celle de bien des États : sur les 100 plus grandes entités économiques de la planète, on compte 55 États et 45 FMN ! Leur rôle dans les échanges internationaux est considérable : on estime que les flux internes qu'elles engendrent équivalent au tiers du commerce mondial. Elles détiennent le tiers des avoirs productifs privés du monde… Il faudrait ajouter à ces données le poids financier des banques internationales, compagnies d'assurances et caisses de retraite qui (en même temps que les gestionnaires de la trésorerie des 300 à 500 plus grandes FMN mondiales) sont à l'origine des principaux flux internationaux de capitaux. Ayant la faculté d'utiliser surtout les plus puissantes d'entre elles le moindre avantage comparatif décelé sur la planète, les FMN sont devenues des interlocuteurs de premier plan pour les pays sous-développés à la recherche d'un surcroît de dynamisme économique.

2 Un rôle croissant jusqu'aux années 70

Entre la fin de la Deuxième Guerre mondiale et celle de la décennie 70, **les investissements directs effectués dans le Tiers monde par les firmes étrangères n'ont cessé de croître et de se concentrer sur le secteur industriel**. En 1981, les cinq principaux pays d'origine de ces firmes (États-Unis, Royaume-Uni, RFA., Japon et France) détenaient plus de 80 % des capitaux étrangers investis dans le Tiers monde. 42 % de leurs avoirs concernaient les industries manufacturières, 14 % le secteur des hydrocarbures et 6 % les autres industries extractives. Au total,

6. P. GROU, *L'Espace des multinationales, Atlas mondial des multinationales*, tome 1, Reclus-La Documentation française, Paris, 1990.

62 % de leurs actifs cumulés (soit 68 milliards de dollars) étaient donc investis dans l'industrie au sens large.

À la recherche de profits élevés, ces firmes ont investi surtout dans des secteurs en forte croissance. Ainsi, au Brésil, en 1973, 16,3 % des investissements industriels étaient aux mains de sociétés étrangères (dont un tiers étaient américaines mais ils constituaient le quart de l'investissement productif dans ce pays. Surtout, ils étaient concentrés dans les branches les plus porteuses. Ainsi, les constructeurs étrangers produisaient 90 % des automobiles, 83 % des médicaments, 70 % des appareils électriques et électroniques, 65 % des machines et équipements industriels, etc. La liste des trente premières sociétés étrangères installées dans ce pays comportait un bon nombre des plus grandes firmes mondiales dans leurs spécialités. On y trouvait quatre multinationales pétrolières (Shell, Exxon, Atlantic, Texaco), six constructeurs automobiles (Volkswagen, Mercedes-Benz, Ford, General Motors, Fiat, Saab-Scania), Philips, IBM, Ericsson et General Electric pour la fabrication d'appareils électriques et électroniques, Pirelli et Goodyear pour les pneumatiques, Rhodia pour les textiles synthétiques, Unilever pour les produits d'entretien et l'agro-alimentaire, Massey-Fergusson pour le machinisme agricole, etc.

3 Les raisons de cette présence

a Pour les FMN : de l'ancienne à la nouvelle DIT

Pendant longtemps, l'exploitation des ressources du sol et du sous-sol fut le principal sinon l'unique intérêt des entreprises étrangères qui s'installaient dans les pays sous-développés. Lorsqu'à partir des années 60, les industries devinrent le champ privilégié de l'investissement étranger direct, cette évolution traduisit le passage de l'ancienne division internationale du travail (DIT) entre pays développés et pays sous-développés à une nouvelle répartition internationale des tâches.

♦ **L'intérêt des FMN pour les richesses du sous-sol résulte de la combinaison de trois facteurs** :

— La très rapide croissance des besoins en matières premières et produits énergétiques et le déficit croissant de la production dans les pays industriels.

— La présence de gisements neufs et à teneur élevée dans les pays du Tiers monde. Ainsi, alors que les minerais de fer britanniques, français, luxembourgeois, ont ou avaient une teneur de l'ordre de 25 à 33 %, celle des minerais brésiliens, chiliens, vénézuéliens ou mauritaniens dépasse couramment 60 %.

— La chute des taux de fret maritime qui a permis l'éclatement de la liaison traditionnelle zone de production/centres de transformation.

♦ **L'investissement dans les industries manufacturières relève d'autres logiques**. Il a d'abord été, et il demeure, un moyen d'accéder aux marchés intérieurs des pays sous-développés, souvent fortement protégés. Mais depuis le milieu des années 60, l'investissement dans le Tiers monde vise surtout l'exportation vers les pays riches et le phénomène a pris une extension considérable à la fin des années 70. Des milliers d'usines se sont ainsi détournées de l'Europe, des États-Unis ou du Japon pour s'installer en Asie, en Amérique latine ou, à bien moindre titre, en Afrique. Ces créations ou transferts peuvent s'opérer à l'initiative d'entreprises de toute taille. Mais c'est lorsqu'ils sont le fait des grandes FMN qu'ils sont les les plus révélateurs de **la mondialisation des circuits de production**. Le processus consiste alors en l'essaimage dans les pays identifiés comme les plus favorables des différents maillons d'une chaîne de production.

Ce type d'investissement s'avère très rentable : dans la décennie 70, les FMN des États-Unis plaçaient dans le Tiers monde 25 % des capitaux qu'elles investissaient hors de leur territoire. Mais ceux-ci leur procuraient 40 % de leurs revenus. **Ces bénéfices élevés sont dus au faible niveau des salaires**. La productivité et la souplesse de la main-d'œuvre sont des avantages tout aussi importants : brièveté des congés annuels (10 jours à Taiwan, 14 à Singapour), longueur de la semaine de travail (60 heures communément), faiblesse des charges patronales. Enfin, cette main-d'œuvre présente aux yeux des investisseurs l'immense mérite d'être disciplinée et peu ou pas syndicalisée.

D'autre part, **de nombreux avantages fiscaux sont souvent offerts** par les codes des investissements que promulguent les pays sous-développés à la recherche d'investisseurs étrangers (voir plus loin).

Enfin, l'abondance de l'espace disponible, **l'absence de contraintes en matière de pollution**, sont des facteurs qui prennent une importance grandissante et ont favorisé dans les années 70 le glissement des industries de base vers les pays moins développés.

b Une nécessité pour les pays sous-développés

Trois éléments justifient le recours aux firmes étrangères pour les pays du Tiers monde.

♦ Coût croissant de l'industrialisation

Dans un ouvrage dont la première édition remonte à 1971, mais dont la force démonstrative n'a rien perdu de sa valeur sur ce point, P. BAIROCH a mis en évidence l'extraordinaire augmentation du niveau de l'investissement industriel au cours du siècle passé. Il avait alors calculé que « l'écart moyen de niveau capitalistique nécessaire à une création industrielle au début du XIXe siècle et de nos jours est de l'ordre de 1 à 250 au minimum »[7]. Ainsi, on ne peut plus se lancer aujourd'hui dans l'industrie sans disposer de capitaux importants… Or, on le sait bien et on y reviendra, le Tiers monde manque de capitaux.

♦ Pénurie de capitaux

L'épargne nationale privée ne suffit pas à assurer l'investissement au sein des pays sous-développés. La majeure partie de la population consacre l'essentiel de ses revenus aux dépenses de première nécessité. Seule la frange des privilégiés – combien étroite on l'a vu –, peut dégager des surplus substantiels. Certes, l'épargne intérieure dépend aussi des entreprises et de l'État. Mais, compte tenu de la crise actuelle, le taux d'épargne intérieur brut est négatif ou n'atteint pas 10 % dans de

7. P. BAIROCH, *Le Tiers monde dans l'impasse*, Gallimard, 1re édition, 1971.

nombreux pays pauvres ou à revenu intermédiaire (tel est le cas du Tchad, du Mozambique, de la Tanzanie, mais aussi de la Bolivie, du Sénégal, de la Namibie, de Panama, etc.) Il faut souligner toutefois que certains pays à revenu intermédiaire font un effort d'épargne égal ou supérieur à celui des pays développés à revenu élevé : les records mondiaux en ce domaine sont détenus par le Gabon, la Corée du Sud, Hong Kong et Singapour, avec des taux compris entre 36 et 47 % en 1991.

♦ **Pénurie de techniques**

Rappelons sans revenir sur ce sujet, que **les FMN sont les grandes détentrices de technologies** et que les pays du Tiers monde doivent, dans la plupart des cas, passer par leur intermédiaire pour acquérir celles-ci (voir deuxième partie, chapitre 3).

Au total, le recours aux FMN s'impose à tous les pays désireux de dynamiser leur croissance. Certes, l'État peut se substituer aux entrepreneurs nationaux privés. Mais rarissimes sont les pays qui, comme la Chine, ont pu tenter la voie difficile du développement autonome. On sait d'autre part ce qu'il est advenu de la voie chinoise de développement…

4 Des effets contestés

À l'époque du tiers mondisme triomphant, les FMN ont souvent fait figure d'accusées.

a Des flux qui ne sont pas à sens unique

Les FMN suscitent des flux de retour quasi incontrôlables. Pendant les années 80, les profits qu'elles rapatriaient excédaient leurs nouveaux apports de fonds. Le taux de rapatriement de ces profits était fort variable selon les secteurs. Pour l'industrie extractive, il dépassait souvent 80 %. Il était plus faible dans l'industrie manufacturière, mais fluctuait largement d'une branche à l'autre et d'une firme à l'autre. Il faut souligner en outre que les flux de retour réels sont certainement supérieurs aux transferts officiels. Les entreprises internationales peuvent en effet fixer assez arbitrairement les prix des produits qu'elles échangent entre filiales implantées dans des pays différents. Un exemple classique de cette division « interne » du travail est celui d'une firme qui produit du nylon au Japon, le transforme en fils et tissus à Hong Kong ou Macao, teint ces tissus et fait confectionner des chemises à Lisbonne, et distribue finalement ces dernières en Allemagne ou en France. Il est possible à la maison-mère, en jouant sur les prix de cession intermédiaires, de faire apparaître les profits là où la fiscalité est la plus avantageuse et les possibilités de transfert des bénéfices les plus souples.

b Divergences d'intérêts et risques de dépendance, voire d'ingérence

Les FMN n'offrent donc pas tous les avantages qu'on en attend. Elles peuvent présenter aussi des dangers sérieux pour l'indépendance nationale.

— **L'extraction accélérée de matières premières ou de produits énergétiques présente un incontestable risque** : celui de l'épuisement prématuré de richesses non renouvelables. Ce faisant, les pays sous-développés n'hypothèquent-ils pas leur avenir pour un profit immédiat limité ? Lorsque les conditions de leur véritable démarrage seront réunies, ils pourraient ne plus disposer que de gisements médiocres et peu rentables. Mais, à thésauriser ces richesses, on prend le risque de les voir se dévaloriser.

Par ailleurs, **les FMN sont accusées de rétention technologique ou d'utiliser des technologies peu appropriées** aux conditions locales, de contribuer à l'approfondissement du **dualisme économique**, de favoriser l'apparition **d'enclaves territoriales** et d'engendrer des distorsions dans l'organisation des espaces nationaux.
D'autre part, laisser les capitaux étrangers contrôler trop largement tel ou tel secteur économique représente une perte de pouvoir décisionnel que redoutent les pays industriels eux-mêmes. Ceci est d'autant plus vrai, qu'initialement, les FMN cherchaient à contrôler en totalité leurs filiales. Or, la stratégie de la firme étrangère et celle du pays d'accueil ne sont pas nécessairement concordantes. **Il y a donc risques de conflits et source de dépendance pour les pays hôtes, risques plus élevés si la FMN est puissante et le pays d'accueil modeste**. Cette dépendance peut atteindre la sphère du politique, comme on l'a observé naguère dans les « républiques bananières » d'Amérique centrale contrôlées par des multinationales américaines. De même, au Chili, il semble incontestable qu'en 1973, ITT « État souverain », pour reprendre le titre de l'ouvrage d'A. SAMPSON, ait contribué à la chute du président ALLENDE, qui avait décidé la nationalisation des mines de cuivre contrôlées par cette FMN.

C Ces inconvénients ne doivent cependant pas faire oublier les avantages que les pays sous-développés tirent de l'investissement étranger direct

D'une part, **les usines que crée celui-ci sont fiables et efficaces**... ce qui n'est pas toujours le cas des usines à financement national. En ce qui concerne les flux de capitaux, **les firmes étrangères procurent des rentrées fiscales, parfois importantes** : Volkswagen do Brasil serait le plus gros contribuable d'Amérique latine. Il fut un temps où le budget du Venezuela était supporté pour les deux tiers par les taxes versées par les compagnies pétrolières étrangères. En outre, les **FMN sont créatrices d'emplois**. Enfin, elles peuvent **participer activement aux politiques d'aménagement régional** menées par les gouvernements des pays hôtes. Au Brésil, la Sudene, organisme public chargé de développer la région du Nordeste, s'appuie largement sur les investissements étrangers pour mener cette politique de rééquilibrage.

Face à ces arguments contradictoires, la position des pays récepteurs a été fluctuante.

5 Valse-hésitation autour des FMN

a

Les dirigeants des pays du Tiers monde ont longtemps cherché à évincer ou à contrôler strictement les sociétés étrangères implantées sur leur territoire. Les firmes exportatrices de produits bruts ou d'énergie ont été leurs cibles principales au début des années 70, mais les premières tentatives de récupération remontent à la première moitié du XXe siècle. Depuis l'éviction des sociétés pétrolières américaines du Mexique par le président Cardenas en 1938, en passant par la tentative avortée de Mossadegh en Iran en 1951, **la vague de nationalisations qui a déferlé sur les sociétés pétrolières est impressionnante**. Les sociétés minières n'ont guère été plus épargnées, au Chili, au Zaïre, en Zambie, au Pérou, en Mauritanie, etc. Entre 1960 et 1976, on a relevé 1 369 opérations de nationalisations dans le Tiers monde !

Dans d'autres cas, tout en continuant à autoriser les investissements directs, **les gouvernements ont fait pression sur les FMN** pour qu'elles leur cèdent une participation dans leurs filiales. L'exemple type est fourni par l'accord de New York d'octobre 1972 qui prévoyait une prise de participation progressive des États du golfe Arabo-Persique dans les sociétés pétrolières implantées sur leur territoire. De 25 % en 1973, cette participation devait passer par étapes à 51 % en 1983. En fait, la plupart des États pétroliers ont bousculé cet échéancier, les 60 % étant souvent atteints dès 1973 ou 1974. Les législations imposant la création de co-entreprises *(joint ventures)* se sont aussi multipliées. Ces décisions s'accompagnaient souvent de mesures limitant les rapatriements de capitaux ou excluant du champ d'action des FMN des domaines considérés comme stratégiques (sidérurgie, extraction minière…).

Ces politiques n'étaient cependant pas sans inconvénients. Coca-Cola a préféré quitter le territoire de l'Union Indienne plutôt que de perdre la majorité de contrôle de ses usines et de voir la formule de sa célèbre boisson tomber en des mains étrangères ! En outre, dominer une production, qu'il s'agisse d'un produit brut ou d'un bien manufacturé peut s'avérer vain si l'on est incapable de s'insérer efficacement dans les marchés internationaux. La récupération des plantations de bananes possédées par la puissante United Fruit n'a pas permis aux pays d'Amérique centrale de mieux contrôler leurs revenus.

Surtout, ces mesures sont difficiles à concilier avec la nécessité d'accélérer les investissements productifs. Si à l'époque où les cours des hydrocarbures étaient au plus haut, des pays comme l'Iran ou l'Algérie ont pu se passer des capitaux des investisseurs étrangers (mais non de leurs technologies), d'autres pays, dépourvus de ces ressources ont dû jouer la carte du libéralisme (Côte-d'Ivoire, Singapour, Hong Kong…). **En fait, la plupart des responsables du Tiers monde ont eu des comportements ambigus**. Au Maroc, par exemple, la « marocanisation » d'un certain nombre de secteurs économiques décidée en 1973 fut accompagnée d'un code des investissements assurant aux firmes étrangères qui s'implantaient sur le territoire national des exonérations d'impôt pendant trente ans, autorisant des amortissements accélérés, le transfert du produit de liquidation éventuelle de l'entreprise à hauteur du montant investi, celui des dividendes nets d'impôt, etc.

b Le revirement des années 80 : la marée des délocalisations

Au cours des années 80, les dirigeants du Tiers monde ont adopté une position beaucoup plus accommodante. On a ainsi assisté à des revirements spectaculaires. La Chine s'est ouverte aux capitaux étrangers dès 1978, avec la création de zones économiques spéciales et l'adoption d'un code des investissements proche de ceux déjà en vigueur dans d'autres pays du Tiers monde. L'Inde a de même assoupli son attitude envers les firmes étrangères à l'arrivée de Rajiv Ghandi au pouvoir en 1984, et cette politique s'est accentuée par la suite. Le Viêt-nam à son tour a adopté récemment un code des investissements particulièrement attractif pour les capitaux étrangers. Comment s'expliquent ces revirements ?

La banalisation du phénomène multinational, une meilleure connaissance du fonctionnement de ces firmes, la rapide croissance des sociétés conjointes et la multiplication de leurs pays d'origine font **qu'elles inquiètent moins qu'au cours de la décennie précédente**. Des FMN sont nées dans les pays les plus dynamiques du Tiers monde, en Corée du Sud et à Taiwan notamment[8], et elles délocalisent à leur tour : en 1989, Hong Kong est devenu le premier investisseur étranger en République populaire de Chine, et il est de moins en moins rare d'observer l'implantation de filiales de firmes asiatiques dans les vieux pays industriels (Daewoo à Longwy par exemple)[9].

En outre, les modalités d'intervention des FMN se sont élargies et sont devenues plus discrètes. D'une part, la multinationalisation s'est orientée vers le secteur tertiaire et bancaire. D'autre part, de nouvelles formes d'investissement qui ne portent pas uniquement sur des transferts de capitaux se développent rapidement. On assiste depuis une dizaine d'années à la multiplication des co-entreprises (par exemple la participation de Mitsui à la constitution d'un consortium indonésien pour la réalisation d'un complexe d'ammoniac à Sulawezi). Les accords de licence se font sans cesse plus nombreux (la firme britannique Coats Viyella par exemple fait produire des sous-vêtements de marque Eminence en Malaisie) tandis que s'envole la sous-traitance : Biderman sous-traite à Hong Kong la confection de vêtements destinés au marché des États-Unis, Nike en fait autant pour la quasi-totalité de sa production de chaussures de sport dans divers pays d'Extrême-Orient…

6 Éléments d'un bilan

a Des flux irréguliers et spatialement concentrés

Les investissements directs vers le Tiers monde, après avoir chuté une première fois au début des années 70, au moment du premier choc pétrolier et quand les attaques contre les FMN étaient les plus virulentes, ont régressé à nouveau pendant toute la première moitié des années 80, au plus fort de la crise d'endettement. **On observe**

8. Cf. P. GROU, *L'émergence des géants du Tiers monde*, Publisud, 1988.
9. F. HATEM, « Les délocalisations », *Le Monde*, 1er février 1994.

une reprise depuis la fin des années 80. Ainsi, la part des pays en développement dans les flux d'investissements directs des pays de l'OCDE, qui était tombée à 12,5 % en 1984 est remontée à 21 % en 1992. Leur part dans le stock mondial d'investissements directs s'élevait en 1991 à 23 % du total. L'attrait des bas salaires est plus puissant que jamais ! (tableau 1).

TABLEAU 1
LES COÛTS SALARIAUX HORAIRES OUVRIERS EN 1993
(en dollars par heure dans l'industrie)

Pays	Coût	Pays	Coût
Indonésie	0,28	Espagne	11,73
Chine	0,44	Irlande	11,88
Philippines	0,68	Royaume-Uni	12,37
République tchèque	1,14	Italie	14,82
Pologne	1,40	France	16,26
Malaisie	1,80	États-Unis	16,40
Hongrie	1,82	Japon	16,91
Mexique	2,41	Ex-Allemagne de l'Est	17,30
Brésil	2,68	Suède	18,30
Portugal	4,63	Pays-Bas	19,83
Corée du Sud	4,93	Suisse	21,64
Singapour	5,12	Norvège	21,90
Taiwan	5,46	Ex-Allemagne de l'Ouest	24,87

(Source : MORGAN-STANLEY, repris du journal *Le Monde* 1er février 1994)

Mais les écarts de coûts salariaux ne constituent pas, nous l'avons déjà signalé, le seul critère d'investissement. « Aucun pays n'a jamais songé à monter des téléviseurs en Centrafrique alors que les salaires y sont dérisoires », soulignait en 1993 un rapport du sénateur ARTHUIS sur les délocalisations, très alarmiste pour l'Europe de l'Ouest – et contesté par les spécialistes.

L'attrait des « cerveaux » du Tiers monde : le trésor de l'informatique indienne

Pour la fabrication de logiciels, l'Inde dispose d'un grand nombre de bons spécialistes, qui, de plus, maîtrisent l'anglais. Avec des salaires beaucoup plus bas que ceux des pays industrialisés : l'équivalent de 1 000 francs par mois pour un programmeur en début de carrière, par exemple.

Attirées par ce filon, les plus grandes firmes informatiques se sont établies en Inde. [...] Pionnière, Texas Instruments s'est installée dès 1987 à Bangalore, Hewlett-Packard vient d'investir 460 millions de roupies (1 franc vaut 4,5 roupies) dans son centre de développement de logiciels à Bangalore. Longtemps hésitant, le numéro un mondial, IBM, s'est décidé à prendre pied en Inde en créant une co-entreprise avec l'incontournable groupe Tata.

Les entreprises spécialisées ne sont pas les seules à recourir à cette délocalisation. Des sociétés occidentales de toutes sortes font exécuter en Inde tout ou partie de leurs services informatiques. Citicorp dispose de sa propre unité de production, la Banque Indosuez a installé un centre de développement de logiciels à Bombay, en coopération avec Tata-Unisys, filiale du géant indien et du constructeur américain. Thomson, Alcatel et Dassault font aussi de plus en plus de logiciels en Inde.

« En faisant faire certains travaux en Inde, les multinationales réalisent en moyenne de 30 à 50 % d'économies », estime le directeur d'une revue spécialisée. [...]

Pour accueillir ces sociétés, le gouvernement indien a créé des parcs technologiques, disposant de bonnes infrastructures et dotés de liaisons internationales par satellites, notamment à Bangalore, Hyderabad, Pouna et Bhubaneswar. Les compagnies qui s'y établissent bénéficient d'exonérations fiscales et d'exemptions de taxes douanières sur les importations.

De façon générale, pour stimuler les investissements étrangers, le gouvernement indien a autorisé les sociétés étrangères à détenir 51 % des parts dans des entreprises locales, au lieu de 40 %, et leur a permis d'écouler le quart de leur production sur place, alors qu'elles devaient auparavant en exporter la totalité. Un moyen aussi d'enrayer la fuite des cerveaux vers les pays industrialisés, les États-Unis en particulier [...] .

J. -C. BUHRER, *Le Monde*, « Bilan économique et social 1992 ».

Au total, les pays en développement offrent des avantages très différenciés aux yeux des responsables des firmes étrangères. De sorte que la distribution des investissements directs est toujours extrêmement déséquilibrée : elle continue à favoriser surtout l'Amérique latine et l'Asie et néglige l'Afrique (tableau 2).

TABLEAU 2
RÉPARTITION DES FLUX D'INVESTISSEMENTS DIRECTS DANS LE TIERS MONDE DE 1980 À 1992
(milliards de dollars courants)

	1980	1985	1990	1992
Total	11,2	6,5	26,9	30,6
Dont :				
Pays à faible revenu	1,6	0,1	1,4	3,6
Pays à revenu intermédiaire, tranche inférieure	0,3	0,7	4,0	6,7
Pays à revenu intermédiaire, tranche supérieure	9,3	3,4	12,6	15,4
Afrique subsaharienne	?	– 0,2	0,3	– 3,5
Asie	?	0,5	10	12,6
Afrique du Nord et Moyen-Orient	?	1,0	0,9	1,4
Amérique latine —	?	5,1	8,8	13,4

NB : on observe un désinvestissement en Afrique subsaharienne en 1985 et 1992.
(Source : OCDE)

b Un symbole des délocalisations : les zones franches industrielles

C'est au milieu des années 60 qu'apparaissent des zones franches de transformation destinées à la réexportation. Il s'agit d'espaces généralement clôturés ou physiquement isolés. **Ce sont de véritables royaumes de la dérogation**, offrant des avantages spéciaux aux industriels qui s'y installent : importations de matières premières ou de biens de production hors douane, cadre réglementaire avantageux, charges fiscales réduites ou totalement supprimées. Elles se sont implantées en vagues successives, au fur et à mesure de la « mise en exploitation » de gisements de main-d'œuvre bon marché. Les FMN américaines et japonaises ont commencé à délocaliser vers l'Extrême-Orient au milieu des années 60 : Hong Kong en 1965, Taiwan en 1966, Singapour en 1967, Corée du Sud et Philippines en 1970. Vinrent ensuite la Malaisie et l'Indonésie entre 1972 et 1974, Sri Lanka en 1977, la Thaïlande et le Bangladesh en 1983-84.

En 1993, on en dénombrait plus de cent, réparties entre une trentaine de pays, et même 70 si l'on compte les entreprises fonctionnant sous régime franc (cas des célèbres *maquiladoras* mexicaines). Le mouvement n'est pas interrompu, puisque des zones franches sont à l'étude en Afrique (une quinzaine), dans les îles d'Asie-Pacifique et en Amérique latine.

Le plus grand nombre de ces zones franches est installé, selon la métaphore frappante de R. BRUNET, **sur une « ceinture dorée » passant par les grands**

isthmes intercontinentaux, les ensembles les plus nombreux se situant dans les Caraïbes, au Moyen-Orient et en Asie du Sud-Est, de la Corée du Sud à Singapour[10]. Il ne faut toutefois pas exagérer l'impact de ces zones en terme d'emplois : 700 000 peut-être pour la Chine, 550 000 au Mexique, 200 000 en Malaisie, 110 000 en Tunisie, 100 000 aux Philippines et autant en Indonésie, etc.[11]. Il ne faut pas surestimer non plus leur rôle mesuré sous l'angle de la production, surtout pour les premiers NPI asiatiques : leur importance est aujourd'hui secondaire dans des pays comme la Corée du Sud ou Taiwan. Mais elles sont très représentatives de l'engouement des pays du Tiers monde pour un type d'investissement qui est un des symboles de la transnationalisation de l'économie.

C Marchés boursiers émergents et paradis fiscaux : d'autres effets de la transnationalisation

Si l'avènement des télécommunications n'a pas modifié la localisation et la hiérarchie des grandes places boursières internationales, elle a toutefois favorisé **l'émergence de marchés secondaires, tels ceux de Singapour ou de Hong Kong, ou encore celui de Bahreïn**, qui doivent leur essor soit au rayonnement de puissances économiques dont le rôle régional s'affirme, soit à l'importance des sommes liées aux revenus pétroliers. Certains de ces marchés boursiers émergents sont particulièrement dynamiques et offrent un nouveau type de lieux attractifs pour la spéculation internationale.

Mais la **principale conséquence de la fluidité des capitaux a été l'apparition d'une soixantaine de « paradis fiscaux »**. Il s'agit en général d'États ou de territoires de faible taille, souvent insulaires, qui offrent de nombreux avantages aux capitaux flottants, tout en y trouvant une intéressante source de revenus malgré la modestie des droits auxquels ceux-ci sont assujettis. Comme les zones franches d'industrialisation, ces paradis fiscaux sont souvent situés aux portes des pays de la Triade. Les îles Caïmans, Turks, Caïques aux Caraïbes, ainsi que les Bahamas et les Bermudes constituent de bons exemples de ces localisations aux abords immédiats des États-Unis. Avec leurs 27 000 habitants, les îles Caïmans ont réussi à attirer les sièges sociaux, ou servent de « boîtes aux lettres » à plus de 300 banques, 350 compagnies d'assurance, 29 000 sociétés[12]... Ces paradis, qui sont également des fruits de la déréglementation, sont soupçonnés de favoriser le blanchiment de l'argent de la drogue et des mafias, et l'on tente de les moraliser.

Pour conclure, l'essor des échanges internationaux de toute nature a un impact considérable sur l'ensemble des pays du Tiers monde. Toutes les « distances » qui comptent vraiment dans la vie économique se sont réduites dans des proportions considérables, et jamais les pays sous-développés n'ont été aussi « proches » par le temps comme par les coûts des grands centres du monde. Mais ce rétrécissement de l'espace économique est loin d'être créateur d'uniformisation. Chaque point de la

10. R. BRUNET, *Atlas mondial des zones franches et paradis fiscaux*, Fayard-Reclus, Paris, 1986.

11. J. -M. BURGAUD, « Voyage dans l'anti-monde des zones franches industrielles », *Crédit Lyonnais international*, juin-juillet 1993, repris dans *Problèmes économiques*, n° 2355, La Documentation française, 22 décembre 1993.

12. O. DOLLFUS, « L'espace financier et monétaire mondial », *L'espace géographique*, 1992 (2).

planète (ville, port, pays), dispose d'atouts ou de handicaps qui lui sont propres. La mondialisation permet aux grands centres d'impulsion et aux responsables des firmes d'utiliser et de valoriser les différences locales avec une finesse et une efficacité jamais rencontrées jusqu'ici. La mise en valeur de ces différences ne semble qu'accentuer les clivages au sein du Tiers monde.

L'INSERTION DU TIERS MONDE DANS LES GRANDS FLUX MONDIAUX 2

Les pays du Tiers monde sont vigoureusement portés à l'internationalisation par la grande vague de mondialisation favorisée par la révolution technique permanente et impulsée par les firmes multinationales. Ils sont également de plus en plus nombreux à tenter de se greffer sur les flux internationaux parce qu'ils ont été convaincus des bienfaits de l'ouverture par les sirènes du libéralisme et les croissances économiques records enregistrées dans les NPI asiatiques, au moment même où l'alternative communiste était totalement dévaluée. Mais certains pays en situation de quasi-banqueroute sont tout simplement contraints de se plier aux cures d'austérité et aux réorientations économiques imposées par le FMI…

Ainsi, le Tiers monde entre de plus en plus largement dans les multiples circuits des échanges de marchandises, de services, de capitaux. Les pays phares de l'autocentrage eux-mêmes succombent à tour de rôle aux séductions des marchés internationaux. Ainsi, la Chine, l'Inde, le Viêt-nam, Cuba, s'ouvrent ou s'entrouvrent. Seuls échappent à ce mouvement les angles morts de l'espace mondial ou des pays dans lesquels les structures d'encadrement s'effondrent face à des agressions externes ou à des processus d'implosion politique ou sociale tels la Somalie, l'Éthiopie… Les populations elles-mêmes participent à l'émergence de réseaux internationaux, qu'il s'agisse de flux migratoires Sud-Nord ou de déplacements inverses, à vocation touristique. L'insertion dans les flux internationaux présente donc des aspects nombreux et des degrés très variés. Les plus significatifs de ces flux seront analysés dans le présent chapitre et dans le suivant.

A Les flux de marchandises : stagnation globale, bouleversements profonds

Suscité initialement par la demande de matières premières et par l'essor de la consommation dans les pays riches, favorisé en outre par la baisse des coûts du transport, le commerce international des pays sous-développés a connu une croissance rapide jusqu'au milieu du XXe siècle. **En 1950**, ces pays réalisaient **31 % des échanges mondiaux de marchandises** en valeur. Un renversement de tendance se produit alors, de telle sorte qu'en **1970**, le Tiers monde ne représentait plus qu'un peu moins de 18 % du commerce mondial. Le tableau 1 permet de constater que le recul de 1950 à 1970 concerne tous les ensembles régionaux à l'exception du Moyen-Orient : la contribution grandissante des pays du golfe Persique à l'approvisionnement énergétique des grandes puissances industrielles fait progresser leur modeste part du marché mondial de 2,3 % en 1950 à 3,4 % en 1970.

TABLEAU 1
LE TIERS MONDE DANS LES ÉCHANGES MONDIAUX
1950 - 1991 (%)

Ensembles géographiques	1950	1960	1970	1980	1991
Pays sous-développés	30,7	21,4	17,7	28,0	22,1
dont					
Amérique	12,4	7,7	5,5	5,5	3,7
Afrique	5,2	4,2	4,1	4,7	2,0
dont Afrique du Nord	2,1	1,4	1,6	2,3	1,0
Reste de l'Afrique	3,1	2,8	2,4	2,4	1,1
Asie	13,1	9,5	8,1	17,8	16,3
dont Moyen-Orient	2,3	3,4	3,4	10,6	3,2
Asie du Sud et du Sud-Est	10,9	6,1	4,8	7,2	13,1
dont Asie communiste	1,3	2,1	0,9	1,0	1,9
Pays développés à économie de marché	60,8	65,9	70,9	62,6	72,9
Europe de l'Est et ex-URSS	6,8	10,1	9,8	7,7	2,6

(Source : CNUCED)

En 1974-1975, le premier choc pétrolier semble donner un coup d'arrêt à cette marginalisation croissante puisqu'en 1981, le Tiers monde avait presque retrouvé son niveau du milieu du siècle. Mais l'illusion aura été de courte durée et l'on observe **en 1991 un quasi-retour à la situation du début des années 70. Rien n'a donc changé ?** L'affirmer serait avoir une vision erronée des faits : le marché des produits pétroliers peut réserver encore bien des surprises ; mais, plus encore, la situation des années 90 traduit une **transformation profonde de la structure par produits du commerce du Tiers monde** en même temps que l'hétérogénéité de ce dernier.

1 Redistribution des tâches au sein de la communauté internationale

a Le Tiers monde exporte aujourd'hui plus de produits manufacturés que de produits bruts

Longtemps spécialisés dans les activités extractives et l'agriculture de rente, les pays sous-développés étaient traditionnellement exportateurs de produits énergétiques, de matières premières industrielles et de produits alimentaires. **En 1972 encore, plus des trois quarts de leurs exportations étaient constitués de produits primaires**, ce qui marquait déjà un recul par rapport à 1950 (90 % des exportations étaient alors liées à ce type de produits). Ce recul s'est poursuivi et **en 1992, les produits manufacturés représentaient 55 % de la valeur des exportations du Tiers monde**[1].

Ce basculement hautement symbolique reflète surtout la **montée en puissance des pays en développement d'Asie du Sud et de l'Est**, seuls au sein du Tiers monde à accroître significativement leur part dans les échanges mondiaux. Ils représentaient déjà près de 11 % du commerce international en 1950, mais l'Amérique latine disposait alors d'une légère avance. Comme pour celle-ci, leur poids relatif a diminué de moitié entre 1950 et 1970. Mais il a progressé très rapidement depuis, grâce à l'essor de leurs exportations de produits manufacturés.

b Mais beaucoup de pays du Tiers monde sont encore des primo-exportateurs

Malgré ce qui vient d'être vu, le Tiers monde reste encore un **fournisseur important du marché mondial pour nombre de produits primaires.** Tel est le cas non seulement des produits agricoles « tropicaux » pour lesquels la part des pays en développement reste supérieure à 80 % (bananes, cacao, café, caoutchouc, jute et autres fibres dures, manioc, oléagineux, thé...), mais aussi bien sûr des hydrocarbures (près de 75 %) et de divers minerais tels la bauxite, le cuivre, l'étain (60 à 70 %), le fer, le manganèse (45 et au moins 55 %), etc. Cependant, le Sud est loin d'avoir le monopole des exportations de produits primaires : il ne fournit actuellement qu'environ 36 % de celles-ci.

Ainsi, **en 1991, 60 % des pays du Tiers monde dépendaient encore des produits bruts pour au moins 70 % de leurs recettes d'exportations.** Et il est toujours exact que les exportations d'assez nombreux pays sont dominées par un ou deux produits. Il s'agit d'abord des pays pétroliers, pour lesquels les hydrocarbures représentent plus de 80 % de la valeur de leurs exportations. Mais des pays miniers ou agricoles (surtout lorsqu'ils sont de faible taille) connaissent des niveaux de spécialisation identiques ou proches, tels l'Ouganda (café : 90 %), la Guinée (bauxite : 84 %), la Zambie (cuivre : 82 %), le Niger (uranium : 80 %), Cuba, la Réunion (sucre : 77 et 75 % respectivement), le Rwanda (café : 69 %), le Malawi (tabac :

1. GATT. Le commerce international - Statistique 93, Genève.

66 %), etc. Élargissant légèrement notre propos, nous constatons à travers ces données le maintien de la **faible diversification économique de la plupart des pays sous-développés.** Alors que les pays industriels occidentaux exportent entre 200 et 239 types de produits, 50 pays du Tiers monde en exportent moins de 50, et l'éventail commercial d'une île tropicale comme Cuba en comporte moins de 10 [2].

***Les efforts de diversification* ne conduisent qu'à une lente atténuation du caractère mono-exportateur de beaucoup d'économies sous-développées.** Au Sénégal, par exemple, la part des produits arachidiers, après s'être maintenue relativement constante vers 77 %-80 % jusqu'en 1967, a baissé régulièrement depuis et représente actuellement moins du tiers des exportations. Les mauvaises récoltes dues à la sécheresse n'expliquent pas seules ce recul. La croissance de l'extraction phosphatière, de la pêche maritime et, à bien moindre titre, de la production d'engrais, de textiles et d'articles de confection, de chaussures, sont des éléments positifs dans la recherche d'une issue à la mono-exportation arachidière, mais qui laissent presque intacte la dépendance du Sénégal envers un nombre restreint de produits : en 1991, plus de 65 % des exportations de ce pays provenaient de l'arachide, de la pêche et de l'exploitation des phosphates.

Remarquons pour conclure que les pays caractérisés par une forte dépendance envers les produits primaires sont (à l'exception importante des pays pétroliers) pour la plupart des PMA, et que l'on note **une forte corrélation positive entre exportation de produits primaires et déficit de la balance commerciale** : en 1992, tous les pays à faible revenu pour lesquels les produits primaires constituaient au moins 70 % des exportations enregistraient un solde commercial négatif, la seule exception étant le Nigeria, qui est aussi le seul de ces pays à exporter du pétrole. Certes, la balance commerciale dépend d'autres éléments que les spécialisations à l'exportation mais la corrélation exportations primaires/déficit commercial est suffisamment nette pour que l'on souligne le caractère dangereux de cette situation

C Des échanges polarisés par la Triade

♦ **Les échanges des pays sous-développés pris dans leur ensemble demeurent étroitement liés aux pays industriels** : en 1992, les deux tiers de leur commerce extérieur se font encore avec ceux-ci et en particulier avec les membres de la Triade (figure 22). Mais cette imbrication varie assez sensiblement d'un ensemble de pays à l'autre. Ainsi, l'Afrique dépend des pays industriels pour plus de 80 % de ses échanges, contre 75 % pour l'Amérique latine et environ 62 % pour le Moyen-Orient et l'Asie du Sud et de l'Est (tableau 2).

Pris individuellement, près de 40 % des pays du Tiers monde réalisent au moins un tiers de leur commerce avec un seul pays, le plus souvent l'ancien colonisateur ou la grande puissance la plus proche. Ainsi, l'Amérique latine commerce surtout avec les États-Unis, l'Afrique avec l'Europe (Royaume-Uni, France, RFA, Portugal, Belgique et Italie essentiellement), tandis qu'en Asie, le Japon et les États-Unis ont pris en général le relais du Royaume-Uni.

2. Il s'agit ici des groupes de produits à trois chiffres tels qu'ils sont définis dans la Classification type pour le commerce international (CTCI) et au nombre de 239.

FIGURE 22
LE TIERS MONDE FACE À LA TRIADE :
(FLUX D'EXPORTATION EN 1992)

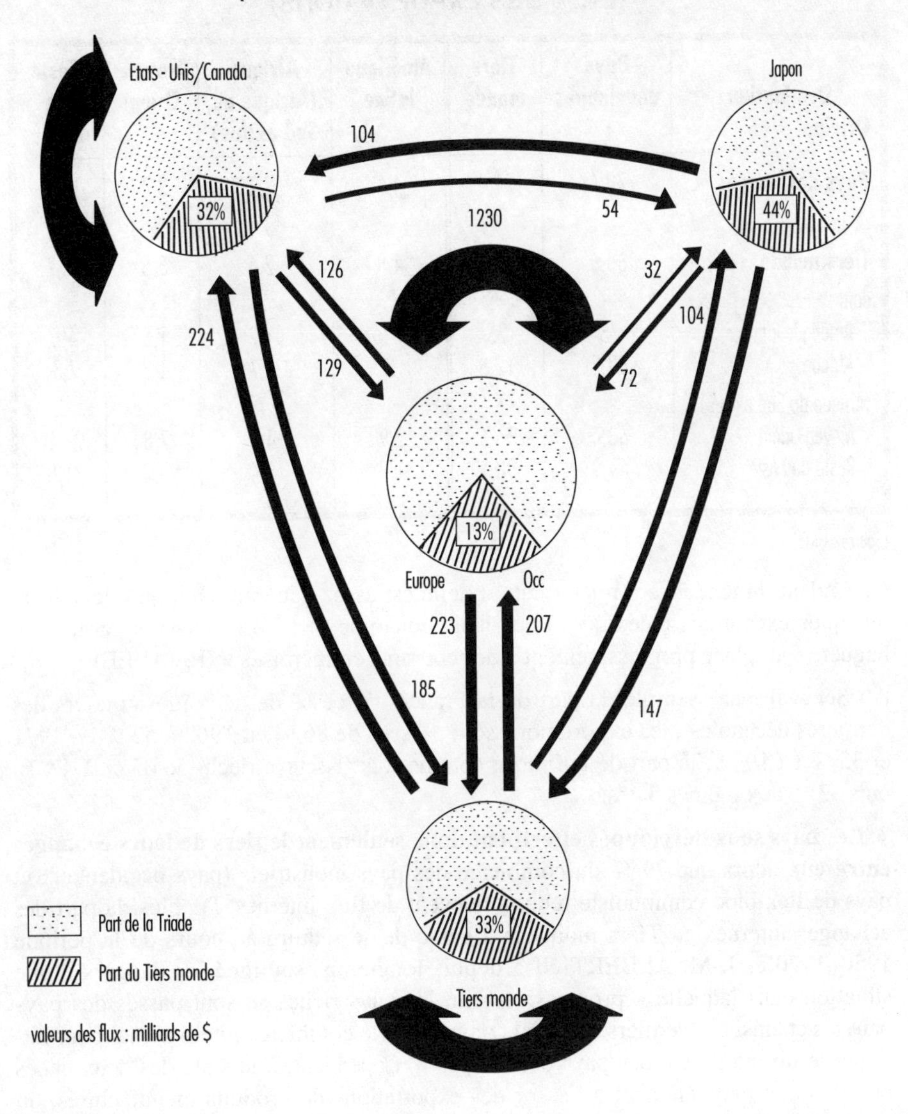

(Source : GATT)

TABLEAU 2
LES PARTENAIRES COMMERCIAUX DU TIERS MONDE EN 1992
(EN % DES EXPORTATIONS)

Destination / Origine	Pays développés	Tiers monde	Amérique latine	Afrique (Afrique du Sud exclue)	Moyen-Orient	Reste de l'Asie
Pays développés	78,6	21,4	4,6	2,1	3,4	11,2
Tiers monde	66,6	33,4	4,8	2,4	3,5	22,7
dont :						
Amérique latine	75	25	17,6	1,2	1,6	4,5
Afrique (Afrique du Sud exclue)	82,2	17,8	2	6,7	1,8	7,3
Moyen-Orient	63,4	36,6	2,9	4,8	7,8	21,1
Reste de l'Asie	61,9	38,1	1,9	1,4	3,3	31,5

(Source : GATT)

Cependant, la tendance à rejeter cette tutelle est assez générale bien qu'elle souffre quelques exceptions (Mexique, États-Unis notamment) : « Les chasses gardées de naguère font place progressivement à des courants entrecroisés » (P. JALÉE).

Au Sénégal, par exemple, la part de la France n'a cessé de décroître au cours des dernières décennies : les exportations sont passées de 86 % en 1962 à 52 % en 1971 et 35 % en 1990 ; la part de la France comme fournisseur a fléchi de 65 % à 47 %, puis 33 % aux mêmes dates.

♦ **Les pays sous-développés effectuent donc seulement le tiers de leurs échanges entre eux**, alors que 79 % du commerce des pays industriels (pays occidentaux et pays de l'ex-bloc communiste réunis) relèvent de flux internes. De plus, la part des échanges internes au Tiers monde n'a cessé de se réduire au cours de la période 1950–1970 et J.-M. ALBERTINI a depuis longtemps souligné les dangers d'une situation dans laquelle « progressivement, les pays riches se sont passés des pays pauvres et ainsi ces derniers n'ont pu compter sur le commerce international pour rattraper le niveau de vie des pays développés ». Cependant, à la suite des deux chocs pétroliers, et parallèlement à l'essor des exportations de produits manufacturés, on assiste à un **redéveloppement des courants d'échange Sud-Sud**. Mais celui-ci s'accompagne du creusement d'énormes disparités car les pays du Sud et de l'est de l'Asie sont à l'origine de plus de 75 % de ces flux (voir plus loin dans ce chapitre).

2 Les exportations de produits bruts : une dépendance qui s'aggrave

a Des relations déséquilibrées

♦ Une position de faiblesse sur un marché « vendeur »

L'évolution des marchés mondiaux est doublement défavorable aux pays exportateurs de produits bruts.

• **Bon nombre de ces produits se heurtent à des produits de substitution**. D'une part, l'agriculture des pays développés a réalisé des progrès rapides depuis deux décennies. *Le marché des oléagineux* est particulièrement représentatif de la *vigueur de la concurrence entre agriculture tempérée et agriculture tropicale*. Étant donné la substitution quasi totale des corps gras les uns aux autres, les importateurs achètent la denrée la moins chère ; or, grâce à leur très forte productivité, les pays industrialisés produisent en masse et à bas prix. Les exportations tropicales ont alimenté plus de la moitié du marché pendant vingt-cinq ans, mais aujourd'hui elles n'y contribuent plus que pour un tiers.

D'autre part, la concurrence des produits de synthèse a placé bien des productions agricoles du Tiers monde en situation défensive. Rayonne puis Nylon, Tergal, Rilsan… ont supplanté les textiles naturels. Les sacs de jute ont reculé devant d'autres matériaux d'emballage (plastique, carton, papier). Le caoutchouc synthétique et les engrais chimiques se substituent au caoutchouc et aux engrais naturels. Les sucres issus de plantes tempérées (sucre de betterave, isoglucose), puis les édulcorants de synthèse (saccharine naguère, aspartame aujourd'hui) remplacent le sucre de canne, etc.

• **Même en l'absence de produits de substitution, les débouchés s'accroissent moins vite qu'au début du siècle**. L'évolution de la consommation dans les pays développés dessert les pays pauvres car elle porte surtout sur les biens de consommation élaborés et les services et moins sur les produits bruts. Ce mécanisme, connu sous le nom de loi d'Engel, joue tout particulièrement sur les produits agricoles tropicaux. Pour les plus importants d'entre eux, les pays développés sont arrivés à une quasi-saturation de leurs besoins vers 1950 alors que les pays socialistes mettent encore assez peu l'accent sur la consommation. De sorte que la production de café, par exemple, qui avait été multipliée par 2,5 entre 1900 et 1936, doublait seulement entre 1936 et 1960 et diminuait même entre 1960 et 1970. Non seulement la consommation de cette boisson n'augmente guère dans les pays économiquement les plus avancés, mais elle tend même à décliner : aux États-Unis, qui absorbent 30 % des exportations mondiales de café, on enregistre depuis une vingtaine d'années une baisse annuelle de 1,9 % par an de la consommation par habitant. Cette diminution est liée à des considérations médicales mais aussi à une certaine désaffection de la part des jeunes. L'Union européenne semble devoir suivre la même évolution. C'est donc surtout à la croissance démographique de ces deux puissances qu'est due la lente croissance du marché mondial, car si le Japon, les pays communistes européens et les pays sous-développés eux-mêmes accroissent rapidement leur consommation, leur rôle sur la demande mondiale est marginal : ils ne représentent que 5 % environ de celle-ci.

Les progrès technologiques, pour leur part, ont réduit la quantité de matière première nécessaire à la fabrication d'un produit donné. Ainsi, l'étamage électrolytique économise l'étain, l'amélioration du rendement des centrales thermiques économise le combustible, etc.

Sur un marché mondial où l'offre des produits dans lesquels s'est spécialisé le Tiers monde tend à être supérieure à la demande, les pays vendeurs, en concurrence entre eux d'ailleurs, sont donc en position de faiblesse par rapport aux acheteurs. Seuls quelques produits, surtout les hydrocarbures et certains minerais, ont fait l'objet d'une demande soutenue pendant les dernières décennies. Même dans ce cas, les pays industrialisés ont l'initiative de la demande : que la récession les frappe, et les surplus s'accumulent chez les producteurs.

♦ L'inégalité des partenaires commerciaux

• **La disproportion de poids économique** entre partenaires place inévitablement les pays sous-développés dans une situation de dépendance : ici joue l'effet de dimension souvent évoqué par les économistes depuis F. PERROUX et que D.-C. LAMBERT expose très clairement : cet effet « résulte d'une double disproportion : celle des dimensions économiques (revenus nationaux) et celle des taux d'ouverture au commerce extérieur ». Les exportations des États-Unis vers le Mexique qui ont pourtant beaucoup augmenté en raison de la multiplication des investissements nord-américains dans ce pays ne représentent que 7,5 % de leurs exportations totales et moins de 10,5 % de leur PIB. Mais si le Mexique devait perdre le marché américain, ses exportations seraient amputées de 70 %, son revenu national de 6,5 %, et ses difficultés seraient d'autant plus graves que la conquête de nouveaux marchés lui serait sans doute très difficile.

Cette domination peut être volontairement renforcée, résultant du souci d'assurer la sécurité des approvisionnements et d'obtenir les produits importés au meilleur compte : de la domination commerciale, on est porté au contrôle économique et parfois politique des pays fournisseurs. De la domination spontanée, on passe à l'impérialisme, expression de la volonté de puissance d'une nation.

• **Fait paradoxal à première vue, l'assujettissement ne tend pas toujours à s'atténuer lorsqu'un pays sous-développé réalise des progrès rapides**. L'accélération de la production implique un renforcement de la tendance au déséquilibre de la balance commerciale. Même si de nombreuses importations considérées comme non essentielles peuvent être sacrifiées, les achats de biens d'équipements augmentent rapidement. Mais ceux-ci ne peuvent être comprimés sans risque d'étranglement de la croissance. Ceci explique que les 4 dragons aient enregistré des soldes commerciaux négatifs quasi permanents jusqu'au début des années 80, et même au-delà pour certains d'entre eux.

En cas de déficit de la balance commerciale, il faut faire appel au crédit fournisseur. Il devient alors très difficile pour le pays sous-développé de rompre son affiliation à un partenaire privilégié. La diversification spatiale des exportations est plus facile à réaliser que celle des importations.

b Fluctuations des prix et dégradation des termes de l'échange

L'absence de maîtrise des marchés se traduit par une évolution des cours doublement défavorable aux pays sous-développés.

♦ **Instabilité des prix des produits de base**

L'évolution des cours mondiaux des produits bruts est caractérisée par des fluctuations parfois énormes et souvent brutales. Ainsi, en 1993, les cours de l'étain et du nickel ont chuté de près de 20 % alors que ceux du sucre et de l'argent progressaient de 20 %. Mais les fluctuations enregistrées entre le début et la fin d'une année dissimulent des variations qui peuvent être tout aussi considérables à l'échelle du semestre, du mois, voire de la journée (voir figure 23).

FIGURE 23
L'INSTABILITÉ DES COURS DES OLÉAGINEUX ENTRE 1988 ET 1993

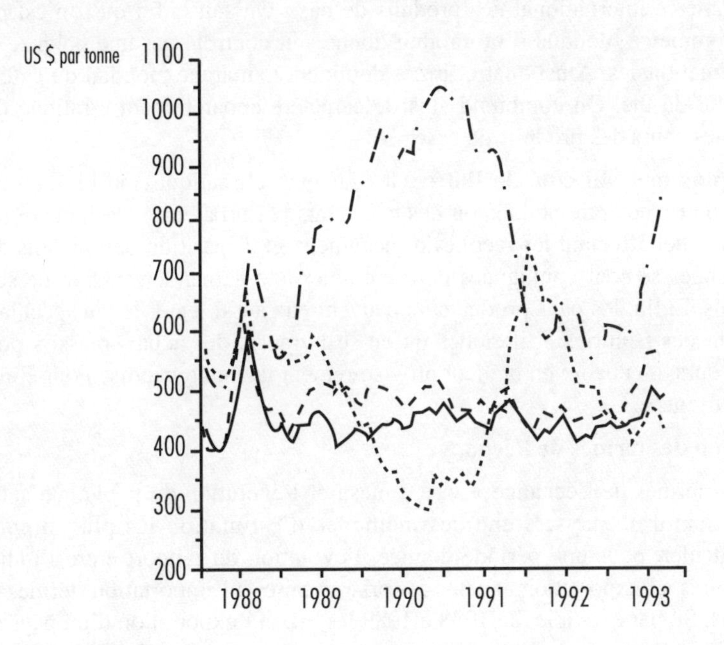

On imagine aisément les effets nocifs de cette instabilité, qui perturbe gravement les plans de développement des pays du Tiers monde, qui ne peuvent tabler sur des revenus assurés pour financer leurs emprunts. Elle est en outre génératrice d'inflation et freine donc, à terme, les investissements, découragés par les « plans de refroidissement » de l'économie qui finissent par s'imposer. Ses conséquences sont, enfin, catastrophiques pour tous les producteurs et surtout les petits agriculteurs.

Cette instabilité est due à de nombreux facteurs affectant l'offre comme la demande.

• **Du côté de la demande**, les aléas de la conjoncture dans les pays développés sont le point de départ de phénomènes psychologiques et spéculatifs qui amplifient démesurément toute tendance à la hausse ou à la baisse surtout en période de crise monétaire ou d'inflation aiguë. En 1973, par exemple, dans une période de haute conjoncture et d'inflation mondiale, la dévaluation du dollar et la réévaluation du yen donnèrent aux Japonais un avantage de change de 40 % qui explique leur ruée sur les produits de base.

D'autre part, toute tension internationale grave entraîne la constitution de stocks stratégiques, d'où hausse considérable des prix, puis engorgement du marché une fois la crise passée (guerre de Corée au début des années 50, crises successives au Moyen-Orient depuis 1956).

Certaines pratiques des bourses de commerce telles que la vente à terme (conçue pour couvrir acheteurs et vendeurs contre les fluctuations des cours), par laquelle un acheteur et un vendeur s'accordent sur une transaction portant sur une qualité, un tonnage et le prix d'un produit donné, mais dont la réalisation effective n'aura lieu que plusieurs mois plus tard, sont symboliques du jeu spéculatif auquel donne naissance le commerce international des produits de base. On sait enfin qu'il n'est pas rare que le commerce mondial d'un produit donné soit contrôlé par une poignée de sociétés multinationales. Ainsi quatre firmes dominent le marché mondial du café et une seule celui du thé. On comprend ainsi le caractère apparemment erratique des fluctuations des cours des produits de base.

• **D'autant plus que, du côté de l'offre**, les facteurs climatiques ou biologiques peuvent provoquer des raréfactions ou des excédents perturbateurs : sécheresse des années 70 au Sahel affectant les récoltes d'oléagineux et disparition des anchois des côtes péruviennes se sont conjuguées pour entraîner une demande massive de soja aux États-Unis. Enfin, les pays producteurs peuvent eux aussi tenter le jeu spéculatif en provoquant des pénuries artificielles ou en se livrant à des achats massifs pour soutenir les cours, ou encore en bradant provisoirement une marchandise pour éliminer des concurrents.

♦ **Dégradation des termes de l'échange**

L'étude des « termes de l'échange » vise à mesurer l'évolution du pouvoir d'achat des exportations d'un pays. L'une des méthodes d'estimation les plus simples consiste à calculer, pour une période donnée, l'évolution du rapport entre l'indice des prix unitaires à l'exportation et celui des prix unitaires à l'importation (termes de l'échange net). Si, par exemple, de 1988 à 1989 les prix à l'exportation d'un pays ou groupe de pays sont passés de 100 à 110, et les prix à l'importation de 100 à 120, les termes de l'échange se sont dégradés de 100 à $\frac{110-100}{120-100}$ = 91,66. Le « pouvoir d'achat » des exportations a, en somme, diminué de 8,33 %.

La mesure exacte des indices qui servent de base à ce calcul doit s'appuyer, on le voit, sur des statistiques fondées sur une connaissance très précise du commerce extérieur des pays concernés. Une autre approche consiste à calculer l'évolution du rapport de prix entre produits bruts et produits manufacturés (indice composite des prix des produits de base). On peut apprécier par cette donnée la dégradation du pouvoir d'achat des produits bruts exportés par le Tiers monde... mais cette mesure reflète de moins en moins bien l'évolution des termes de l'échange du Sud : on l'a vu, les produits bruts représentent aujourd'hui un peu moins de la moitié de la valeur de ses exportations.

Selon l'interprétation longtemps admise comme un dogme, les termes de l'échange des pays sous-développés se seraient dégradés depuis un siècle.

• La dégradation séculaire : une question controversée

La base de l'interprétation d'une détérioration séculaire des rapports de prix est une étude dirigée par R. PREBISCH et publiée en 1950. Selon cette étude, le recul relatif des produits bruts aurait approché 60 % entre 1876-1880 et 1936-1938. De nombreuses critiques ont cependant été faites à cette étude, dont la principale est que le calcul est fondé sur les prix aux ports d'importation anglais. La baisse qu'on y mesure intègre donc la chute considérable des frets maritimes, ce qui implique que les prix des produits bruts aux ports d'exportation ont beaucoup moins baissé qu'on l'a cru. En outre, les produits manufacturés ont beaucoup évolué techniquement, ce qui n'est pas le cas des produits bruts. Ainsi, l'économiste D.-C. LAMBERT estimait au début des années 70 que « de 1870 à 1970, les rapports de prix sont stables, pratiquement identiques à ce qu'ils étaient il y a un siècle »[3].

Cependant, plusieurs études récentes remettent en cause la portée des critiques adressées à R. PREBISCH et concluent que les termes de l'échange se seraient dégradés de 0,4 à 0,8 % par an entre 1876 et 1938. Il en serait de même pour la période 1900-1983, abstraction faite des hydrocarbures… En revanche l'étude également récente menée par C. GOUX révèle surtout la succession de trois grands cycles : 1892-1931, 1932-1973, 1973-1985, sans tendance nette à la détérioration des prix relatifs des produits bruts (cf. figure. 24). Dégradation ou stagnation sur le long terme ? La question est, on le voit, très débattue.

• En revanche, la détérioration semble avérée depuis les années 50

Pendant la Seconde Guerre mondiale (pénurie de matières premières dans les pays belligérants), puis dans l'immédiat après-guerre (reconstruction) et enfin de 1950 à 1953 (guerre de Corée), l'évolution des prix est favorable aux fournisseurs de matières premières. Depuis la deuxième moitié des années 50 en revanche, les données de la CNUCED font apparaître une réelle détérioration. Par rapport à l'indice 100 en 1980 :

— **les pays pétroliers** ont vu les termes de leurs échanges s'améliorer irrégulièrement mais nettement entre 1960 et 1982 (passant de 21 à 116) puis reculer à la suite du contre-choc pétrolier : l'indice retombe à 58 en 1992.

— **les autres pays du Tiers monde** voient leur situation s'améliorer faiblement entre 1960 et 1975 : l'indice s'élève entre ces deux dates de 103 à 115. Mais il se dégrade très nettement depuis 1975 pour tomber au niveau 81 en 1992. La détérioration est particulièrement forte pour les PMA sur l'ensemble de la période : l'indice passe pour eux de 118 à 79.

• Les facteurs de cette détérioration

Outre la situation de faiblesse des pays sous-développés sur des marchés vendeurs déjà évoquée, deux autres facteurs sont avancés pour expliquer cette dégradation :

— l'inflation mondiale atteint les pays sous-développés autant et même davantage que les pays industriels. Contraints de dévaluer, leurs exportations n'en sont pas stimulées pour autant, car les produits de base sont l'objet d'une demande peu sensible

3. D.-C. LAMBERT, *Les Économies du Tiers monde,* Paris, Armand Colin, 1974.

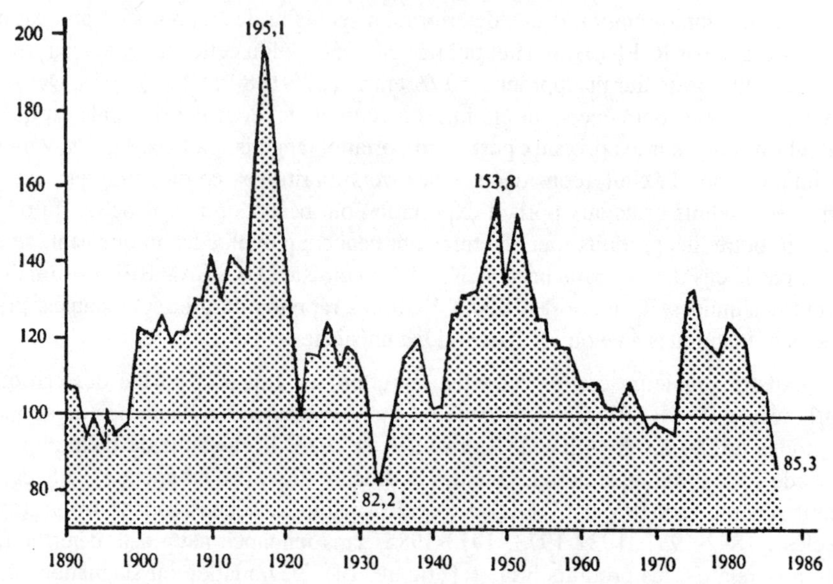

Ce graphique, réalisé par Christian GOUX, retrace l'évolution des prix des matières premières – y compris le pétrole – depuis près d'un siècle. L'indice utilisé est celui des matières premières brutes destinées à un usage ultérieur (crude material for further processing), *publié par le Département du commerce américain. Cet indice est déflaté par celui des prix de détail américain.*

(Repris de E. FOTTORINO, *Les Années folles des matières premières*, Hatier, Paris, 1988)

aux variations de prix. En revanche, leurs importations augmentent en proportion égale à leur taux de dévaluation ;

— les argumentations de R. PREBISCH et de SINGER, assez proches, sont aujourd'hui classiques : les pays riches maintiennent leur production industrielle à un haut niveau de prix malgré la rapide amélioration de leur productivité car les bénéfices liés aux progrès technologiques sont affectés à des hausses de salaires et de profits (puissance des syndicats et des firmes oligopolistiques). Au contraire, les progrès technologiques (moins rapides d'ailleurs) réalisés dans le Tiers monde sont mis à profit pour abaisser leurs prix sous la pression des acheteurs développés puissants, alors que les ouvriers, mal organisés, n'obtiennent pas les hausses de salaires auxquelles ils devraient prétendre. L'évolution relative des prix des deux groupes de pays est donc divergente.

• **Au total, il faut, comme toujours, éviter d'avoir une vue simpliste des choses.** Compte tenu de l'irrégularité des cours des matières premières, selon qu'on avance ou recule les dates de référence, on obtient des résultats en apparence contradictoires. D'autre part, l'évolution relative des prix des produits bruts est très différente selon qu'on la calcule par rapport aux biens manufacturés de consommation courante ou aux biens d'équipement par exemple : elle est beaucoup plus forte dans le second cas que dans le premier. Enfin, il existe de grandes différences dans l'évolution relative des prix selon les produits considérés. **Ce sont les productions pour lesquelles s'affrontent de nombreux pays vendeurs et celles qui sont concurrencées par un ou des produits de substitution qui accusent les reculs les plus nets** : caoutchouc, cacao, coton par exemple. Il en résulte que les fluctuations des prix relatifs se manifestent de façon très différente d'un pays à l'autre et d'un producteur (agriculteur ou société minière) à l'autre. Même au sein de l'Afrique subsaharienne qui a globalement fait le « mauvais choix » de s'insérer dans les marchés mondiaux en exportant des produits bruts, apparaissent de grandes différences de situation (cf. encadré ci-dessous).

Les termes de l'échange de l'Afrique : les moyennes peuvent être trompeuses

Il convient de distinguer la situation globale de la « région » considérée, de celle des « pays à faibles revenus », suivant la terminologie des organisations internationales. Il s'agit là d'États sans grandes ressources, situés principalement, mais pas seulement, au Sahel et pour lesquels le choc pétrolier de 1973 a été un tournant décisif vers le pire. Les trois courbes montrent que leur évolution est fort différente de celle des « importateurs de pétrole à revenu intermédiaire », c'est-à-dire de pays comme la Côte-d'Ivoire. La Banque mondiale rappelle d'ailleurs qu'il est difficile, techniquement, d'estimer les termes de l'échange. En conséquence, la méthode qu'elle utilise pour ces graphiques consiste à extraire le « ratio des valeurs unitaires des exportations et des importations calculées sur la base de séries de dollars courants et de 1980 pour les biens et services non facteurs ».

L'étude prospective de la Banque mondiale sur l'Afrique de 1989, en dépit de ses qualités, est déjà frappée d'une certaine obsolescence.

Elle concerne la période antérieure à la vague de démocratisation, qui correspond aussi à une aggravation nouvelle de la situation financière, économique et sociale de bien des États. Mais les tendances observées alors se sont poursuivies depuis dans le sens de la dégradation, à en juger par les variations annuelles moyennes des prix des produits de base sur le marché international. Toujours selon la Banque mondiale, en dollars courants, les produits alimentaires et boissons ont baissé de 2,9 % en 1991, après l'avoir fait de 7,6 % en 1990 et de 5,9 % en 1989. Les prix des métaux et minéraux ont baissé respectivement de 9,6 % et 7,5 % en 1990 et 1991, après avoir augmenté de 4,2 % en 1989. Le pétrole, en termes réels, a baissé de 20,3 % en 1991, après des hausses de 23,8 % en 1990 et 20,6 % en 1989.

Pour l'Afrique, des éléments aussi défavorables se doublent de la montée de la concurrence asiatique et latino-américaine (le café et le cacao ont atteint des niveaux de production mondiale records depuis 1989). Ceci confirme la dureté de la compétition commerciale internationale à tous les niveaux, alors que la perte de marchés extérieurs est un phénomène ancien, comme l'a souligné la Banque mondiale dans son rapport prospectif de 1989.

Des phénomènes nouveaux et de plus en plus marqués ont tendance à fausser davantage le calcul des termes de l'échange. Le détournement de certaines productions africaines et notamment du pétrole, s'est développé considérablement depuis 1985. En parallèle, la drogue devenait une ressource non négligeable pour certains groupes sociaux subsahariens. D'autre part, la concurrence mondiale pour les produits manufacturés a fait s'introduire en Afrique des marchandises à prix cassés par rapport à la tradition de vente des biens de consommation sur ce continent. Nombre de produits sont à présent achetés directement en Asie, soit par des commerçants asiatiques, soit, depuis peu, par des Africains.

Extraits de *Ramsès 94*, IFRI/Dunod, Paris, 1993.

FIGURE 25
LES TERMES DE L'ÉCHANGE DE L'AFRIQUE :
LES MOYENNES PEUVENT ÊTRE TROMPEUSES

Évolution des termes de l'échange

Tous pays d'Afrique au Sud du Sahara

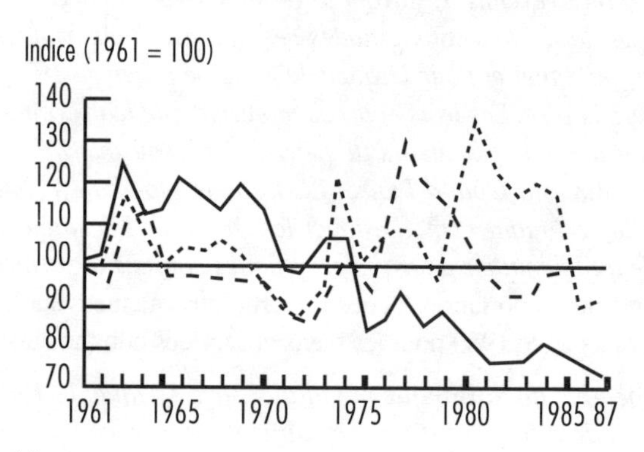

(Source : Banque mondiale)

3 Les exportations de produits manufacturés : la percée de l'Asie

a Une croissance explosive...

♦**En 1970, le Tiers monde était à l'origine de 3 ou 4 % des flux internationaux de biens manufacturés ; il en alimentait 19 à 20 % en 1991.** Ainsi, tandis que les exportations mondiales de ces biens s'accroissaient annuellement de 19 % entre 1970 et 1980 puis de 8 % au cours de la décennie suivante, les performances correspondantes du Tiers monde atteignaient 26 et 14 % ! La mise en place d' une nouvelle division internationale du travail est une réalité bien concrète, et l'on comprend les inquiétudes des vieux pays industriels. En 1970, 6,5 % des importations de produits manufacturés des pays riches de l'OCDE provenaient des pays sous-développés ; en 1991, la proportion était passée à 16,5 %. En 1992, 38 % de ce type d'importations effectuées par les États-Unis provenaient du Tiers monde...

♦**Cette croissance s'accompagne d'un élargissement rapide de la gamme des produits exportés.** Le cœur des exportations du Tiers monde est constitué par les textiles et la confection. D'ores et déjà, 62 % des exportations mondiales de sous-vêtements en tissus, 57 % des accessoires de mode, 44 % des vêtements en émanent. Ainsi, les États-Unis s'y procurent 49 % des vêtements et 57 % des textiles qu'ils importent et la Communauté européenne 38 et 16 % des mêmes produits. On compte 22 pays sous-développés parmi les 40 premiers exportateurs de vêtements, Hong Kong et la Chine occupant les deux premières places, la Corée du Sud la cinquième, la Turquie, Taiwan, la Thaïlande, l'Indonésie et l'Inde se situant entre les huitième et quatorzième rangs. De même, 46 % des articles de voyage et 47 % des récepteurs de radio commercialisés dans le monde proviennent des pays sous-développés.

Mais les exportations du Tiers monde ne se limitent plus aux biens incorporant une importante quantité de travail humain. Les quatre dragons, la Thaïlande, la Malaisie, le Brésil, l'Inde deviennent également des concurrents des vieux pays industriels pour la vente de machines et d'appareils de toutes sortes, voire d'usines clés ou produits en main, ou pour la réalisation de grands travaux.

L'exemple des machines et des matériels de transport qui constituent plus de la moitié des échanges mondiaux de produits manufacturés est particulièrement révélateur de la profondeur des mutations en cours : en 1991, les pays en développement se sont adjugés 13 % des ventes sur ce marché. La percée est particulièrement brillante en ce qui concerne les machines de bureau et l'équipement de télécommunications : Singapour se place ici au troisième rang derrière le Japon et les États-Unis, les trois autres dragons occupent les sixième, septième, et huitième places..., la France la neuvième. Véritable symbole de la supériorité technologique des pays industriels, la construction automobile n'est cependant plus leur exclusivité. La Corée du Sud est en effet le premier pays du Tiers monde à être parvenu à se doter d'une industrie automobile significative. Associée à Mitsubishi (qui possède les réseaux de distribution nécessaires), Hyundai avait exporté 500 000 véhicules en 1988, dont 400 000 aux États-Unis, soit davantage que Honda. Certes, les Coréens ont essuyé une déconvenue les années suivantes en raison de l'insuffisante qualité de leurs véhicules, du renchérissement du won et de la hausse du coût de leur main-d'œuvre, mais après un repli sur leur marché intérieur en plein essor, ils relancent leur offensive commerciale vers les États-Unis et vers l'Europe. La construction aéronautique à son tour voit apparaître, pour des appareils légers et rustiques, des concurrents brésiliens et indonésiens.

b ... mais peu d'élus, et des obstacles qui se renforcent

♦**La percée qui vient d'être évoquée n'est due qu'à un nombre très restreint de pays.** Même si elle parvient à améliorer légèrement ses exportations de produits industriels, l'Afrique ne participe qu'à 2 % des exportations du Tiers monde dans ce domaine, et le Moyen-Orient à 5 % ; l'Amérique latine pour sa part ne dépasse pas les 10 %.

Les dix premiers pays exportateurs du Tiers monde réalisent plus des trois quarts des exportations manufacturière de cet ensemble de pays et huit d'entre eux sont asiatiques. Il s'agit bien entendu des 4 dragons, de la Thaïlande et de la

Malaisie qui justifient ainsi leur appartenance aux NPI de la deuxième vague, et des deux géants que sont la Chine et l'Inde. Seuls deux pays d'Amérique latine parviennent à s'intégrer dans ce noyau de tête. En outre, comme les échanges Sud-Sud de produits manufacturés sont dominés à 85 % par les pays asiatiques, n'est-on pas en train d'assister, dans ce Tiers monde à plusieurs vitesses, au creusement d'un déséquilibre analogue à celui qui s'est instauré entre pays du Nord et pays du Sud (cf. tableau 3).

TABLEAU 3
LE RÔLE ÉCRASANT DE L'ASIE DU SUD ET DE L'EST DANS LES EXPORTATIONS DE PRODUITS MANUFACTURÉS DU TIERS MONDE (Milliards de dollars)

Destination / Origine	Amérique latine	Afrique	Moyen-Orient	Asie Sud et Est	Ensemble du Tiers monde	Pays développés (y compris Europe de l'Est et ex-URSS)	Monde
Amérique latine	9 127	826	662	2 678	13 293	27 761	41 054
Afrique	73	1 279	622	617	2 591	7 350	9 941
Moyen-Orient	44	956	4 842	1 788	7 630	12 284	19 914
Asie Sud et Est	6 050	5 341	8 999	122 218	132 608	209 727	342 335
Ensemble du Tiers monde	15 294	8 402	15 125	117 301	156 122	257 122	413 244

(Source : UNCTAD)

♦ Un obstacle : la montée du protectionnisme des pays industriels

En dépit de leur attachement régulièrement affirmé au libre-échange, **les pays développés tentent de freiner la pénétration sur leur territoire des produits manufacturés issus du Tiers monde.**

• **Ces obstacles sont d'abord tarifaires.** Plus un produit est élaboré, plus les prélèvements douaniers qu'il supporte sont élevés. Ainsi, avant la mise en œuvre des accords du GATT de décembre 1993, les fèves de cacao subissaient une taxe de 2,6 % en moyenne à leur entrée dans les pays à économie de marché les plus riches. Ce taux était porté à 4,3 % pour le cacao transformé et à 11,8 % pour les produits au chocolat... Ceci n'est évidemment pas la meilleure façon de favoriser l'industrialisation des pays primo-exportateurs.

• **De plus, toutes sortes de freins non tarifaires** (quotas, contingentements, normes techniques ou de qualité, accords d'autolimitation, etc.) **renforcent les barrières officielles.** Un exemple type de ces pratiques est celui de l'arrangement multifibres imposé aux exportateurs de textiles et de confection du Sud, et dont les derniers accords du GATT ont d'ailleurs décidé l'abrogation progressive (voir encadré ci-dessous). Face à ce renouveau du protectionnisme, on peut se demander si la stratégie qui a permis aux quatre dragons d'Asie de se hisser en trente ans au rang de NPI (sinon de PI à part entière) pourra être aussi aisément suivie par leurs émules.

L'Accord multifibres

Le marché mondial de l'industrie du textile et de l'habillement est, partiellement régulé par ce que les diplomates ont baptisé l'Accord multifibres (AMF). Inspiré des accords de Lancaster House de 1947 qui limitaient déjà, les exportations vers la Grande-Bretagne de produits textiles de Hong Kong, ce système a « accompagné » *la progressive ouverture des frontières, en substituant au traditionnel contingentement des importations, une limitation « volontaire » des exportations. En 1961, est conclu un premier accord sur les produits en coton. S'y ajoutent bientôt des dispositions similaires pour la laine, les synthétiques et les fibres artificielles. En 1974, le premier accord global est signé pour quatre ans. Il est, depuis, périodiquement renouvelé ou prorogé. À l'exception du jute et de la soie, tous les échanges de produits textiles sont encadrés par des quotas. Pays par pays, produit par produit : 43 États signataires (les Douze comptent pour un), 123 catégories et autant de cas particuliers gérés par une noria d'ambassadeurs à Genève.*

L'Accord multifibres couvre désormais le quart du commerce mondial de produits textiles. Y échappent, bien sûr, les échanges entre pays industriels ainsi que ceux relevant d'accords préférentiels comme ceux liant l'Europe aux pays du bassin méditerranéen et aux 68 États d'Afrique, des Caraïbes et du Pacifique (zone ACP). Avant même l'entrée en vigueur de l'Association de libre-échange nord-américaine (ALENA), les États-Unis ont fait de même avec le Mexique et les Caraïbes.

« L'AMF n'a jamais stoppé la progression des importations. Il a eu pour effet de réguler et de ralentir la progression de celles-ci », *écrit Dominique JACOMET dans Les Textiles (collection « Cyclope » aux éditions Économica). Il a eu, aussi, le mérite — lorsqu'il n'est pas détourné par la fraude à l'origine – de ménager en faveur des États les plus démunis un accès aux marchés des pays développés. Un avantage qui n'est pas que de pure forme : ces dernières années, la Chine s'est ainsi octroyé plus de 60 % du marché américain des radio-portables ou des chaussures en caoutchouc – non protégé – mais 14 % seulement de celui – régulé – des produits textiles.*

Or c'est paradoxalement au moment où s'accentue la percée du Sud-Est asiatique, où gagne une certaine « panique » dans de multiples secteurs économiques, où s'élèvent, en France, de plus en plus de voix contre les « délocalisations », que l'industrie du textile et de l'habillement fait l'objet d'une tentative de réintégration dans le cadre général du commerce international : le GATT (Accord général sur les tarifs douaniers et le commerce). Un pas que les industriels – même las de la complexité, du caractère incomplet et surtout des multiples détournements dont l'AMF est l'objet, ne sont pas prêts à franchir sans de solides contreparties.

P. A. GAY, *Le Monde*, 11-12 juillet 1993.

• **Cette recrudescence du protectionnisme s'explique aisément** : il s'agit de protéger de vieilles industries et de sauver des emplois dans un contexte de récession et d'instabilité économique. Mais on est en droit de se demander si ces politiques sont très réalistes. D'une part, les « relocalisations » (terme beaucoup plus correct que celui de délocalisations), fondées sur un énorme différentiel de coûts salariaux, sont souvent menées par les firmes multinationales des pays développés eux-mêmes. D'autre part, il ne faut pas oublier que les industries de haute technicité trouvent des débouchés croissants dans le Tiers monde, et plus particulièrement dans les NPI. Les États-Unis réalisent tout de même le tiers de leurs exportations vers les pays en développement et le Japon près de 40 %.

La nouvelle division internationale du travail ne permet-elle pas tout simplement aux pays du Sud (mise à part la vitrine éblouissante des 4 dragons qui tend à laisser dans l'ombre bien des arrière-boutiques misérables) **de monter d'un cran dans la distribution des tâches ?** : naguère les produits bruts pour le Tiers monde et toutes les industries pour les pays développés ; aujourd'hui, les industries de main d'œuvre pour le premier et les activités de haut niveau pour les seconds ? S'il est compréhensible que les « vieux » pays industriels cherchent à limiter les effets de la concurrence de nouveaux producteurs, encore faudrait-il qu'ils ne se contentent pas de se prévaloir des règles du GATT, (qu'ils ont eux-mêmes édictées) mais qu'ils les respectent. Savoir que certains de ces nouveaux concurrents s'affranchissent des règles interdisant copie et contrefaçon ne nous semble pas justifier les comportements léonins !

B Les flux de personnes : le Tiers monde dans le grand mouvement du tourisme international

On ne reviendra pas ici sur la question des migrations dont l'ampleur international a déjà été présentée en première partie de cet ouvrage. Au-delà de cet aspect, assez classiquement évoqué dans les études générales sur les PVD, il importe aussi de mettre en évidence des flux d'échange le plus souvent négligés… par ignorance : les courants touristiques. En insistant surtout sur leur envergure mondiale, leur croissance spécialement rapide dans le Tiers monde, leurs effets socio-économiques et, au total, leur importante contribution à l'intégration du « Sud » dans les horizons et les dynamismes mondiaux.

L'activité touristique s'inscrit aussi comme un élément de plus en plus décisif de la balance extérieure des pays en voie de développement, aux côtés des échanges de marchandises – dont elle aide fréquemment à réduire les bilans déficitaires – et des autres balances de services (transport, technologie, remises des émigrés) et de capitaux. Pour se limiter à cette comparaison, on pourra relever qu'à l'orée de la décennie

90 les recettes brutes du tourisme international atteignaient 60 à 70 milliards de dollars, soit le double environ du total des fonds expédiés par les émigrés.

1 L'intérêt économique et social du choix touristique

C'est donc d'abord pour se procurer des devises étrangères – apportées, de surcroît, par des visiteurs venus de pays à monnaie forte – que beaucoup de PVD ont, depuis deux décennies surtout, tenté d'attirer des visiteurs étrangers. Les recettes du tourisme international représentent, en effet, un élément des échanges globaux qui ne doit pas être négligé : elles équivalent depuis les années 60 à 6 ou 7 % de la valeur des exportations mondiales de marchandises. Actuellement, les voyages internationaux engendrent un volume de dépenses de l'ordre de 290 milliards de dollars dont les PVD *(lato sensu)* reçoivent environ 30 %. En moyenne, le tourisme y équivaut à 7 % de la valeur des exportations mais ce pourcentage peut atteindre dans certains pays – particulièrement attractifs et fréquentés – des valeurs beaucoup plus considérables, tout à fait décisives pour l'économie nationale. Ainsi, aux Seychelles et aux Bermudes les recettes touristiques brutes sont 4 à 5 fois plus élevées que les recettes d'exportation ; elles en représentent de 50 à 85 % dans diverses îles antillaises (Barbade, Grenade, etc.) et aux Fidji, de 30 à 40 % en Espagne, en Grèce, en Tunisie, au Maroc, en Égypte, de 15 à 30 % en Israël, aux Bahamas et en Jamaïque, en Gambie, au Mexique. Dans les îles où la fonction d'accueil touristique est devenue l'une des activités majeures, les devises dépensées par les visiteurs extérieurs peuvent équivaloir à une part très élevée du revenu national (de 35 à 65 % aux Bermudes, aux Bahamas, à Antigua ; de 10 à 20 % à la Barbade, à Bali, aux Fidji). Ce rôle reste plus modeste dans des pays à base économique plus large : de 3 à 7 % du revenu national au Kenya, en Espagne, en Égypte, en Grèce, au Maroc, en Tunisie, à Hong Kong et Singapour.

Le tourisme, activité de services et de main-d'œuvre, peut ensuite permettre de créer des emplois, notamment dans les régions peu favorisées économiquement mais bien dotées en attraits naturels ou culturels. On considère en moyenne qu'une chambre d'hôtel nécessite de 1 à 1,2 emploi dans un PVD, ce ratio allant jusqu'à 1,8 dans l'hôtellerie de grand standing ; les emplois directs non hôteliers (agences de voyages, transport, restauration, etc.) et les emplois « indirects » ou « induits » (construction, artisanat, commerce, approvisionnement, etc.) viennent, en général, tripler, voire quadrupler, ce ratio d'emploi par chambre. De telle sorte que l'emploi touristique occupe de 50 à 75 % des actifs aux Bermudes ou aux Bahamas, de 5 à 15 % en Tunisie, au Maroc, en Jamaïque, à Porto Rico, aux Fidji, et de 3 à 5 % au Mexique ou au Sénégal. L'effet sur certains secteurs peut être considérable : ainsi au Maroc, plus de 100 000 personnes travaillent dans la fabrication et la vente de produits artisanaux aux touristes ; on distingue un total semblable en Haïti qui fournit tout l'archipel caraïbe en objets d'artisanat d'art.

2 Le Tiers monde dans les flux touristiques mondiaux

Statistiquement, les PVD n'occupent qu'une place mineure dans les destinations du tourisme international : ce pourcentage peut être évalué à 25 % des arrivées mondiales (près de 500 millions) pour le groupe des pays à revenu faible et intermédiaire (tableau 4). Il faut en chercher l'explication dans le fait que les principaux pays « fournisseurs » de touristes sont évidemment les pays industriels les plus fortunés et que la majeure partie des voyageurs ne parcourent qu'un rayon limité à partir de leur lieu de résidence. Ainsi domine très largement le tourisme sur le territoire national, dans les pays limitrophes et dans la même zone régionale. **Autour des grands pays émetteurs, les touristes se concentrent ainsi dans trois grands « bassins » : la Méditerranée européenne et africaine, le bassin caraïbe et l'Asie du Sud-Est**. De plus, les PVD pourvus d'une façade maritime s'attribuent 97 % des arrivées touristiques. L'essentiel à relever est que – grâce aux progrès techniques (transports aériens, production et vente de voyages tout compris, hébergement dans les hôtels et les clubs de vacances) – le « rayon de balayage » du tourisme international tend constamment à s'élargir. Les taux de croissance des arrivées touristiques sont ainsi les plus élevés dans les pays les plus éloignés et les moins connus, relevant en majeure partie du Tiers monde : les progressions les plus spectaculaires des deux dernières décennies s'observent en Asie du Sud-Est, dans le Pacifique et en Afrique. Depuis deux décennies, les entrées touristiques progressent deux à trois fois plus vite dans les PVD que pour la moyenne mondiale et quatre à cinq fois plus dans la zone asiatique. Actuellement, la situation des PVD vis-à-vis du tourisme international peut être décomposée comme suit :

— des pays en réouverture spectaculaire après des années d'exclusion : Albanie, Madagascar, Cuba, Chine, etc. ; d'autres continuent à s'isoler par leur conjoncture politique (Algérie, Iran, Birmanie) ;

— des pays et des zones de développement réduit ou décevant : Afrique noire intérieure, Amérique andine, Asie occidentale ;

— des destinations récemment bouleversées par un développement touristique spectaculaire : Tunisie, Maroc, Thaïlande, île Maurice, Seychelles, etc. ;

— des pays au développement touristique plus précoce et stabilisé, relevant des grands « bassins » déjà cités (Méditerranées européenne et méso-américaine, Asie du Sud-Est et Pacifique) ou des zones plus lointaines (Kenya, Argentine). C'est dans ces pays, fréquentés depuis longtemps ou récemment développés, que l'on observe les marques les plus nettes du tourisme dans le paysage. Elles prennent surtout l'allure **d'aménagements balnéaires**, sous forme de stations traditionnelles (type Acapulco, Hammamet, Pattaya) ou de créations planifiées récentes (Yucatan mexicain, région de Sousse en Tunisie, « Riviera ivoirienne », Petite Côte sénégalaise, etc.). En général, les séjours littoraux sont combinés avec de brèves excursions de découverte de l'intérieur (archéologie, folklore, réserves de faune) qui peuvent justifier des hébergements plus légers et mieux intégrés dans l'environnement local.

3 Les risques d'un développement mal maîtrisé

Le bilan des impacts du tourisme international dans les PVD n'est pas facile à dresser : il a d'ailleurs été beaucoup discuté au cours de la dernière décennie, même par les organismes internationaux (Banque mondiale, UNESCO, Organisation mondiale du tourisme) qui l'avaient longtemps présenté comme un moyen majeur de développement. Les effets socio-culturels (acculturation, perversion des hommes et des arts, désir d'imitation, prostitution et délinquance, etc.) ont été dénoncés les premiers : ils résultent d'un contact parfois brutal et massif – dans les régions les plus visitées – entre des touristes riches et des populations locales démunies.

TABLEAU 4
ÉVOLUTION DE LA PART DES GRANDES RÉGIONS MONDIALES DANS LES DESTINATIONS DU TOURISME INTERNATIONAL

	En % du total des arrivées				En % du total des recettes			
	1960	1970	1980	1992	1960	1970	1980	1992
Europe	72,5	70,5	66,0	60,5	56,8	62,0	60,4	52,8
Amériques	24,1	23,0	21,3	21,4	35,7	26,8	23,7	27,5
Moyen-Orient	1,0	1,4	2,1	1,5	1,5	2,3	3,4	1,6
Afrique	1,1	1,5	2,5	3,6	2,6	2,2	2,7	1,8
Asie du Sud	0,3	0,6	0,8	0,7	0,5	0,6	1,5	0,8
Asie de l'Est-Pacifique	1,0	3,0	7,3	12,3	2,9	6,1	8,3	15,5
Monde	100	100	100	100	100	100	100	100

(Source : OMT)

C'est pourtant au plan économique que les conséquences doivent être le plus précisément évaluées. Les devises apportées par les visiteurs étrangers ont en effet des contreparties monétaires souvent très onéreuses pour les PVD qui veulent développer l'accueil des touristes : coûts de désenclavement (surtout routier et aérien) et d'équipement des régions visitées, d'investissement hôtelier, de publicité, de paiement de salaires à des cadres étrangers et de commissions à des intermédiaires extérieurs (compagnies aériennes, producteurs et vendeurs de voyages, chaînes d'hôtels et de clubs de vacances), d'achat de biens d'équipement et de produits de consommation dans les pays industriels, etc. Ces divers éléments constituent le « compte extérieur du tourisme » (R. BARETJE) qui est le bilan global des transactions, bénéficiaires et déficitaires, entraînées par l'option touristique : on constate que, surtout dans les pays très rapidement développés avec une forte dépendance vis-à-vis des firmes étrangères (Tunisie, Thaïlande, Gambie, etc.), ce bilan est souvent fort décevant. C'est l'une des motivations de la recherche récente de formules de développement et d'aménagement plus « intégrées », faisant plus appel aux fournitures et aux emplois locaux, plus respectueuses de l'environnement et moins obnubilées par les seuls attraits balnéaires. Parmi les réalisations – encore très réduites et éparses – relevant de ces conceptions nouvelles, la plus avancée concerne la Casamance sénégalaise où ont été mis en service une douzaine de « campements », construits et gérés par la population locale. L'expérience est intéressante mais très limitée : d'autres formules devront être trouvées pour répondre à un accroissement et à une diversification inéluctables de la demande étrangère.

C Le Tiers monde dans les circuits financiers : investissement, aide, endettement

Peu de questions concernant le sous-développement sont à la fois aussi décisives et aussi difficiles à étudier : la complexité technique, inévitable lorsqu'il s'agit de décrire de délicats mécanismes financiers, vient en effet se doubler ici d'une approche extrêmement controversée du problème qui contribue à en caricaturer, d'un côté ou de l'autre, la présentation et les enseignements. D'où la nécessité de resituer les aspects les plus connus et les plus discutés (l'aide et l'endettement) dans une analyse plus générale du contexte financier dans lequel ils s'inscrivent : celui-ci est marqué – pour reprendre la dramatique expression de la Banque mondiale – par une véritable situation de « **détresse** » dans la majorité des pays considérés.

1 Des systèmes financiers défaillants

« L'investissement, et donc la croissance, implique nécessairement l'existence d'un système financier... Son rôle est d'opérer les transferts nécessaires entre les agents économiques qui épargnent plus qu'ils n'investissent et ceux qui investissent plus qu'ils n'épargnent... Les systèmes financiers mobilisent l'épargne et répartissent le crédit... La contribution d'un système financier à l'économie dépend de la quantité et de la qualité des services qu'il offre et de l'efficacité avec laquelle il les fournit. » (*Rapport sur le développement dans le monde,* 1989).

Au cours de la dernière décennie, les signes d'une **grave détérioration des situations financières** – et de l'incapacité des systèmes financiers à l'éviter – ont été particulièrement nombreux : effondrements monétaires, plans drastiques de rétablissement, appels désespérés à l'assistance internationale, etc. Parmi les points de rupture, on peut mettre en évidence :

— Les **formidables poussées inflationnistes**, avec des taux d'inflation annuels de 54 % dans l'ensemble du Tiers monde pendant la période 1980-1991, et de 190 % dans les pays les plus endettés ; l'Amérique latine a enregistré un taux moyen annuel de 208 % pendant ces douze années et divers pays de cette zone (Bolivie, Argentine,

Brésil, Pérou, Nicaragua) ont, avec des taux moyens allant de 250 % à près de 600 %, dû vivre avec l'obligation de la « dévaluation quotidienne ».

— L'impossibilité croissante pour les institutions financières, tant publiques que privées, de faire face à leurs engagements : de très nombreuses banques ont dû reconnaître leur insolvabilité, voire se déclarer en faillite, en Amérique latine (Argentine, Bolivie, Chili, Colombie) comme en Asie (Corée, Philippines, Malaisie) ou en Afrique (Égypte, Guinée, Madagascar, Union monétaire ouest-africaine).

— **L'aggravation préoccupante du déficit des budgets publics**, écrasés par la charge du remboursement des emprunts et de l'assistance sociale, et conduits à liquider de nombreuses sociétés nationales en difficulté, en Afrique comme en Amérique latine : **le désengagement de l'État** y est imposé par l'urgence et se fait dans le désordre. Les dépenses publiques représentent aujourd'hui 25 % du PIB, contre seulement 10 % dans les années 50, notamment à cause de la forte progression des budgets militaires (les dépenses liées à la défense absorbent 19,2 % des crédits publics dans les PVD, contre 15,6 % dans les pays industriels, d'après la Banque mondiale en 1990). P. AUVERNY-BENNETOT (La Documentation française, 1991) relève, en contrepoint, la faiblesse des recettes publiques dans les PVD due aux carences, déjà soulignées, de la fiscalité : les impôts sur les particuliers et les entreprises n'y représentent que 23 % des recettes contre 38 % dans les pays industriels.

— **La diminution du taux d'investissement brut** (passant d'une moyenne de 25,1 % du PNB en 1978 à 21,7 % en 1986, et à seulement 17,5 % dans les 17 pays les plus endettés), tout particulièrement dans les pays à faible croissance : les handicaps se cumulent et les inégalités internes se creusent !

Dans les PMA, l'investissement intérieur brut ne représente que 15 % du PNB en 1990, pour 26 % dans l'ensemble des PVD. Corrélativement, l'épargne intérieure, celle des particuliers comme celle des administrations, reste faible (5 % du PNB dans les pays à faible revenu), à cause de revenus publics insuffisants et des exigences prioritaires de la consommation.

Ces difficultés ne sont expliquées que partiellement par **la faiblesse des structures financières** chargées de drainer l'épargne, qui est indéniable : on dénombre ainsi 35 000 habitants par guichet bancaire au Cameroun et 30 000 en Côte-d'Ivoire, contre 1 500 en France ou en Allemagne.

Dans ce domaine aussi, comme on l'a déjà noté, le secteur informel supplée à sa manière aux carences des structures officielles : les ménages, et surtout les petits entrepreneurs, producteurs et vendeurs, font appel à la famille et aux amis, aux prêteurs sur gages, « aux gardiens d'argent », aux usuriers de la rue, aux associations populaires d'entraide et de crédit (les fameuses « tontines », présentes en Afrique, en Asie, en Amérique latine, « groupes d'épargnants dont les membres mettent périodiquement en commun des fonds qui leur sont prêtés à tour de rôle »). Le succès populaire de ces formules montre que la pratique de l'épargne n'est nullement étrangère aux habitants du Tiers monde, même parmi les plus démunis. Mais, insuffisante en quantité, médiocrement drainée et rémunérée, attirée par les opérations spéculatives ou les placements plus sûrs à l'extérieur, **elle rend encore indispensable le recours fébrile aux capitaux étrangers.** Chacun des grands rapports internationaux rédigés au cours des vingt dernières années (Pearson, Mac Namara, Brandt, CNUCED, etc.)

a insisté sur cette ardente nécessité... et sur la nette insuffisance des résultats par rapport aux besoins évalués.

2 Les flux d'entrée : des positions très fluctuantes

a Le sens de l'évolution

Le Tiers monde est destinataire de moyens de financement d'origine et de nature très diverses dont la composition interne peut beaucoup varier en fonction du contexte mondial, économique et politique. On pourra, pour simplifier, considérer que ce flux a traversé, au cours des trois dernières décennies, **quatre phases principales** (voir figure 26) :

FIGURE 26
ÉVOLUTION COMPARÉE DES DIFFÉRENTES SOURCES DE FINANCEMENT POUR LE TIERS MONDE DE 1970 À 1990

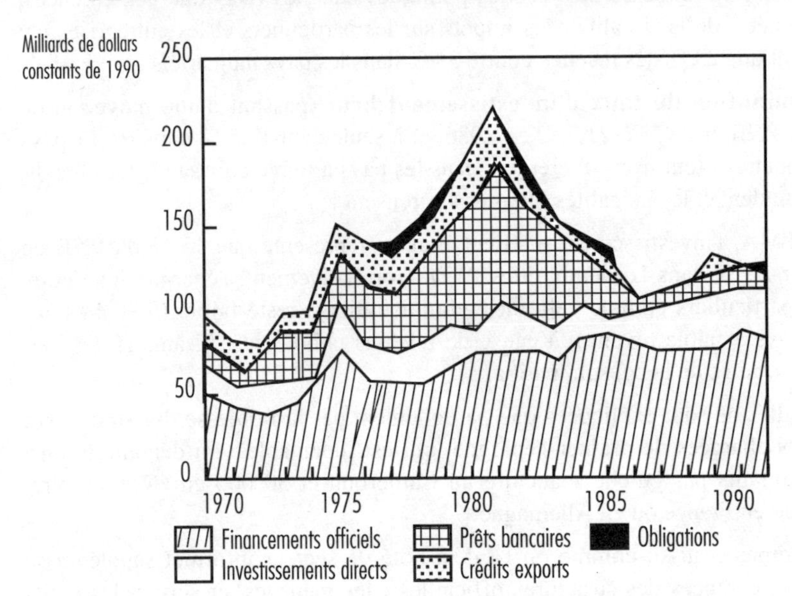

(Source : OCDE, d'après M. RAFFINOT, 1993)

1. « Au début des années 60, le financement international du Tiers monde était composé en quasi-totalité de flux publics, avec une petite composante d'investissements directs » (M. RAFFINOT, 1993).

2. Pendant les années 70, une affirmation du financement privé (57 % du total des entrées en 1980, contre 39 % en 1960), apporté par les entreprises et, surtout, par les banques étrangères désireuses de placer leur masse de « pétrodollars » (excédents financiers des pays exportateurs de pétrole) : période d'euphorie et même de « fréné-

sie », marquée par beaucoup d'attributions de crédit aventurées, « bulle financière, ou spéculative » exceptionnelle relevée ainsi par tous les experts.

3. **La crise de 1982** – déclenchée par la décision inattendue du Mexique d'interrompre le remboursement de sa dette colossale – ouvre une période difficile de repliement et de forte contraction des apports privés en provenance des banques étrangères, désormais inquiètes et circonspectes : en 1986, les crédits ainsi accordés sont près de trois fois inférieurs, en monnaie pourtant courante, aux apports-record de 1981, pendant que les crédits publics, pourtant devenus essentiels, eux-mêmes plafonnent.

4. Après cette dramatique période – pendant laquelle, comme on l'a vu, le Tiers monde débourse au profit des pays industriels plus qu'il ne reçoit d'eux – intervient une sensible amélioration, marquée par un certain **retour des capitaux privés** (81 milliards de dollars en 1991 et 88 milliards en 1992), sous forme d'investissements directs et, surtout, d'investissements dits « de portefeuille » (achats d'actions et d'obligations), qui représentent, à nouveau, les deux tiers du total des entrées financières.

Par-delà ces variations de composition interne, il faut surtout souligner que **le flux financier total à destination des PVD n'a que très faiblement progressé** depuis une douzaine d'années en monnaie courante (138 milliards de dollars en 1981, 153 milliards en 1992) et qu'il a même nettement régressé en monnaie constante, donc en apport effectif. Et que, par ailleurs, s'adressant à une partie du monde qui concentre près de 80 % de la population du globe, **il demeure presque dérisoire** : à peine 20 % des flux financiers internationaux lui sont adressés et moins de 10 % des investissements mondiaux de portefeuille !

b L'aide au développement : composition et canaux

Les flux publics ou officiels (on emploie aussi l'expression de **financement public du développement**), fournis par les organismes publics nationaux ou internationaux, sont composés à la fois de prêts accordés à des conditions bancaires normales et d'apports volontairement réalisés à des conditions privilégiées (soit des dons, soit des crédits à faible taux d'intérêt et à longue période de remboursement) dans un but de développement du pays destinataire. Seule cette seconde composante mérite la désignation d'APD (Aide publique au développement). Celle-ci « désigne un ensemble hétérogène de contributions : des dons qui représentent environ 55 % de l'aide, auxquels s'ajoutent les prêts assortis de conditions financières libérales (15 %),... les allégements de dette et la coopération technique » (P. AUVERNY-BENNETOT, 1991). Pourraient y être adjoints – bien que considérés officiellement comme des apports privés – les dons qui transitent par les ONG (Organisations non gouvernementales d'aide au développement) et qui sont passés d'un milliard de dollars environ en 1970 à 7 milliards en 1990 (dont près de 4 fournis par les fonds gouvernementaux).

Une autre distinction essentielle est à établir suivant **l'origine géographique, et politique, de cette APD**. La majorité des fonds provient des pays de l'OCDE qui ont créé, à cette fin, le CAD (Comité d'aide au développement), celui-ci a apporté, en 1991, 58,1 milliards de dollars, soit plus de 93 % de l'APD totale, complétée pour 4,3 % par les pays arabes de l'OPEP, pour 1,8 % par l'ex-URSS et pour 0,6 % par un petit groupe de PVD donateurs (Chine, Inde, Corée, Taiwan, Venezuela).

L'effondrement du bloc soviétique – et, donc, de ses apports – s'est ajouté au retrait progressif des pays arabes, pénalisés par le recul des revenus pétroliers, qui fournissent depuis 1991 moins du tiers des crédits alloués en 1980.

Les schémas des figures 27 et 28 établissent clairement le « palmarès » des pays donateurs de l'OCDE et exemptent de longs commentaires. On se bornera, donc, à trois remarques :

1. l'APD totale reste très en deçà des objectifs fixés par les conférences internationales, même révisés à la baisse (1 % du PNB des pays industriels dans une première phase, 0,70 % ensuite) : **la moyenne, depuis près de vingt ans, oscille autour de 0,35 % du PNB cumulé des pays membres du CAD ;**

2. le volume d'apports est logiquement proportionnel à la puissance économique globale des pays donateurs, le phénomène le plus significatif étant – dans ce domaine aussi – la spectaculaire émergence du Japon qui, depuis peu, devance même les États-Unis ;

3. en fonction de différents critères tenant à leur héritage historique, à leurs stratégies géopolitiques et à leur sensibilité variable aux problèmes des pays pauvres, les pays nantis consentent des efforts relatifs très dissemblables : remarquables dans les Pays scandinaves et aux Pays-Bas (de 0,76 % à 1,14 % du PNB en 1991), dans une honnête moyenne pour la plupart des pays européens (0,56 % en France, 0,80 % aide aux DOM-TOM incluse) et pour le Canada, l'Australie et le Japon, presque dérisoires pour les pays européens les moins fortunés et pour les États-Unis (à peine 0,17 % de leur PNB !).

Il faut distinguer, à un deuxième niveau qui recoupe les deux catégories précédentes, les types de financement suivant qu'ils empruntent des circuits *bilatéraux*, de pays à pays, ou *multilatéraux*, par le biais d'organismes internationaux coordonnant les fonds des différents États. Le plus important de ces organismes est la BIRD (**Banque internationale pour la reconstruction et le développement**), flanquée de ses deux filiales, l'AID (Association internationale pour le développement) et la SFI (Société financière internationale), constituant le groupe de la Banque mondiale. La BIRD, créée en 1945, est une banque appartenant aux gouvernements des 148 pays membres qui souscrivent à son capital ; elle est chargée de stimuler la croissance économique des pays en développement en consentant aux États des prêts à conditions avantageuses (remboursement en vingt ans ou moins avec différé d'amortissement de cinq ans, taux d'intérêt de 8,5 % en janvier 1986).

La SFI, constituée en 1956, a pour fonction d'encourager la croissance et l'investissement du secteur privé dans les PVD tandis que l'AID a été créée en 1960 pour fournir surtout une aide aux pays les plus pauvres à des conditions exceptionnelles (remboursement en cinquante ans avec différé d'amortissement de dix ans, sans intérêt). De sa création à 1991, la BIRD a accordé au total plus de 125 milliards de dollars de crédits (et l'AID, 40 milliards). Cinq pays (Inde, Brésil, Mexique, Roumanie, Indonésie) ont reçu 53 % des crédits totaux de la BIRD et de l'AID ; au cours de la dernière décennie, les secteurs bénéficiaires sont dans l'ordre : l'agriculture et le développement rural (25 % du total des prêts accordés entre 1946 et 1985), l'énergie (20,4 % ; électricité principalement), les transports (17 % ; surtout routes, chemins de fer, ports), l'industrie (5,8 % ; engrais et chimie en tête), l'alimentation en eau et l'assainissement (4,6 %) et l'éducation (4,4 %).

FIGURE 27
ÉVOLUTION ET ORIGINE DE L'AIDE PUBLIQUE AU DÉVELOPPEMENT APPORTÉE PAR LE COMITÉ D'AIDE AU DÉVELOPPEMENT DES PAYS DE L'OCDE

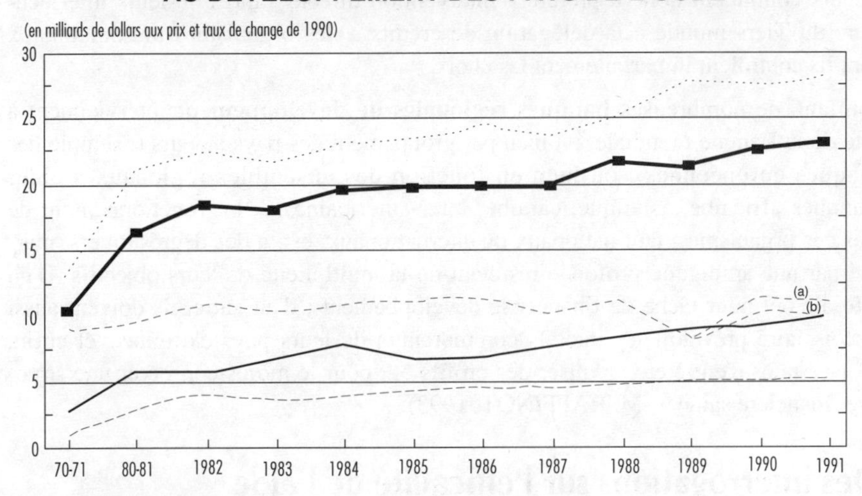

(a) Y compris (b) non compris les remises de dettes militaires.

(Source : Rapports CAD-OCDE, d'après *Problèmes économiques*, 11 novembre 1992)

FIGURE 28
APD NETTE EN PROVENANCE DES PAYS DU CAD EN 1991

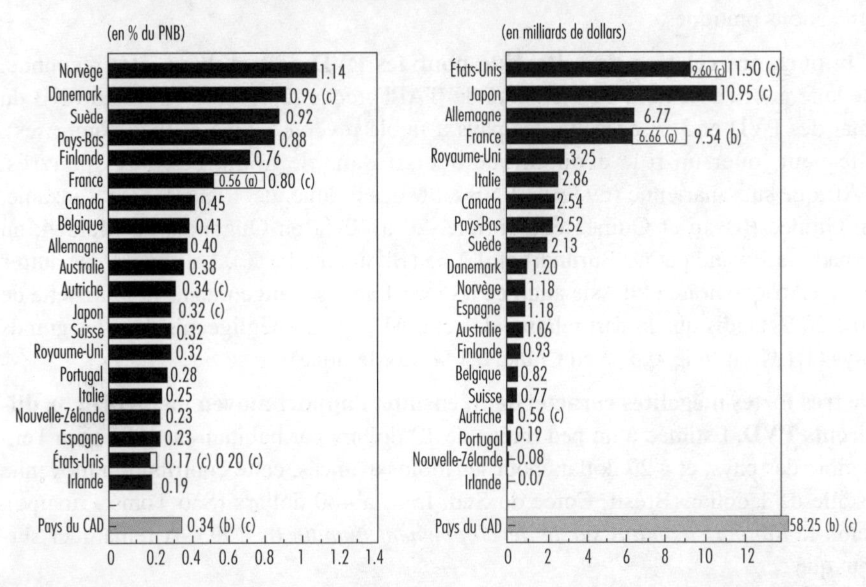

(a) Non compris les DOM-TOM ; (b) Y compris les DOM-TOM ; (c) Non compris la remise de dette non APD ; (d) Y compris la remise de dette non APD.

(Source : Rapports CAD-OCDE, d'après *Problèmes économiques*, 11 novembre 1992)

Pour ce qui concerne l'équilibre général entre financement bilatéral et multilatéral, on relèvera que la deuxième forme reste encore nettement minoritaire et n'a guère progressé au cours des deux dernières décennies (32 % de l'APD du CAD en 1975-1980, 30,4 % en 1980-1985, 26 à 28 % aujourd'hui). Les gouvernements des pays aideurs continuent donc à préférer l'intervention directe auprès de leurs interlocuteurs du Tiers monde à la délégation de crédits à des organismes multinationaux dont ils contrôlent imparfaitement les choix.

Pourtant, de nombreuses **banques régionales de développement** interviennent à côté de la Banque mondiale, ou bien par groupement des pays aideurs (exemple des banques européennes), ou bien en fonction des ensembles régionaux à aider (banques africaine, asiatique, caraïbe, inter-américaine). « Le fonctionnement de tous ces organismes, tant nationaux qu'internationaux, est, à des degrés divers, marqué par une ambiguïté profonde résultant de la multiplicité de leurs objectifs. D'un côté, ils ont pour tâche de financer le développement ; d'un autre, ils doivent aussi parfois faire prévaloir les intérêts commerciaux de leurs pays d'origine ; et enfin, pour certains d'entre eux, réaliser des profits ou, pour le moins conserver une structure financière saine » (M. RAFFINOT, 1993).

C Des interrogations sur l'efficacité de l'aide

Cette question complexe s'est longtemps accompagnée de vives controverses entre partisans d'une forte augmentation des crédits à octroyer et contempteurs d'une aide dénoncée comme impérialiste, assujettissante et inefficiente. Le bilan dressé ces dernières années est sans doute moins conflictuel mais très généralement critique : le principe en est moins discuté que le contenu et les orientations, les modalités et les utilisations pratiques.

L'importance relative de cette aide pour les PVD doit, d'abord, être reconnue. Réduite pour l'ensemble du Tiers monde (l'APD reçue représente 1,5 % du PNB du total des PVD et 3 % de celui des pays à faible revenu, Chine et Inde comprises), elle peut jouer un rôle économique décisif dans de nombreux pays pauvres, d'Afrique subsaharienne (69 % du PNB au Mozambique, de 40 à 60 % en Tanzanie, en Guinée-Bissau et Guinée équatoriale, 20 à 40 % en Ouganda, au Malawi, au Tchad, au Rwanda et au Burundi) et d'Asie (Bhoutan : 19 %). La plupart des autres pays d'Afrique noire et d'Asie attardée (Népal, Laos) se rangent dans la fourchette de 10 à 20 % tandis que la part relative de cette APD paraît négligeable dans les grands pays (1,1 % en Inde, 0,5 % en Chine, 0,1 % au Mexique).

De très fortes inégalités caractérisent, ensuite, l'apport moyen de l'APD aux différents PVD. Estimée à un peu moins de 12 dollars par habitant en 1991 pour l'ensemble des pays, et à 29 dollars pour les moins avancés, cette contribution moyenne oscille de 1 dollar (Brésil, Corée du Sud, Iran) à 480 dollars (São Tomé Principe), selon le *Rapport mondial sur le développement humain* de 1993. À remarquer surtout que :

— la petite taille des territoires favorise artificiellement l'apport par tête : ainsi les îles des Antilles, du Pacifique et de l'Océan indien et les « quasi-îles » (Djibouti) reçoivent-elles couramment plus de 200 dollars d'aide par habitant ;

— l'effort consenti par les pays donateurs paraît obéir à d'autres critères que la seule gravité du sous-développement : ainsi, certains pays très pauvres (Sierra Leone, Éthiopie, Bangladesh, Afghanistan, Népal, Haïti) reçoivent-ils à peine 18 à 30 dollars par tête tandis que d'autres, plus stratégiques sans doute (Gabon, Sénégal, Nicaragua, Jordanie), bénéficient d'apports conséquents (de 100 à 180 dollars par habitant).

Les rapports récents du PNUD centrés sur le développement humain permettent d'apprécier aussi les utilisations internes de l'APD, en particulier la part de ces fonds destinée au « secteur social », aux « dépenses de développement humain » et aux « **priorités de développement humain** ». Pour se borner à ce dernier, les écarts à la moyenne (45 % du total de l'APD pour l'ensemble des PVD, 48 % pour les PMA) y apparaissent très creusés entre pays de même catégorie (0,8 % en Algérie contre 43 % au Maroc, 8 % à Madagascar et 15 % en Éthiopie contre 71 % en Guinée-Bissau, 19 % en Chine contre 83 % au Bangladesh) pour des raisons conjoncturelles tenant à la politique sociale du pays considéré plus qu'à l'ampleur de ses besoins intrinsèques. La statistique montre surtout que l'APD, correspondant pourtant dans son principe à des interventions humanitaires urgentes où à des priorités sociales et économiques constantes, peut être largement **détournée vers d'autres destinations plus discutables** (rémunération des fonctionnaires et des experts étrangers, équipements somptuaires, remboursement de la dette, etc.). S. BRUNEL évaluait ainsi récemment à seulement 4 % la part de l'APD française totale à l'Afrique (de l'ordre de 40 milliards de F par an) réellement utilisée pour les actions de développement, le reste prenant des directions improductives, voire frauduleuses. Le bilan synthétique établi par le PNUD en 1993 vient corroborer ces graves inadéquations : « L'APD… est mal répartie et montre à quel point une restructuration serait bénéfique :

— les pays ayant de fortes dépenses militaires reçoivent deux fois plus d'APD/habitant… ;

— un quart de l'APD seulement va à dix pays comptant les trois quarts des pauvres du monde ;

— moins de 7 % de l'APD est affecté aux nécessités sociales prioritaires ;

— une bonne part des 15 milliards de dollars accordés au titre de l'assistance technique sont dépensés pour les équipements, la technologie et les experts venant de pays industrialisés, plutôt que pour le renforcement des capacités nationales dans les pays en développement. »

Au-delà, la question plus large qui est posée est celle des effets réels et dérivés de l'aide, même lorsqu'elle atteint ses objectifs humanitaires. C'est une conception traditionnelle de l'aide qui est fréquemment remise en cause : « De nombreuses raisons conduisent à penser que ce type d'aide a atteint aujourd'hui un seuil qu'il serait dangereux de dépasser si l'on ne veut pas que l'aide conduise à une désincitation au travail productif, à une aggravation des inégalités et à un gaspillage systématique du capital transféré », constate G. GRELLET (*Le Monde*, 14 janvier 1992) à propos de l'Afrique, en préconisant de **convertir « l'aide-rente »** (sorte de « revenu minimum d'insertion ») versée aux États **en « aide-initiative »** versée aux populations qui veulent produire.

3 Les flux de sortie : le poids de la dette

a La balance des capitaux

Bien que les statistiques officielles ne permettent pas de saisir la totalité des transactions en capital, les observateurs financiers sont parvenus à une conclusion très inquiétante : le Tiers monde a dû, récemment, pendant plusieurs années successives, débourser plus en « service de la dette extérieure » qu'il ne recevait en argent frais, sous diverses formes (dons, prêts, investissements). Ainsi, les **transferts nets** qui avaient été jusque-là régulièrement positifs (total de + 147 milliards de dollars entre 1974 et 1981) sont-ils devenus négatifs à partir de l'année 1982 et jusqu'en 1990 (total de – 176 milliards de dollars pendant cette période) ; le redressement opéré à partir de 1991 est resté fort timide (+ 1 milliard de dollars en 1992). Certes, cette comparaison est un peu discutable dans la mesure où elle met en regard les entrées de capitaux au cours d'une période limitée (un an) et les sorties correspondant aux investissements cumulés pendant une période prolongée. Il n'en demeure pas moins que le résultat de ce double mouvement de fonds sur le compte en capital de la balance des paiements des pays en développement s'est inscrit en négatif pour la majorité d'entre eux pendant presque une décennie !

Ce flux financier vers les pays développés est d'autant plus malaisé à connaître que les techniques financières d'évaluation – dans le détail desquelles on n'entrera évidemment pas ici – sont complexes et que les composantes de ce flux sont nombreuses et variées. La plus facilement identifiable et quantifiable concerne le remboursement des emprunts contractés par les organismes publics ou privés des pays du Tiers monde : il s'agit du « service de la dette » qu'on étudiera plus loin. Au contraire, on ne dispose que d'informations ponctuelles, disparates et peu fiables pour ce qui concerne :

1. **La « fuite des capitaux »** – sorties autorisées et opérations illicites – des pays pauvres vers les « refuges » financiers du monde développé : elle se serait élevée, selon le Fonds monétaire international, à 300 milliards de dollars entre 1974 et 1985, dont plus de la moitié en provenance de l'Amérique latine, continent par ailleurs le plus endetté, et de 120 à 180 milliards de dollars entre 1982 et 1986 (suivant le mode d'évaluation). Dans les treize pays les plus endettés, « les fuites cumulées atteignaient, en 1988, 180 milliards de dollars, soit l'équivalent de 52 % de leur dette extérieure » (P. AUVERNY-BENNETOT, 1991), comme l'illustrent les schémas de la figure 29.

2. Le versement des dividendes et le rapatriement des bénéfices produits par les investissements réalisés par des partenaires étrangers qui a déjà été évoqué. On sait ainsi qu'entre 1970 et 1977, les revenus (officiellement) rapatriés ont été près de 2,5 fois supérieurs aux investissements étrangers enregistrés dans le Tiers monde ; le rapport est de 5,2 à 1 pour les seules firmes américaines entre 1966 et 1977 (investissements de 8,2 milliards de dollars et rapatriement de 42,6 milliards). Évalué au niveau continental, ce rapport s'est établi pour la période 1971-1977 à 1,14/1 en Asie du Sud et du Sud-Est, à 1,18/1 en Amérique latine, 3,53/1 en Afrique. En 1986, le Pérou a décidé une suspension pendant deux ans des rapatriements de bénéfices à

FIGURE 29
L'AMPLEUR CROISSANTE DE LA FUITE DES CAPITAUX

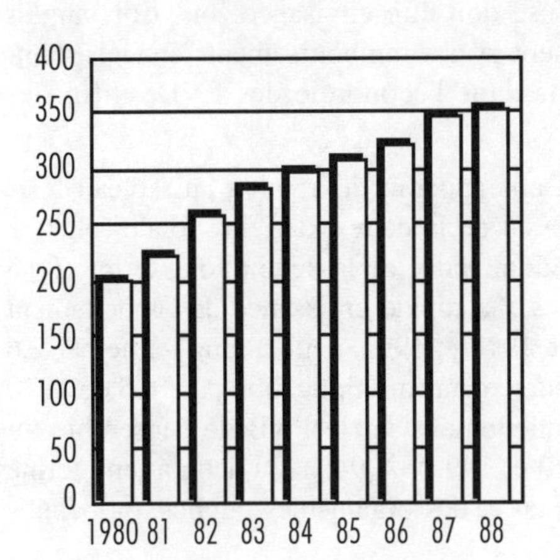

Fuite des capitaux (milliards de dollars)

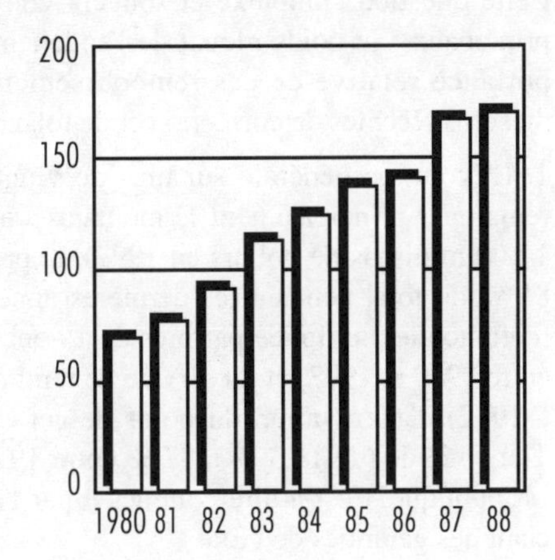

Fuite des capitaux
(en pourcentage de la dette extérieure)

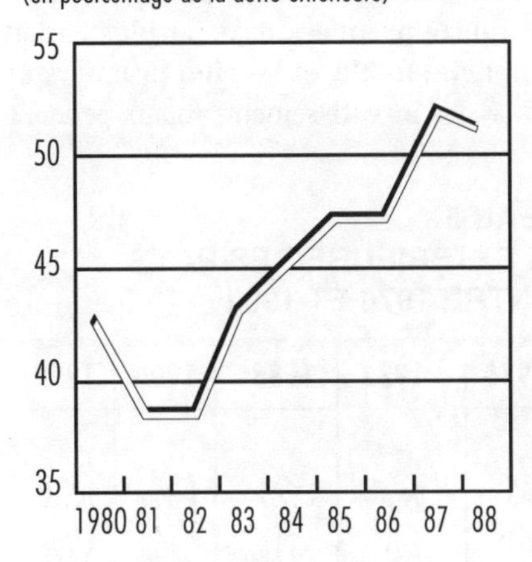

Note : données se rapportant aux pays suivants : Argentine, Bolivie, Chili, Colombie, Équateur, Gabon, Jamaïque, Mexique, Nigeria, Pérou, Philippines, Venezuela et Yougoslavie.

Sources : Banque mondiale, World Debt Tables (divers numéros) ; FMI, Balance of Payments Yearbook (divers numéros) : estimations des services du FMI

(d'après P. AUVERNY-BENNETOT, La Documentation française, 1991)

l'étranger : ces transferts, réalisés surtout par les grandes firmes multinationales installées (Occidental Company, Southern Peru Copper Corporation, Bayer, Coca-Cola, Carnation, etc.) y représentaient une sortie de plus d'un milliard de dollars, soit près du tiers des recettes totales d'exportation.

b Le boulet de la dette

Il s'agit là d'un thème majeur du sous-développement et de l'un des problèmes les plus dramatiques auquel le Tiers monde est aujourd'hui confronté, avec des conséquences préoccupantes pour l'économie mondiale tout entière.

Cette question complexe et souvent confuse doit être envisagée sous trois angles principaux : le poids global de l'endettement et des remboursements annuels, l'importance relative de ces remboursements dans l'économie des PVD, enfin, les mesures récentes de correction et de relance.

1. L'évolution générale sur plus de vingt ans apparaît clairement au tableau 5. À remarquer principalement le montant colossal de la dette extérieure totale (plus de 1 500 milliards de dollars en 1992), la prédominance de la dette à long terme (80 à 85 % du total pendant les dernières années), la rapide croissance de l'endettement (dette totale multipliée par près de 19 entre 1970 et 1992, dette à long terme par 2,6 entre 1980 et 1992) et du service de remboursement (multiplication par 16,5 de 1970 à 1992), l'aggravation du poids de cet endettement sur le PNB de l'ensemble du Tiers monde (de 14,3 % à 37 % entre 1970 et 1992). À 94 %, la dette à long terme est publique, c'est-à-dire contractée par l'État et des organismes publics, ou bénéficiant des garanties de l'État.

Cette dette est fortement concentrée dans le Tiers monde sur un nombre réduit de pays dits « émergents », favorisés par des ressources potentielles indéniables qui ont attiré l'intérêt des organismes prêteurs. **Les douze premiers pays les plus endettés concentrent ainsi près des deux tiers de la dette totale, et les cinq premiers près de 40 %** ; 15 pays ont, d'ailleurs, attiré 75 % des investissements totaux pendant la

TABLEAU 5
ÉVOLUTION DE LA DETTE EXTÉRIEURE DES PAYS DU TIERS MONDE ENTRE 1970 ET 1992

	1970	1974	1978	1982	1986	1990	1992
(en milliards de dollars)							
– Dette totale	–	–	383	753	1 089	1 346	1 510
– Dette à long terme	66	136	303	561	916	1 103	1 236
– Service total de la dette à long terme	8,7	19,8	48	96	123	140	144
(en %)							
– Dette à long terme/PNB							
• Tiers monde dont :	14,3	15,5	25,5	35,0	37,1	35,6	37,0
• Afrique subsaharienne	13,8	15,0	20,8	37,4	74,6	111,9	108,8
• Amérique latine	18,5	17,9	26,4	46,9	62,0	47,9	37,9

(Sources : Banque mondiale, FMI, 1993)

décennie 1980. L'encours de la dette extérieure totale (publique et privée, à long et à court terme) fait apparaître en 1991 le classement suivant :

1. Brésil :	116 milliards de dollars	6. Chine :	60
2. Mexique :	102 —	7. Turquie :	50
3. Indonésie :	74	8. Égypte :	40
4. Inde :	71	9. Thaïlande :	36
5. Argentine :	64	10. Nigeria :	35

avec une très forte polarisation sur l'Amérique latine (25 % du total environ).

2. Il importe d'apprécier l'importance relative de cet endettement suivant les différents pays en fonction d'indicateurs économiques nationaux tels que le PNB ou les revenus d'exportation. Pour l'ensemble du Tiers monde, **la dette totale équivaut à 39 % du PNB** en 1990-1991, à 96 % pour le groupe des pays à faible revenu et à 108 % pour l'Afrique subsaharienne (voir figure 30). Elle dépasse 200 % dans 8 pays (sur les 75 pays considérés dans cette statistique de 1993), relevant tous de l'Afrique noire, à l'exception de la Jordanie ; près du tiers des pays considérés ploient sous un endettement qui excède leur production nationale totale, aussi puissante soit-elle (Nigeria, Zaïre, Égypte, Maroc, Syrie, etc.).

Il est sans doute plus pertinent de comparer entre eux des flux annuels et, donc, d'apprécier **la charge annuelle totale de remboursement** (capital + intérêt) par rapport à d'autres agrégats nationaux. La comparaison est ainsi, classiquement, établie entre le service de la dette – qui constitue la « sortie » financière principale – et les revenus d'exportations de biens et de services, « entrée » essentielle de devises. Autour d'une moyenne générale de 20 % environ (20,4 % pour l'ensemble des PVD, 25 % dans les pays à faible revenu et 20,3 % dans les pays à revenu intermédiaire), les divers pays se dispersent à la fois en fonction de leurs capacités exportatrices, de leur charge et… de leur discipline de remboursement. En 1991, trois d'entre eux (Nicaragua, Algérie, Ouganda) – sur 80 pays considérés dans cette statistique de la Banque mondiale – consacrent au service de la dette l'équivalent de 70 à 110 % de leurs recettes d'exportation, et quatre autres (Niger, Zambie, Argentine, Côte-d'Ivoire), entre 40 et 50 %.

La situation s'est fortement dégradée au cours de la dernière décennie, particulièrement dans les pays les plus pauvres (service de la dette : 11, 6 % des exportations en 1980, 25 % en 1991, Chine et Inde non comprises, et respectivement 10,1 % et 20,1 % si on les inclut) mais aussi dans des pays à fort potentiel exportateur (Inde de 9,3 % à 30,7 %, Indonésie de 13,9 % à 32,7 %, Algérie de 27,4 % à 73,7 %).

3. Il n'y a pas lieu de s'étonner, en conséquence, que la scène politique internationale soit largement mobilisée par le lancinant problème de la dette et par la recherche active de solutions à court et long terme. La mesure la plus fréquemment adoptée au cours des dernières années est la **renégociation de la dette,** débouchant sur divers aménagements techniques assortis de recommandations de politique économique et sociale.

FIGURE 30
ÉVOLUTION DE LA DETTE DU TIERS MONDE DE 1970 À 1992

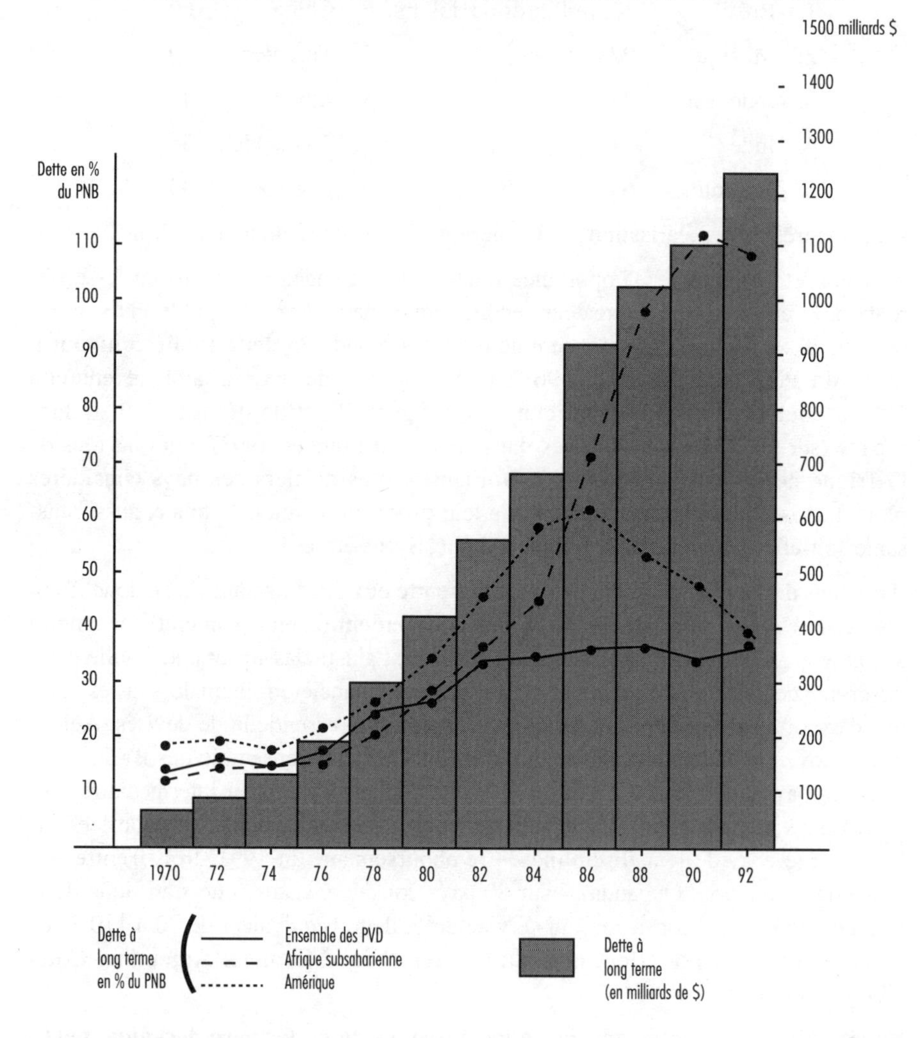

(Source : d'après Banque mondiale et FMI)

Il peut s'agir, de manière définitive, **d'annulation de tout ou partie de la dette publique.** Le Canada, la France, la Grande-Bretagne, l'Allemagne, le Danemark, la Belgique, les États-Unis y ont ainsi procédé, à la suite des recommandations de la CNUCED dès 1978 : au total, 5,8 milliards de dollars de dette ont été annulés entre 1978 et 1989.

Mais la majorité des opérations prend la forme de **rééchelonnements, débouchant à la fois sur un allongement de la durée de remboursement et une réduction des taux d'intérêt** (voir encadrés).

Ceux-ci sont négociés au **Club de Paris** s'il s'agit d'un endettement contracté auprès des gouvernements étrangers, et au **Club de Londres** s'il s'agit d'une dette contractée auprès des banques privées. Depuis 1982, ces opérations se sont multipliées et ont porté sur des sommes considérablement plus importantes que par le passé : on est ainsi passé d'une moyenne annuelle de 6 à 12 aménagements (publics et privés) entre 1979 et 1982 à 36 en 1985, 30 en 1989 ; les montants concernés sont eux passés de 3 milliards de dollars en 1982 à un maximum de 117 milliards en 1988. Une cinquantaine de PVD – appartenant à tous les groupes de revenu – ont sollicité de tels réaménagements dont les plus importants concernent les rééchelonnements pluriannuels consentis au Mexique pour 49 milliards de dollars et au Venezuela pour plus de 21 milliards.

De ces opérations complexes et laborieuses, on retiendra surtout qu'elles sont justifiées par **le caractère dramatique de la situation financière de certains pays** auxquels elles n'apportent guère qu'une bouffée d'oxygène passagère : **plus d'une cinquantaine de pays sont dans l'impossibilité de faire face à leurs obligations de remboursement** et à peine 55 % des créances privées et 60 à 70 % des créances publiques sont effectivement remboursées…

Un exemple de réaménagement de la dette extérieure : le Sénégal

Les représentants des Gouvernements de la Belgique, du Canada, de l'Espagne, des États-Unis d'Amérique, de la France, de l'Italie, du Japon, de la Norvège, des Pays-Bas, du Royaume-Uni et de la Suisse, ci-après désignés comme « pays participants », se sont réunis à Paris le 21 juin 1991 avec les représentants du Gouvernement de la république du Sénégal pour examiner la demande d'un allégement du service de la dette extérieure de ce pays.

Des observateurs des Gouvernements du Danemark et de la Finlande ainsi que du Fonds monétaire international, de la Banque internationale pour la Reconstruction et le Développement, de la Banque africaine de Développement, du secrétariat de la CNUCED et de l'Organisation de Coopération et de Développement économique ont également assisté à la réunion.

Les représentants des pays participants ont été sensibles aux efforts de redressement entrepris par le Gouvernement de la République du Sénégal. Ils ont également noté avec satisfaction l'élaboration par ce Gouvernement d'un programme économique et financier appuyé par un accord au titre de la Facilité d'Ajustement Structurel Renforcée avec le Fonds monétaire international approuvé par le conseil d'administration du Fonds le 3 juin 1991. Ils ont souhaité apporter une contribution positive à l'amélioration des perspectives de paiements extérieurs de ce pays afin de faciliter le redressement de son économie.

Les pays participants ont pris note des problèmes durables et structurels de balance des paiements et de service de la dette de la république du Sénégal et du fait que plusieurs années seraient probablement nécessaires pour résoudre ces problèmes, grâce à la mise en œuvre soutenue du cadre macro-économique agréé. Les pays participants ont également noté que le Fonds monétaire international à conclu un accord au titre de la Facilité d'Ajustement Structurel Renforcée qui a été considéré comme le cadre approprié au soutien de l'effort d'ajustement de la République du Sénégal.

Ils ont salué la mise en œuvre, avec le soutien du Fonds monétaire international, du programme d'ajustement nécessaire et ont pris note du fait que le très faible niveau de revenu par habitant de la République du Sénégal et la charge très importante de sa dette justifient également, dans ce cas, un traitement exceptionnel d'allégement de la dette comprenant les options mises au point par les Gouvernements des pays créanciers réunis au sein du Club de Paris, à la suite des orientations retenues lors du Sommet des principaux pays industrialisés de Toronto.

Dans cet esprit, les représentants des pays participants sont convenus de recommander à leurs gouvernements respectifs un réaménagement important de la dette extérieure de la République du Sénégal résultant des prêts et des crédits consentis ou garantis par les pays participants à la république du Sénégal.

Ce réaménagement qui s'applique aux paiements dus au titre de ces dettes sera effectué par chacun des pays participants qui choisira l'une des trois options suivantes ou une combinaison de ces options :

— annulation d'un tiers des échéances couvertes par le réaménagement et consolidation au taux du marché avec une durée de remboursement de 14 ans (dont 8 ans de grâce) des deux tiers restant dus ;

— consolidation aux taux du marché, avec une durée de remboursement de 25 ans (dont 14 ans de grâce) ;

— consolidation à un taux d'intérêt concessionnel qui sera le taux du marché réduit de 3,5 points de pourcentage ou de 50 %, si 50 % sont inférieurs à 3,5 points de pourcentage, avec une durée de remboursement de 14 ans (dont 8 ans de grâce).

Les échéances non annulées sur les prêts d'Aide publique au Développement sont, dans chaque option, consolidées sur la base des taux d'origine, avec une durée de remboursement de 25 ans (dont 14 ans de grâce).

Sur une base volontaire, chaque pays créancier participant pourra également mener des opérations limitées de conversions de dettes en projets de protection de l'environnement, en projets d'aide, en investissements ou d'autres conversions de dettes en monnaie locale.

La délégation du Gouvernement de la République du Sénégal était conduite par M. Famara Ibrahima Sagna, Ministre de l'Économie, des Finances et du Plan. La réunion était présidée par Mlle Anne Le Lorier, sous-directeur « Dette et Développement » à la Direction du Trésor du Ministère de l'Économie, des Finances et du Budget.

La délégation de la république du Sénégal a exprimé ses remerciements aux pays participants réunis au sein du Club de Paris pour les efforts qu'ils ont consentis en vue d'aider son pays à assainir sa situation économique et financière.

Les Notes bleues, Ministère de l'Économie, des Finances et du Budget, Paris, 15-21 juillet 1991.

Un projet de rééchelonnement de la dette extérieure : le cas de l'Algérie

Le dinar algérien a été dévalué, dimanche 10 avril, de 40,17 %, ou de 29,4 % selon le FMI, qui utilise un autre mode de calcul [1]. Un dollar vaut désormais 36 dinars. Attendue depuis plusieurs semaines, cette mesure prélude à la signature prochaine d'un accord avec le Fonds monétaire international (FMI), qui ouvrira la voie à l'octroi de nouveaux prêts et au rééchelonnement d'une dette extérieure dont l'Algérie avait de plus en plus de difficultés à honorer les échéances.

En février, alors qu'il évoquait les conversations de son pays avec le FMI, le directeur du Trésor algérien, Baba Ahmed, avait affirmé que la décision d'ouvrir les négociations avait été prise « en toute liberté » par l'Algérie. Annonçant, samedi 9 avril, la dévaluation de 40,17 % – effective depuis dimanche – du dinar, la monnaie nationale, la Banque d'Algérie s'est efforcée de sauver les apparences. La décision de dévaluer le dinar « a été arrêtée dans le cadre du programme de l'économie nationale engagé par les autorités algériennes »*, a affirmé la Banque, citée par l'agence algérienne de presse APS.*

En réalité, compte tenu de sa situation financière, l'Algérie n'avait guère d'autre choix que de se plier aux desiderata de l'organisation internationale. Cette impasse peut se résumer en deux chiffres : le remboursement des échéances de la dette publique algérienne absorbera cette année 9,4 milliards de dollars (56 milliards de francs) alors que ses recettes d'exportation – essentiellement des hydrocarbures, dont les cours sont à la baisse – ne dépasseront sans doute pas 8 milliards de dollars. Négocié depuis novembre 1993, l'accord avec le FMI est donc désormais « bouclé ». Le Fonds a reçu, samedi 9 avril, la lettre d'intention du gouvernement algérien avec un programme très détaillé, assorti d'échéances précises concernant la politique économique qui sera menée. Approuvé prochainement par le conseil d'administration du FMI, ce programme ouvre la voie à l'octroi de nouveaux prêts et au rééchelonnement d'une dette (26 milliards de dollars) dont le poids est devenu insupportable.

Mais pour l'Algérie, déjà meurtrie par une guerre civile inavouée, le prix à payer pour trente-deux années de mauvaise gestion sera lourd. Même si le ministre de l'Économie, Mourad Benhachenhou, prétendait récemment le contraire lorsqu'il déclarait que le programme du FMI devrait être tel qu'il « n'entraîne aucun mécontentement social ».

Hausse des taux d'intérêt

Depuis 1990, le dinar a perdu plus de 90 % de sa valeur. Avant de dévaluer sa monnaie une nouvelle fois, l'Algérie avait donné un premier gage de bonne conduite au FMI le 24 mars en augmentant très fortement – de 30 % à 100 % – les prix des produits de base encore subventionnés par l'État : pain, semoule, lait. La dévaluation est la deuxième étape du processus concocté par le FMI et dont les grandes lignes ne varient pas d'un pays en difficulté à l'autre. Vient s'y ajouter très logiquement une hausse des taux d'intérêt : le taux de réescompte passe de 11 % à 15 %, celui des découverts de 18 % à 24 %, tandis que le coût des crédits aux particuliers est laissé à l'appréciation des banques.

En contrepartie, le FMI va mettre la main à la poche. Dans un entretien accordé samedi 9 avril à l'agence APS, son directeur général, Michel Camdessus, a annoncé une aide financière de l'ordre de 1 milliard de dollars (environ 5,88 milliards de francs) au profit d'Alger. « C'est une somme exceptionnellement importante (...), parce que les besoins de l'Algérie sont très importants », *a-t-il déclaré, sans donner plus de détails sur la répartition des crédits. Sans doute ceux-ci comprennent-ils un accord stand by de 500 millions de dollars et un prêt de l'ordre de 300 millions pour compenser la chute des recettes d'hydrocarbures. Gelées dans l'attente d'un accord avec le FMI, d'autres sources de financement sont attendues de la part de la Banque mondiale (175 millions de dollars), de l'Union européenne (peut-être 1 milliard de dollars à terme, dont 180 millions à brève échéance), de l'Eximbank américaine (150 millions).*

Parallèlement vont s'engager des négociations avec le Club de Paris, enceinte où se traitent les parts publiques des dettes, la part pour l'Algérie représentant 13,5 milliards de dollars. Des négociations se dérouleront ensuite avec le Club de Londres, pour la part non publique, et plus précisément la dette commerciale non garantie. « Les pays amis » de l'Algérie doivent lui apporter leur soutien « dès maintenant », a souhaité M. Camdessus. La vérité est que ce soutien ne s'est pas démenti depuis des années. Avec une dette à moyen et long terme de 30 milliards de francs, l'Algérie représente le troisième risque-pays de la Coface, l'assurance-crédit française, et de celle de son homologue espagnol, mais le premier pour l'organisme belge équivalent et le quatrième pour l'Eximbank américaine. Si le Club de Paris accepte de repousser les échéances dues en 1994 sur le principal de la dette, estime-t-on de source bancaire, l'Algérie devrait pouvoir économiser cette année près de 4 milliards de dollars.

Un secteur public en grave difficulté

Pendant longtemps, l'Algérie a repoussé l'idée de demander un rééchelonnement de sa dette par crainte de voir se tarir les crédits commerciaux classiques, ceux qui financent le commerce courant entre pays. Finalement, il semble que tel ne sera pas le cas. La France – premier fournisseur et deuxième client de l'Algérie – aurait promis de maintenir au moins ses apports financiers à leur niveau de 1993 (6 milliards de francs). Les autres parte-

naires d'Alger, notamment les Japonais, ont adopté une attitude voisine. Rééchelonnement de la dette et injection d'argent frais aidant, le gouvernement devrait accroître cette année les importations du pays de 2 milliards de dollars pour relancer une économie qui stagne et une industrie qui tourne à moins de 50 % de ses capacités, faute souvent de pièces détachées ou de matières premières.

La dévaluation réussira-t-elle à sortir l'Algérie de l'ornière ? Le changement de parité retenu n'incite pas à l'optimisme. Quoique élevé, il reste inférieur à celui que souhaitait, semble-t-il, le FMI, partisan d'une dévaluation proche de 60 %. Le taux de la dévaluation est insuffisant si on le compare aux taux de change pratiqués sur le marché noir : jusqu'à 16 dinars pour 1 franc ces dernières semaines, alors qu'au nouveau taux officiel, 1 franc vaut maintenant 6 dinars. L'écart est tel que les chances de supprimer un marché noir qui, par son importance, détruit à petit feu l'économie officielle, sont quasi nulles.

Mais sur la voie de l'assainissement de l'économie algérienne, un autre obstacle subsiste, formidable et inquiétant : la résorption du déficit public. De 80 milliards de dinars en 1992, il devrait dépasser 200 milliards en 1994, un trou en grande partie causé par le mauvais état des entreprises du secteur public. Sans doute la dévaluation va-t-elle mécaniquement remplir les caisses de l'État : les recettes des exportations d'hydrocarbures converties en dinars vont augmenter, ainsi que les taxes indirectes. Mais le gain attendu (une soixantaine de milliards de dinars, selon certaines estimations) risque d'être réduit à néant par des entreprises publiques qui vont voir leur situation empirer : crédits et importations vont en effet leur coûter beaucoup plus cher. Restructuration puis privatisation seraient les solutions recommandées par la Banque mondiale dans un pays normal. Mais l'Algérie n'appartient plus à cette catégorie.

J–P. T., *Le Monde*, 12 avril 1994.

1. Ce taux de dévaluation est calculé par rapport à l'ensemble des monnaies des grands pays industrialisés.

Le Fonds monétaire international (FMI) est devenu progressivement le maître de ces réaménagements. « L'influence considérable du FMI ne résulte pas simplement de sa fonction de prêteur direct, mais plus principalement de ce qu'il est devenu, depuis le second semestre 1982, le gestionnaire central de la crise. Ainsi, une part croissante des ressources financières destinées aux pays du Tiers monde est allouée en fonction des programmes d'ajustement du FMI » (V. BUTTNER, *Intereconomics*, juillet-août 1985). Un processus redoutable est ainsi enclenché qu'on peut schématiser comme suit : les grands organismes bancaires publics et privés sollicitent, avant d'accorder un rééchelonnement de la dette ou de nouveaux crédits, un accord et une caution (de principe) du FMI ; celui-ci donne son avis après une analyse minutieuse de l'économie du pays solliciteur ; l'avis a d'autant plus de chances d'être favorable que les autorités du pays solliciteur s'engagent à appliquer un rigoureux programme d'ajustement recommandé par les experts du Fonds… Les éléments de la « doctrine » économique du FMI relèvent des politiques classiques d'austérité et de déflation : dévaluation massive de la monnaie, limitation des importations et relance des branches exportatrices, développement du secteur privé et assainissement drastique du secteur public et du déficit budgétaire, blocage des salaires et des prix, augmentation des tarifs publics, libération du commerce extérieur et appel croissant aux investissements étrangers, etc.

Depuis le premier **prêt à l'ajustement structurel** (PAS) accordé en 1979, le FMI en a approuvé près d'une centaine dans une quarantaine de pays. La majorité de ces pays a dû s'y résoudre sous la contrainte financière, au risque d'y perdre toute indépendance de décision pendant plusieurs années. Les réussites sont plus rares que les situations conflictuelles, au plan politique (désaccords graves avec le Pérou, le Brésil, le Zaïre, notamment) et surtout au plan social, avec les graves émeutes populaires provoquées par les mesures de rigueur financière, au Caire comme à Khartoum, à Tunis comme à Caracas, à Abidjan comme à Brazzaville. Vigoureusement critiqué dans son rôle de « gendarme monétaire », le FMI a répliqué par la voix de son directeur, en recommandant aux Africains de « combattre la corruption, réduire le gaspillage de ressources rares en projets de prestige et en dépenses militaires excessives… » (mars 1990).

Beaucoup de gouvernements ont, en effet, utilisé les organisations internationales comme « boucs émissaires, pour rejeter sur elles la responsabilité de mesures impopulaires qu'ils savaient pourtant nécessaires » (M. RAFFINOT, 1993).

Au-delà de ces réaménagements traditionnels, c'est près d'une centaine de « plans » affichant l'ambition plus vaste de résoudre globalement le problème de la dette qui ont été proposés au cours de la dernière décennie ; deux méritent d'être précisés.

Le premier d'entre eux – dit « ***plan Baker*** », du nom du secrétaire au Trésor des États-Unis –, présenté en octobre 1985, a échoué sur les fortes réticences des banques commerciales à prêter davantage au Tiers monde, et en particulier aux quinze pays les plus endettés : comme on l'a déjà noté, celles-ci n'ont pas cessé, au contraire, de réduire leurs nouveaux crédits *(new money)*.

Parallèlement, cheminait parmi les responsables politiques et financiers internationaux l'obligation d'admettre que le Tiers monde ne serait jamais en mesure de rembourser la totalité de la dette accumulée, aux conditions prévues. Après diverses opérations imaginatives de *conversion* (en prises de participation, en obligations, en titres fonciers, etc.) d'une partie de la dette, c'est la proposition mexicaine exposée en février 1988 de réduction de sa dette qui a amorcé le tournant principal. À la stupeur des banquiers orthodoxes, le ministre des Finances de ce pays a demandé à racheter sa dette avec une décote de 30 %, soit à 70 % de sa valeur, en apportant des garanties sérieuses de remboursement : après discussions, le principe était désormais admis par les créanciers du Tiers monde que mieux valait s'assurer de récupérer une partie réduite (jusqu'à 30 % seulement de la valeur totale dans certains cas) des crédits engagés plutôt que de continuer à espérer un illusoire remboursement de la totalité…

Soutenu par la France – qui décidait simultanément d'annuler le tiers de la dette publique qui lui était due par les trente pays les plus pauvres –, puis par le Japon, et, de façon assez générale, par le groupe des sept pays les plus riches, cet objectif d'allégement a été consacré par le ***plan Brady***, présenté en mars 1989 par le nouveau secrétaire au Trésor des États-Unis comme une « approche concertée et raisonnable de réduction de l'endettement ». Sans entrer dans le détail de techniques financières fort complexes, on retiendra trois rouages principaux de ce mécanisme :

1. Un pays endetté négocie avec une banque commerciale – et non plus avec l'ensemble des banques créditrices comme précédemment – la marge de réduction de sa dette : pour l'ensemble du Tiers monde, cette décote est passée de 30 % en 1986 à 65 % en 1989 et varie de 10 % à 90 % selon les pays ;

2. Il s'engage, en échange de cette décote, à payer régulièrement et scrupuleusement, le restant de ses engagements et, dans ce but, à constituer des réserves solides (sous forme d'obligations en général) ;

3. Le FMI et la Banque mondiale, pour favoriser ces opérations, servent de caution financière et réservent une part de leurs crédits aux pays qui se sont engagés à racheter leur dette « au rabais » ; ils assortissent ce soutien d'une obligation pour les pays ainsi aidés à s'engager dans de rigoureux « programmes d'ajustement structurel »…

Une autre méthode, largement recommandée et utilisée, est celle de la **conversion des dettes en prises de participation** (ou échange de dettes contre du capital). L'exemple suivant permet d'en comprendre le processus : la firme Nissan rachète, en 1986, une dette publique mexicaine de 60 millions de dollars, sur « le marché secondaire », pour 40 millions ; la Banque centrale mexicaine rembourse cette créance en pesos au taux officiel ; Nissan utilise ces pesos pour investir au Mexique (d'après J. BRASSEUL, 1983).

D'autres formules d'**échanges de dette** ont été expérimentées ces dernières années, notamment avec des organismes internationaux engagés dans des actions de développement et de protection de l'environnement, ou avec des importateurs étrangers, ou encore avec d'autres titres boursiers mieux garantis.

Il s'agit là d'opérations complexes et innovantes, mais de pure technique financière, sans effets très sensibles sur les exigences de développement. Les spécialistes notent que leur bilan global reste limité au regard de la totalité de l'encours de la dette : le total de ces opérations diverses de réduction représente 6 % de la dette totale en 1992, et seuls quelques pays très endettés d'Amérique latine (Mexique, Brésil, Argentine, Chili) en ont vraiment bénéficié.

Le développement de ce nouveau type de solutions ne doit, pourtant, pas être négligée : leur total cumulé est, en effet, passé de 5 milliards de dollars en 1985 à 40 milliards en 1989 et à 86 milliards en 1992 (d'après P. AUVERNY-BENNETOT, 1991 et M. RAFFINOT, 1993).

Conclusion

Le débat sur l'aide et l'endettement – qui est aujourd'hui au cœur de la réflexion sur le sous-développement – débouche, en définitive, sur la question générale des rapports entre le « Nord » et le « Sud ». Pour simplifier, deux positions idéologiques s'affrontent à cet égard.

D'un côté, celle des « libéraux » et des « modérés » qui – bien que reconnaissant les lacunes, les imperfections et les échecs du système actuel – recommandent la poursuite et l'élargissement des échanges (financiers et commerciaux) entre Tiers monde et monde développé. Ils préconisent, dans cette optique, des mesures techniques pour une meilleure organisation des échanges, une utilisation plus efficace des apports extérieurs, une charge de remboursement moins écrasante.

Des positions plus extrêmes se sont aussi exprimées, prônant une rupture brutale et absolue avec les pratiques précédentes et la recherche de voies originales et autonomes (endogènes, autocentrées) de développement dans le Tiers monde : Samir AMIN a ainsi défendu dans un récent ouvrage un objectif – ambitieux et assez utopique – de « déconnexion » d'avec le système mondial, que Tibor MENDE ou René DUMONT avaient déjà recommandé dans les années 70.

LE TIERS MONDE DANS LES RÉSEAUX DE COOPÉRATION INTERNATIONALE

3

Confrontés à un système-monde qui les exploite ou les marginalise, les pays sous-développés tentent depuis le milieu des années 50 de peser davantage sur celui-ci, soit en luttant pour obtenir une modification en leur faveur des règles qui le régissent, soit en se regroupant au sein d'associations de producteurs ou d'organisations régionales.

A Un nouvel ordre international négocié : la grande illusion ?

1 L'introuvable dialogue Nord-Sud

a L'émergence du Tiers monde sur la scène internationale

Bien que l'ONU ait proposé dès 1951 une série de « mesures pour accélérer le développement économique des régions sous-développées », les problèmes du Tiers monde ne figurent à l'ordre du jour des grandes négociations économiques qu'à partir du milieu des années 60. En 1955, la conférence de Bandoeng (Indonésie) réunit pour la première fois l'ensemble des pays pauvres de la planète en l'absence de tout pays industriel, et leur permit de prendre conscience de leur unité et de leur poids. Mais **il fallut attendre la grande phase de décolonisation en Afrique pour que le Tiers monde dispose d'une majorité automatique à l'ONU** et dans nombre des organismes spécialisés qui s'y rattachent, à l'exception toutefois des organismes financiers (Banque mondiale, Fonds monétaire international). Dès lors, il allait pouvoir se faire entendre au sein des grandes instances internationales, notamment par l'intermédiaire du « groupe des 77 » constitué en 1964 lors de la première CNUCED (Conférence des Nations unies pour le commerce et le développement) et élargi postérieurement à la plupart des pays sous-développés.

Cette conférence aborda dès sa première session la question des modifications des règles (notamment commerciales) organisant les relations économiques internationales. Mais la dizaine d'années de négociations qui se poursuivit sur la lancée de cette réunion et au sein de divers autres forums internationaux n'aboutit qu'à de très maigres résultats : fixation des objectifs de l'aide publique à 0,7 % du PNB des pays riches, mise en place d'un système généralisé de préférences commerciales sur lequel nous reviendrons. **Au total, pendant la « première décennie du développement » (1960-1970), l'initiative resta aux pays du « Nord »; le Tiers monde put exprimer largement ses revendications mais ne fut guère entendu.**

b Les années 70 : la décennie de l'espoir

Au début des années 70, une série d'événements bouleversa le cadre de ce que l'on allait appeler les rapports Nord-Sud. Il s'agit tout d'abord de l'effondrement du système monétaire international mis en place à Bretton Woods en 1944 : la fin de la convertibilité du dollar en or (15 août 1971) et la généralisation du flottement des monnaies en sont les deux éléments majeurs. À ceci s'ajoutèrent les dévaluations successives du dollar en 1971 et 1973. Enfin, à l'issue de trente années de prospérité sans précédent dans le monde développé, les marques de dérèglement de la machine économique mondiale se traduisirent par une inflation accélérée et par une augmentation exceptionnelle du prix des matières premières et de l'énergie au cours des années 1972 et 1973.

Confrontés à des difficultés d'une nature jusque-là inconnue, les chefs d'État des pays non alignés (groupe de pays constitué en 1961 et qui récuse tout rattachement à l'un ou l'autre des deux blocs économiques et politiques de la planète), réunis à Alger en 1973, réclament la convocation d'une session spéciale des Nations unies consacrée exclusivement au problème du sous-développement. Mais il a fallu le « coup d'État pétrolier » de l'OPEP (fin 1973-début 1974) par lequel la détermination du prix du pétrole échappait aux pays développés, pour que ces derniers acceptent la tenue d'une telle réunion. L'initiative semble alors passer au « Sud ».

La sixième assemblée générale extraordinaire des Nations unies (New York 1974) se clôtura par une « Déclaration relative à l'instauration d'un nouvel ordre économique international » (NOEI) accompagnée d'un programme d'action qui semblait annoncer une ère nouvelle dans les relations économiques internationales. La déclaration énonçait en effet vingt principes révolutionnaires, parmi lesquels figuraient :

— le **droit à nationaliser**, expression de la souveraineté permanente de tout État sur ses ressources nationales et sur toutes les activités économiques qui se déroulent sur son territoire,

— la **détermination de « prix justes »** pour les exportations du Tiers monde, reposant sur l'indexation de leur niveau sur celui des importations effectuées par les pays en développement, leur droit au débouché, et un traitement commercial préférentiel,

— le **droit à bénéficier d'une indemnisation** pour les dommages subis lors de la colonisation…

Le programme d'action adopté en même temps que cette déclaration se fixait une série d'objectifs précis : nouveau système monétaire international, renégociation de la dette et nouvelles modalités des transferts financiers vers le Tiers monde, redistribution mondiale de la production industrielle, de la technologie, réglementation et contrôle de l'activité des firmes internationales…

Avec ce programme, le Tiers monde disposait d'un document officiellement adopté par la communauté internationale en vue d'une redéfinition des relations entre le « Nord » et le « Sud » de la planète. Mais son adoption s'était faite contre la volonté des plus grands des pays capitalistes. Ayant « plus d'influence sur les mots que sur les choses » (G. DE LACHARRIÈRE), le Tiers monde allait très vite s'apercevoir de son impuissance de fait à modifier le système économique mondial.

En effet, après quelques résultats encourageants obtenus entre 1974 et 1976, le dialogue Nord-Sud s'est rapidement enlisé. En juin 1977, la Conférence de Paris sur la Coopération économique internationale (CCEI), qui a constitué la plus importante des tentatives visant à régler l'ensemble du contentieux entre les deux groupes de pays, avait conclu à la nécessité de renforcer l'aide publique et lancé un programme spécial d'action en faveur des pays les plus démunis, mais n'avait apporté aucune solution aux problèmes de l'énergie et de l'endettement. Cet échec marque le début d'un dialogue de sourds entre pays du Tiers monde qui continuent à tenter d'obtenir de véritables négociations globales et pays du Nord favorables à une approche sectorielle des différends.

C Les années 80 : la fin des illusions

Le sommet de Cancun (octobre 1981) qui réunissait les chefs d'État de13 pays sous-développés et de 9 pays industriels (l'URSS avait décliné l'invitation) entretint encore quelques illusions, mais le ralentissement de la croissance mondiale, l'explosion de la dette du Tiers monde et la victoire du libéralisme marquent la fin des grandes espérances. Certes, quelques progrès seront encore obtenus au début des années 80 : nouveau programme d'action en faveur des pays les plus pauvres, adoption en avril 1982 d'une nouvelle convention sur le droit de la mer, plus favorable que les précédentes aux thèses du Tiers monde… **Mais la preuve la plus flagrante de l'incapacité de la communauté internationale à réformer ses règles de fonctionnement est fournie incontestablement par l'absence de résultats concrets des CNUCED** qui se succèdent : sixième à Belgrade en 1983, septième à Genève en 1987, huitième à Carthagène en 1992. Il faut reconnaître que cette organisation, campant sur des positions excessivement manichéennes a perdu de sa crédibilité. La principale question à l'ordre du jour de la huitième session concernait le fonctionnement et le rôle de la Conférence… qui n'a préservé sa survie qu'en se confinant à un rôle d'analyse et de réflexion sur le développement (voir encadré ci-après)

Le libéralisme sauve la CNUCED

[…] La CNUCED, longtemps engagée dans le débat-combat Nord-Sud, a fait de la neutralité son emblème de survie. Signe de ce nouveau penchant : l'absence de propositions concrètes en matière d'allégement de la dette. Le texte initial parlait, au sens large, de « renforcer la stratégie internationale de la dette ». Les États-Unis ont préféré l'expression « faire évoluer plus avant » cette question… Les Américains ont nettement marqué leur volonté de voir les institutions de Bretton Woods et le GATT traiter seules de ces sujets. Enfin, la CNUCED ne sera plus, a priori*, un lieu de négociations.*

Ce retour au réalisme de la CNUCED devrait lui permettre de gagner en crédibilité sur les sujets anciens et nouveaux dont elle se réserve une certaine primeur. L'étude précise des liens entre le développement et l'environnement devrait mettre en lumière le rôle joué par la pauvreté dans les désordres écologiques. Une nouvelle commission sur « l'éradication de la pauvreté » pourrait renouveler les discussions sur l'inégalité de la distribution des revenus, l'efficacité de l'aide, etc. L'adoption d'un texte sur la nécessité d'une bonne gestion renvoie, sans le dire, au droit de regard que la communauté internationale voudrait exercer sur les politiques intérieures. […]

Les historiens de la CNUCED retiendront sans doute qu'à Carthagène, l'institution s'est réformée en hâte pour ne pas être emportée par le vent de réformes soufflant aux Nations unies. L'alignement des Latino-américains sur Washington aidant, on a senti aussi s'établir à la CNUCED un ordre américain peu contrarié, imprégné jusque dans le moindre amendement par cette conviction simple qu'on n'a rien inventé de mieux que le marché. Ce n'est pas un hasard si le seul projet concret ayant fait l'unanimité s'appelle « efficacité pour le commerce ». Il consiste à simplifier, grâce aux techniques de l'informatique et de l'information, toutes les procédures de commerce pour économiser quelque 75 milliards de dollars par an.

Éric FOTTORINO, *Le Monde*, 28 février 1992.

d Les raisons d'un échec

L'enlisement du NOEI à la fin des années 70 et tout au long des années 80 est dû finalement à trois séries de raisons.

D'une part, le Tiers monde n'a pu surmonter ses contradictions, son manque d'unité. Réclamant un partage plus équitable des ressources mondiales, ses membres font preuve d'un « égoïsme sacré » dès que leurs intérêts particuliers sont en jeu. Ainsi, les pays pétroliers se réservent le monopole de l'exploitation de leurs richesses et ont des approches divergentes de la stratégie à mener dans le domaine des hydrocarbures ; de même, les pays littoraux ont étendu leur juridiction sur leurs eaux riveraines sans se préoccuper des pays enclavés ; et les politiques commerciales des NPI vis-à-vis des autres pays sous-développés ne se différencient guère de celles des vieux pays industriels… « Bref, les États du Tiers monde sont des États comme les autres »[1].

1. T. de Montbrial (dir.), *Ramsès* 93, IFRI, Dunod, Paris 1992.

D'autre part, les pays occidentaux n'ont accepté que sous la pression de la crise pétrolière des années 70 un dialogue qu'ils ne souhaitaient pas vraiment. En particulier, les États-Unis et le Royaume-Uni rejettent l'idée d'un nouvel ordre mondial « qu'ils regardent comme un dirigisme à l'échelle mondiale »[2]. Attachés au libéralisme le plus pur (cf les politiques suivies par R. Reagan et M. Thatcher), ils ne voient de régulation possible dans le monde que celle qui découle du libre jeu des règles du marché.

Enfin, le bloc socialiste européen a été largement absent des débats. Certes, il a affiché sans cesse des positions tiers-mondistes, mais en marge du système économique mondial et poursuivant des objectifs qui lui étaient propres (cf. l'intervention soviétique en Afghanistan). Sa disparition brutale entre 1989 et 1991 a laissé le champ libre aux idéaux occidentaux, auxquels se rallient de plus en plus de pays du Tiers monde, à l'instar des pays asiatiques.

2 Esquisse de bilan : des avancées ponctuelles et limitées

Le bilan apparaît bien décevant si on le compare au programme lancé en 1974. Sans entrer dans un exposé exhaustif, nous insisterons sur quelques aspects particulièrement significatifs.

a Des mesures fragmentaires ou insuffisantes

♦ **Plusieurs textes visant à réduire les excès de position dominante des principaux acteurs de la vie économique mondiale ont été discutés ; peu d'entre eux ont vu le jour.** Un code de conduite des conférences maritimes (associations d'armateurs constituées pour fixer les conditions d'exploitation des lignes régulières de navigation) est entré en vigueur en 1983; 40 % des trafics des lignes concernant les pays du Tiers monde sont désormais réservés aux flottes de ces pays. En revanche, ni le code réglementant les transferts technologiques, ni le code de conduite des firmes multinationales n'ont pu aboutir, en dépit de l'adoption en 1980 d'un code de conduite sur les pratiques commerciales restrictives, qui vise à empêcher les partages occultes de marchés entre grandes firmes

♦ **Dans le domaine de l'aide multilatérale**, un programme spécial d'action d'un montant de 1 milliard de dollars en faveur des pays les plus démunis a été adopté en 1977 à l'issue de la CCEI, suivi d'un nouveau programme substantiel d'action en 1981 (conférence de Cancun).

♦ **Un Fonds international de développement agricole (FIDA) a été créé en 1977**. Il est novateur à divers titres. D'une part, il fonctionne indépendamment de la FAO, jugée trop dépendante des États-Unis par les pays sous-développés ; d'autre part, et pour la première fois dans une institution de ce genre, le Tiers monde détient les deux tiers des voix au sein du conseil des gouverneurs qui le gère, bien qu'il ait été financé initialement pour 55,5 % par les pays développés occidentaux, pour 42,5 % par les pays de l'OPEP et pour les 2 % restants par d'autres pays du Sud. Le FIDA est orienté vers les pays les plus pauvres qui peuvent obtenir des prêts remboursables en cin-

2. T. de MONTBRIAL (dir.), *op. cit.*

quante ans à des taux de 1 % l'an. Mais, le renouvellement régulier de ce fonds, doté initialement de 1 milliard de dollars, se heurte à l'hostilité des États-Unis, et son montant a été diminué en 1986.

On le voit, toutes ces mesures sont partielles, insuffisantes et fragiles eu égard à l'ampleur des problèmes et aux ambitions affichées au milieu des années 70. Une autre démonstration de l'incapacité de la communauté internationale à prendre à bras le corps les difficultés du Tiers monde peut être trouvée dans l'analyse des mesures relatives au commerce international.

b L'incapacité à promouvoir un ordre commercial international plus favorable au Tiers monde

♦ En 1964, la première CNUCED avait admis la non-réciprocité dans les relations entre pays inégalement développés. **En 1968, la deuxième CNUCED décidait l'introduction dans les règles commerciales internationales d'un système généralisé de préférences en faveur des pays sous-développés, qui fut reconnu par le GATT en 1971**. Par ce système, les pays développés suppriment ou réduisent les droits de douane sur leurs importations de produits industriels en provenance du Tiers monde, tout en gardant la possibilité de se protéger par l'établissement de plafonds ou de clauses de sauvegarde. Les effets de ce SGP sont assez difficiles à mesurer : l'essor des exportations de produits manufacturés du Tiers monde est dû davantage au dynamisme propre des NPI asiatiques de la première puis de la deuxième vague qu'aux systèmes de préférences complexes et plutôt restrictifs mis en place par les principaux pays industriels après 1971.

♦ **En outre, l'évolution des règles générales codifiant les échanges internationaux ne favorise pas particulièrement le Tiers monde**. On sait que les cycles successifs de négociations commerciales multilatérales (NCM) au sein du GATT se sont traduits par un abaissement considérable des tarifs douaniers. Le dernier de ces cycles, l'Uruguay Round, devrait encore entraîner un recul de 30 % environ de ces tarifs. Mais ce désarmement douanier est plus favorable aux pays industriels qu'au Tiers monde ! Une étude menée par le GATT sur les conséquences de la réduction des droits de douane décidée à l'issue du Tokyo Round en 1979 (dernières NCM antérieures à l'Uruguay Round) montre que « le taux moyen des droits douaniers frappant les exportations des pays en développement demeurait supérieur à celui des droits sur les exportations des pays industriels » et que la plupart des pays développés « prélèvent des droits plus élevés sur les produits manufacturés que sur les matières premières qui entrent dans leurs fabrications, [ce qui] pénalise les pays en développement qui veulent exporter des produits intermédiaires »[3].

♦ **D'autre part, on assiste depuis les décennies 70 et 80 à la multiplication des barrières non tarifaires** face aux produits manufacturés importés par les pays industriels. Ainsi, les arrangements multifibres qui se succèdent depuis 1974 visent à restreindre de plus en plus nettement la progression des exportations de textiles et de vêtements vers les pays économiquement développés. (voir troisième partie, chapitre 2). Fort heureusement, l'Uruguay Round a décidé le démantèlement progressif de

3. Banque mondiale, *Rapport sur le développement dans le monde 1987*, Washington DC.

cet arrangement… un progrès qui ne fait que revenir à une situation normale pour un système se réclamant du libéralisme !

Enfin, la communauté internationale s'est également montrée incapable de régler la question des produits de base. Certes, le FMI accorde aux pays qui enregistrent une forte chute de leurs recettes d'exportation des « facilités de financement compensatoire », remboursables en cinq ans et à faible taux d'intérêt. Mais les ressources attribuées à ces facilités sont insuffisantes.

Surtout, on avait espéré au milieu des années 70 la mise sur pied d'un système international capable de contrôler les fluctuations des prix des produits de base. En **1976, la CNUCED tenue à Nairobi avait adopté le principe de la création d'un Programme intégré pour dix-huit produits de base et, en 1979, avait été décidée la création d'un Fonds commun de stabilisation des cours des produits de base.** Mais il a fallu attendre 1989 pour que cet accord soit ratifié par un nombre suffisant de membres et pour qu'il devienne opérationnel.

Doté initialement de 700 millions de dollars, ce Fonds comporte deux comptes : le plus important est affecté à la constitution et à la gestion de stocks destinés à limiter les fluctuations des cours des produits de base, l'autre est destiné à financer la recherche-développement et à améliorer la compétitivité de ces produits. Mais le Fonds ne s'applique qu'aux produits pour lesquels existent des accords internationaux entre producteurs et consommateurs. Ces accords ne sont qu'au nombre de sept (cacao, café, caoutchouc, étain, sucre, jute, bois tropicaux). De plus, ils ont éclaté (sauf l'accord sur le caoutchouc), en raison de la surproduction mondiale. Seul fonctionne donc, aujourd'hui, le second compte, dont le rôle est très modeste. Face à ces nombreux sujets de déception, on est souvent tenté de mettre en avant l'action de la CEE.

C Les accords CEE-ACP : des accords « exemplaires » ?

Dès son origine, la CEE a voulu établir des rapports privilégiés avec les anciennes colonies de certains de ses membres. Ainsi, en 1964 puis 1969, les conventions de Yaoundé I et II ont attribué une aide spécifique à ces pays. **Mais la CEE a accentué son action dans le cadre des conventions successives de Lomé I (1975), II (1980), III (1985) et IV (qui couvre la période 1990-2000)**. Soixante-huit pays ACP (Afrique, Caraïbes et Pacifique) regroupant près de 400 millions d'habitants sont parties prenantes à la dernière convention : 45 pays d'Afrique, 14 des Caraïbes et 9 du Pacifique.

♦ **La convention en vigueur comporte quatre volets essentiels :**

— **d'importants avantages commerciaux** : 95 % des importations de produits alimentaires et l'ensemble des produits manufacturés en provenance des ACP pénètrent dans l'Union européenne à des conditions privilégiées pour les premiers et en franchise de tout droit pour les seconds ;

— **un système de stabilisation des recettes d'exportation de 49 produits agricoles** (Stabex) : les pays dont les ressources d'exportation ont nettement baissé perçoivent des versements compensatoires sans intérêt ;

— **un système de subvention aux produits miniers** (Sysmin) portant sur 9 produits importants tels que le cuivre, le cobalt, les phosphates, la bauxite (ce système permet aux États dont l'économie dépend de ces minerais de maintenir leur capacité de production ou de financer leur reconversion en cas de crise) ;

— **une aide financière** d'un montant de 12 milliards d'ÉCU qui sera renouvelée et réajustée à l'issue des cinq premières années d'application de Lomé IV. L'essentiel de cette aide qui transite par le Fonds européen de développement (FED) est destiné à financer des projets spécifiques d'adaptation à la crise, en complément des interventions de la Banque mondiale et du FMI.

♦ Problèmes et limites

Souvent qualifiés d'exemplaires, ces accords ont des aspects novateurs incontestables. Cependant, ils ne sont pas totalement dénués des arrière-pensées habituelles des pays donneurs d'aide. On leur reproche aussi de ne pas accorder une attention suffisante à l'agriculture. En outre, on constate qu'**ils tendent à favoriser le maintien de courants d'échanges de type colonial** : Stabex et Sysmin poussent les pays bénéficiaires à poursuivre, voire à développer, leurs productions de produits bruts.

D'autre part, les dotations en capital des différents fonds sont insuffisantes. Le Stabex n'a correctement rempli ses objectifs qu'au cours de la mise en œuvre de Lomé I, qui coïncidait avec une phase de fluctuations modérées des cours des produits agricoles. Il manque cruellement de ressources depuis la décennie 80 marquée par de fortes baisses des cours.

Enfin, les fonds versés par la CEE ont parfois servi à combler les déficits budgétaires des États assistés, voire à des usages plus douteux encore, car ils étaient accordés sans conditionnalité, conformément aux vœux des ACP. Toutefois, les donateurs ont progressivement imposé un droit de regard sur l'utilisation de l'aide qu'ils allouent.

B Les tentatives d'association : diversité des formules, médiocrité des résultats

1 Associations de producteurs : le foisonnement des années 70

a L'OPEP et la révolution d'octobre 1973

Entre 1970 et 1973, les pays membres de l'OPEP (Organisation des pays exportateurs de pétrole, créée en 1960) **ont réussi à transformer les modalités de fixation du prix du pétrole**, source d'énergie vitale pour les économies occidentales. Par les accords de Téhéran (14 février 1971), puis de Tripoli (2 avril 1971), les prix de référence – prix théoriques servant de base au calcul des redevances (royalties) et des impôts versés aux États producteurs par les compagnies exploitantes – avaient été substantiellement majorés et leur indexation sur le dollar obtenue.

Mais les décisions prises au lendemain de la « Guerre du Kippour » entre Israël et ses voisins arabes ont un caractère encore plus révolutionnaire dans la mesure où les prix pétroliers sont désormais fixés unilatéralement par les pays producteurs. En l'espace de trois mois, d'octobre à décembre 1973, ces derniers imposèrent, en utilisant l'arme de l'embargo, un quadruplement de la part qui leur revenait sur chaque baril extrait de leur sous-sol. De 3 dollars au début d'octobre 1973, le prix du baril (un baril représente 159 litres environ) de brut léger d'Arabie saoudite est passé à 11,65 dollars le 22 décembre 1973. Résultat : le montant des ventes à l'étranger des pays producteurs a triplé en 1974 pour s'élever à 133 milliards de dollars (43 en 1973), et leur excédent commercial a plus que quadruplé (97 milliards de dollars contre 22).

b Un exemple contagieux

Stimulés par un succès qui semblait irrépressible, la plupart des pays du Tiers monde exportateurs de produits bruts resserrèrent leurs liens au sein des associations (régionales ou mondiales) existantes et en créèrent de nouvelles. On en comptait plus de vingt à la fin des années 70 : pour le thé (1933), le cacao (1962), le cuivre (1967), la noix de coco (Asie, 1969), le poivre (Asie, 1970), le café (1973), la bauxite (1974), le caoutchouc naturel (1974), le minerai de fer (1975), le mercure (1975), le tungstène (1975)...; la plupart étaient postérieures à 1974. En 1978, fut même décidée la création d'un « Conseil d'association de pays en développement producteurs-exportateurs de matières premières », regroupant les associations créées à la seule initiative des pays du Tiers monde. Il est vrai que les objectifs de ce conseil étaient assez vagues et exprimés de manière modérée. De même, nombre d'associations de producteurs n'avaient qu'un rôle d'information, de consultation ou de promotion commerciale. Mais elles pouvaient aisément se transformer en organismes plus offensifs, et **le spectre d'une révolte des pays pauvres contre les riches fit trembler un moment les bourses de commerce internationales**[4]. D'autant plus qu'en janvier 1974, par exemple, le Maroc à la tête de la moitié des réserves mondiales de phosphates imposait un triplement des prix; qu'en novembre de la même année, les quatre grands producteurs de cuivre (Chili, Pérou, Zaïre et Zambie) regroupés au sein du Conseil international des pays exportateurs de cuivre (CIPEC) s'entendaient pour réduire de 10 % leurs exportations...

c Le reflux et ses causes

Cependant, l'OPEP fut incapable de maintenir le prix des hydrocarbures aux niveaux records atteints après le deuxième choc pétrolier (1978-79) : la hausse des prix avait stimulé la recherche de gisements neufs, favorisé les économies d'énergie et le développement d'énergies nouvelles, tandis que la crise économique mondiale réduisait la demande globale. À partir de 1982, le « contre-choc » pétrolier ramenait progressivement les cours des hydrocarbures à des niveaux inférieurs (en

4. Cf. J. NUSBAUMER, *L'Enjeu du dialogue Nord-Sud*, Économica, Paris,1981.

valeur constante) à ceux de 1973. De même, on a vu que les cours des matières premières ont repris leur évolution tendancielle à la baisse après des flambées de courte durée (cf. deuxième partie, chapitre 2).

En fait, **pour que de véritables cartels de producteurs puissent dicter durablement leur loi, plusieurs conditions doivent être réunies** :

— les membres du cartel doivent contrôler la majeure partie des exportations mondiales, ce qui n'est le cas que pour les hydrocarbures, le cuivre, la bauxite, l'étain, les produits tropicaux ;

— le produit doit être un bien de première nécessité auquel ne peuvent être substitués des produits de remplacement. Or, avec l'évolution technologique, de plus en plus de produits de substitution viennent concurrencer les produits bruts exportés par le Tiers monde ;

— il faut enfin que les membres du cartel soient peu nombreux, que leurs intérêts soient parfaitement convergents et que de nouveaux producteurs ne puissent arriver facilement sur le marché.

Bien peu de produits parviennent à réunir toutes ces conditions de manière durable, et aujourd'hui, les associations de producteurs – y compris l'OPEP – ont éclaté ou sont en position strictement défensive.

2 La première vague d'associations régionales

a Des projets nombreux, des objectifs souvent ambitieux

De la fin des années 50 aux années 70, les associations régionales se multiplient dans les pays en voie de développement. (Nous n'évoquerons pas ici les associations à caractère plus politique comme l'Organisation de l'Unité Africaine – OUA – ou la Ligue arabe.) **Les formes les plus simples visent à mettre sur pied des projets spécifiques.** L'OMVS (Organisation pour la mise en valeur du fleuve Sénégal), par exemple, associe le Mali, la Mauritanie et le Sénégal en vue de la réalisation de deux barrages chargés d'améliorer la navigation, de produire de l'électricité et d'irriguer une centaine de milliers d'hectares. La construction de la centrale hydroélectrique d'Itaipu a associé de la même manière le Brésil et le Paraguay.

L'intégration par les marchés est beaucoup plus ambitieuse et vise généralement à constituer des associations étroites, selon un processus évolutif, à l'image du cheminement effectué au sein du Marché commun européen se transformant par étapes en Union européenne. Le tableau 1 ci-après recense les principaux projets élaborés dans le Tiers monde de la fin des années 50 aux années 70.

Les principales formules ou étapes du processus d'intégration par les marchés sont les suivantes. Dans la **zone de libre-échange**, on supprime les barrières douanières internes, mais chaque pays conserve son régime douanier particulier vis-à-vis des pays tiers ; l'ALALE par exemple devait parvenir à ce stade en 1980. Assez souvent, l'ambition est plus grande et l'on tente de fonder une union douanière qui complète par un tarif extérieur commun la suppression des barrières commerciales internes ;

TABLEAU 1

LES PRINCIPAUX ACCORDS D'INTÉGRATION RÉGIONALE AU SEIN DU TIERS MONDE (ANNÉES 50 À 70)

Nom de l'association	Pays membres	Date de création
Zone de libre-échange centro-américaine	Costa Rica, Salvador, Guatemala, Honduras, Nicaragua	1958
Conseil de l'Entente	Côte-d'Ivoire, Dahomey (devenu Bénin), Haute-Volta (devenue Burkina Faso), Niger + Togo en 1966	1959
Association latino-américaine de libre-échange (ALALE)	Argentine, Brésil, Chili, Mexique, Pérou, Paraguay, Uruguay + Colombie, Équateur, Venezuela et Bolivie (1961)	1960
Marché commun centro-américain (MCCA) = transformation de la zone de libre-échange centro-américaine	Costa Rica, Salvador, Guatemala, Honduras, Nicaragua	1960
Marché commun arabe	Égypte, Irak, Jordanie, Koweït, Syrie	1964
Union douanière et économique de l'Afrique centrale (UDEAC)	Congo (Brazzaville), Gabon, République centrafricaine, Tchad	1964
Association des nations de l'Asie du Sud-Est (ANASE ou ASEAN)	Indonésie, Malaisie, Thaïlande, Philippines, Singapour + Brunéi en 1984	1967
Communauté de l'Afrique de l'Est (CAE)	Kenya, Ouganda, Tanzanie	1967
Association de libre-échange des Caraïbes	Barbade, Guyane, Jamaïque, Trinité-et-Tobago	1968
Pacte andin	Bolivie, Colombie, Équateur, Pérou, Venezuela	1969
Communauté des Caraïbes (CARICOM, remplace l'Association de libre-échange des Caraïbes)	Antigua, Bahamas, Barbade, Bélize, Dominique, Grenade, Guyana, Jamaïque, Montserrat, Sainte-Lucie, Saint-Kitts-Nevis, Saint-Vincent et Grenadines, Trinité-et-Tobago	1973
Communauté économique de l'Afrique de l'Ouest (CEAO)	Burkina Faso, Côte-d'Ivoire, Mali, Mauritanie, Niger, Sénégal	1973
Communauté économique des États de l'Afrique de l'Ouest (CEDEAO)	Pays de la CEAO + Gambie, Ghana, Guinée, Guinée-Bissau, Liberia, Nigeria, Sierra Leone	1975
Communauté économique des pays des grands lacs (CEPGL)	Zaïre, Rwanda, Burundi	1977
Association latino-américaine d'intégration (ALADI, remplace l'ALALE)	Mêmes pays que l'ALALE	1979

(Source : *Ramsès 93*)

tel était l'objectif de la CEDEAO pour 1990. À un niveau d'intégration plus poussé, **le marché commun** libéralise la circulation des capitaux et de la main-d'œuvre, tandis que l'**union économique** va encore au-delà, avec harmonisation voire unification des politiques monétaires, fiscales et sociales. L'intégration complète, enfin, associe union économique et union politique.

Quels que soient leurs objectifs ultimes, **les associations lancées dans les années 50 à 70 constituaient aux yeux des responsables des pays du Tiers monde un compromis intéressant entre autarcie et ouverture**. La recherche de l'autarcie (ou à tout le moins d'une plus grande autonomie) par rapport aux puissances dominantes justifiait le maintien de barrières douanières élevées vis-à-vis de l'extérieur. En revanche, l'ouverture sur des pays voisins et au niveau de développement proche devait stimuler la croissance grâce à la spécialisation (notamment industrielle) des partenaires et aux économies d'échelle ainsi permises.

b Des résultats limités

♦ **Malgré des débuts souvent encourageants, la plupart des organisations qui viennent d'être évoquées se sont montrées incapables de progresser dans la voie de l'intégration.** Ainsi, le Marché commun arabe, qui s'inspirait directement de la CEE, a vu le Koweït se retirer de l'association quelques mois après sa naissance et les quatre membres restants ne sont pas parvenus à dépasser le stade de la zone de libre échange[5]. De leur côté, l'ALALE, le CARICOM, la CEDEAO n'ont pu mettre en œuvre leurs zones de libre-échange, pourtant simples points de départ d'évolutions qui devaient se poursuivre. Le CARICOM, considéré comme un exemple pour la réalisation de projets communs d'infrastructures ou l'exploitation de ressources naturelles prenait, en 1973, la suite de l'Association de libre-échange caraïbe, au sein de laquelle 90 % du commerce interne étaient déjà libérés. Mais seuls la Barbade, Guyana, Jamaïque et Trinité-et-Tobago parvinrent à supprimer la totalité de leurs barrières douanières vis-à-vis des autres pays membres moins développés. Dernier exemple : celui du MCCA ; constitué par un nombre restreint de pays relativement homogènes, il semblait sur le point de parvenir à l'union douanière en 1970 quand des conflits internes bloquèrent ce processus…

L'évidente médiocrité des résultats obtenus est soulignée par la faible importance prise par le commerce intra-régional au sein de ces associations. En 1990, seulement six de celles-ci voyaient leurs échanges internes dépasser le seuil de 4 % du commerce total. Alors que ce taux était supérieur à 60 % dans la Communauté européenne, il n'atteignait pas 19% dans l'ANASE (dont l'objectif prioritaire n'était pourtant pas l'intégration commerciale !), 15 % dans le MCCA, 11% dans l'ALADI, 9 % dans la ZEP (Zone d'échanges préférentiels pour l'Afrique orientale et australe, créée en 1987), 6 % dans la CDEAO et 5 % dans le Pacte andin… De plus, dans ces six organisations, ce taux ne progressait plus ou même régressait[6].

5. A. SID-AHMED, « Maghreb : quelle intégration ? », *Tiers-Monde*, n° 129, janvier-mars 1992.

6. J. DE MELO et A. PANAGARIYA, « Le nouveau régionalisme », *Finances et Développement*, 29 (4), FMI-Banque mondiale, Washington, 1992.

♦ **Les causes de ces lenteurs ou de ces échecs sont bien connues :**

— **manque de complémentarités entre pays membres**. Ceci est particulièrement vrai des pays exportateurs de produits bruts, notamment en Afrique : comment développer harmonieusement les échanges entre des pays du Maghreb par exemple, alors que les recettes de la Tunisie reposent massivement sur l'huile d'olive, celles de l'Algérie sur les hydrocarbures et celles du Maroc sur les phosphates ? De plus, les revenus des pays primo-exportateurs sont, on l'a vu, extrêmement fluctuants, ce qui ne permet pas l'établissement de courants continus d'échanges. En outre, les chocs pétroliers puis la crise de l'endettement touchèrent inégalement les pays du Tiers monde dans les années 70 et 80, et favorisèrent les politiques du chacun pour soi.

— **disparités excessives au sein des associations** : comment la CEDEAO peut-elle fonctionner harmonieusement quand le Nigeria représente 60 % de la population de l'ensemble, quand le PNB par habitant de la Guinée-Bissau est 56 fois plus faible que celui du Congo ?

— **inégale distribution des bénéfices de la croissance** : dans le MCCA, le Salvador et le Guatemala étaient les principaux bénéficiaires de l'essor du commerce intra-commnautaire au cours des années 60, ce qui provoqua une fuite de devises vers ceux-ci. La création du Pacte andin résultait du sentiment de frustration ressenti par le Chili, l'Équateur, la Colombie et le Pérou face aux économies dominantes de l'Argentine, du Brésil et du Mexique. Au cours de la décennie 80, « une véritable fracture de fait est apparue au sein de l'ALADI entre le Mexique et les autres associés »[7]...

— **conflits entre partenaires** : en 1969, la crise politique entre le Honduras et le Salvador entraîna le blocage du MCCA et le départ du premier de ces deux pays ; par la suite, la révolution sandiniste au Nicaragua et les troubles au Salvador ont continué à paralyser l'association. En 1976, les divergences entre Chili et Pérou quant aux orientations majeures à donner à la communauté andine aboutirent au retrait du Chili. Comment ne pas imaginer à quel point les troubles politiques et militaires du Moyen-Orient ont paralysé les tentatives d'ententes régionales dans cette portion du globe?

3 Les années 90 : un renouveau du régionalisme ?

a Réactivation d'anciennes associations et nouveaux regroupements

En 1986, la signature entre l'Argentine et le Brésil d'un pacte d'amitié débouchant en 1990 sur la création d'un marché commun a semblé donner le point de départ à une véritable frénésie d'accords.

En 1991, le Mercosur (Marché commun du Sud de l'Amérique latine) réunit Argentine, Brésil, Paraguay et Uruguay ; son objectif est, à terme, une véritable union économique. Il se veut en outre le moteur d'une intégration plus vaste à laquelle le

7. J. REVEL-MOUROZ, « La question des intégrations au centre des défis de la décennie 90 », Collectif GEMDEV, *L'avenir des Tiers Mondes*, IEDES/PUF, Paris, 1991.

Chili et la Bolivie sont appelés à s'associer dans un premier temps. La même année, les cinq pays signataires du Pacte andin ont réactivé celui-ci en vue d'une union douanière prévue pour 1994, tandis que la Colombie, le Mexique et le Venezuela créaient le **Groupe des Trois** et que le **Mexique et les cinq États d'Amérique** centrale tombaient d'accord pour créer une zone de libre-échange avant 1996. Le **CARICOM** envisage quant à lui une nouvelle organisation ouverte à l'ensemble des pays de la région (l'Association des États des Caraïbes ou ACS) qui pourrait s'ouvrir à son tour au Groupe des Trois et aux autres pays d'Amérique centrale.

L'Afrique a connu une effervescence à peine moindre, marquée notamment par l'apparition de la SADC (Southern African Development Community), également connue en France sous le sigle de CCDAA, qui réunit Angola, Botswana, Lesotho, Malawi, Mozambique, Swaziland, Tanzanie, Zambie et Zimbabwe, de la ZEP (Zone d'échanges préférentiels entre une vingtaine de pays d'Afrique orientale et du Sud-Ouest s'étendant du Soudan à la Namibie), de la SACU (Union douanière d'Afrique australe constituée de l'Afrique du Sud, du Botswana et du Lesotho)... **L'Asie, à nouveau, reste en marge de ce mouvement**, mais l'ANASE a ouvert le 1er janvier 1993 une zone de libre-échange (l'ALEA, Aire de libre-échange asiatique, AFTA selon le sigle anglo-saxon) et décidé une première réduction de ses tarifs douaniers intérieurs.

b Une nouvelle approche de l'intégration régionale ?

♦ **Ce renouveau d'intérêt pour le régionalisme prend place dans un contexte très différent de celui qui avait présidé aux tentatives précédentes**. D'une part, le temps n'est plus où l'approche tiers-mondiste dominante voyait dans les associations régionales un recours face aux dangers du commerce international. Certains inconvénients de la première vague de ces associations sont aujourd'hui dénoncés, en particulier leur protectionnisme marqué et l'intérêt excessif qu'elles portaient aux projets industriels. Mondialisation aidant, le libéralisme devenant la doctrine reine, et les pays asiatiques illustrant les mérites de l'ouverture, nombre d'économistes du Tiers monde considèrent désormais que le développement passe par l'intégration au marché mondial et l'adaptation à la nouvelle division internationale du travail. Dans cette optique, la « nouvelle régionalisation » n'est pas un retour en force de la tentation du repli, mais un outil pour aborder les marchés mondiaux dans de meilleures conditions.

♦ **Dans le monde tripolaire actuel, où il est de plus en plus difficile pour les petits pays d'accéder aux marchés**, le « spectre de l'isolement pour tous ceux qui n'appartiennent pas à un grand bloc commercial »[8] se fait de plus en plus pressant, et les candidats se bousculent à la porte des blocs existants.

Le phénomène est particulièrement net en Amérique latine, profondément travaillée par la célèbre « Initiative pour les Amériques » lancée par le Président Bush en 1990. Cette dernière propose une vision globale des relations entre les États-Unis et l'Amérique latine qui associe non seulement le commerce, mais aussi les investissements, la dette, l'environnement, et est fondée sur une approche avant tout bilatérale des relations internationales, à l'instar des accords qui ont donné naissance à **l'ALENA** (Accord de libre-échange Nord-américain) auquel est associé le Mexique.

8. J. DE MELO et A. PANAGARIYA, *op. cit.*, 1992.

Cette tendance à la structuration « verticale » ou Nord-Sud se retrouve aussi dans le Pacifique-Ouest où l'intégration économique de fait progresse rapidement sous forme de cercles concentriques dessinés autour du Japon, en passant par les quatre Dragons, puis les NPI de la deuxième vague, les pays « ex-communistes » de la région et enfin l'Australie, la Nouvelle-Zélande et le Pacifique-Sud. La CEAP (Coopération économique de l'Asie-Pacifique), créée en 1989, regroupe dix-sept membres, parmi lesquels les États-Unis et le Japon. Le mouvement est moins net en Afrique, continent en crise et marginalisé, mais se décèle par exemple dans les projets visant à donner des structures économiques plus fermes à l'ensemble des pays de la zone franc.

♦ Cependant, cette évolution n'est pas sans susciter quelques interrogations, inquiétudes et divergences d'interprétation

Sur un plan pratique, on observe que les délais de mise en place des nouveaux accords sont souvent très brefs et que de nombreux chevauchements existent entre projets régionaux, concurrents plus que complémentaires. Compte tenu des expériences anciennes, on peut émettre quelques doutes quant à la mise en œuvre de certains projets.

Pour certains analystes, qui s'inquiètent par exemple des conséquences de l'ALENA pour le Mexique, ces nouvelles régionalisations marquent l'apparition de nouvelles dépendances envers les centres de la Triade, et les pays du Tiers monde devraient les refuser. D'autres considèrent que l'évolution est inéluctable, mais que tous les pays du Tiers monde ne pouvant progresser du même pas, l'intégration doit se faire à des vitesses variables… ce qui ne peut que renforcer le manque de cohésion du Sud face au Nord.

Au bout du compte, de nombreuses ambiguïtés subsistent quant à l'esprit qui préside à ces réalisations. Les auteurs du rapport *Ramsès 94* les soulignent très clairement à propos de l'Afrique, mais leurs analyses peuvent aisément être transposées aux autres grandes régions du Tiers monde :

Quatre logiques s'affrontent en effet dans ces projets multiples :

— la logique panafricaine pour laquelle la « déconnexion » chère aux années 70 n'a pas totalement disparu,

— la logique libérale défendue par le FMI et la Banque mondiale, qui voit dans le nouveau régionalisme un prolongement aux politiques d'ajustement structurel, et pour laquelle « l'intégration doit libéraliser les échanges interafricains et s'accompagner le plus rapidement possible d'une libéralisation vers le reste du monde »,

— la logique sous-jacente à la zone franc, vision « verticale » des regroupements, (qui pourrait évoluer vers une « zone écu », où l'on retrouverait « la logique d'intégration de leurs périphéries par les grands centres économiques mondiaux »[9] ;

— la logique des « grandes puissances » régionales, Nigeria et Afrique du Sud, visant à structurer leurs zones d'influences respectives[10].

À l'issue de ce tour d'horizon des tentatives d'insertion des pays sous-développés dans les réseaux de coopération internationaux, **le bilan est incontestablement déce-**

9. D. BACH, « Un ancrage à la dérive, la convention de Lomé », *Tiers-Monde*, n° 136, octobre-décembre 1993.

10. THIERRY DE MONTBRIAL et P. JACQUET (Dir.), *Ramsès 94* Ifri/Dunod., Paris, 1993.

vant, même s'il ne se révèle pas totalement négatif. Échaudé par un dialogue Nord-Sud qu'il avait cru pouvoir imposer dans les années 70, engagé de plus en plus dans une voie libérale qui n'est pas tendre pour les faibles, taraudé par de nombreuses forces d'éclatement, le Tiers monde additionne aujourd'hui des risques majeurs pour lui-même et pour l'humanité. Citons, sans ordre : atteintes à l'environnement, pandémies, acculturation et perte des valeurs traditionnelles, terrorisme, trafics illicites, crise urbaine, pression migratoire qui pourrait devenir irrépressible… Alors que la communauté internationale prend de plus en plus nettement conscience du caractère planétaire de bien des problèmes auxquels elle doit faire face, elle devrait s'efforcer de réinsérer le Tiers monde, à tous les niveaux spatiaux (mondial, régional, sous-régional…), dans des instances de concertation qui restent largement à inventer.

Bibliographie d'orientation de la partie III

Le Tiers monde et la mondialisation

BEAUD (M.), *L'économie mondiale dans les années 80*, La Découverte, 1989, 336 p.

CARFANTAN (J.Y.), *Le grand désordre du monde*, Seuil, 1993, 346 p.

DUPUY (C.), MILELLI (C.), SAVARY (J.), *Stratégies des multinationales*, *Atlas des multinationales (II)*, Reclus/La Documentation française, 1991, 219 p.

Manière de voir n°18, *Les frontières de l'économie globale*, *Le Monde diplomatique*, mai 1993, 98 p.

Les échanges de marchandises

CHALMIN (P.) (dir.), *Rapport Cyclope*, Économica (annuel).

FOTTORINO (E.), *Les années folles des matières premières*, Hatier, 1988, 192 p.

LAFAY (G.), ERZOG (C.), *Commerce international : la fin des avantages acquis*, Économica, 1989, 497 p.

Problèmes financiers

AUVERNY-BENNETOT (P.), *La dette du tiers monde : mécanismes et enjeux*, La Documentation française, 1991.

LELART (M.), *Le Fonds monétaire international*, PUF, « Que sais-je ? », 1991, 126 p.

RAFFINOT (M.), *La dette des tiers mondes*, La Découverte-Repères, 1993, 125 p.

Le Tiers monde dans la coopération internationale.

COMÉLIAU (C.), *Les relations Nord-Sud*, La Découverte, Coll. Repères, 1991, 124 p.

Commission Sud, *Défis au Sud*, Économica, 1990, 324 p.

JACQUET (P.) (dir.), *Atonie mondiale et dynamismes régionaux in Ramsès 93*, IFRI/Dunod, 1992, pp. 163-303.

HUGON (P.) (dir.), *L'Europe et le Tiers Monde*, *Revue Tiers-Monde* n° 136, octobre-décembre 1993, pp. 721-959.

CONCLUSION

Un Tiers monde éclaté : itinéraires, stratégies, modèles

Après une puis deux, puis trois « décennies pour le développement », une certitude s'impose : « Le sous-développement reste une réalité lancinante qui continue d'agresser nos consciences », ainsi que l'affirme avec force et sensibilité S. BRUNEL dans une publication récente[1]. Nous avons pu constater tout au long de cet ouvrage la gravité des situations démographiques, alimentaires, sanitaires, sociales et économiques dans les villes comme dans les campagnes des pays du Tiers monde. Il serait toutefois absurde d'en conclure qu'aucun progrès n'a été enregistré et la réalité de ces progrès, y compris dans les pays les moins avancés, a été soulignée à maintes reprises, à côté de régressions tout aussi incontestables.

Mais si le sous-développement demeure, qu'en est-il du Tiers monde ? On affirme de plus en plus que celui-ci n'existe plus, et qu'il convient désormais de parler des Tiers mondes. Si l'on entend par « Tiers monde » un ensemble de pays ayant des positions communes face aux pays développés et réunis par une idéologie commune, il est effectivement impossible de parler de l'unité du Tiers monde (en a-t-il jamais eu d'autre que conjoncturelle ?). Si l'on entend par Tiers monde un ensemble de pays qui connaissent des situations économiques semblables, affirmer le maintien de son unité est également de plus en plus discutable : les écarts ne cessent de se creuser entre les divers éléments qui le composent. Certains n'hésitent pas à évoquer le dépassement de la notion elle-même. Dans l'introduction d'un ouvrage de prospective sur « l'avenir des Tiers mondes », M. BEAUD avance qu'il est fort probable qu'en 2005, traitant de l'ensemble des pays étudiés ici, on ne pourra plus parler « du » Tiers monde ni « des » Tiers mondes : certains pays qui en font aujourd'hui encore partie appartien-

1. S. BRUNEL, *« Les Tiers mondes »*, Documentation photographique n° 7014, la Documentation française, Paris, 1992.

dront au club, toujours restreint, des pays riches ; quelques-uns seront reconnus ou s'affirmeront comme puissances régionales ou mondiales. Pour les autres, la gamme sera largement ouverte : pays en train de poursuivre, par des voies diverses, leurs projets modernistes ; pays gérant avec dignité leurs pauvretés : pays soumis à la domination d'oligarchies impitoyables ; pays disloqués, écrasés, exsangues, chaos bornés »[2].

Quelle que soit la manière dont l'avenir confirmera ou infirmera cette prédiction, l'analyse des cheminements des diverses composantes de l'actuel Tiers monde ne peut plus être menée à l'échelle des grands ensembles. Évoquer la crise et la marginalisation de l'Afrique au sud du Sahara, ou l'expansion surprenante de l'Asie de l'Est et du Sud-Est, ne peut constituer qu'une approche grossière des réalités économiques et sociales de ces pays. L'analyse des **itinéraires** peut et doit au contraire être menée avec beaucoup de finesse.

L'économiste P. HUGON par exemple, consacre un chapitre d'un bref et dense ouvrage sur l'économie de l'Afrique à l'étude de la diversité des **trajectoires** suivies par les pays de ce vaste ensemble[3]. Il y distingue :

— les « économies stationnaires » (qui se subdivisent entre économies de guerre, Somalie, Tchad, Liberia, Mozambique ; en situation de désintégration et d'anarchie ; économies de la zone sahélienne, d'une grande fragilité, et îles de l'océan Indien, Maurice exclue, en régression)

— les économies minières et pétrolières (Angola, Congo, Gabon, Nigeria, Botswana, Guinée, Liberia, Mauritanie, etc.) qui, après avoir connu une forte expansion de leurs revenus dans les années 60 et 70, sont confrontées aujourd'hui aux fluctuations des marchés mondiaux.

— les pays agro-exportateurs (Côte-d'Ivoire, Kenya, Cameroun…), qui ont également connu une réelle expansion, et sont en crise aujourd'hui, du fait de l'effondrement des marchés mondiaux des produits agricoles.

— les économies industrielles ouvertes sur l'extérieur (île Maurice, Zimbabwe, Botswana) et dynamiques.

— des pôles intégrateurs qui émergent au-dessus de cette mosaïque : Afrique du Sud, Nigeria, bloc des pays de la zone franc.

Dans un ouvrage un peu plus ancien, D.-C. LAMBERT s'attachait lui aussi à déceler et à décrire les itinéraires des « 19 Amériques latines » entre 1960 et 1980[4]. Il y opposait la concentration croissante du potentiel économique sur le Mexique et le Brésil à la sclérose économique des pays tempérés (Argentine, Chili, Uruguay), marqués par un « décollage inachevé » et même un « déclin économique » pour l'Argentine et l'Uruguay. D'un autre côté, si certains PMA étaient « rejetés vers le bas » (Bolivie, Haïti, Honduras, Salvador), d'autres petits pays étaient « propulsés vers le haut » (Costa Rica par exemple). Mais cet auteur dépassait l'approche strictement économique et intégrait dans un deuxième temps la perspective sociale à sa typologie. Il observait ainsi des pays où les progrès économiques et sociaux étaient

2. M. BEAUD, « *Devenir des Tiers mondes et dynamiques mondiales* », in Collectif GEMDEV, *L'Avenir des tiers mondes*, IEDES, Paris, 1991.

3. P. HUGON, *L'Économie de l'Afrique*, La Découverte, Coll. « Repères », Paris, 1993.

4. D.C. LAMBERT, *19 Amérique latines, déclins et décollages*, Économica, Paris, 1984.

convergents (Panama, Équateur, République dominicaine, Costa Rica...), des pays où ils divergeaint (usure des acquis sociaux en Argentine et en Uruguay, progrès sociaux se substituant aux progrès économiques à Cuba, rattrapage social au Chili...) et enfin, les cas de régressions combinées de l'économique et du social (Honduras, Salvador).

Cette diversité des itinéraires ou des trajectoires dépend de multiples facteurs et notamment des stratégies complexes et évolutives qui ont été menées dans les pays du Tiers monde.

Sans tomber dans un déterminisme naturel qui a été dénoncé au début de cet ouvrage, il faut évidemment tenir compte des conditions naturelles : taille des territoires, position d'enclavement ou d'ouverture, conditions climatiques, ressources ou aptitudes du sol et du sous-sol...

La diversité des structures sociales est tout aussi essentielle pour apprécier les stratégies appliquées et leur efficacité : densité du peuplement, dynamisme démographique, caractère plus ou moins inégalitaire des sociétés ; il s'agit largement d'héritages, qui constituent autant de pesanteurs ou d'atouts propres à chacun des États ou territoires observés.

Partant de ces données, et conçues en fonction de l'idéologie des dirigeants de ces pays, les stratégies politiques, économiques et sociales ont été diverses, ont pu évoluer par transitions douces, ou au rythme de brusques volte-face auxquelles la Chine, par exemple, nous a habitués. Bien des pays ont longtemps tablé sur un nationalisme sourcilleux et une volonté de développement endogène qui pouvaient prendre diverses formes : socialisme étatique, économie mixte plus ou moins dirigiste... L'industrialisation par substitution aux importations et le protectionnisme douanier qui lui est étroitement associé en sont des manifestations classiques. **Aujourd'hui, les stratégies d'ouverture l'emportent, à de rarissimes exceptions près.** Mais la greffe capitaliste « prend » plus ou moins bien, en fonction, par exemple, de l'existence ou non d'une tradition commerciale et bancaire, des formes d'insertion dans la nouvelle division internationale du travail, des forces ou faiblesses des structures d'encadrement...

Peut-on dire pour autant que la diversité des « modèles de développement » testés au cours des années 60 et 70 se résout en un modèle unique, le modèle asiatique ?

Il est vrai que sept ou huit pays de cette région du globe ont connu une expansion remarquablement forte et continue au cours des trente années écoulées. Il est non moins vrai que plusieurs de ces pays ont su répartir dans une certaine mesure les fruits de cette croissance : à Taiwan, les inégalités entre les 20 % les plus riches et les 20 % les plus pauvres de la population ne sont pas plus fortes qu'en Autriche ou en Belgique.

Ces résultats ont été obtenus avec des méthodes qui présentent bien des points communs, à commencer par la rigueur économique et financière (faiblesse des déficits publics, inflation réduite, modestie de la dette extérieure, faiblesse des taux d'intérêt). Un autre trait commun – le plus connu – est l'orientation vers la conquête des marchés extérieurs appuyée sur la capacité à tirer profit des technologies étrangères, un strict encadrement de la main-d'œuvre, un protectionnisme rigoureux, de puissantes aides à l'exportation. Un troisième trait commun est l'accent mis sur la formation, et notamment sur l'instruction primaire. Le dernier élément, sous-jacent à tout ce qui précède est un interventionnisme étatique qui a su éviter les lourdeurs paralysantes, si fréquentes dans les systèmes étatiques ou d'économie mixte.

Cependant, au-delà de ces points communs, se cache une diversité réelle des stratégies mise en œuvre dans cette région du globe : on ne peut comparer, par exemple, l'interventionnisme si caractéristique de la Corée du Sud ou de Taiwan au libéralisme marqué de Hong Kong ou de la Thaïlande. En fait, quand on l'observe de près, le « modèle » asiatique de développement se résout en autant de variantes qu'il y a de pays qui s'y rattachent. En outre, il est étroitement marqué par l'époque qui l'a vu naître : la mondialisation du système financier international ne donne plus loisir aux États de jouer systématiquement sur de faibles taux d'intérêt, l'évolution des règles du GATT ne permet plus de « doper les exportations à coups de subventions[5], et les vieux pays industriels réagissent de plus en plus fortement à l'« invasion » de leurs marchés par les produits issus de pays à faible coût de main-d'œuvre.

Si les pays du Sud peuvent tirer d'utiles leçons de ces expériences, il leur est de plus en plus difficile de s'en inspirer totalement. La fin des modèles est un fait, certes, acquis, mais l'enseignement des itinéraires suivis par ces pays ne doit pas être perdu.

5. Cf. J.-P. TUQUOI, « À la recherche d'un modèle de développement », *Le Monde*, *Bilan économique et social*, 1993.

ATLAS THÉMATIQUE : LIMITES, SUBDIVISIONS ET INDICATEURS DU TIERS MONDE

Les cartes de cet atlas ont été conçues et réalisées par Bruno STARY, enseignant à l'Université de Paris I (Géographie), qui les a obligeamment mises à notre disposition : qu'il en soit vivement remercié.

ATLAS THÉMATIQUE

Les délimitations officielles des Organisations internationales

I. Limites géographiques du Tiers monde : Nord et Sud 304
II. Limites géographiques du Tiers monde selon l'IDH 304

Le grand découpage du monde suivant le PIB/Hab. et l'IDH

III. PIB/Habitant ajusté (1991) 305
IV. Indice de développement humain (1993) 305

Les grands indicateurs démographiques

V. Taux d'accroissement naturel de la population (1960-1991) 306
VI. Mortalité infantile (1991) 306
VII. Taux de natalité (1991) 307
VIII. Indice de fécondité synthétique (1991) 307

Ruraux et urbains : l'opposition Nord-Sud s'estompe

IX. Part de la main-d'œuvre dans l'agriculture (1989-1991) 308
X. Taux d'urbanisation (1991) 308

La nutrition : carences et urgences

XI. Apport calorique journalier 309
XII. Aide alimentaire (1991) 309

Services et équipements élémentaires

XIII. Nombre d'habitants par médecin (1984-1989) 310
XIV. Accès à la santé (1988-1990) 310
XV. Accès à l'eau potable (1988-1990) 311
XVI. Accès à l'assainissement (1988-1990) 311

Ouverture sur l'extérieur et dépendance

XVII. La part du commerce dans l'économie des États du Tiers monde (1990) ... 312
XVIII. Aide publique au développement (1991) 312
XIX. Dette totale (1991) en % du PNB 313
XX. Service de la dette (1991) en % des exportations de biens et services 313

Source commune à la totalité des cartes : PNUD, 1993, *Rapport mondial sur le développement humain*, Paris, Économica

Les délimitations officielles des organisations internationales

I. LIMITES GÉOGRAPHIQUES DU TIERS MONDE : NORD ET SUD

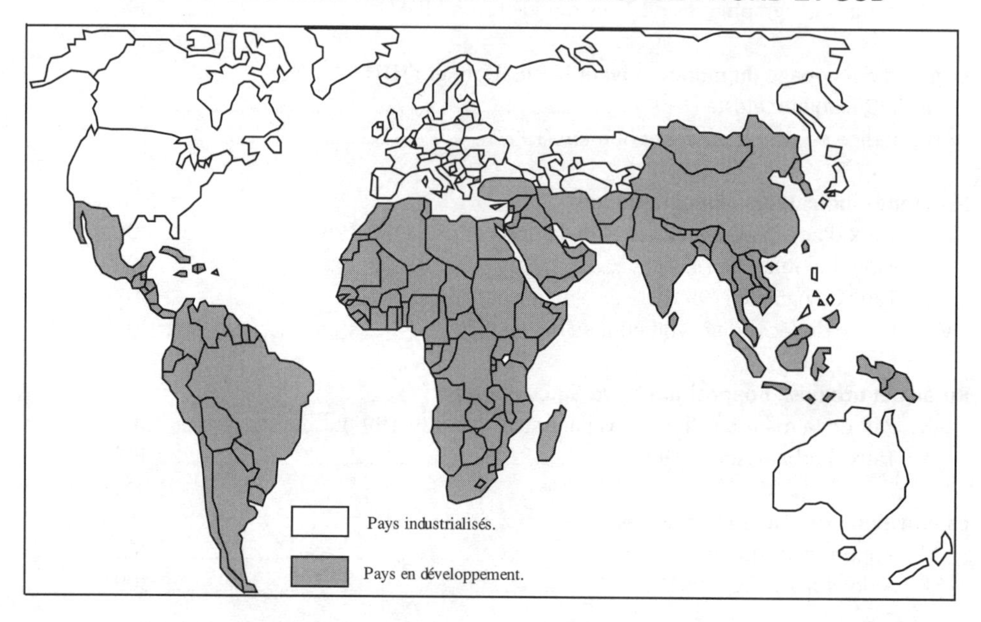

II. LIMITES GÉOGRAPHIQUES DU TIERS MONDE SELON L'IDH

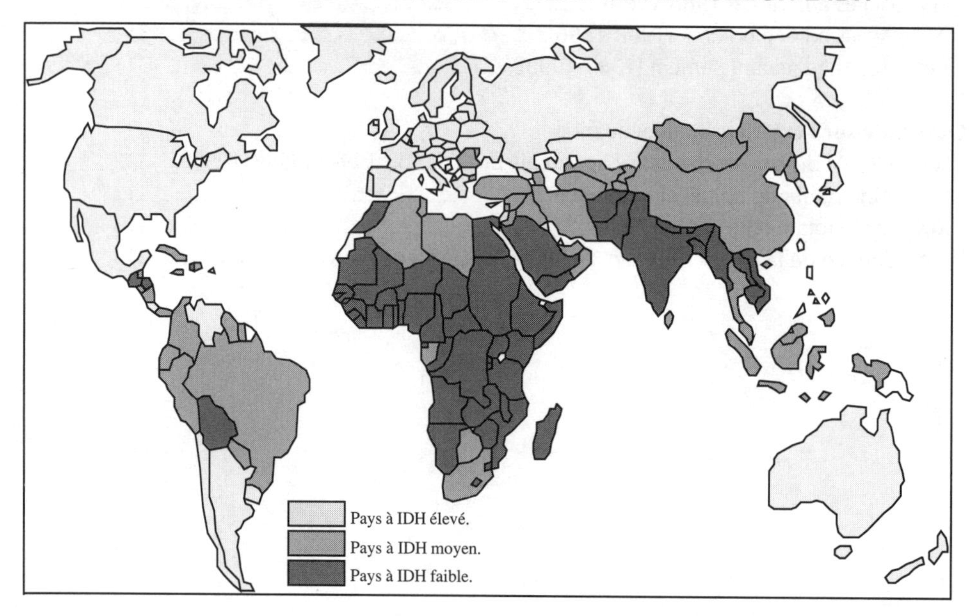

Le grand découpage du monde suivant le PIB/Hab et l'IDH

III. PIB/HABITANT AJUSTE (1991)

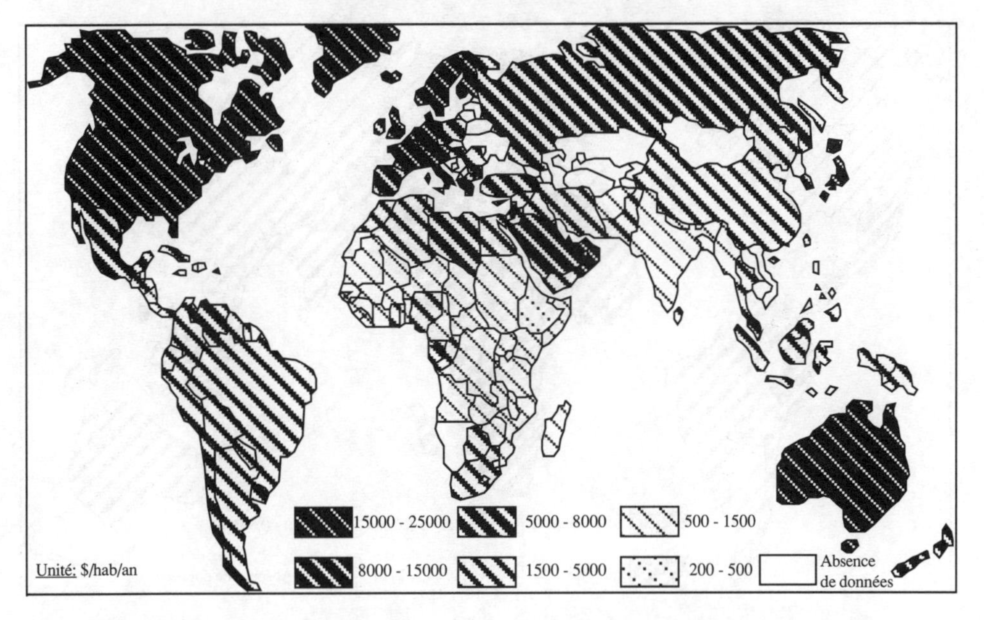

IV. INDICE DE DÉVELOPPEMENT HUMAIN (1993)

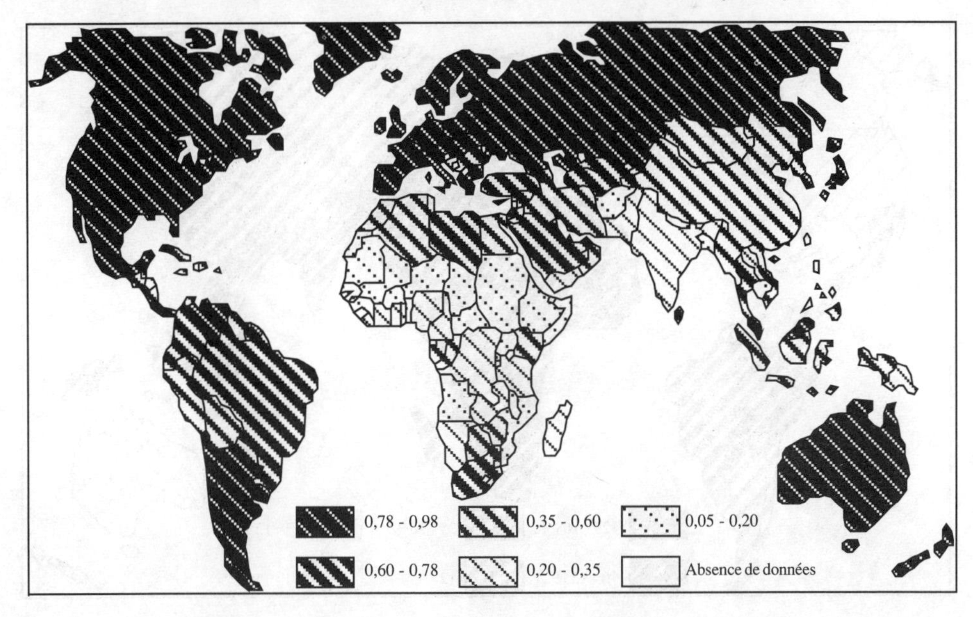

Les grands indicateurs démographiques

V. TAUX D'ACCROISSEMENT NATUREL DE LA POPULATION (1960-1991)

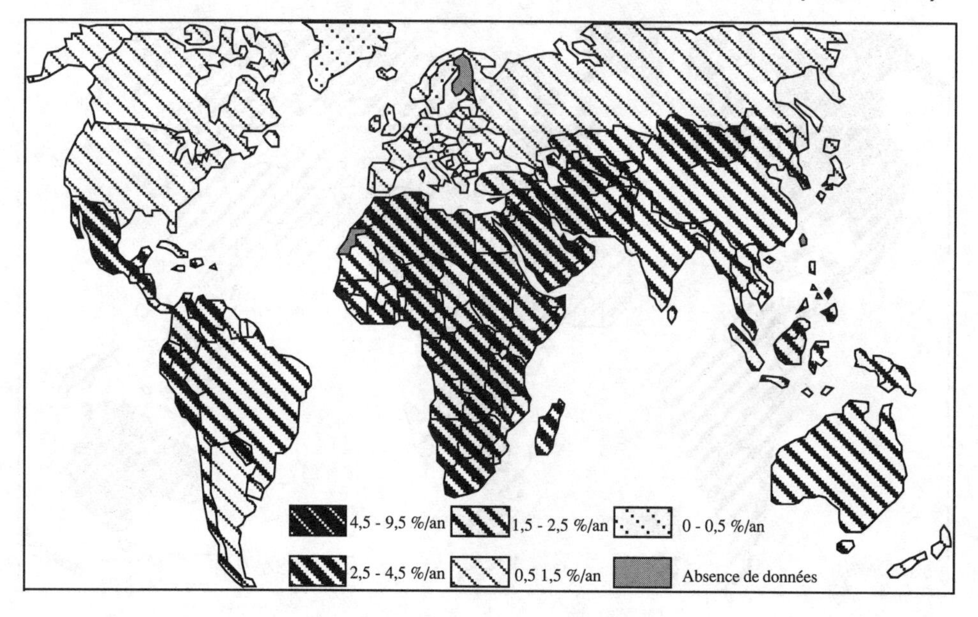

VI. MORTALITÉ INFANTILE (1991)

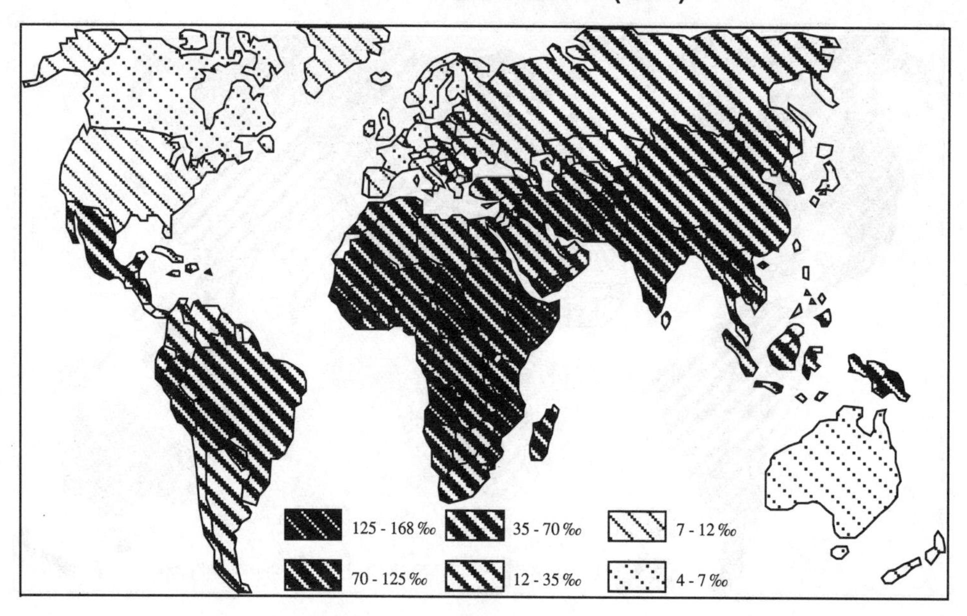

Les grands indicateurs démographiques

VII. TAUX DE NATALITÉ (1991)

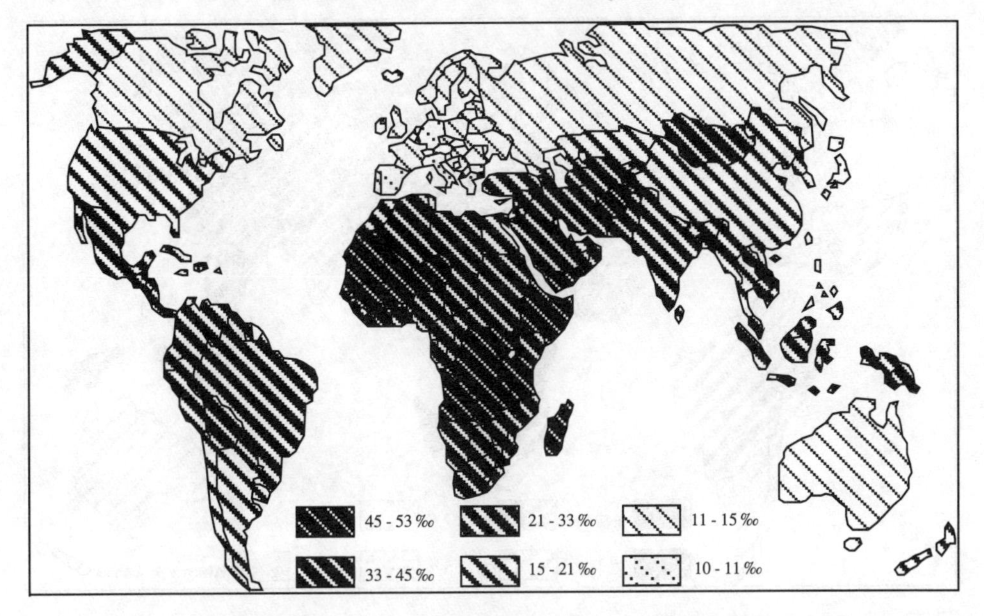

VIII. INDICE DE FÉCONDITÉ SYNTHÉTIQUE (1991)

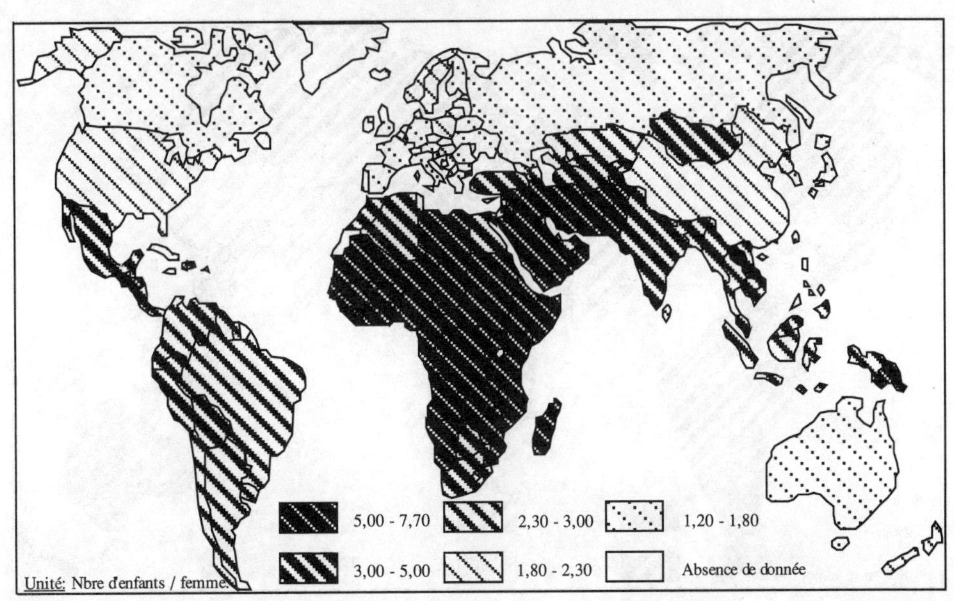

Ruraux et urbains : l'opposition Nord-Sud s'estompe

IX. PART DE LA MAIN-D'ŒUVRE DANS L'AGRICULTURE (1989-1991)

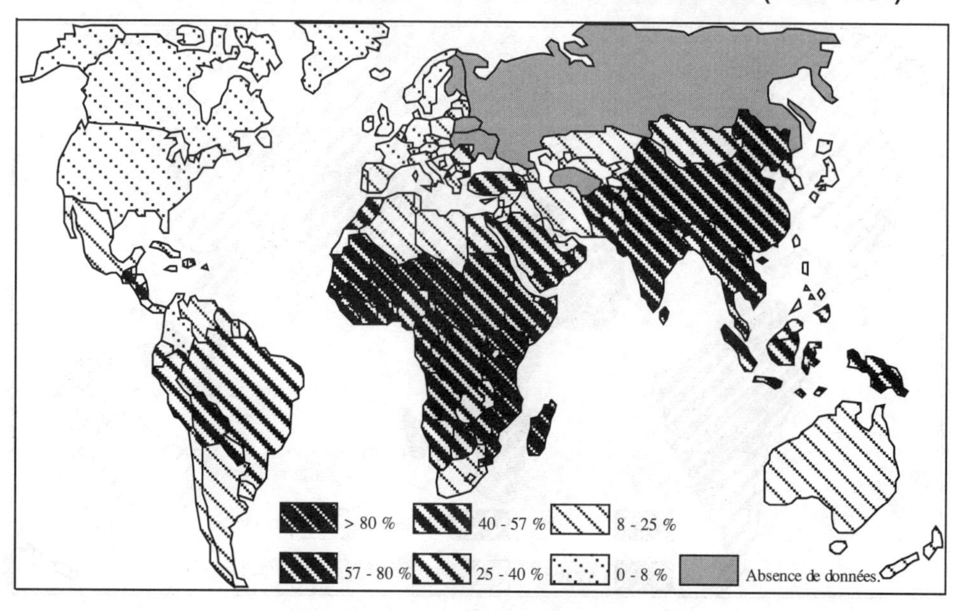

X. TAUX D'URBANISATION (1991)

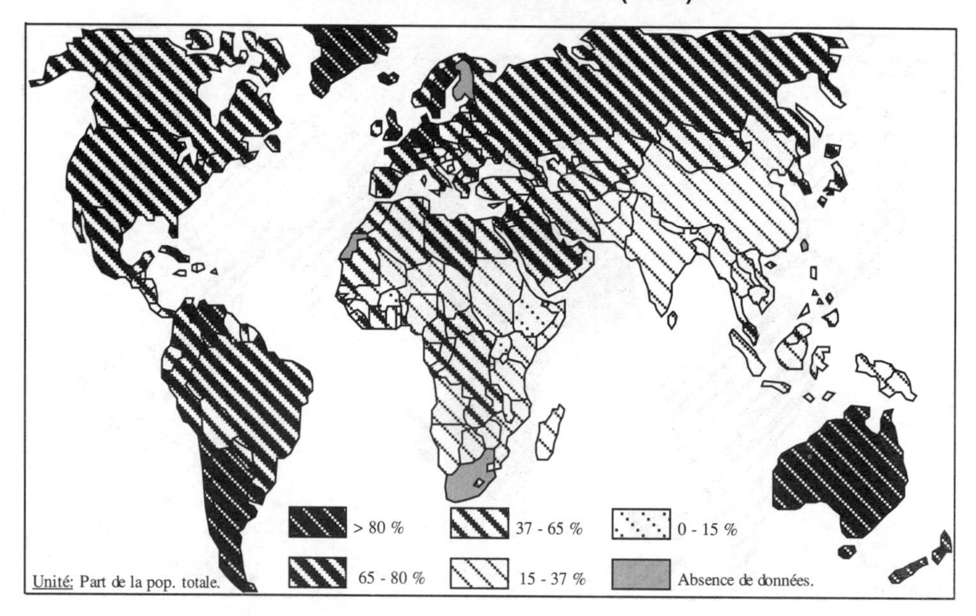

La nutrition : carences et urgences

XI. APPORT CALORIQUE JOURNALIER (1988-1990)

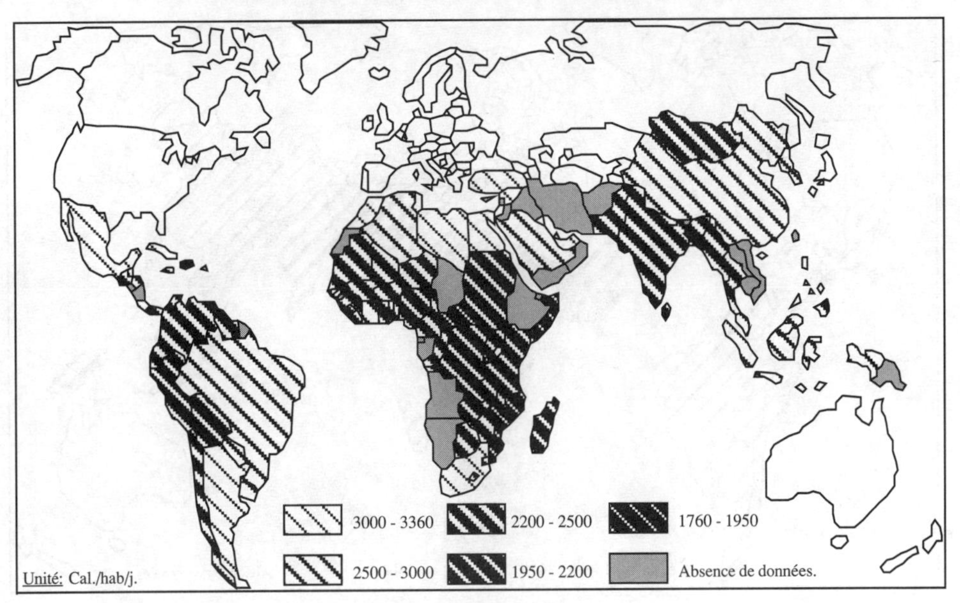

XII. AIDE ALIMENTAIRE (1991)

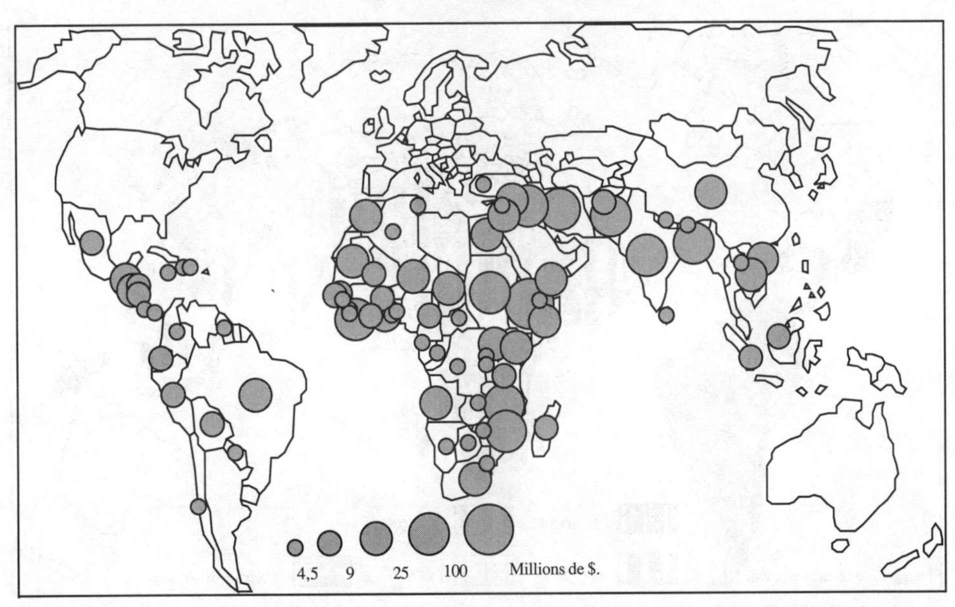

Services et équipements élémentaires

XIII. NOMBRE D'HABITANTS PAR MEDECIN (1984-1989)

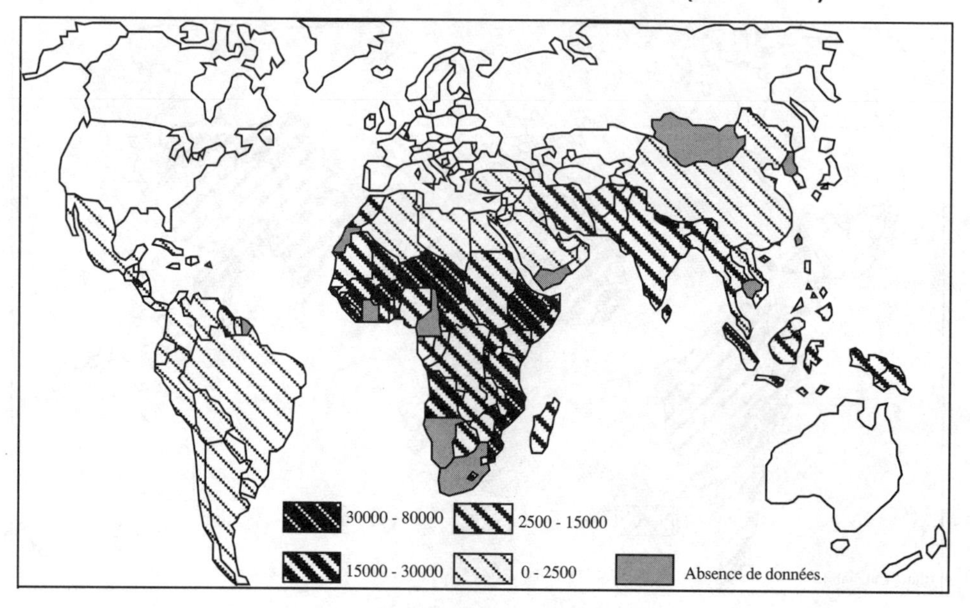

XIV. ACCÈS À LA SANTÉ (1988-1990)

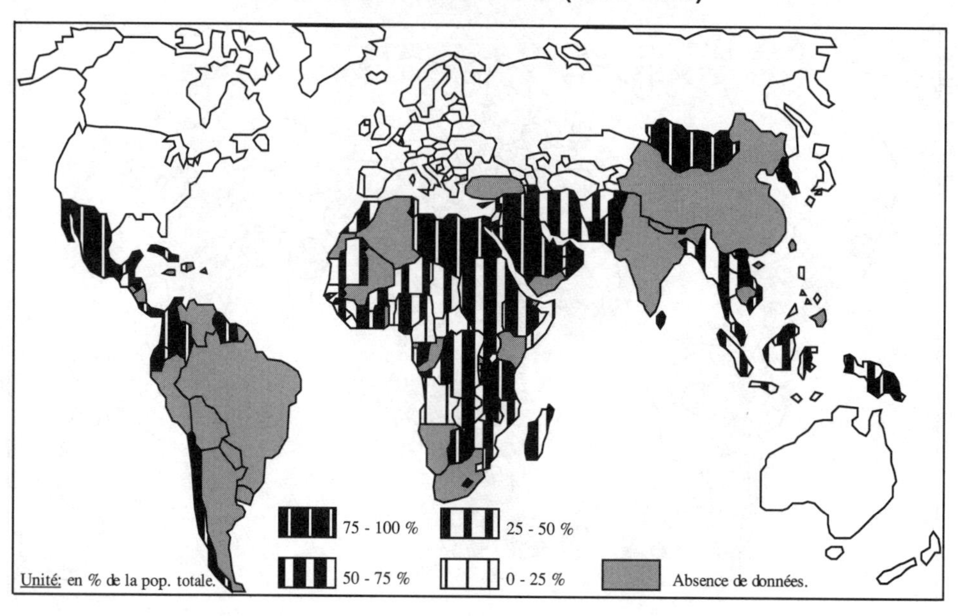

Services et équipements élémentaires

XV. ACCÈS À L'EAU POTABLE (1988-1990)

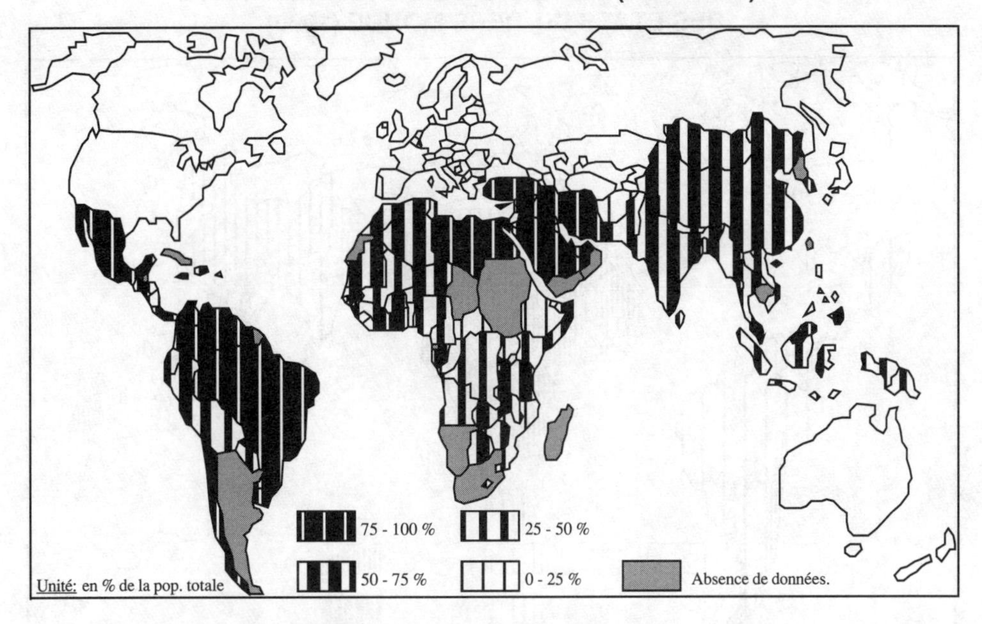

XVI. ACCÈS À L'ASSAINISSEMENT (1988-1990)

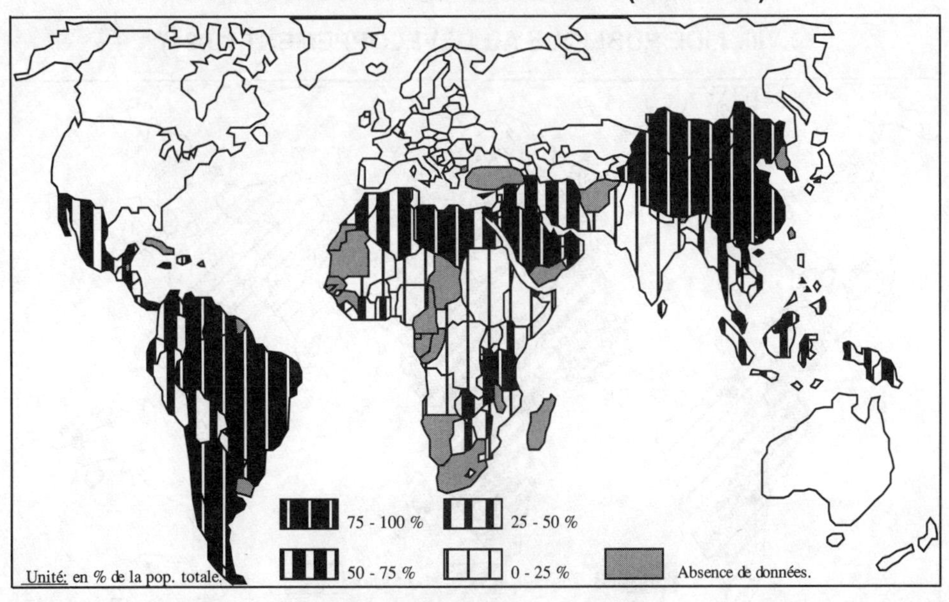

Ouverture sur l'extérieur et dépendance

XVII. LA PART DU COMMERCE DANS L'ÉCONOMIE DES ÉTATS DU TIERS MONDE (1990)

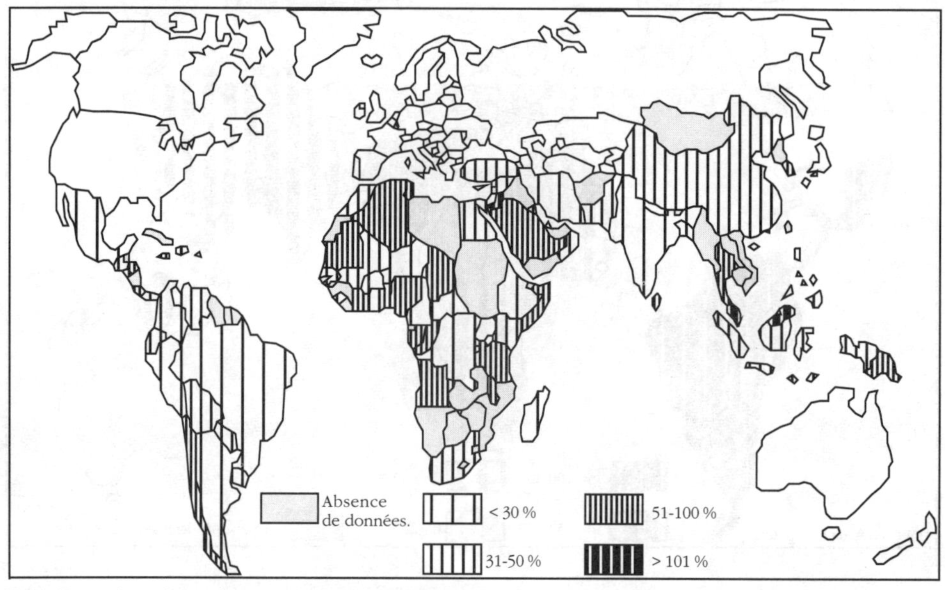

Unité : Exportations et importations en % du PIB (taux de dépendance)

XVIII. AIDE PUBLIQUE AU DÉVELOPPEMENT (1991)

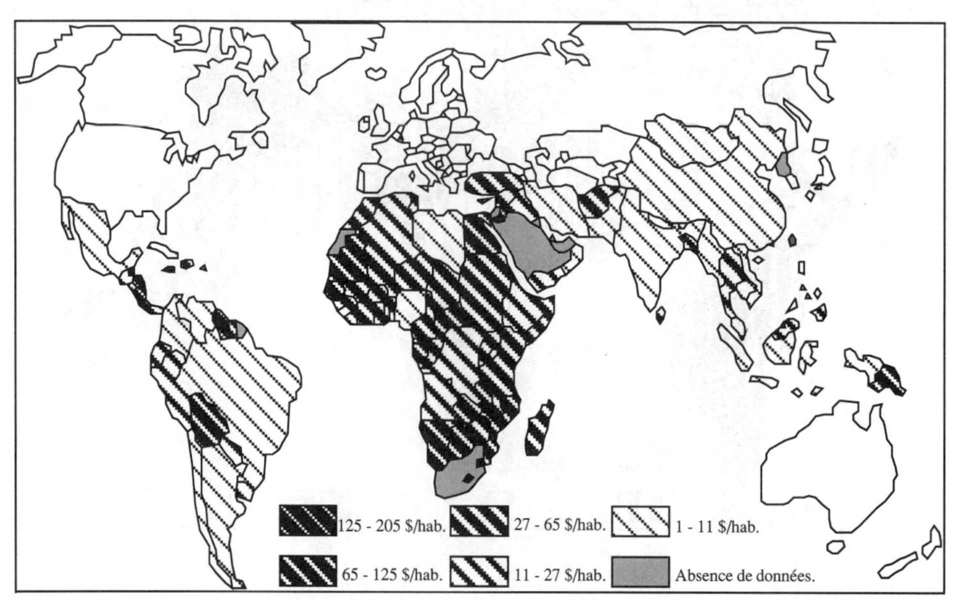

Ouverture sur l'extérieur et dépendance

XIX. DETTE TOTALE (1991) EN % DU PNB

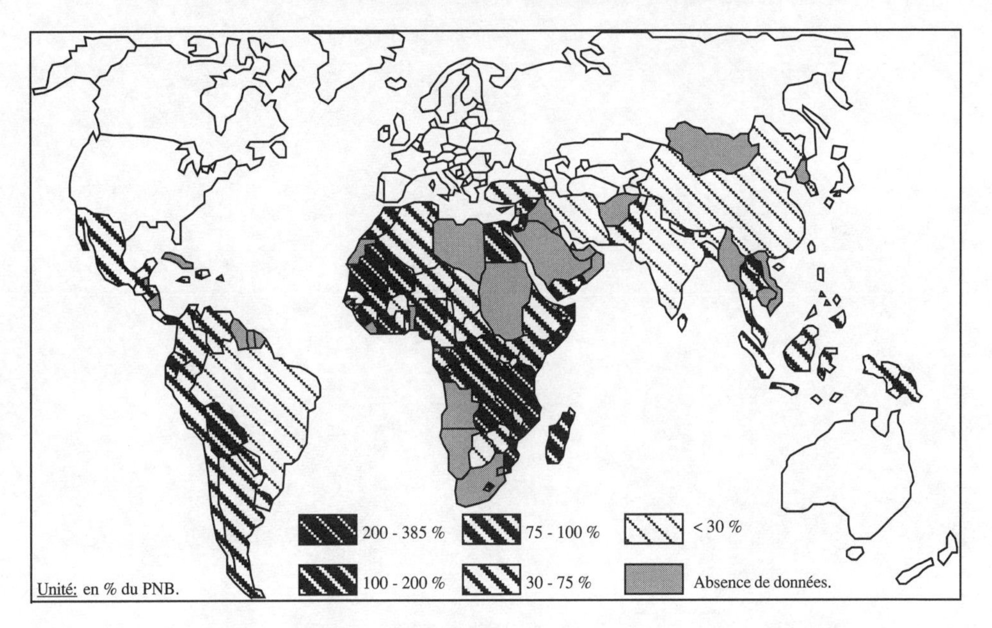

XX. SERVICE DE LA DETTE (1991) EN % DES EXPORTATIONS DE BIENS ET SERVICES

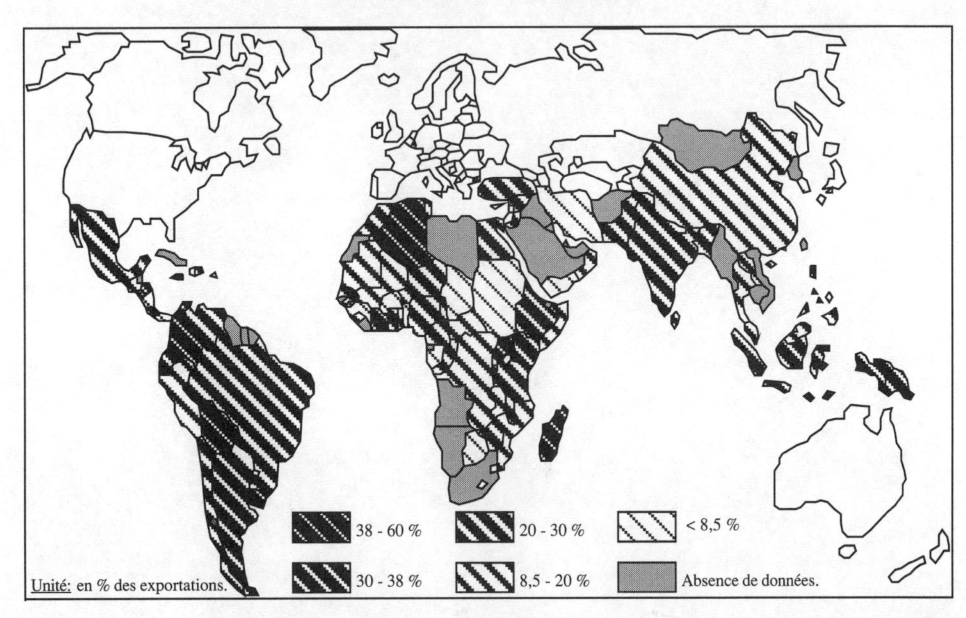